高等院校公共管理系列教材

Leadership Science

领导科学

黄东阳 林修果 ◎ 主编

图书在版编目(CIP)数据

领导科学/黄东阳,林修果主编. —北京:北京大学出版社,2016.9
(高等院校公共管理系列教材)
ISBN 978-7-301-27489-7

Ⅰ. ①领… Ⅱ. ①黄… ②林… Ⅲ. ①领导学—高等学校—教材 Ⅳ. ①C933

中国版本图书馆 CIP 数据核字(2016)第 212825 号

书　　　名	领导科学 Lingdao Kexue
著作责任者	黄东阳　林修果　主编
责 任 编 辑	朱梅全
标 准 书 号	ISBN 978-7-301-27489-7
出 版 发 行	北京大学出版社
地　　　址	北京市海淀区成府路 205 号　100871
网　　　址	http://www.pup.cn
电 子 邮 箱	zpup@pup.cn
新 浪 微 博	@北京大学出版社
电　　　话	邮购部 62752015　发行部 62750672　编辑部 021-62071998
印 刷 者	河北博文科技印务有限公司
经 销 者	新华书店
	787 毫米×1092 毫米　16 开本　24.25 印张　462 千字 2016 年 9 月第 1 版　2025 年 7 月第 9 次印刷
定　　　价	52.00 元

未经许可,不得以任何方式复制或抄袭本书之部分或全部内容。
版权所有,侵权必究
举报电话: 010-62752024　电子邮箱: fd@pup.cn
图书如有印装质量问题,请与出版部联系,电话: 010-62756370

目 录
Contents

绪论 001
  第一节 领导概述 002
  第二节 领导科学研究的发展历程 015
  第三节 研究领导科学的必要性及其方法 023

第一章 领导环境 032
  第一节 领导环境概述 033
  第二节 领导环境的内容 042
  第三节 营造积极的领导环境 046

第二章 领导职能 052
  第一节 领导职能概述 053
  第二节 领导职能的履行 060
  第三节 领导新政绩观 071

第三章 领导素质 086
  第一节 领导素质概述 086
  第二节 领导素质的内容 091
  第三节 提升领导素质的途径 107

第四章 领导方法 117
  第一节 领导方法概述 117
  第二节 调查研究方法 130
  第三节 走群众路线方法 138
  第四节 系统分析问题方法 145

第五章　领导决策　153
第一节　领导决策概述　153
第二节　领导决策的类型　162
第三节　领导决策的程序与方法　169

第六章　领导用人　187
第一节　领导用人概述　188
第二节　领导用人原则　196
第三节　领导用人的方法　200

第七章　领导沟通　212
第一节　领导沟通概述　213
第二节　领导沟通的原则与基础　220
第三节　领导沟通方法　222

第八章　领导心理调适　232
第一节　领导心理调适的内涵与必要性　233
第二节　领导心理病类型　238
第三节　领导心理调适的方法　244

第九章　领导用权　257
第一节　领导用权概述　257
第二节　领导权力的特征与类型　265
第三节　领导用权方略　274

第十章　领导变革　286
第一节　领导变革概述　287
第二节　领导变革的途径　298
第三节　领导变革的能力　308

第十一章　领导体制　316
第一节　领导体制概述　317
第二节　中国特色的领导体制　325
第三节　中国领导体制的改革　330

第十二章　领导效能　　345
第一节　领导效能概述　　345
第二节　领导效能评估的标准与方法　　350
第三节　提高领导效能　　358

参考文献　　375

后记　　384

绪　　论

本章要点

1. 了解"领导"的含义、必要性、内在本质、特征、未来走向以及"领导"与"管理"之间的关系。
2. 了解领导科学在中国和西方的产生与发展的历程、差异性、发展趋势。
3. 了解领导科学研究的必要性、研究对象、研究角度、研究方法。

引例

雷·克罗克在1955年接管了当时规模很小的麦当劳公司，并将其发展成全球最成功的快餐集团之一。作为麦当劳的领导者，克罗克发明了"走动管理"。他不喜欢坐在办公室里，大部分的工作时间都用在走动管理上，即经常到下属各公司和各部门走走、看看、听听、问问。麦当劳公司曾有一段时间面临严重亏损的危机，克罗克发现其中的一个重要原因是公司各个职能部门经理有严重的官僚主义习气，他们习惯于躺在舒适的靠背椅上指手画脚、抽烟和闲聊。于是，克罗克想出一个奇招，将所有经理椅子的靠背锯掉。一开始很多人骂克罗克是个疯子，但不久大家开始悟出他的一番"苦心"，他们纷纷走出办公室，深入基层，开展"走动管理"，及时了解情况，现场解决问题，终于使公司扭亏为盈。①

以上涉及的是一名成功的领导者在领导活动中是如何通过自身的示范、行为来影响被领导者，激励被领导者，激发他们的积极性，从而实现公司扭亏为盈的目标。

---

① 林平：《人力资源管理"五招"》，载《现代企业文化》2013年第1期。

第一节 领导概述

一、领导的必要性

社会在不断地向前发展,当历史已经迈过了不同寻常的20世纪,正在进行新的征程之时,回首人类在经济、政治以及军事等方面取得的非凡成就,我们需要对领导的必要性有深刻的体会。

1. 领导的存在是由现实社会中组织的复杂性决定的

社会组织是一个有许多人共同进行不同的社会生产活动的庞大而复杂的社会系统。社会组织的生产目标或任务的实现必须以生产活动的协调统一为前提条件。马克思曾说:"一切规模较大的直接社会劳动或共同劳动,都或多或少地需要指挥,以协调个人的活动,并执行生产总体的运动——不同于这一总体的独立器官的运动——所产生的各种一般职能。一个单独的提琴手是自己指挥自己,而一个乐队就需要一个乐队指挥。"[1]只有当生产活动的发起者让所有的活动参与者的意志归附于他或组织的意志,才能确保社会生产活动在一种有序的状态下进行,即有序的生产活动离不开统一的意志和领导。随着社会的不断进步和科学技术的不断发展,社会生产劳动的范围与分工必定会随着管理方式的创新与科学技术的革新而愈发地宽广和愈发地细致,组织中成员相互之间的关系也必然会愈发地复杂,尤其是今天呈现在社会组织面前的新情况繁多而复杂,摆在社会组织面前的挑战也是艰巨而各异,这愈发地凸显出领导的重要性与必要性,需要领导来引领和指导组织有序发展。

2. 社会组织的愿景实现离不开有效的领导

现实社会中的任何一个组织的存在意义就是实现某个特定的使命或达成某个特定的目标。能否有效地整合与利用组织所掌握的资源,事关组织的预期目标或特定愿景是否最终能达成或实现。概言之,组织资源的主体部分包括了人力资源、物质资源、信息资源以及技术资源等。无疑,各类资源之间的合理配置要在外部某一特殊力量的作用下才能实现。众所周知,人力资源是由诸多各异的单个个体组成的,个体之间必然会存有差异性,主要体现在性格、喜好、价值观念、个人素质等方面,个体之间的这种差异性势必会影响彼此之间的配合状况。因此,想要在社会组织中这些带有差异性的个体之间建立一种融合的关系,促使他们的意志归附于组织的意志,为统一的愿景而努力,就需要领导。缺少领导,社会组织中的个体之

---

[1] 《马克思恩格斯全集》第23卷,人民出版社1972年版,第367页。

间形成合力作用于同一目标的可能性将非常渺小。组织的物质、信息、技术等资源的有效整合和利用，离不开领导。倘若领导是无效的，那么，组织资源的整合和利用就很难有效地转化为效率、创新或服务等结果，即组织所期望实现的目标。

3. 领导是社会组织不可或缺的一种力量

从领导者与被领导者之间的关系看，对于任何一个组织而言，组织预期的目标或设想的愿景想要达成，要具备两个不可或缺的条件，既要有组织领导者的明智决策，也离不开被领导者——下属的配合与支持。那么，要依靠何物来确保组织中每一成员的行动与组织目标存有共同基调？换言之，组织要达成既定的目标，其原动力或者推动力源自何处？关键在于组织的领导。领导活动能基于组织自身的发展需要以及组织外部的环境因素来设定目标，再采取宣传、沟通等手段，使有关成员也能在决策环节中发挥出各自的作用，使全部的活动参与者对组织目标产生认同感，进而塑造起组织价值，为组织目标的实现发掘原动力。在领导活动过程中缺少宣传与沟通，势必会影响全体组织成员认同和接受组织所设定的愿景。缺少领导对组织价值的提炼和塑造，有可能使得组织成员觉得自己为之奋斗的目标缺乏意义，致使在组织中的个体在工作中缺少激情，那么组织的目标无疑将难以实现。

4. 领导是国家治理现代化不可或缺的一种力量

国家治理水平是检验执政党能力的一个重要标准，实现国家治理现代化，离不开执政党的有效领导，需提高领导国家治理资源整合能力的科学化水平。就本质而言，国家治理体系意指治理资源配置的组合，国家治理能力是指治理资源功能的应用。现代化进程中的国家治理，整合治理资源体现的是一种国家汲取能力。国家汲取能力的内在要义是使社会各种资源发挥各自最大功效。可以说，国家汲取能力的强弱是能不能达到社会善治的重要体现。相比较传统方式而言，现代国家治理呈现出治理主体多样化的特点，除了行使治理权力的政府外，社会组织、群众团体以及民间力量也被纳入国家治理体系。国家治理既是从上到下的秩序化建构，也是上下互动的扁平化管理。执政党在治国理政的实践中，只有充分调动多元主体治理参与的积极性，充分发挥各种治理主体的功能，才能提高领导国家治理资源整合能力的科学化水平，为推进国家治理体系和治理能力现代化提供保证。

二、领导的内涵

如何理解领导？领导的存在意义在何处？这两个问题事关领导科学研究的基本方向和基本面貌，要想解答好，既需清楚领导的含义与词性，也要对领导的内在要义有一定的认识。在领导科学领域中，领导的含义在学术界被视为研究领导科学中的起点，领导本身就被视为构成领导科学知识体系的最基本、最基础的一员。研究领导科学这一新兴的学科，无疑要先对领导的含义进行探讨，对领导的属性、内在本质有清晰的认识。

（一）"领导"的词性阐析

"领导"一词由"领"和"导"两字组成，"领"的字面意思涵盖了统率、指挥、带领的意思，"导"的字面意思则涵盖了引导、指导、开导的意思。由此可见，"领导"就是"统领"和"引导"的联合体。

"领导"既可以做名词又可以做动词。做名词时，"领导"意指"人"，并且具有带领和引导作用，这一类人归类"领导者"；做动词时，"领导"则意指过程，即带领他人进行某一实践行为的领导过程。领导者与领导过程是紧密相连的，相互以另一方为存在的前提。"领导者"的应有之义需要有带领和领导人们的行为过程来支撑，而统领和指挥追随者进行实践活动来实现预期目标的领导过程也需"领导者"才能进行。

总之，"领导"兼具了两种词性，作为名词用的"领导"和作为动词的"领导"，是对同一事物静态和动态两种视角的反映。

（二）"领导"的不同角度定义

在最近几十年领导科学的发展过程中，来自国内外领导科学领域或者管理科学领域享有盛名的专家和学者就"领导"这一概念作出了自身的理解。从诸多解释中，我们可以列举具有代表性的领导定义，并从以下三个角度进行概括：

1. 领导主体与领导对象的权力关系

基于这种权力关系，领导呈现出一种领导者对被领导者的某种控制，这种控制形成了领导主体与客体之间的关系。斯默希克和摩根认为："领导是在一个或者更多的个人成功地限制并规定了其他人行为的过程中得以实现的。事实上，领导可以被看作是某一部分特定的个人在规定他人行为的过程中所享有的强制力或者被认同的权力。……领导者只有在自己达到了一种被认为具有强制力、预见力以及整合经验的权力的境界，或者被他人推荐或接受时，才能真正成为一个领导者。"[1] 从此角度出发对领导进行定义的比较有代表性的国内学者是朱立言教授，他给出的理解是："领导的内核即领导者通过某种行为或示范对被领导者或追随者、下属进行引导和影响而筑造起来的彼此间的追随关系"。[2]

2. 领导主体的角色和行为的定位

基于领导主体的角色与行为的定位，领导被认为是能够在领导活动中对其他成员在其实践行为上干预、干扰、影响的特殊行为方式。奥尔波特对领导给出了自

---

[1] 转引自〔美〕乔恩·L.皮尔斯、约翰·W.纽斯特罗姆：《领导者与领导过程》，北京华译网翻译公司译，中国人民大学出版社2003年版，第38—39页。

[2] 朱立言主编：《行政领导学》，人民出版社2002年版，第33页。

身的理解,认为领导就是个体对组织的控制。在蒂奇看来,领导则是引导他人进行实践达成既定的目标,倘若领导主体不参与其中,既定目标显然存在无法达成的可能性。在纷繁复杂的现代社会中,与其说愈发地要通过仰仗命令与控制来完成任务,不如说愈发地要仰仗先改变他人的观念而后再改变他们的行为方式。当下,领导需具备运用各异的观念来对其追随者持续地添加活力的能力。① 巴斯于1990年在他与斯托科蒂尔合著的《领导手册》中将领导定义为"组织内部两个或两个以上的人之间的相互作用。这种相互作用通常会涉及建立或重建一种架构,以及组织成员的意见和期望。"在巴斯看来,领导是组织结构的构筑者。这种定义是对"角色理论"的延续,它把领导者视为一种独特的角色,是"组织结构或者组织系统的构筑者"。② 在他们看来,领导者是一类能够促进或引发变革的人,是具备了一种特有的影响能力的人,这种能力表现为能够通过自身的行为或示范进而对组织系统的其他成员的行为造成影响。在组织系统中,当组织中的某些个体能够对另一个个体的动机或能力的改变起到充分作用的时候,领导就自然而然地产生了。

3. 领导主体与既定目标的相互关系

基于领导主体与既定目标的相互关系,一些学者或专家将领导定义为"指引组织系统中的成员,通过某些方式或采取某些手段,实现既定目标的过程"。如著名学者墨菲在《对领导过程的研究》一书中指出:"领导是一种确保共同行为方向的过程,缺少领导,行为便有失去方向的可能性,组织系统便会由原先的稳健有序转变为混乱无序。……能够将领导定义为组织系统中不可缺少的一员,它弄清情况并牢牢地置于把控之中,为有效地满足团队的要求提供充足的条件。"③ 来自复旦大学的刘建军博士对领导的定义作出了独到的见解:"领导意指在社会实践活动中,某些影响能力突出的个体、组织或集体在特定的结构中以某些行为方式,如示范、说服、命令等,动员追随者或被领导者达成个体或组织既定目标的过程。"④北京大学著名学者李成言教授在其著作《现代行政领导学》一书中将领导定义为:"领导就是某一具体社会系统中的领导主体根据领导环境和领导客体的实际情况确定本系统的目标和任务,并通过示范、说服、命令、竞争和合作等途径,获取和动用各种资源,制动和致变领导客体,达到既定目标,完成该系统共同事业的强效社会工具和行为互动过程。"⑤

上述关于领导概念的观点可谓是"仁者见仁,智者见智"。他们从各个不同的

---

① N.M. Tichy, The Teachable Point of View, Journal of Business Strategy, January/February 1998, pp. 29—33.
② 刘银花、姜法奎编著:《领导科学(第二版)》,东北财经大学出版社2006年版,第2页。
③ 转引自〔美〕乔恩·L.皮尔斯、约翰·W.纽斯特罗姆:《领导者与领导过程》,北京华译网翻译公司译,中国人民大学出版社2003年版,第25—26页。
④ 刘建军编著:《领导学原理——科学与艺术(第二版)》,复旦大学出版社2001年版,第9页。
⑤ 李成言:《现代行政领导学》,北京大学出版社2002年版,第15页。

角度描绘了领导的全貌。从上述人们的定义中不难看出几个共同点：第一，领导可以是指领导者，也可以是领导活动。第二，领导是一种社会活动过程。第三，领导是多种要素相互作用、相互影响的活动过程。

根据上述分析，我们可对领导的概念界定如下：领导是指社会实践活动中，社会组织的领导者采用某一方式或手段对被领导者或组织中其他成员在行为或动机上产生作用，确保共同行为方向，并带领和引导他们对客观对象进行实践活动，以达成组织某一既定目标的行动过程。

这一定义涵盖了三个方面的内容：

（1）领导的最终归宿是通过实践达成组织的既定目标。一方面，现实中无目标的领导是不存在的；另一方面，妄想在缺少领导的情况下达成组织的预期目标也是"天方夜谭"的。

（2）领导要想成其为领导首要的前提是存在于社会组织当中，缺少追随者或者其他成员，单靠个体一人是无法形成领导的。整个社会组织的生存发展与领导的存在是相互契合的。社会组织或集体的存在与进化离不开领导，领导的存在意义在于帮助社会组织或集体朝向更高级的阶段发展。

（3）领导是一种人或个体的实践活动，体现出人之间或个体之间的一种互动的行为关系。领导活动的产生条件有两个，一是领导者的发起与组织，二是被领导者的积极配合与执行，当同时具备这两个条件时领导活动便产生了。

三、领导与管理的关系

领导与管理是领导学与管理学的核心范畴，既有联系又存在区别。弄清领导与管理的基本概念，理顺两者的相互关系，对于把握领导的概念和本质，深入研究领导科学有着重要意义。

（一）领导与管理的联系

在现实生活中，领导活动与管理活动在诸多方面存在着相融性和关联性。管理学家彼得·德鲁克（亦译为彼得·杜拉克）甚至常常把管理同领导混用，视管理为领导的同义词。这也是至今仍有许多管理学的教材还把领导作为管理的一个方面的原因所在。具体地讲，领导同管理之间的联系主要体现在以下两个方面：

1. 领导是从管理中分化出来的

领导与管理现象自古有之。但在资本主义早期以前，领导同管理并没有分离，生产资料的占有者同时就是生产的决策者、执行者和监督者，也是生产的领导者和管理者。工业革命后的半个多世纪，随着社会化生产的规模迅速增大，科学技术的发展日新月异，社会联系的程度越来越复杂，生产资料的占有者很难再像以前那样，既做领导者又做管理者。1841年10月5日，在美国纽约州的阿尔巴尼与马萨诸塞州的伍斯特之间,两辆西方火车公司的客车迎面相撞。以此为契机,在州议会的干预下,西方火车公司被迫进行了领导体制改革,实行了企业所有权、领导权与管理权的分离。领导者不再负责公司的日常管理事务,而是交给专业人员(如经理)来处理。这一变革标志着领导活动与管理活动相对脱离的新时代的开端。

2. 领导活动和管理活动具有较强的互补性与复合性

在现实活动中,管理者实际上扮演或者承担着多重的角色,时而扮演中层管理者,负责执行上级领导的决策;时而扮演起部门领导者的角色,负责对部门的发展方向进行规划与决策。这种不同角色的扮演,使得领导活动与管理活动要从一个管理者的行为中严格地区分出来变得十分困难。加之,领导与管理之间的关系紧密,领导活动的目标或任务的实现或者完成离不开有效的管理;同样地,管理要产生出效益,需要有明智的领导决策。组织朝向健康的方向发展,要具备两个条件,既要有有效的管理,也需有力的领导。缺乏其中任何一个条件或两者皆无,那么,组织便如一只无舵之船,而且船体有个大洞。① 必要变革的产生是以有效的领导与高效的管理相结合为前提条件的,两者相互结合能使混乱或无序的状况得到有力的控制。缺少领导行为,仅仅依靠管理本身无法创造出有益的变革;相同地,缺少管理活动,单单凭借领导行为无法使一项活动有规律地按预算保持正常的运作。

(二)领导与管理的区别

尽管领导与管理有着如此密切的联系,但我们还是可以将领导与管理作一定的区分。美国哈佛大学教授约翰·科特在《变革的力量——领导与管理的差异》一书中详细分析了领导与管理的差别,主要体现在以下几个方面:

(1)管理的计划与预算过程的时间跨度较短,更多地侧重微观层面,强调风险的预估与弱化;而领导过程中经营方向的拟定,在时间跨度上要长于管理过程,主要关注宏观层面,注重战略的规划以及人的价值观念。

(2)具有管理行为的企业组织在选配人员时,更注重考察备选者的专业性,强调备选者与工作岗位相匹配,凸显出针对性与合理性;而引领被领导者的领导行为则注重整体性与统一性,为所有成员确立行动方向,以统一而牢固的理想为基础,使其投身到实现所确定的目标的过程中去。

(3)管理行为的控制和管理问题的解决往往凸显出抑制、控制与预见性;而领导的激励和鼓舞更多地侧重于授权、扩展,并不时创造出惊喜来激发被领导者高昂的工作热情。

(4)领导与管理的实质性差异在于两者具有各自不同的功用,前者常常有助于变革的产生,而后者则往往是为了维持秩序。可以说,领导是一种变革的力量,而

---

① 李乾文:《变革时代的领导艺术——约翰·科特的代表作及其贡献》,载《企业管理》2004 年第 10 期。

管理则是一种程序化的控制工作。

总结科特的观点,领导与管理的区别可以归纳为以下三个方面:

其一,领导具有前瞻性,管理具有当前性。领导活动致力于组织发展愿景的创造,领导通过结合组织成员的不同需要,确立组织期望达成的未来景况,并使其发展成为一种可行的构想。这种愿景和构想主要体现在决策和目标的制定上。而管理活动则侧重于当前工作的落实以及现实问题的解决。

其二,领导具有整体性,管理具有局部性。也就是说,领导注重整体效益,而管理更注重局部效率。领导活动中的计划、协调和控制等环节多是以组织各部分的有效整合为目的,而管理活动的计划、协调和控制等环节多是提高组织某一项工作的效率为目的。

其三,领导具有超脱性,管理具有操作性。领导的超脱性是指领导活动多注重驾驭全局,从宏观上把握过程,强调从根本上解决问题。管理的操作性是指管理多注重微观细节问题,注重组织资源的合理配置和具体性事务的科学安排。

四、领导的特征与本质

(一)领导的特征

领导作为人类社会的一种活动,同其他社会活动相比,有其自己独有的特征。

1. 系统性

领导者、被领导者和领导环境共同构成领导系统。在这个系统中,领导者是处于组织、决策、指挥、协调和控制地位的个人或集体,往往决定着组织的命运;被领导者则是按照领导的决策与意图,为实现领导目标,从事具体实践活动的个人或集体;环境是指独立于领导者之外的客观存在,是对领导活动产生影响的各种因素的总和。领导者与被领导者构成了领导活动的主体,他们是实现组织预定目标的基本力量,二者是权威和服从的关系。同时,领导者必须正确认识环境,适应环境,利用和改造环境,才能排除环境的干扰,实现自己的预定目标。

2. 权威性

一般来说,领导权威是领导得以开展活动的前提和基础。在现代社会,领导权威主要来自两个方面:一是合法性的确认,即按照法律法规的规定产生的领导,其权力由法律法规配置;二是领导人格等凝聚性要素的同化力,即领导者的能力、学识、品德、魅力等使得被领导者愿意追随领导者。可见,权力不等于权威,并不是所有依法取得权力的领导者都当然对被领导者具有足够的权威,领导活动的成功与否最终还要取决于人们对权威的接受程度。

3. 动态性

按照领导概念的界定,领导活动应该是领导者、被领导者、工作环境和领导目标相互间的作用过程。这些相互作用的要素是极其复杂的,加之它们都不是固定不变的,有时甚至是经常变化的,就更增加了相互结合活动的复杂性。复杂的领导活动不是静止的,而是动态的。领导活动的一般过程,至少包括调查研究、制定决策、选人用人、沟通协调、激励监督等等行为,领导活动是这些行为构成的一个不断反复提高的过程。调查研究是领导活动的起点和基础,没有调查就没有发言权,没有调查也没有决策权,一切正确的决策都应该出自调查之后,而不是来自调查之前;制定决策是领导者的首要职能,也是领导活动成败的关键,领导者只有集思广益,制定出正确的决策目标和行动方案,才能实施正确的领导;选人用人是领导活动的重要环节,领导者只有科学地实施人才组合,才能高效地完成组织任务;沟通协调是实现领导目标的重要保证,只有协调好上下左右的关系,才能为实现领导目标开辟道路;激励监督是实现领导的重要手段,只有充分调动下属的积极性,才能保证领导目标的实现。概括而言,领导过程就是领导者不断发现新问题,确立新目标,率领组织成员开创新局面,走向新境界的反复持续的行动过程。

4. 综合性

领导的综合性主要表现为两个方面:第一,领导内容的综合性。领导活动涉及决策、控制、组织、协调、用人、沟通、监督等诸多方面,过程复杂,涉及的具体领域极为广泛。因此,担当统领和引导职能的领导活动的综合性程度也越来越高。从社会利益多元化的角度上说,领导活动面临着多方利益表达所带来的较大压力,因此,综合社会中各个群体的利益就构成了领导活动的一个重要内容。第二,领导者素质的综合性。由于领导内容的复杂综合性,决定了领导者必须具有全面综合的素质,包括政治素养、知识素养、能力素养、心理素养等。我们党提出干部队伍的革命化、年轻化、知识化和专业化的要求,这也反映了对领导者素质的高要求。

5. 战略性

从领导活动的有效性来看,领导决策的正确与否常常是关键。为保证领导决策的正确性,在复杂多变的现代社会中,领导者的任务更多的是引领,而不仅是控制和管理。因此,他应当具有远见卓识,能够准确判断未来可能发生的变化、确定组织未来可能的发展方向,并根据这种预测及时作出战略决策与战略规划,预先对内部作出调整,以适应外部环境的变化。如果没有这种超前性与战略性,必然会导致决策的盲目与混乱,最终使组织陷于困难甚至灭亡的境地。

(二)领导的本质

领导活动是普遍存在于人类社会中的一种现象。这一活动现象呈现出的是一种个体相互之间的作用关系,即领导者与被领导者之间的关系。在这种关系中,领导者处于主导的地位。我们往往能从事物的属性认识事物的本质。从概念上看,属性意指一事物与其他事物相互作用而发生联系时呈现出的质。欲对领导的本质有一种深层次的认识与理解,首先要做的就是对领导的基本属性进行全方位的分析。领导的本质为领导活动确立了方向与目的。所谓领导的本质,意指领导活动与其他社会活动存有差异的内在规定性。马克思主义关于领导二重性的思想有助于我们弄清领导的本质这一问题。

1. 领导的二重性

从领导的性质上看,领导具有二重性,即领导的一般属性或共同特征和领导的特殊性或具体属性,也就是领导的"自然属性"和"社会属性"。领导的本质是由其社会属性决定的。领导者与被领导者的关系,兼具了自然属性与社会属性二重性,从而表现出领导的自然本质和社会本质。

(1) 领导的自然属性

领导的自然属性是指领导活动中的指挥和服从关系的属性。由于领导活动是人类社会的群体活动,因此,在任何一种社会制度中,领导均以统一的意志和一定的权力作为表征,都具有组织、指挥、协调、监督和决策等共同职能。社会共同劳动和共同生活需要领导,并贯穿于人类社会的进程中。恩格斯曾就领导活动的起源问题作过精辟的概括。他在《反杜林论》一书中指出:在原始社会的社会组织中,"一开始就存在着一定的共同利益,维护这种利益的工作,虽然是在全体的监督之下,却不能不由个别成员来担当:如解决争端;制止个别人越权;监督用水,特别是在炎热的地方;最后,在非常原始的状态下执行宗教职能。……生产力逐渐提高;较稠密的人口使各个公社之间在一些场合产生共同利益,在另一些场合又产生相互抵触的利益,而这些公社集合为更大的整体又引起新的分工,建立保护共同利益和防止相互抵触的利益的机构。"[①]在恩格斯看来,所谓的领导活动就是人们在生产实践中维护共同利益的需要。

因此,不管社会形态如何演变,人们在共同的生产劳动中,为了自身的进化与外部生存环境抗争时,必定要相互配合,合理地分配任务,这需要有领导者在实践活动中发挥出带领、引导、指挥等功能。这种带领、引导、指挥和协调的属性,就是领导的自然属性,存在于每一种社会领导活动中,并且是不受社会政治、经济关系决定的一般属性。从这个意义上讲,自然属性具有"永恒性"或者说是"普遍性"。另外,领导活动是进行正常社会生产和发展生产力的保证,是组织社会生活的内在要求。

(2) 领导的社会属性

领导的社会属性是指社会生产方式决定的领导者与被领导者之间的经济、政治等利益的对立或者一致关系的属性。人类社会的发展是自然历史的过程,领导

---

① 《马克思恩格斯选集》第 3 卷,人民出版社 2012 年版,第 559 页。

活动也是一个具体的历史范畴。一定的领导活动要基于一定的生产关系之上,并最终映射出一定生产方式的内在要求。领导的社会属性能体现该社会生产关系的固有特征。领导活动既是社会生产力发展的内在要求,也是生产关系的表现。在唯物史观看来,生产资料所有制形式是生产关系的基础,它决定了生产过程中人与人之间的关系和产品的分配形式。其中,人与人之间的关系全面地表现为生产过程中的领导关系。

领导活动的性质和目的因社会性质的不同而不同。因为,领导是社会活动的产物,必定会受到社会活动方式与生产关系的影响。在不同的社会形态下,由社会生产方式决定的经济关系和政治关系渗透到领导活动中,决定了领导关系的性质,构成了领导的社会属性。在阶级社会中,由于受一定政治关系和思想观念的影响,呈现出强烈的阶级特征,生产关系表现为阶级关系。一定的领导活动必定会映射出特定阶级和社会集团的利益,不同社会制度的领导活动必定有其显性的特点,如阶级社会中领导的统治性和社会主义社会中领导的服务性。当然,领导的这种具体属性带有变动性,同社会关系有着共同的步调,随着后者的变化而变化。可以说,领导的社会属性具有"特殊性"或者"具体性"。

(3) 自然属性与社会属性之间的关系

领导的二重性是紧密相依的,我们必须从二重性的统一中来把握特定社会的领导关系。在领导的自然属性与社会属性之间,社会属性占据主导的地位。马克思曾经说过:"一旦从属于资本的劳动成为协作劳动,这种管理、监督和调节的职能就成为资本的职能。这种管理的职能作为资本的特殊职能取得了特殊的性质。"[①] 同时,他认为:"资本家所以是资本家,并不是因为他是工业的领导人,相反,他所以成为工业的司令官,因为他是资本家。"[②] 所以,尽管任何领导都具有组织、指挥、协调等自然职能和统一意志、掌握权力的永恒标志,但是,领导的本质主要是由其社会属性决定的,世界上没有纯粹只有自然属性的一般领导,而是存在着各种不同社会性质的具体领导。在不同的社会条件下,领导者扮演着不同的角色。在资本主义社会中,领导者扮演着资本主义利益的代表者或代言人的角色,其领导活动的首要目的是剥削劳动工人,最大限度地追求剩余价值。然而,在社会主义条件下,领导者则扮演着公仆的角色,其领导活动表现为一种为人民服务的活动。

自然属性与社会属性的决定因素不同,所呈现出的特征也不同。领导活动的自然属性是由社会共同劳动过程这一性质所产生的,而领导活动的社会属性则是由特定社会关系的性质所决定的。前者是任何社会都有的,后者则是历史的、具体的、反映着不同社会领导活动的不同特征。

---

① 《马克思恩格斯全集》第 23 卷,人民出版社 1972 年版,第 367—368 页。
② 同上书,第 369 页。

2. 社会主义领导的本质

社会主义领导的本质是由社会主义条件下生产方式决定的领导者和被领导者之间新型关系内在的必然要求,是新型关系内在规律的反映。

(1) 社会主义社会领导者与被领导者之间的新型关系

社会主义社会实行以生产资料公有制为基础的经济制度,建立了人民民主专政的国家政权。社会主义社会的生产关系决定了领导者和被领导者的关系是平等式与同志式的分工合作关系,而不是支配、剥削的、存有严格等级划分的关系。一方面,各级领导都是人民群众的一员,在经济和政治上的权利和义务都是对等的,他们的领导职务是受人民委托的而不是自己任命的,这就要求其在利益上必须与人民群众保持一致。另一方面,由于分工不同,领导者接受了任命,获得了权力,就意味着要肩负起领导、指挥、组织和发展社会生活的重大责任,带领人民朝向安逸美好的生活愿景前进。简言之,他们的权力是由人民赋予的,他们是人民群众利益的代言人,要向人民负责,并要时刻地处于人民群众的监督之下。因此,这种领导利益与被领导者之间的关系是一种有别于过去的、全新的领导关系。

社会主义的领导关系,从时间上看,早在工人阶级政党领导人民群众夺取政权,为建立社会主义制度而斗争的过程中就已经逐步建立和形成了,而非在社会主义制度建立以后才形成的。中国共产党在领导我国的新民主主义革命过程中,就已构筑起这一平等的、同志式的领导关系。这种新型的领导关系为保证革命事业的胜利起了巨大的作用。

(2) 社会主义领导的本质:服务于民

社会主义社会的新型领导关系决定了社会主义领导的服务型本质。马克思、恩格斯十分重视无产阶级政党——共产党——的领导地位,并致力于揭示无产阶级领导行为的本质。两位思想家多次指出:作为无产阶级革命斗争的领导者,作为无产阶级根本利益的代表者共产党人"没有任何同整个无产阶级的利益不同的利益"。马克思、恩格斯在《共产党宣言》中阐明社会主义运动的性质时指出:"过去的一切运动都是少数人的,或者为少数人谋利益的运动。"[①]马克思在总结巴黎公社经验时提出,无产阶级领导者应该是"为社会做公仆"和"社会的承担责任的勤务员"。[②] 也就是说,无产阶级领导的本质是做人民的"公仆""勤务员",服务于民,为民谋益,此为与其他阶级领导的最根本之不同。

新中国成立以来,我们党的领导人对领导的本质的认识与理解存在共同的基调。毛泽东多次强调领导干部要"为人民服务"。改革开放以来,邓小平指出:"领导就是服务。"服务的好坏与否,必须以"人民拥护不拥护""人民赞成不赞成""人民

---

① 《马克思恩格斯选集》第1卷,人民出版社2012年版,第411页。
② 《马克思恩格斯文集》第3卷,人民出版社2009年版,第194、156页。

高兴不高兴""人民答应不答应"为根据。进入21世纪后,第三代领导集体以宽阔的世界眼光和独到的战略思维,创造性地提出了"三个代表"重要思想,这一思想为新时期、新世纪领导干部践行社会主义本质要求确立了方向。党的十六大以后,以胡锦涛为总书记的党中央领导集体在新的历史条件下,审时度势,及时提出了坚持以人为本的科学发展观,突出强调"发展要依靠人,发展的目的是为了人"这个根本问题。

党的十八大以后,以习近平同志为总书记的党中央领导集体,对社会主义领导的本质给出了新的理解。他指出,坚持全心全意为人民服务的宗旨,必须落实到领导者制定和实施党和国家方针政策的工作中去,必须落实到各级领导干部的思想和行动中去,必须落实到关心群众生活的工作中去。习近平同志在他第三次到遵义时用一种平易近人的方式诠释了领导的本质,他指出:政策好不好,要看乡亲们是哭还是笑。要是笑,就说明政策好。要是有人哭,我们就要注意,需要改正的就要改正,需要完善的就要完善。①"坚持群众路线,就要坚持全心全意为人民服务的根本宗旨。'政之所兴在顺民心,政之所废在逆民心。'全心全意为人民服务,是我们党一切行动的根本出发点和落脚点,是我们党区别于其他一切政党的根本标志。党的一切工作,必须以最广大人民根本利益为最高标准。检验我们一切工作的成效,最终都要看人民是否真正得到了实惠,人民生活是否真正得到了改善,人民权益是否真正得到了保障。面对人民过上更好生活的新期待,我们不能有丝毫自满和懈怠,必须再接再厉,使发展成果更多更公平惠及全体人民,朝着共同富裕方向稳步前进。"②

五、领导的未来走向

随着生产的高度社会化和科学技术的飞速发展,现今的领导者面对的社会情况复杂、结构多样、发展迅速。传统的经验型的个人领导已很难适应社会形势发展的需要,现代领导越来越表现出新的变化趋势。

1. 领导主体的集团化

集团化是民主领导的前提,西方领导学理论中的领导人素质、权限、责任、配置、结构等等都是由领导集团化引发出来的问题。在小生产时代,政治上实行的是君主专制,"朕即国家",经济上实行的也是专制的家长制。今天,任何领域的领导不再是一个人,而是一个集体,是由"软专家"组成的集团。在西方经济领域中,发

---

① 《习近平考察贵州:政策好不好 要看乡亲们是哭还是笑》,http://news.xinhuanet.com/politics/2015-06/17/c_1115638309.htm,2016年3月15日访问。
② 习近平:《在纪念毛泽东同志诞辰120周年座谈会上的讲话》,载《人民日报》2013年12月27日第2版。

展充分完备的股份制公司,由于股权的分散化,劳工和非股东专家进入决策集团,使得任何个人企图控制企业、实行个人说了算的家长统治几乎是不可能的。

在人类社会历史长河中,古今中外出现过许多卓越的领导人才,但在进入现代社会以前,他们的共同特点就是凭借个人的知识、经验和智慧等,发挥其领导才能,即经验型领导。这种个体的经验领导,是与当时的小生产方式相适应的。小生产方式具有规模小、变化慢、影响面狭窄等特点,与此相适应,经验领导主要是凭个人的知识、经验和智慧进行决策。但现代的社会化大生产,不仅规模大、分工细、联系广、发展快、功能多,而且结构复杂,因素复杂多变,往往"牵一发而动全身",因一两个环节不慎失误而祸及全局。因此,仅凭传统的经验领导越来越不能适应了,现代集体的科学领导已经成为必然趋势。不可否认,领导者自身的学识、专业技能、实践经验等依旧是宝贵且有用的,但只有在现代集体的科学领导中得到运用,其作用才能得到充分的发挥。

2. 领导基础的信息化

现代社会已经进入信息时代,信息和知识的掌握和运用,越来越具有比资本和产品更重要的作用,尤其是信息的反馈对事业的兴衰成败往往具有决定性的意义。所谓信息,从广义上说,就是客观世界的各种事物特征和变化的反映;从狭义上说,信息是以物质载体为媒介反映出来的一种新的信号和消息。现代社会信息复杂多变,领导决策往往很难做到万无一失,为此必须善于从不断发展变化着的形势中随时捕捉新的信息。从实际情况出发,及时修正、充实、调整或更新原有的决策,必须加强信息反馈工作的力度,充分发挥其功能,以保持应有的应变能力,减少和避免不应有的失误。现代领导工作的每个环节、决策的每个步骤都离不开信息的作用。现代领导工作要适应信息社会的需要,就必须特别重视信息及信息工作在领导决策中的作用,尤其重视信息反馈,它是保证领导决策的连续性和不断趋于优化的重要环节。如果说管理靠认真来支撑,经营靠变化来支撑,那么,领导和决策就要靠充分、及时、准确的信息来支撑。

3. 领导过程的民主化与法治化

近代以前的领导方式,主要是领导者以个人的意志理事治国,即"人治"。那时有关领导学方面的著作大多是对帝王将相的政治活动以及个人领导经验的记录和总结。我国在过去单一的计划经济体制下,领导方式也基本上是"人治"型,领导活动带有较大的领导者个人的主观随意性。克服领导的随意性和"家长制",真正实行民主领导或实现领导的民主化,必须加强法治,切实做到法治领导。民主是法治的内容和本质,法治是民主的体现和保障,民主与法治的统一在领导活动中集中体现为法治领导或领导的法治化。法治化的领导方式是一种维护民主、铲除专制、安定社会、提高领导绩效的现代领导方式。领导者要依法办事,杜绝法律定而不行、言而无信,甚至法不责众、"刑不上大夫"的现象,做到"法律面前人人平等",真正实现"有法可依,有法必依,执法必严,违法必究"。

4. 领导方式的科学化与艺术化

客观地说,领导活动一开始并未上升到科学的高度,随着社会实践的不断发展,一些领导者开始注意积累经验,以丰富自己的知识,提高自己的领导技能。这种在一定经验和知识基础上的领导职能就是领导艺术。领导艺术具有经验性、非模式化和实践性等特征。领导艺术是领导者的经历、学识、个性、能力等因素相互作用所构成的聚合状态。不过,这种状态会因时、因地、因人而异,并没有统一的模式。领导艺术来源于实践,也只有回到领导实践中才能不断地得到检验和发展。领导的科学化旨在使领导能够成为科学规律所支配的特殊活动,并使失误减少到最低限度。但是,领导的科学化并不一定能够解决所有问题。换句话说,现代领导仅仅依靠科学的程序和原则是不可能最终达到组织的目标的。因此,要想达到既定目标,领导者必须辅之以各种行之有效的激励机制将组织的目标转化为个人的目标,使其为实现组织的目标而努力,这就是领导的艺术化。领导的科学化与艺术化既有区别,又有一定的联系。一方面,领导的艺术化为其科学化提供了基础。领导经验和技能是有用的,抛开领导经验和技能,去搞所谓的程序化、规范化,不切实际。另一方面,领导的科学化又促进了其艺术化的发展。领导不仅是高层次的活动,而且涉及面广,问题复杂,这不仅需要定量的数学方法,还需要有丰富的领导经验和高明的领导技能。有了领导的科学化对领导的艺术化更高的要求,就会使领导艺术化的发展更进一步。

第二节 领导科学研究的发展历程

一、西方领导科学的研究发展

领导科学能够在 20 世纪产生,主要是根源于现代社会化大生产活动和现代科学技术的发展要求以及社会分工的进化和发展。社会需要是这门科学产生和发展的直接动力。

(一) 领导科学在西方产生与发展的条件

1. 领导科学的产生与发展是现代科学技术进步的产物

19 世纪末至 20 世纪初,力学、物理学上的巨大进步,带来了一场科学革命。蒸汽机的发明标志着科学技术的发展跨入了一个新的时代。尤其是第二次世界大战后,自然科学的发展进入了一个新的阶段,出现了原子能、电子计算机、互联网和空间技术,发生了影响深远的新技术革命。现代科学技术发展的新趋势是:高度分化和高度综合。一方面,各门学科分类越来越细,分支越来越多;另一方面,各学科彼此渗透,相互连接,高度综合,不断开辟出科学研究的新方向、新领域,产生了许多边缘科学、综合科学、交叉科学。

科学技术已经渗透到社会生活的各个方面,经济、政治、军事、教育、文化等领域无不深受现代科学技术的影响。工程自动控制技术、网络通讯技术的发展,产生了系统论、控制论和信息论等新兴学科。这为科学领导提供了基础理论和方法论手段。这些理论和技术手段的发展,无疑都是领导活动从经验上升到科学的必要条件,对领导科学的建立起到了积极的推动作用。

2. 领导科学的产生与发展是现代社会化大生产的产物

近代社会以来,特别是 20 世纪 30 年代以后,发达国家现代化大生产的规模越来越大,专业化分工越来越细,社会联系越来越密切,生产力得到迅猛发展。

一方面,现代社会化生产互动日益复杂。现代社会化大生产与近代社会及以前的小生产有着显著的不同。小生产规模小,联系不广,变化迟缓,主要依靠技艺和经验就可以维持并且发展。而社会化大生产却出现了大科学、大工程、大企业,其特点是:规模宏大、结构复杂、信息巨量、因素众多。面对如此高度综合的系统,单凭个人的经验与智慧是无法胜任领导活动的,领导者必须有一套科学的原理与方法作为领导活动的指导、依据与媒介。

另一方面,现代化大生产社会活动的覆盖面广、影响大。小生产的主要特点是自给自足、规模小、影响小,即使犯错误也容易改正。而现代社会化大生产是建立在整体化、综合化和科学化基础之上的,规模大,影响也大。一旦出现问题,对社会各个领域都会产生巨大而深远的影响,有些影响和后果甚至是灾难性的和无法挽回的。

因此,无论从联系的广泛性还是从后果的严重性来看,现代的领导者都不能不重视科学的领导方法和态度。同时,他们也必须依靠智囊与群众,建立适应高度现代化、社会化的大生产活动所需要的领导体制,以增强驾驭复杂形势和应对高风险的能力,避免重大领导活动的失误,最大限度地提高领导效能。

3. 领导科学的产生与发展是现代社会分工发展与深化的结果

社会分工是生产发展、科学发展的重要因素,也是整个社会发展的重要杠杆。社会分工有两个发展方向:一个是按照劳动部门的不同进行的横向分工;另一个是按照劳动过程的不同阶段进行的纵向分工。人类历史上最早发生的是农业与畜牧业以及后来的农业与手工业、体力与脑力劳动相分离的横向分工。

正如恩格斯所说,在带来社会大分裂的同时,分工也带来社会文明的大发展。而社会的纵向分工相对来说产生的要晚,发展也比较缓慢,人们对它的认识与研究相对较少。

曾有学者将现代社会的三大分工表述为决策与执行的分工、决策与咨询的分工及决策与监督的分工,其中决策与执行的分工是导致领导与管理分离的直接社会根源,是领导科学产生的极其重要的客观基础。美国行政学家西蒙认为,决策、计划等职能从日常的生产、管理活动中分离出来,即决策工作的专门化就是直接导致了领导科学的产生。

综上所述,领导科学是适应社会化大生产的客观要求,伴随着社会分工,并借助于现代科学技术的推动而产生的,同时在现实的领导实践活动中不断丰富和发展起来的。

（二）领导科学在西方产生与发展的历程

西方领导科学诞生于20世纪30年代,从其产生和发展至今,西方领导科学的发展历程大致经历了以下三个阶段:

1. 初创阶段

领导科学是伴随着管理科学的发展,特别是随着行为科学的出现逐步形成自己的体系的。在其形成初期,领导科学的研究和发展,主要是源于经济管理科学发展的启示,领导科学因此同经济管理科学相辅相成,存在诸多相似之处。

早期的领导学界的专家和学者们对泰勒的科学管理理论和方法给予了积极的评价和吸收,形成了一些共同的领导理论原则。如系统化原则——要求领导组织系统化;计划原则——要求领导过程有符合实际、周详的规划;协调化原则——要求科学地分工合作、完成使命;效率化原则——要求以最经济的手段获取最大的效果。这些原则对于改进领导工作、提高效率、建立和发展领导科学起到了积极的作用。

但这一阶段的领导理论也存在突出的缺陷,主要是过分地注重提高工作效率,忽视了人的因素,特别是领导者与被领导者之间的关系;过分注重物质资源的控制和作用,忽视了领导者与被领导者行为的心理和社会层面,这反映出领导科学在这一阶段还远未成熟。

2. 成长阶段

在领导科学产生的同一时代,西方主要国家遭遇了前所未有的经济大萧条,工人运动此起彼伏。这使得领导工作、领导理论受到很大冲击。这时一些从事管理学和领导学研究的学者,开始运用心理学、社会学、人类学等领域的最新成果来关注管理和领导活动中人的行为问题,从而为领导科学的发展增添了新的活力。例如,梅奥、马斯洛等人从不同侧面表明,在领导活动中实行民主领导、积极沟通、满足需求、适当授权、发挥潜能等措施能起到积极的重要作用。

在领导科学的研究中关注领导行为、领导者与被领导者之间的关系以及影响人们行为的因素和规律,标志着领导科学的发展进入了一个新的阶段。这一阶段的领导科学的理论主要实现了以下几次飞跃：首先，从只重视静态组织结构、制度、规则等，到同时重视组织中的人际关系的沟通、个人欲望的满足、非正式组织的作用。其次，从只重视监督控制到重视激发组织成员的积极性。再次，从专断决策到民主式决策。最后，从"重事"到"重人"。这表明人们对领导活动规律的认识进一步深化了。但是，由于这一时期的领导理论过分注重人的行为因素，因此忽视了组织结构、法规的作用，忽视了环境对领导活动的影响等。

3. 科学化阶段

随着时代的发展，科学技术的进步以及领导经验的总结积累，领导科学理论又有了新的突破，进入了科学化阶段。这个阶段的主要特点是广泛运用自然科学、社会科学以及管理科学的成就来研究领导活动，特别是运用系统理论、信息论、控制论以及计算机科学等来研究领导活动的科学化问题。系统管理理论认为，领导活动是一个由许多相互连接、相互依存的不同要素所构成的具有一定功能的整体，其各个部分彼此独立、相互制约，因此，在领导活动中既要看到与外界环境之间的关系，又要看到本系统内在各部分之间的关系；既要强调组织结构、工作程序等静态方面，又要强调人的因素。

当前，西方领导科学的发展很快，研究的领域不断拓宽，研究的内容也不断加深，已经成为一门体系严密的学科。

二、中国领导科学的研究发展

在我国，领导科学作为一门科学已走过了三十多年的发展历程。领导科学的产生和发展，不仅有其历史条件，同时也有其现实条件和原因。

（一）领导科学在中国的发展历程

在20世纪70年代末、80年代初，一些既有马克思主义理论修养又有现代自然科学基础的学者敏锐地观察到，现代化建设的领导在深度和广度上都是综合性极强的社会实践活动，涉及经济社会发展的各个领域和各个方面。指导现代化建设的各级领导者首先需要接受包括领导科学在内的科学理论和科学方法的武装。因此，建立和发展中国特色的领导科学，既有现实需要，又有现实条件。

作为我国最早拓展领导科学这个领域的知名学者，刘吉教授在1981年撰写了一篇题为《现代领导艺术》的论文。而最早提出领导科学概念的是赵红州教授，他撰写了我国第一篇全面论述领导科学与领导艺术的论文《领导科学与管理科学》，并进行了开拓性的研究。

"领导科学"作为一门课程的名称，诞生于1980年召开的全国首届未来学学术讨论会上。早在1981年11月，在中组部和中宣部联合召开的部分省、直辖市、自治区干部教育座谈会上，第一次明确提出了"各级党校要筹备开设领导科学课"的建议。到了1982年10月,在中共中央、国务院关于中央党政机关干部教育工作的决定中,就把"领导科学"列为党政干部必上的公共业务基础课,即把学习领导科学第一次写入中央文件。于是,1983年全国第一个领导科学教研室在黑龙江省委党校正式创建。

我国第一本领导科学理论专著是1983年5月广西人民出版社出版的《领导科学基础》,它是由夏禹龙、刘吉、冯之浚、张念椿四位教授撰写的。1984年冬,我国第一期领导科学师资培训班在北京举办。1985年3月,我国第一份领导科学专业刊物——《领导科学》创刊。1985年4月,我国首届领导科学学术讨论会在河南洛阳召开。1985年10月,中国展望出版社出版了王惠岩教授主编的《领导科学》教材。从此以后,研究领导科学的论文、著作、辞典等纷纷问世,以领导科学研究为主题的学术讨论会、研究会、杂志社等纷纷召开和成立。据不完全统计,现在全国已创办领导科学专业报纸杂志十多家,领导科学研究所十多个,中国领导科学研究会已于2003年经民政部核准注册登记成立,大部分省、直辖市、自治区也都成立了领导科学研究会,各省、直辖市、自治区的党校和两百多所高等院校相继开设了领导科学课程,与领导科学有关的著作、教材类图书至今已达千种左右。

近年来影响比较大的除了发行量已经超过100万册的《领导科学基础》之外,还有孙钱章主编的《领导新方略》,孙立樵编著的《现代领导学教程》,刘海藩主编的《现代领导百科全书》,刘峰著的《领导大趋势》,万良春主编的《新编领导科学教程》,黄强主编的《领导科学》《现代领导理论》,王乐夫编著的《领导学通论》,朱立言主编的《行政领导学》等等。

虽然领导科学作为一门新兴学科尚不够成熟和完善,但就其发展趋势而言,在马克思主义理论的指导下,在社会主义现代化建设实践中,我国领导科学研究必将本着"古为今用,洋为中用,以我为主,博采众长,融合提炼,自成一家"的精神,发展成为一门具有中国特色的马克思主义领导科学。

(二)中国领导科学研究的时下热点

在我国,对于领导科学的研究,更多的是倾向于会议交流论文和主题发言两种形式。会议交流论文和主题发言在聚焦领导者权力和能力的基础上,关注的领域非常广泛,涉及了领导与公平公正、领导与民生、领导与社会管理等问题。2011年7月25日,"领导科学发展30年理论研讨会"在哈尔滨召开。会议围绕"我国领导科学30年回顾与展望""我国领导科学学科建设""当前我国领导实践中的热点难点""领导科学的前沿理论"等方面展开深入研讨。其中,既有思想上的共识和交融,又有观点上的碰撞与交锋,代表性观点综述如下:[1]

---

[1] 孙昭:《回顾·传承·创新——领导科学发展30年理论研讨会综述》,载《领导科学》2011年第29期。

中纪委邵景均研究员认为,"领导科学必须关注反腐败问题"。如若不进行反腐败,任何领导都将走向垮台。他认为,领导科学研究的方向和任务应该从反腐败的视角切入,注重五个方面的研究:重大决策失误研究、领导干部选任制度研究、权力的监督体制研究、领导干部作风研究以及廉政文化研究。

中共山东省委党校李新泰教授认为,"公平公正是当前领导实践应着力解决的热点问题"。人民群众对公平公正的渴求同公平公正的缺失有关,目前我国一些地方和领域存在的公平公正缺失则是我们长期以来在政策上对公平公正问题的重视不够造成的。要切实保证我们的各项领导目标的实现,必须具备的一个要件就是做到把"一碗水端平",将公平公正的理念和做法切实贯彻落实到领导活动的全过程。实现科学领导要以公平公正为导向,其中包括:确立领导目标要以科学发展观和正确政绩观为指导,实现领导目标要以广大民众利益诉求的满足为基础,领导者心中要始终装着一杆公平公正秤,领导者要注意适时进行政策的调整和协调好公平公正导向与推进改革发展稳定的关系。①

针对"中国政府行政权力结构优化问题",黑龙江省人民政府研究室李清均博士认为,行政权力结构优化正在成为加快转变经济发展方式、调整优化经济结构、推动科学发展、促进社会和谐、惠及民生的内生动力;中国政府行政权力结构优化作为善治善为的结果,是政府人格化的价值取向更加关注公众集体利益、切身利益;在内外部发展环境条件不断硬约束的情形下,民本化的用权结构优化、改革红利释放的适度集权结构优化、基层组织自治导致的分权结构优化是新的研究命题内容;中国政府行政权力结构优化是理论创新与实践探索的结果。②

对于领导干部"选拔公开"模式问题,中国浦东干部学院领导研究院赵世明教授认为,作为提高选人用人公信度的一种有益探索,以电视直播为代表的"选拔公开"模式还存在一些需要思考和改进的问题。首先,民主问题。人们最为关心的还是"选拔公开"是否有利于完善干部工作的民主机制。其次,成本问题。"选拔公开"的组织和经济成本比较高,相关部门难以承受,这在一定程度上限制了"选拔公开"的推广和常态化。再次,岗位匹配问题。哪些职务岗位适合"选拔公开"还需要认真思考和权衡,并不是所有岗位都适合"选拔公开"。最后,考评问题。考评的内容与方式的科学性也有待进一步提高。在对这些问题进行分析总结的基础上,赵世明教授进一步提出了"选拔公开"模式的改进措施:一是将"选拔公开"纳入公开选拔党政领导干部的常规工作;二是选择适当的岗位实施"选拔公开";三是尝试电视直播以外的"选拔公开"方式;四是探索提高群众的参与程度和完善面试答辩的

---

① 李新泰、张书林:《公平公正是当前领导实践应着力解决的热点问题》,载《领导科学论坛》2012年第3期。
② 李清均:《中国政府行政权力结构优化问题研究》,载《领导科学论坛》2012年第1期。

工作内容与程序。①

(三) 中国领导科学的发展趋势

1. 理论研究上的"哲学化""规律化"趋势

现代科学的研究表明,一门学科是否有从哲学的高度、规律层面进行理论体系构建的自觉意识,是决定这门学科理论上能否摆脱被动和盲目、能否沿着科学健康轨道发展的关键,同时也是这门学科是否进入了健康发展轨道的一个评判标准。更确切地说,自领导科学在我国创立之初,便十分注重从哲学的视角、从规律层面展开理论方面的探究,并且成果颇丰。尤其是在有条不紊地进行现代化建设的背景下,国内领导科学领域中的诸多专家与学者均主张在对领导科学的相关概念、原则等方面进行研究时,将哲学分析的方法引入其中,以此取得更深层次、更全方位的理解,这样不仅在理论层次上有所突破,还有助于指导新的领导实践。其中,近年来对"领导科学学""领导科学哲学"等新兴学科的探究,就最恰当地证明了这种趋势。②

2. 研究方法上的"科学化""人文化"趋势

人类领导活动的一个重要特点就是既具有科学性,又具有人文性,是科学性与人文性相互融合的一种治国理政的特殊活动。作为研究揭示领导活动规律的领导科学研究,必须同时运用科学的方法和人文的方法,必须坚持科学与人文的统一。我国领导科学界的许多有识之士对此早就有所洞察,并进行了批判性的分析,认为我们在这两方面特别是在两方面的结合上都做得很不够。我国领导科学研究必须遵循领导科学的学科特点和规律,以科学化、人文化相结合的方式,构建中国特色领导科学研究方法论体系,并认为这是符合领导科学学科特点和发展规律的重要趋势,也是推进领导科学创新发展的正确方法论。

3. 体系构建上的"本土化""中国化"趋势

在我国,自领导科学创立之初,便指出要基于我国特有的国情之上开展中国特色社会主义领导科学理论体系的构建工作。改革开放三十多年,领导科学界对这一重大命题给予了充分重视,并在党的领导下以及有识之士的齐心探究之下取得了一系列成果。我国领导科学领域内的人士愈发地意识到,中国领导科学的一个核心发展取向是对中国的领导现实予以确切的描述与合理的解释,对中国特色社会主义中的领导规律予以揭示,对中国特色社会主义领导事业的发展走向予以预测,从而指导中国特色社会主义领导实践,其标志就是形成中国特色社会主义领导科学理论体系。

---

① 赵世明:《领导干部"选拔公开"模式的探索与展望》,载《领导科学论坛》2012年第2期。
② 姜平:《新世纪我国领导科学发展的十大新趋势》,载《领导科学》2005年第19期。

中国特色社会主义的领导实践离不开中国特色社会主义领导科学理论的指导；在中国特色社会主义领导科学理论的指导之下，中国特色社会主义的领导实践活动才能稳中有序地进行。这既是一种历史的必然，也是被中国革命、建设和改革实践所反复证明了的真理。

4. 研究视野上的"开放化""世界化"趋势

改革开放三十多年来，我国领导科学界在强调领导科学理论体系构建"本土化""中国化"的同时，为了谨防从一种文化偏见落入另一种文化偏见，关起门来搞所谓的领导科学研究，早在20世纪90年代初就提出要顺应世界大势，紧跟时代潮流，要有开放的胸怀、宽广的视野，要有世界眼光、战略思维，在超越西方领导理论制约的同时，超越自身的局限。

一方面，要大胆学习借鉴世界各国在领导科学研究方面的有益思想、理论、经验、制度和成功做法，不断提高和完善自己的领导理论和领导实践，推进中国特色社会主义领导科学理论体系的构建，促进中国特色领导文明的发展；另一方面，要主动走出去，加强与国际领导科学界的对话、交流和合作，通过自己的努力，为丰富人类领导科学理论宝库，推进人类领导文明，作出我们应有的贡献。近年来，我国领导科学界在大力倡导开放式研究、国际化交流合作等方面迈出了一系列步伐。

5. 发展取向上的"应用化""实践化"趋势

领导科学在我国是为适应新时期改革开放和社会主义现代化建设对领导变革的需要而诞生的，也是在不断解决改革开放和社会主义现代化建设实践中遇到的重大领导理论和现实问题中不断发展壮大的。领导科学从诞生的那天起，就显现了鲜明的应用性指向和实践性特征。从根本上讲，领导科学是一门应用科学，领导科学的生命就在于领导实践，深深植根于活生生的领导实践中。领导科学只有深深植根于活生生的领导实践，关注、聚焦、参与、总结、指导、改进领导实践，才能获得不断发展的源泉和动力，永葆领导科学的生机和活力，推进领导科学的创新发展。

三、中西方领导科学研究的差异性

由于社会制度、研究目的及领导活动本质的不同，我国的领导科学研究与西方的领导科学研究存在着很大的不同，可概括为以下几点：[①]

一是研究的参与主体不同。在我国，领导科学已成为一门独立的学科。参与领导科学研究的人员除了理论家与学术专家之外，广大政府部门或基层领导干部也参与其中。由此可见，我国领导科学研究的普及程度较广泛。但在西方，领导科

---

① 杜娟、刘兰芬：《中国领导科学研究综述》，载《理论探讨》2009年第2期。

学仍旧未从管理学和社会学中独立出来,研究的专业性更强,进行领导研究往往是具备相关专业学识的专家与学者。

二是研究的侧重点与范围不同。我国的研究人员更加注重对领导活动中宏观层次的研究,凡是与领导活动有关的内容几乎都涉及了,可见研究范围之广泛,研究内容之丰富。一方面,将研究重点置于战略规划、科学决策、领导体制、领导职能、领导素质等方面;另一方面,在研究取向上凸显出系统性与完整性。而国外的专家与学者认为领导活动主要是指沟通、协调、激励,因此他们将研究的侧重点置于权利与领导效能之上,着重在特质和行为等微观的层次上对领导活动的规律进行研究,在研究取向上强调的是适用性与应用性。

三是研究方法不同。我国的领导科学研究的具体方法是基于马列主义为指导原则之上提出的,如历史借鉴法、系统分析法、阶级分析法等,研究方法主要是定性的、思辨的方法。而西方的领导科学研究则常常借用成熟的社会学研究方法,在研究中注重将定性的方法与定量的方法结合起来用于研究,不仅有基于思辨方法的理论研究,更多的是经验式的实证研究。

第三节 研究领导科学的必要性及其方法

一、领导科学研究的必要性

(一)研究领导科学是社会历史发展的必然要求

人类社会发展到今天,领导活动对社会实践所具有的特殊而重要的价值越来越被人们所普遍认可,因此,领导工作越来越成为社会的一项相对独立的分工,成千上万人从事这项特殊的专业化劳动。领导者的领导知识、经验和能力关系到民族的兴衰、国家的存亡和事业的成败,因此,古今中外的领导者无不重视对领导经验与知识的积累与创造。当今人类社会已经进入经济全球化的时代,这对领导观念、领导方式提出了许多新的挑战。因此,必须认真学习和研究领导科学。

(二)学习和研究领导科学是迎接世界新形势的需要

当前,人类社会进入了所谓的全球化时代,同时一场新的技术革命也在全球范围内兴起和发展。当今时代人类社会的主题已由过去的对抗冲突转变为和平发展,这种新的世界形势已经和正在给我们的领导工作提出一系列新的问题、新的要求和新的挑战。这迫切要求我们通过掌握科学的领导理论去研究新的问题,推动马克思主义理论在实践中进一步发展,并探索中国特色社会主义的领导方法与艺术,以便更好、更快地促进现代化事业的发展和和谐社会目标的实现,为中国和全人类作出我们应有的贡献。

(三)学习和研究领导科学是推进领导工作科学化的需要

马克思曾指出,理论在一个国家的实现程度,决定于理论满足这个国家的需要的程度。斯大林也认为,新的社会思想和理论,只有在社会物质生活的发展向社会提出新的任务以后才会产生。当前,我们面临着建设中国特色社会主义的历史任务,如何完成这一任务,是摆在全国人民,特别是摆在各级领导者面前的一个严峻问题。新时期的新特点对社会主义事业的领导者提出了新的要求。今后对任何重大问题的决策,不能停留在仅凭领导者个人经验和意志办事的传统方法和水平上,而必须采取科学的方法,按照科学的程序,进行科学的论证,力求减少和避免可能出现的重大失误。这就迫切要求我们加强理论建设,逐步建立具有中国特色的领导科学体系,从而使我们的领导工作科学化,开创领导工作的新局面。

(四)学习和研究领导科学是加强党的执政能力建设的需要

领导科学是领导活动的专业理论,是国家治理能力现代化中领导干部实现科学领导的必备知识,也是领导干部履行领导职能的有效工具。改革开放以来,加强党的执政能力建设的关键是建设高素质的干部队伍。一个政党有没有执政能力和执政能力水平如何,关键在于有没有一支高素质的干部队伍。这支干部队伍的整体素质如何,直接影响党的各项路线、方针、政策的落实情况,影响广大人民群众对执政党的态度和感情,从而影响到党执政的社会基础和群众基础。正确的政治路线要靠正确的组织路线来保证。中国的事情能不能办好,社会主义和改革开放能不能坚持,经济能不能快速发展起来,从一定意义上说,关键在人,特别是在于领导人才。作为一个现代领导者,必须能够充分而正确地认识社会主义领导的实质和领导者的本质;要懂得决策的基本程序和方法;还要有科学的领导方法和领导艺术等。要具备这些就必须学习领导科学。它可以帮助我们超越个人的局限,全面地认识现代领导的客观规律和方法。只有将实践与理论有机地结合,我们才能够在培养社会主义现代化建设的干部队伍,在实现领导科学化方面收到事半功倍的效果。

二、领导科学研究的对象

(一)研究对象

每一门学科都有自己特定的研究对象,领导科学作为一门学科,也有自己的研究对象和范围。领导活动是社会生活中的特殊领域,即有特殊的矛盾、本质和运动规律。从一般意义上说,领导活动的特殊矛盾及其规律,就是领导科学研究的对象。概况而言,领导科学有三个研究对象:领导者与被领导者组成的群体所产生的主观愿望和措施与客观环境和需求之间的矛盾及其运动规律;领导者与被领导者之间的矛盾及其运动规律;领导者的内部矛盾及其运动规律。内部环境包括:组织体制、人财物状况、上级领导情况等。外部环境包括：社会的政治、经济、文化影响等。这些环境的既定性不是某个领导者或被领导者个人愿望所能左右的，当愿望超越环境的限定，措施、方法等不符合客观要求时，就导致领导的失误和失败。在领导活动中，领导者和被领导者之间的矛盾也是客观存在的，如国家利益、集体利益和个人之间的矛盾，领导的官僚主义或消极作风与民众对领导的期求之间的矛盾等，这些矛盾伴随于领导活动的全过程。领导者的内部矛盾包括各级各类领导机关之间的矛盾，如上下级组织之间的矛盾、不同性质组织之间的矛盾、领导班子内部领导成员之间的矛盾等。

领导和领导活动的社会属性，使得领导科学所研究的对象，在每一个社会形态中总是具体的、历史的；领导活动构成要素之间的关系和领导活动的基本矛盾，在不同社会制度下有着本质的区别，即使领导的一般职能和特征，在不同社会制度下也会采取各自特殊的形式。但是，这并不排斥各种领导活动之间具有共同的特点和一般规律。领导作为人类群体活动的必然产物，都是由领导者、被领导者、群体目标和客观环境等要素构成的，并由此形成领导者与被领导者、领导者主观指导与客观环境等基本矛盾，这些要素的相互结合、相互作用及构成的特殊矛盾运动，体现出领导活动所具有的自身客观发展规律。从这个意义上说，领导科学就是以领导活动诸要素相互结合、相互作用的矛盾规律作为其研究对象。

（二）研究角度

1. 对领导系统的研究

不管在什么社会中，领导活动都是由多种因素相互结合而成的。这一研究重点放在领导活动的组成要素上，大致包括：领导者、领导的结构、领导的体制、领导的观念、领导的环境、领导的方法手段、领导的目标及绩效等。

2. 对领导活动过程的研究

这种研究侧重于领导活动的过程。由于领导活动是一个动态发展的过程，这一研究着重研究领导的产生及其变化、领导活动的进行及其发展，研究领导活动中的领导者与被领导者、领导者与领导环境等的动态变化的相互关系。

3. 对领导功能的研究

这一研究的重点放在领导活动的功效及产生的客观效果上。领导工作是一个完整的系统，包含各种相互联系、相互制约的因素，领导具有多种职能，如决策、组织、指挥、协调、控制等；领导根据不同的主观条件，因时因地因人而异，运用各种不同的方法、风格和艺术等。所有这些因素融合在一起，产生的效能就是领导的功能。功能性的研究不是放在其要素、元素上，而是放在各要素、元素相互作用后产生的最后效力和效果上。它是以结构的研究去探寻其要素、其结构，这种研究对于关心领导效能及提高领导效能的人有着特殊的意义。

4. 对领导主体的研究

把研究的重点放在领导者的主体素质上,在一定程度上是当代领导科学研究的潮流之一。它着重研究领导者个人作为领导所应具备的主体素质,如领导的能力、品德、人格、作风、修养、艺术、方法等。当代的领导工作凸显人性化、个性化、人格化,所以,对领导者的主体素质的研究呈上升趋势。

5. 对领导力的研究

进入新世纪以来,关于领导力的研究形成了新的高潮,主题是领导如何提高领导素质能力应对急剧变化的形势。无论是企业界还是政界或其他行业,都对领导力的提升情有独钟。各级领导干部对领导能力和领导水平的诉求,是推动领导力研究的强劲动力,在这种形势下,领导力已成为领导科学研究的核心范畴。

从领导主体的角度看,领导力是各种因素相互作用而产生的合力,是一种特殊的人际影响力,是领导者素质、能力及其影响力等各方面的总和。[①] 有人把 21 世纪称为"能力本位"的世纪。人的能力、创造力在竞争利益激烈的知识经济时代越来越重要,领导者更是如此。能否做好领导工作,已越来越多地依靠个人的能力和魅力,所以,研究领导能力的任务突显。在这一研究中又属对领导的权力(如何用权)、能力及扩大人格影响力的研究更为突出。

三、领导科学研究的原则、方法及任务

领导科学这一门新兴学科在我国的研究和学习虽然时间不长,但已得到各级领导和广大干部的极大重视。研究这门具有综合性特点的应用科学,必须解放思想、实事求是,掌握科学的方法,才能取得良好的效果。也就是说,要在马克思主义指导下,把理论概况与经验分析结合起来,把继承中华民族的优秀文化遗产与吸收国外的先进经验结合起来,坚持理论联系实际的原则,努力完善发展中国特色的领导科学。

(一)研究原则

1. 坚持以马克思主义为指导

马克思主义是无产阶级认识世界、改造世界的理论武器。只有运用马克思主义的立场、观点、方法,才能在学习和研究这门学科的过程中科学地分析领导现象,认识领导本质,正确而有效地运用组织,掌握科学的方法和艺术,履行好领导的职能;才能正确地继承和发扬党的优良传统和作风,按照党性原则去自觉地增强素质和修养,把前人、他人、自己的经验进行科学而系统的概括、总结,并正确地应用于实践之中。马克思主义经典作家关于领导问题的相关论述,对于我们研究领导科

[①] 李锡炎:《科学发展观视域中的科学领导与领导科学》,载《领导科学论坛》2011 年第 5 期。

学有着直接的指导意义,是我们确立马克思主义领导观念与方式的重要理论依据,因此要坚持以马克思主义学说与中国革命和建设的具体事件相结合的创新理论为指导,为真正建立一门有中国特色的领导科学作出应有的贡献。

2. 坚持理论与实际相结合

首先,要搞清楚社会主义领导科学的基本理论和内容。其次,要注意运用。只有把所学理论应用于实际,才能取得深刻的认识。再次,在应用中提高。领导工作,内容丰富,且不说当前领导科学的研究尚处在初级阶段,就是它达到了相当完善的程度,也难以囊括领导实践的全部内容。由此,必须注意在学习中应用,在应用中提高,在应用中丰富本学科的内容。需要特别指出的是,在我国当前条件下,即使是一般员工,也有一个如何发挥主人翁,理解、支持、监督领导者的问题。所以,对领导科学的研究,从严格意义上讲,不仅是领导者的事,也是作为国家主人的广大人民群众的事。如果有更多的人注意在实际生活中学习、运用领导理论、原则和方法,将大大提高组织整体的素质和效能。

(二) 研究方法

1. 实证方法

实证方法又称调查研究方法。这种方法是以实事求是的精神,重点研究领导科学本身"是什么",通过实际的调查研究收集大量资料,并进行定性与定量相结合的分析与研究,本着具体情况具体分析的原则,探求领导的特点与规律。注重利用现代科技手段开展调查研究,如尽量运用电子计算机进行信息处理从而作出关于领导现象的因果推论,是这种研究方法的特征。实验设计经常所根据的是先前已有的个案和相关研究的结果。实验通常包括自变量和因变量。自变量是研究者控制或改变的变量,用以测试假设它导致因变量的变化。

在领导科学研究中,因变量通常是那些领导有效性的衡量指标,如工作单位的绩效或下属满意度评估。例如,有学者为了确定魅力型领导者是否会因支持型或指导型领导者更能导致下属绩效的提高,就训练了一批演员去表现魅力型、支持型和指导型领导者,然后考察在他们不同的领导方式下,下属的工作绩效有什么变化。在这一实验中,不同的领导风格就是自变量,而下属的工作绩效就是因变量。

2. 个案研究

个案研究是对特定的领导者行为的深度分析。个案研究常见的形式是关于成功的领导者的传记。领导者传记通常会详细地描述领导者所面临的各种情景,领导者对这些情景所作出的各种反应和采取的行动,以及这些行动的后果。成功的领导者的传记可以为希望从事领导工作的人提供宝贵的经验,使他们了解在不同的领导情境下应当采取什么行动,特别是当其所处的情境与传记中所描述的领导情境十分相似时。这种方法的特点是以客观公正的第三者的立场与态度,通过广泛收集各种可能的资料,对已经发生的真实而典型的领导事件进行分析与研究,从正反两个方面发掘案例的价值,丰富领导科学的研究内容,指导领导工作的实践。该方法的关键在于资料真实、全面,能够充分反映事件全过程的各个主要因素及其相互关系。困难在于难以获得真实而完整的第一手资料,也很难保证资料分析者价值取向的正确性以及专业水平的适应性。

3. 历史方法

这种方法就是用历史的观点对领导活动进行观察与研究,注重考察领导和领导科学的起源、发展与演变的过程以及这一过程对社会的影响与作用,透过历史的轨迹,提升对领导规律的认识,达到以史为鉴的目的。运用这种方法,学习和研究领导科学要特别重视继承中华民族优秀的文化遗产。我国有悠久的历史,在漫长的历史过程中,对如何实施领导的问题,历代统治者、政治家、思想家多有论述,如《尚书》《春秋》《论语》《庄子》《资治通鉴》等。这些著作既是我们的民族财富,也是世界文化宝库中的奇珍异宝。了解和研究这些文化遗产,是历史赋予我们炎黄子孙的神圣使命,也是我们建立有中国特色的领导科学得天独厚的条件。

4. 借鉴方法

研究领导科学还必须注意吸取国外成功的经验和现代科学成果。社会主义要赢得与资本主义相比较的优势,就必须大胆吸收和借鉴人类社会创造的一切文明成果,吸收和借鉴当今各国包括资本主义发达国家的一切反映现代化生产规律的先进经营方式、管理方法。这些方法不是凭空出现的,而是当代科技、经济、社会向复杂、综合、加速发展的必然产物。所以,我们必须积极地吸收国外行之有效的管理理论和方法,广泛地了解国外的各种经验,并加以研究,有选择地在实践中试用,取其精华去之糟粕,再加以改造,使之适合我国的实际情况。同时,不能迷失方向,失去自我,要注意走自己的路,学习、借鉴国外经验,关键是消化,就是使之中国化、本土化、本社区化与本单位化。

(三) 研究任务

领导科学的任务是要为各级领导提供科学的领导原则、领导方法、领导艺术,从而提高各级领导的素质和水平,以胜任领导的工作。它结合现代领导工作的特点,总结其基本任务和原则,为领导者提供决策、组织、指挥、沟通、协调、控制、用人等方面的基本理论、原则和方法。

领导科学的性质决定了领导科学的任务。领导科学的任务就是为了指导领导工作实践。

第一,领导科学研究致力于提高领导工作的质量和效率,用科学决策代替经验决策,促进领导工作的科学化。

第二,领导科学研究致力于培养和造就一大批符合社会主义现代化建设需要的领导人才,提高领导者队伍的综合素质和领导能力。

第三,领导科学研究要致力于以建设中国特色社会主义的实践为发展动力,积极开拓领导科学的研究领域,改进领导科学的研究方式,不断探索领导科学的客观规律,在总结中外领导工作经验和教训的基础上,发展中国特色的现代领导科学。

本章小结

领导意指社会实践活动中,社会组织的领导者采用某一方式或手段对被领导者或组织中其他成员在行为或动机上产生作用,确保共同行为方向,并带领和引导他们对客观对象进行实践活动,以达成组织某一既定目标的行动过程。"领导"兼具两种词性,作为名词用的"领导"(即领导活动的主体)和作为动词用的"领导"(领导活动的过程),是对同一事物静态和动态两种视角的反映。领导的必要性体现在三个方面:第一,现实社会中组织的复杂性决定了领导及领导行为的存在;第二,社会组织的愿景可否实现,离不开有效领导;第三,领导是社会组织不可或缺的一种力量。

从领导的性质上看,领导具有二重性,即领导的一般属性或共同特征和领导的特殊性或具体属性,也就是领导的"自然属性"和"社会属性"。领导的本质是由其社会属性决定的。社会主义领导的本质是服务于民。

领导科学是以领导活动诸要素相互结合、相互作用的矛盾规律作为其研究对象。研究角度集中在对领导系统的研究、对领导活动过程的研究、对领导功能的研究、对领导主体的研究、对领导力的研究五个方面。研究方法包括实证方法、个案研究、历史方法、借鉴方法。

案例分析

海尔的人力资源管理模式创新①

在走国际化道路创世界名牌的思想指导下,海尔集团通过实施名牌战略、多元化战略和国际化战略,业绩持续、稳定增长,其品牌价值不但稳居中国家电业榜首,在国际市场的美誉度也越来越高。海尔清醒地认识到,要想成为国际化的名牌,每一个员工首先应成为国际化的人才。因此,海尔人才资源开发的目标必须适应企业实施国际化战略的大目标,为企业培养真正具备国际化素质和国际竞争力的人才。

海尔在人才资源开发过程中始终坚持观念创新、制度创新;坚持创造一种公

---

① 资料来源:韩叶:《浅析人力资源管理模式创新——以海尔集团为例》,载《管理学家》2013年第24期。

平、公正、公开的氛围,建立一套充分发挥个人潜能的机制,在实现企业大目标的同时,给每个人提供充分实现自我价值的发展空间。

海尔认为,每一个人恰似在斜坡上上行的球体,市场竞争越激烈,企业规模越大,这个斜坡的角度越大。员工的惰性是人才发展的阻力,只有提高自己的素质,克服惰性,不断向新的目标前进才能发展自己,否则只能滑落和被淘汰。止住人才在斜坡上下滑的动力是人的素质。在海尔谈到素质,人们都认同这样一种理念:在一点一滴中养成,从严格的管理中逼出。

为此,海尔实施了全方位的对每天、每人、每件事进行清理、控制,即所谓"日事日毕,日清日高",以求把问题控制在最小的范围,将问题在最短的时间内解决,把损失降低到最低的程度。斜坡球体人才发展理论在海尔深入人心,为每个员工提高自身素质提供了动力。从管理人员到普通员工,都十分珍惜每一次学习的机会,自觉地为自己"上坡"加"油"。

在海尔领导集体看来,企业不缺人才,人人都是人才,关键是能否将每一个人所具备的最优秀的品质和潜能充分发挥出来。为了把每个人最为优秀的品质和潜能充分开发出来,海尔"变相马为赛马"。海尔的人才资源开发自一开始就树立起"人人是人才""先造人才,再造名牌"的观念,人才资源开发部门不是去研究培养谁、提拔谁,而是着力研究如何发挥人员潜能的政策。海尔给员工设计了三种职业生涯:一种是专门对着管理人员的,一种是对专业人员的,一种是对工人的,每一种都拟出一个升迁的方向。

海尔采用的定额淘汰就是在一定的时间和范围内,必须有百分之几的人员被淘汰。在海尔没有"没有功劳也有苦劳"之说,"无功便是过"。同时,海尔实行"三工转换制度"。该制度是将企业员工分为试用员工、合格员工、优秀员工,三种员工实行动态转化。通过严格的工作绩效考核,使所有员工在动态的竞争中提升、降级、取胜、淘汰。努力者,试用员工可以转为合格员工乃至优秀员工;不努力者,就会由优秀员工转为合格员工或试用员工。更为严格的是,每次考评后都要按比例确定试用员工,如此一来,人人都有危机感。一种新的理念在人们的心中树立起来:今天工作不努力,明天努力找工作。谁砸海尔的牌子,企业就砸谁的饭碗。

海尔人认为:在新经济时代,人是保证创新的决定性因素,人人都应成为创新的主体。为此海尔设计了"市场链"的思路,让员工不断挑战自我。

(1)外部市场竞争效应内部化

海尔认为,企业内外部有两个市场,内部市场就是怎样满足员工的需求,提高他们的积极性;外部市场就是怎样满足用户的需求。在海尔内部,"下道工序就是用户",每个人都有自己的市场,都有一个需要对自己的市场负责的主体。"下道工序就是用户",他就代表用户,或者他就是市场。每位员工最主要的不是对他的上级负责,更重要的是对他的市场负责。

(2) 即时激励

为鼓励员工搞技术发明,海尔颁布了《职工发明奖酬办法》,设立了"海尔奖""海尔希望奖""合理化建议奖",根据对企业创造的经济效益和社会效益,分别授奖。

案例思考题:

1. 结合上述案例,简要地谈谈你对"领导"含义的认识。
2. 结合上述案例,简要地谈谈海尔如何领导员工。

拓展阅读

1.《领导力与领导艺术》,人民出版社、党建读物出版社2015年版。
2. 常健编著:《现代领导科学》,天津大学出版社2004年版。
3. 赵世明:《领导干部"选拔公开"模式的探索与展望》,载《领导科学论坛》2012年第2期。
4. 李清均:《中国政府行政权力结构优化问题研究》,载《领导科学论坛》2012年第1期。

第一章 领导环境

本章要点

1. 了解领导环境的概念、特征与类型。
2. 了解领导环境的内容。
3. 了解领导环境对领导有效性所产生的影响。
4. 了解营造积极领导环境的措施。

引例

1998年2月的英国《焦点》月刊评选"世界十大军事统帅",威廉·斯利姆荣登十大将军榜首,因为二战期间他在看来无法逾越的逆境中取得了惊人的成功。

1941年新加坡陷落之后,斯利姆接管了一支可能是历史上士气最低落、装备最差和分裂最严重的军队,但他运用高超的领导艺术在不利的领导环境中很快把这支军队的士气调动起来,并凭借少得可怜的兵力在恶劣的条件下取得了决定性胜利。斯利姆不仅是杰出的战略家,还是一位有人情味的、受人爱戴的领导人,他手下的人都叫他"比尔大叔"。

1942年1月,日军入侵缅甸;3月,仰光沦陷。作为英国将军的斯利姆被调去担任所谓的缅甸军军长。斯利姆面临极为不利的境遇。他原来熟悉的是沙漠地形、开阔地带,现在却要面对丛林和河流;特别是他指挥的部队对他很陌生;由于接连撤退,士气严重动摇,同时缺少地图和运输工具,没有人员、物资补充,没有增援部队;而且对日军的行动一无所知。在困境之中,斯利姆以其自身的品行和时常深入部队的行为很快在下属中激起了信心。4月19日,斯利姆接到朝印度东北部撤退的指令。一个月后,斯利姆指挥缅甸军克服难以想象的重重困难,胜利抵达印度。在整个行动中,斯利姆自始至终都表现出坚定的信心和高度的复原力。缅甸军的成功撤退被认为是斯利姆作为指挥官的一次最大的考验。

第一节 领导环境概述

一、领导环境的含义

从目前看,人们关于环境的定义已从生态学视野扩展到综合性科学范畴。美国哲学家、教育家杜威在定义环境时指出:"所谓环境,即是生物实行它的特别活动时有关系的种种情况的总和。"①"所谓社会环境,即是同伴的一切活动,这种活动与每个当事分子的活动有密切联系。""一切个人的活动与别人的活动有了关系的时候,他就有了社会环境。"②可见,环境在本质上体现着事物间的相互联系,是一个发展着的综合性概念。就一般意义而言,所谓一件事物的环境,是指影响和制约着该事物生存和发展的外部因素,即统指与此相关的自然因素、社会因素和文化因素的总和。因此,领导环境是指领导者或者领导集团实施领导行为所面临的周围境况,是制约和推动领导活动发展的各种自然要素和社会要素的总和,是领导活动的基本要素之一,它与领导者、被领导者和领导目标共同构成了领导活动的基本要素。任何领导活动都是在一定的环境中展开的,领导活动不但受到广泛的、外围的社会大环境的影响和制约,还受到具体的、内部的组织小环境的影响和制约。此处的环境包含以下两方面意思:一方面,它与领导从事的活动相联系,并非泛指一般环境;另一方面,它与实现领导的目标相联系,不是目标本身。我们将这两方面意义上的环境,称为领导环境。

(1)领导环境与一般环境既有联系又有区别。一般环境可以理解为整个世界,包括自然界、人类社会和思维。在这种情况下,领导环境只能是整个世界的一部分,即进入领导活动全过程的那部分,而非整个世界。一般环境也可以理解为客观世界,这是相对于主观世界来说的。领导环境则不尽然,它既有客观的成分,如自然环境、社会环境等;也有主观的因素,如道德环境、心理环境、思维环境等。

(2)领导环境与领导目标也不尽相同。领导环境当然可以作为领导者认识和改造的对象,这与领导活动所要达到的目标有一致之处。但是,领导者对领导环境的改造却通常是作为达到领导目标的手段来使用的。比如,军事领导者的目标是消灭敌人、保存自己,指挥员在敌我之间设置障碍以改变我方易被敌攻的不利环境,则是为了保存自己而使用的一种手段。

---

① 〔美〕杜威:《民主主义与教育》,邹恩润译述,陶行知校订,商务印书馆1928年版,第29页。
② 同上书,第20页。

二、领导环境的特征

任何领导活动总是同客观存在的物质世界乃至人们的精神世界发生各种各样的联系,并受其影响和制约。环境影响领导者和组织成员的情绪,影响领导方式和方法,影响领导职能的发挥,影响领导者的作风和素养。领导活动正常、高效地运行,离不开对环境的认识、适应、利用和改造。领导环境具有自身的特点,其主要方面有以下几点:

1. 环境的客观性

领导环境是领导过程中不以领导主体的意志为转移的客观条件。不管领导主体承认与否,认识到或认识不到,它都必然地存在着,并对领导活动产生影响。领导环境中的自然条件、社会条件和文化条件,既蕴涵着物质实体或物质关系,又蕴涵着意识形态或人际关系。这一切又都有其各自的存在方式和运行规律,都是不依人的主观意识为转移的。良好的领导环境,比如政治环境安定、人际关系和谐、组织结构协调、资源丰富、高精尖人才充裕等,是领导主体充分发挥才干、作出显著政绩的有利条件。如果机构臃肿、人浮于事、人际关系复杂、风气不正、资源短缺、人才贫乏、技术落后、设备陈旧等,即使是有才干的领导者,要作出显著政绩也将是十分困难的。领导者在实施领导活动中必须采取客观的、主动的和实事求是的态度,去认识和把握环境。绝不能采取回避的态度,更不能以自己的兴趣和爱好轻率地对待领导环境。这不仅是因为领导环境是领导者制定方针、路线和政策的重要依据,更重要的是领导环境影响和制约着领导工作的成功或失败。

因此,杰出的领导者总是能够清醒地认识和把握领导环境,充分运用有利环境,作出显著政绩,或积极改造不利环境使之转化为有利环境。在干部的选拔、考核、任命工作中,主管部门也必须充分考虑领导环境的客观性。良好的领导环境中,应安排德才兼备者担任领导人,只有这样才能充分利用环境的有利条件。不良的领导环境中,应安排有能力、有干劲者担任领导人,并通过他们将不良环境改造为优良环境。对干部的考核通常以实绩为主,这显然是正确的,但是,对干部实绩的考核,只有结合领导环境的客观情况综合考察,才能真实地反映出干部的成绩与缺点,做到科学评价。也只有这样,才能避免"以成败论英雄"的片面性带来的失误。

2. 结构的复杂性

领导环境所包含的因素多,并且处于运动过程中。因此,领导环境具有复杂性。领导环境是一个物质因素和精神因素的复合体。领导环境的这种复杂性,不仅表现在诸因素的相互交叉和运动上,而且当领导活动与领导环境结合的时候,则更表现出错综复杂的情况。首先,领导环境是动态的、不断发展变化的。在领导环境发展变化过程中,往往出现使领导者难于把握的趋向和规律。其次,领导环境所包含的各种因素中,有的是可控的、可定性或定量分析的,但有的是不可控的,无法用定性或定量方法分析。加之领导环境在其自身发展过程中,可控和可分析的因素与不可控和无法分析因素间发生各种作用和转换,尤其是一些潜在因素的涌现,更使领导环境复杂化了。最后,领导环境中既有固定因素,又有随机因素,这两种因素在领导主体意志的参与下也会发生变化。一种可能是使不清晰的因素进一步清晰化了,另一种可能会出现清晰的因素模糊化和模糊因素更加不清晰化,这样一来领导环境就会更为复杂化。领导者只有认清领导环境的这种复杂性,才能提高领导环境意识、锻炼治理环境和利用环境的自觉性。

3. 作用的多样性

领导环境对领导活动所产生的作用是多样的、复杂的,其主要表现有以下几个方面:首先,领导环境的不同决定了领导方式的不同。如战争时期与和平时期领导方式的不同;自然经济与商品经济的领导方式的不同;经济工作与政治工作的领导方式的不同;常规性领导方式与非常规性领导方式的不同等。总之,领导环境的性质与特点,主要决定了领导方式的性质与特点。其次,领导环境的不同决定了领导工作的成效不同。对于同一领导主体来说,有利的领导环境可以形成充分发挥其才干的舞台;不利的领导环境,则会限制、阻碍领导主体才干的正常发挥,甚至会使领导主体的才干湮没在无谓的纠缠之中,而得不到应有的发挥。最后,不同的领导环境可以对领导主体产生不同的心理影响。良好和谐的领导环境,可以使领导主体心情舒畅,处于创造性、能动性、主动性的兴奋状态,有利于提高工作效率。不利的领导环境,导致领导者厌烦、苦闷、麻木等等,使其创造性、能动性、主动性常常处于被压抑状态。

4. 运动的变化性

任何事物都处于永恒的运动之中,领导环境也不是静止不变的,而是不断运动变化的。随着人类认识与改造自然的能力不断提高和生产的不断发展,人类社会的政治、经济、文化等各方面也都在发展,因此领导环境也必将随之不断地发生变化。当前,随着经济体制改革的深入,我国政治体制改革也正在逐步展开,在党政分开、简政放权、精简机构,以及干部队伍的革命化、年轻化、知识化、专业化等方面都取得了一定的成绩,对优化领导环境起到了良好的作用。可以预料,随着政治体制改革的不断深入,领导环境必将得到进一步优化。而领导环境的优化,对于提高领导效率,加速四个现代化建设,必将发挥重大的作用。

5. 系统性

领导环境是一个系统。组成领导环境系统的基本要素有自然条件、社会条件和文化条件。这三个方面不仅各自都是一个系统,而且它们之间相互关联、互相制约,形成了一定的结构。领导环境的系统性说明,领导者在对待领导环境问题上,首先必须树立系统观念,重视系统整体功能的发挥。其次,要求领导者必须经常注意到协调构成领导系统的诸子系统之间的结构、层次和制约关系。某一子系统功能不佳,不一定影响整体系统功能的发挥,但如果调整不好构成领导系统的诸子系统之间的结构、层次和作用关系,便会导致大系统整体功能的低下,必然影响领导工作的效能。最后,领导环境的系统性告诉我们,领导者可以站在系统高度来努力调整系统子因素间的关系,使领导环境系统为领导系统服务。

不仅如此,领导环境还是一个弹性系统,是可以被领导者改造和利用的。虽然领导环境是客观存在的,但并不意味着领导者只能顺其自然、任其摆布。领导者不仅要能认识环境和利用环境,而且还可以治理环境、改造环境。当然,这种"治理"和"改造"不是随心所欲的,而是在认识和掌握客观环境发展规律和趋向的基础上,加以科学的和恰当的引导,推动环境的发展,使客观环境为领导活动服务。根据辩证唯物主义的看法,决不应当把人和客观环境对立起来,而应将二者结合起来。要做到既重视客观环境,又在认识客观环境基础上改造和利用环境,使客观环境的规律性和主体的能动性结合起来,这便是人类创造历史的轨迹。

三、领导环境的分类

对于领导环境,可按照不同的性质和标准作如下分类:

(一)按照领导环境的性质划分

按照领导环境的性质划分,领导环境可分为领导的自然环境与领导的社会环境(包括领导的政治环境、领导的经济环境、领导的文化环境、领导的技术环境)等。

1. 领导的自然环境

领导的自然环境包括领导区域内的地理位置、相邻外界、气候、资源等。

2. 领导的政治环境

领导的政治环境包括国家、政党、领袖,以及路线、方针、政策、法律、法令等。

3. 领导的经济环境

领导的经济环境包括经济制度、生产力、生产关系、经营管理方式等。

4. 领导的文化环境

领导的文化环境包括民族文化传统、文化意识、文化网络,以及科学、教育、信仰、观念、意识和思维等。

5. 领导的技术环境

领导的技术环境包括技术工程、技术水平、技术的发明创造、技术应用等。

(二)按照领导环境的发生划分

按照领导环境的发生划分,领导环境可分为领导的过去环境、现实环境和未来环境。

1. 领导的过去环境

领导的过去环境包括相关的历史沿革、历史条件、历史资料、历史地位和历史作用。虽然过去环境对当前的领导活动和领导行为不会产生显著的影响和作用，但是对于现代领导者而言，在过去的领导环境中发生的一些颇具历史意义的领导活动，或者产生的具有较大影响力的领导者以及他们的领导方法和领导风格等，都具有一定的参考价值和学习借鉴意义，现代领导者非常有必要去了解和掌握其中的基本情况。

2. 领导的现实环境

领导的现实环境包括领导工作所处的现实境域、领导周围的势态、相关领导的诸因素状况、制约领导成功或失败的条件等。现实环境是每个领导主体必须关注的，因为无论是已经开展的领导活动和领导行为，还是将要开展的领导活动和领导行为，都无法脱离现实的环境而存在。领导主体要时刻注意到现实环境的方方面面，将领导活动紧密地同现实的领导环境联系起来，利用有利环境，协调并改造那些不利环境，从而为领导活动的开展提供最有益的现实环境。

3. 领导的未来环境

领导的未来环境包括领导工作未来历史进程中所遇到的情境的总和，如未来的时代以及未来的自然条件、社会条件和文化条件。从表面看，未来环境似乎对当前的领导主体、领导行为、领导决策不会产生太大影响。但是，成功的领导者通常不会墨守成规，他们会站在时代的前沿，高瞻远瞩地审视未来，他们会积极主动地去探索和研究未来的环境和情势，分析和把握其中一些不确定的因素，在某种程度上规避这些不确定因素所带来的风险，从而引导组织走向成功，最终实现领导目标。

（三）按照领导环境的作用划分

按照领导环境的作用划分，领导环境可分为领导的有利环境和领导的不利环境。

1. 领导的有利环境

领导的有利环境是指环境各方面的条件和因素都比较稳定和谐，并朝着良好势态的方向发展，它对领导主体开展领导活动具有积极的促进作用，有助于领导活动正常、高效地进行，有利于组织目标的顺利实现。

2. 领导的不利环境

领导的不利环境是指环境各方面的条件和因素都处于较为恶劣的状态，如污染日益严重的自然环境、动荡不安的社会环境、风云变化的国际环境、充满矛盾与冲突的内部环境等。不利环境会对领导决策的实施和领导目标的实现产生一定的阻碍作用。

3. 领导的有利环境和不利环境的转化

领导环境对于领导工作的有利和不利并非是绝对不变的。在领导实践中，暂时认为不利的环境，并不意味着永远不利；即使是不利的环境，经过努力工作，常常会变为有利环境。而一时看来为有利的环境，弄得不好则会演变为不利环境。领导的工作就在于充分利用有利环境，并发挥其巨大作用；引导和协调不利环境，或妥善地克服和回避不利环境。所谓领导者要审时度势，也是指领导者要准确分析领导环境、科学利用领导环境、巧妙避开不利领导环境。在利用有利环境和避开不利环境的工作中，要求领导者要随机应变、因势利导、抓住时机、乘胜前进。

(四) 按照领导环境的可控程度划分

按照领导环境的可控程度划分，领导环境可分为领导的可控环境和领导的不可控环境。

1. 领导的可控环境

领导的可控环境包括完全可控环境和部分可控环境，这决定了领导者对可控环境要素的结构、层次和运行机制的掌握程度和所运用的技巧。可控环境有利于领导者和追随者对环境进行利用和改造，更有利于推进领导活动的健康发展。

2. 领导的不可控环境

领导的不可控环境包括在领导控制范围和能力以外诸因素组成的环境。面对不可控环境，领导者和追随者往往表现得比较被动，他们的思想意识、认识水平和行为方式都会受到一定的限制和制约，甚至会处于一种困窘状态。

3. 领导的可控环境和不可控环境的转化

领导的可控环境与不可控环境之间不是绝对不变的，可以相互转化。即在可控的环境中也有一些随机因素属于不可控的，如人的心理、思想、情绪等因素。一般地说，能称为可控环境的，都属于领导者做到了"心中有数"，并"胸有成竹"。不可控环境，属于领导者"心中无数"。对于"心中无数"的不可控环境，领导者一方面要本着没有不可认识的事物及其规律的哲学信条，作进一步调查研究、努力探索；另一方面，要及时准确地制定对付不可控环境的科学决策，以应付不可控环境的干扰，这样就能够把握领导环境的主动权，使自己立于不败之地。

四、领导环境的重要性与作用

(一) 领导环境的重要性

领导环境是关乎领导成败的重要方面，它直接、间接地影响着领导活动和领导过程。领导环境是同领导成败得失密切相关的外在条件，是领导主体赖以生存、发展和发挥作用的综合性客观基础和客观条件。因此，领导者和追随者在进行领导实践活动过程中应充分认识到领导环境的重要价值与作用。

1. 领导环境是领导活动的必要条件

领导活动都是在一定环境中进行的,任何领导活动都依赖于特定的环境而存在。如乔恩·L.皮尔斯所言:"个人不会因为一些特性的组合便成为领导,但领导者个人性格的模式应该与其追随者的性格、活动以及目标有一定的关系。因此,必须根据不断变化的变量之间相互关系来理解领导。"[1]环境特征是一个尤其需要注意的因素,发现谁是领导的人选并不困难,但把他们安排在能够发挥其领导才能的不同环境中却是另一回事。很明显,对领导的全面分析不仅包括对领导者自身的研究,还应当包括对环境的研究。否则,领导者就无法进行有序的领导活动。

2. 领导环境是领导决策的科学依据

决策是领导者进行领导活动的重要职能,是领导活动的开始,并贯穿于整个领导过程,而领导者决策总是在一定的决策环境中进行,一个领导决策是否正确、合理和恰当,能否顺利实施,它的影响效果如何,不仅取决于决策者和决策方案,而且直接取决于领导决策所处的环境和条件。领导者在进行决策时,应当集中精力去认识环境的性质和特征,分析环境运行和发展的内在规律,研究所处具体环境对领导工作有什么要求,会产生什么影响和阻碍,在决策过程中有什么难题和压力,或者存在哪些需要领导者必须加以解决的问题等情况,针对环境的需求,慎重地选择领导方式和科学地制定决策。此外,领导决策始终是信息行为,是收集、整理、加工、判别和决策信息的过程,也是形成和产生具有权威性的新信息的过程,没有信息,就不会有领导决策,没有信息的领导决策是不存在的。而领导决策所依据的所有信息都是从领导环境中获取的,领导环境是决策信息发生和产生的源泉和载体,而各种信息又给领导决策提供了科学的依据。总之,领导决策行为实际上就是决策者的主观因素和决策环境这两方面共同作用的结果。

3. 领导环境是领导者创新的客观基础

领导者的创新是个人主观和客观相结合的产物,离开客观环境,领导者就无法进行有效创新。营造一种能够滋养创造力的环境是领导者促进变革创新的最佳途径之一。随着全球化进程的加快,经济社会也在加速推进和变化,整个国际环境、社会环境乃至自然环境都在发生深刻的变化,领导环境和领导面临的问题也在不断发生变化,领导目标和领导战略总是在不断地向更高、更远处调整和更新,领导任务和领导决策总是在不断地变动、翻新,领导的思想观念和方式方法都需要不断革新。这就决定了领导者必须与时俱进,不断变革和创新,只有这样,领导者才能在新环境、新压力和新挑战面前立于不败之地。变革型领导者往往关注变化的领导环境,鼓励创新,用广阔的视野和高远的着眼点来审视、把握社会环境、国际环境

---

[1] 〔美〕乔恩·L.皮尔斯、约翰·W.纽斯特罗姆:《领导者与领导过程》,北京华译网翻译公司译,中国人民大学出版社2003年版,第57页。

和时代环境。他们会带着强大的改革勇气和创新的力量去主动地适应环境,更积极地反作用于环境,营造一种有利于组织发展、有利于领导目标实现的全新的环境。

4. 领导环境是塑造领导素质的基本因素

领导素质不仅体现了一位领导者的领导水平和领导能力,而且是领导者展开领导活动的基本条件,是提高领导绩效的重要因素,是领导者赢得追随者的重要保证,更是其提升领导方法和领导艺术的源泉。如此看来,塑造优秀的领导素质对领导者和领导活动具有重要意义。领导者都是在一定社会中形成和发展的,常言道:"时势造英雄",环境对领导者起着制约和影响作用。而领导者的素质的形成与变化都离不开其所处的环境,不管是先天遗传的素质还是后天所培养的素质,它们都是环境作用的结果,都是在社会实践环境中不断得到强化和锻炼,最后发展为一位合格、有效的领导者所应具备的基本素质。良好的环境有利于领导者形成优良的品质,造就优秀的领导者;如果领导环境较为恶劣,不仅不利于塑造优秀的领导素质,而且会使领导者原有的优秀品质遭到侵蚀与破坏,从而影响领导效能的发挥。

领导环境对领导素质的影响还体现在领导素质的适应性与发展性上。不同的领导环境要求领导者具有不同的适应性,有效的领导者必须在整体素质上与特定的社会环境及组织环境相适应。同时,不断发展变化的领导环境导致领导者所面临的客观形势和基本任务也随之变化,这就要求领导者在新环境中、新形势下不断地学习、实践和磨炼,使自身素质不断得到加强、优化、提高,并进一步向有利于组织、有利于领导活动的方向发展。从某种程度上说,领导环境是通过对领导者素质塑造的制约与促进,间接地影响着领导行为和领导效果。

5. 领导环境是领导体制构建的基本前提

领导体制不仅是开展领导活动的内在机制,而且是实现领导目标的重要工具,它在领导活动中具有十分重要的地位和作用。任何一种领导体制都在不同的历史时期经历了不同的历史变化,作为领导活动的载体,领导体制随着领导环境的变化而不断变革。这体现出领导环境对领导体制的发展变革有重要的影响作用,这种影响作用还体现在领导体制的构建上。领导环境中的社会制度、经济制度、政治制度等因素,直接影响着领导体制和领导机构的产生,任何领导体制的产生都不是随意的,总是与特定的社会制度和社会性质直接相联系。正是由于政治制度的不同、经济关系的差别,不同的社会有着不同的领导体制和领导机构。因此,领导体制的构建是以领导环境尤其是领导环境中的社会环境因素为前提,它与一定的生产关系、上层建筑紧密相关,所以,领导体制要根据生产力的发展、经济基础的改变与上层建筑的完善而不断变革和发展。领导者必须立足现实环境条件的基础上,突破僵化的教条和观念,采取客观科学的态度,构建、发展并完善领导体制,以适应不断变化的领导环境,从而促进领导体制有序运行,进而提升领导效能。

(二)领导环境的基本作用

领导环境是领导者开展领导活动的载体,也是领导主体发挥领导效能所必须依赖的平台。构成领导环境的各种因素较为复杂,具有不稳定性和多变性,它对领导者的思想和行为发挥着这样或那样的影响作用。从领导效能的发挥和领导目标的实现程度来看,领导环境有积极的促进作用和消极的阻碍作用这两方面。

1. 积极的促进作用

首先,优越的领导环境有助于促进领导工作效能的提升。良好的领导环境一般来说是和谐的、自然的。在这样的环境中,领导者和追随者具有饱满的工作热情和持久的工作动力,并且能够全身心地、主动地投入到各种领导活动中。良好的领导环境对领导者和追随者工作效能的发挥具有极大的促进作用,它更容易激发领导者和追随者的创造灵感,使其在复杂多变的环境中选择科学、有效的领导方法和追随方式,进而提高其工作效率和领导水平。

其次,良好的领导环境有助于提升领导形象。在自由、平等、公平的良好的环境中,领导者为增强对环境的适应性,会根据环境的需要而不断提高自身的素质修养。素质优良的领导者能赢得追随者的爱戴和拥护,能焕发出组织的勃勃生机与活力。因此,通过提升领导者的综合素质,树立和提升领导者的威信,以增强领导者的影响力和号召力。而具有良好形象的领导者更容易与追随者建立有益的领导关系,如高质量的伙伴关系和社会网络关系,这种领导关系不仅能够增强追随者对领导者的信任与尊重,而且有助于领导活动顺利展开,并朝着组织目标前进的方向健康发展。

最后,优越的领导环境有益于领导目标的实现。开展领导活动的最终意义是实现领导目标,然而达成领导目标并非易事,它的实现涉及方方面面的因素,贯穿于领导实践过程的各个环节之中。其中,环境因素是实现领导目标的重要因素之一。领导环境具有客观性和复杂性,它对领导行为和领导活动有较为明显的制约作用。然而,良好的领导环境是领导目标实现的助推器。良好的领导环境往往蕴涵着一些有利的因素,如充分的经济条件和物质基础、科学合理的政策制度、和谐稳定的人际关系、健康向上的心理状态等,这些有益的因素常常被成功的领导者所掌握和利用,在此基础上,领导者能够娴熟地运用并创造出适应实际需要的领导方法和领导艺术,而追随者也会受到良好领导环境的影响,不断调整、改变自己的追随信念和追随态度,积极地配合、支持领导者的工作,不断提高领导效能,共同向领导目标和组织愿景实现的方向而努力进取。

2. 消极的阻碍作用

处于不断发展变化的领导环境往往蕴藏着一些不确定的因素,在某些特定的情境下，这些不确定的因素不易被领导主体掌握和认识，且会带来无法预测的、潜在的风险，这样，领导环境便处于不利于领导活动进行的状态。一般情况下，这种不利的领导环境会表现出各种资源匮乏、人际关系复杂、技术条件落后、组织结构不合理以及政策制度滞后等问题，诸多不利因素无疑会产生消极的阻碍作用，不仅会制约各项领导活动的有序进行，而且会阻碍领导效能的有效发挥，具体表现在以下几方面：

首先，不利的领导环境制约领导决策的施行。在各种资源严重缺乏、技术条件极端落后的环境中，领导者和追随者的领导行为和追随行为方方面面都会受到严重的限制，他们无法组织正常有序的领导活动。在一个组织结构不合理或政策制度相对落后的环境里，即使具有较强领导力的领导者作出了正确的、科学的决策，也难以落实和执行。

其次，不利的领导环境影响领导科学用人。在不利的环境中，领导用人也会显得举步维艰，领导者要想做好人才的识别、选拔、任用、培养和激励，必须创造一个人才辈出的环境和机制。当然，这更需要有一个尊重知识、尊重人才的良好的社会大环境，只有在民主开放、法制完备、平等竞争、充满活力的用人机制和环境中，优秀的人才才能脱颖而出并健康成长。

最后，不利的领导环境阻碍沟通顺利进行。沟通协调也是领导者的重要职能之一，由于领导活动是一项极其复杂的工作，涉及多种因素和条件，必然存在着各种矛盾，产生各种不协调的现象，在领导环境较为不利的情境下，如不完善的领导体制、内外环境人际关系复杂、人员心理状态消极落后等各种不协调现象会表现得尤为明显，这就使领导者陷入一定困境。在这样复杂的环境中，领导者与领导者、领导者与追随者之间的沟通渠道就会变得阻碍重重，他们无法通过顺畅的渠道进行有效沟通，无法收到良好的沟通效果，更不能建立一种平等、公平、公正的领导关系，最终会导致领导活动中的人与人、人与事、事与事以及组织内外之间无法协同一致，产生更多的矛盾与不和谐，使组织无法健康有序地运转起来。

第二节　领导环境的内容

不论领导环境有多少种类型，其构成均包括外部环境和内部环境两大类。

一、外部环境

外部环境是居于一个相对独立的领导系统之外的更大系统中对领导活动有直接或间接影响的各种因素的总和。外部环境包括社会环境、机构性环境和体制性环境等，如该单位的隶属关系(上级、下级、平行单位、相关单位)、指导方针、路线和政策、各种法律规范、国际国内形势、时代特点和未来趋势。外部环境从宏观上影响着领导的观念以及领导活动的性质和方式。它的时间范围长、跨度大,主要从整体上影响领导活动的性质和方式。

1. 自然环境

自然环境是指领导活动所依托的自然条件和与其相关联的自然因素,包括地理环境、气象环境、生物环境、自然资源等。这些自然环境是构成领导环境的最基本因素之一,各种自然因素的相互作用不仅构成了人类的生存环境,而且也是领导活动的必要前提。如不同地理位置的自然环境为领导主体开展活动提供了基本的活动空间;丰富的自然资源在一定程度上直接影响领导活动的方式、内容和效果。自然环境在领导活动中的地位和作用不容低估和忽视,领导主体应与自然和谐相处,以免其给领导实践造成损失和危害。

2. 社会环境

任何一种领导行为都是在一定的社会环境中展开的,必然受到社会环境的制约和影响,同时又对社会环境产生作用。我们这里讲的社会环境,包括了政治法律制度、经济发展状况、科技教育水平、自然资源和人口结构、社会阶层构成以及整个社会发展进步状况的总和。领导活动就是在这样一个环境总和中进行的。当前,改革与发展进入了一个新的历史时期,社会环境发生了重要改变。社会新阶层的出现,新的利益群体成为一支重要的社会力量;新的经济制度和分配制度正在健全,在这样的一种新型社会环境中,领导活动将会变得更加复杂和多样化。社会环境在领导过程中的作用和影响也会显得越来越重要。

社会环境是指领导活动与其相依凭的社会条件和与其相关联的社会因素,包括政治环境、经济环境、文化环境、技术环境等。政治环境主要是指领导者及其组织所面对的国家政治体制,如国家政权的性质和组织形式、阶级关系、政党制度,尤其是国家领导体制。领导活动是政治活动的一部分,因而政治环境对领导行为有着直接影响和作用,尤其是对领导主体的思想和伦理、领导绩效考评和晋升奖惩等方面的作用更直接。经济环境主要是指作用于领导者及其组织的经济制度,如生产力、生产关系、经济管理方式等。其中,物质技术水平的高低直接影响领导活动的效率和水平,而经济制度和生产关系对领导者的绩效和反应起着重要作用。文化环境,广义地指科学技术、宗教文明、伦理道德、历史传统、思想意识形态等;狭义地指公共部门作为组织时所形成的组织文化,具体包括常规工作程序、组织标志、控制系统、权力结构、正式的组织结构等。从宏观角度来看,领导主体及其组织处在一定的文化氛围中,必须与周围的文化环境相协调,文化环境对领导主体有着深刻的影响,决定着领导者的领导观和价值观取向;从微观角度来看,领导主体应关注组织的文化建设,因为它和组织机构同样重要。技术环境是指作用于领导者及其组织的物质技术,包括技术工程、技术水平、技术的发明创造、技术的应用等。随着时代的变迁与社会的进步,技术环境对领导活动产生的影响作用日益显著,不仅影响领导方式的选择,而且对领导效能的提高具有重要意义。

二、内部环境

内部环境是在一个相对独立的领导系统之中的对领导活动有直接或间接影响的各种因素的总和。内部环境包括领导班子、领导组织、领导对象、领导中介,这其中还包括政治素养、思想修养、组织结构、人际关系等。领导活动与内部环境的关系最直接、最现实,内部环境的存在形式和作用机制对领导活动的开展具有最为迅速的影响,直接影响领导活动的效率。与外部环境相比,内部环境也可以称为"微观领导环境"。内部环境包括以下几种:

1. 职位权力

权力特征是领导活动的根本属性,职位权力是指与领导主体职位相联系的正式职权,以及领导主体从其上层和整个组织、群体各方面所取得的支持程度。职位权力是内部环境的主要方面,是影响内部领导合作程度的重要因素,同时也是衡量领导者领导能力的重要方面。领导主体拥有明确清晰、强弱适中的职位权力,将有助于领导目标的实现和领导效能的提升。

2. 任务结构

任务结构指的是任务的明确程度和领导客体对任务的负责程度,是追随者成熟度的重要表现之一。当领导客体对所承担任务的性质具有明确的认识并且形成执行惯例时,领导主体对领导活动的状态和发展就比较容易控制。如果任务不明确,责任不到位,就需要通过有效的领导活动加以调整。

3. 领导关系

领导关系是内部环境中一个重要方面,具有强烈的互动性,可以影响组织成员对不同领导者的信任程度,还可以决定追随者工作的积极性和主动性,对领导目标的实现和领导效能的提高具有极为重要的意义。因此,领导者要重视建立与维护和谐稳定的领导关系,以此推进领导活动的顺利发展。

4. 组织的性质与类别

组织的性质体现了一种共同的、正式的目标,它对成员的思想和行为具有制约作用。组织的性质和类别不同,对成员的制约程度和对其行为规范的要求就有所不同,领导者在领导活动中采取的方式与方法也会出现不同程度的差异。

5. 组织的物质基础

物质是一切社会活动的基础。不同的组织具有不同的经济基础和物质需求,它对领导者的行为、领导决策、领导方式和领导目标等都会产生较大的影响。在经济基础较薄弱和物质条件较差的组织中,领导活动在战略创新、研究开发、人才吸纳等方面会处于不利局面,并进一步制约着领导决策的实施、领导活动的开展和领导绩效的提高。

6. 领导者的特质

领导者的特质是对领导者知识、经验、技能、气质、性格等综合特征的概括。领导者自身的特质是构成组织内部环境的一个重要方面,领导者只有将自身的特质与组织的要求有效地结合在一起,才能成功地进行领导活动。一位有效的领导者具有极强的环境适应能力,即能够根据环境的要求及时调整自己的状态,满足领导环境对自身素质的需要,取得比较满意的效果。

除上述因素外,内部环境还包括许多其他方面的内容。这些内容相互影响、相互联系,从不同的角度对领导活动产生影响。此外,还存在一类比较特殊的环境类型,如家庭、幕僚、秘书、同僚、下属等个人或组织关系,它们往往能对领导活动中的组织特别是领导行为和领导决策产生直接和有效的影响,因此也属于内部环境的范畴。

由于领导环境所处的地位不同,内部环境和外部环境对领导活动产生的作用也不尽相同,比如有直接作用和间接作用,有强作用和弱作用,有近期作用和远期作用,有显式作用和潜式作用。因此,领导者和追随者应以高度的洞察力和敏锐感来认识影响领导活动的内部环境和外部环境,因势利导地适应环境,使得领导活动在有效的环境中有序进行。

三、外部环境与内部环境的关系

环境是一个不断变化的多种因素的集合体。环境中的不同因素对领导活动和领导者的影响不尽相同。一般而言,外部环境对领导活动的影响和作用从根本上决定了领导活动的特性与功能,因此往往具有宏观性、整体性、战略的特点。内部环境则体现了规范领导活动的目标和管理模式、领导者的价值标准和心理特征等。内部环境对领导活动的影响具有以下特点:一是影响方式直接;二是影响频率更高;三是影响程度更大;四是相对的不稳定性。

组织系统的开放特性决定了内部环境与外部环境必然处于一个相互作用的过程之中。在多数情况下,组织的宏观指导思想和总体战略反映了外部环境的要求和制约,而领导活动的具体规则、行为方式和策略思想则反映了内部环境的要求和制约,二者都具有动态性的特征,表现为一种相互影响、彼此制约的动态变化过程。内外环境的互动方式和互动程度,在很大程度上决定了组织和领导活动的有效性。一般来说,二者之间的关系主要表现为:

1. 外部环境对内部环境产生压力和制约作用

组织要想保持新鲜、持久的生命力,必须不断地发展和变革。外部环境的压力和制约往往成为一个组织革新的原动力,成为组织自觉优化和改良内部环境的力量和源泉。政治体制的改革、经济模式的转变、文化观念的冲击、人口结构的变化、民族素质的提高等,都是促进组织内部多种因素产生变革的重要因素。因此,组织要随时把握外部环境的变化趋势,认真摸索外部环境的变化规律,从而有效地应对外部环境的变革压力,以促进组织发展。

2. 内部环境对外部环境存在着适应和抵制的两重性

外部环境虽然在一定程度上规范了内部环境变革的内容与方式,但是二者的转变并不总是协调一致的,有时候会出现不和谐的现象。一方面,内部环境对外部环境既可以表现出适应性,以有效地应对外部环境的压力。另一方面,内部环境对外部环境又会表现出一定的抵触性。例如,组织的压力主要来自于组织外部环境的变化,经常表现为技术进步、经济冲击、竞争加剧、社会趋势的变化以及世界政治格局的变动等,这些因素客观上要求组织不断进行创新。然而,组织的创新必然会受到已有文化的深刻影响,也很可能触及某些人(包括领导者)的既得利益,从而招致各方面势力的抵制,甚至是强烈的反对。

第三节 营造积极的领导环境

一、领导环境中存在的问题

(一)外部环境制约领导方式的采用

领导的外部环境是领导活动的场所,具有客观性、综合性、可变性、共生性、稳定性和可预见性等特点。[①] 改革开放以来,我国经济社会变化日益迅速,这也要求领导方式适时变革,以适应社会发展的新趋势。

1. 经济全球化的影响

在经济全球化的影响下,各国联系比以前更加紧密,领导活动的空间也比以往任何时候都宽广,不但是在本地区,而且是走向全国和全世界;能够利用的资源也更多,比如通过招商引资,引进国外的先进技术、管理经验和人才。同时,领导者面临的问题也更加复杂。全球化时代,一些领导者还不能用全球化的思维来思考问题,不愿意按照国际规则办事,存在地方保护主义。由于没有经验,在一个新的领导环境中难免会不适应,在处理新问题时又难免会出现失误。另外,在国内不同地

---

① 张世和:《论领导环境》,载《新东方》2005年第3期。

方也存在文化差异,办事的风格也会不同,领导方式也要随之改变。可以说,领导者不能适应全球化的国际领导环境是制约领导方式运用的最大因素。

2. 市场体制的改革

改革开放和社会主义市场经济是领导的时空环境。我们党把领导发展、不断提高驾驭社会主义市场经济的能力,作为提高领导能力的首要任务。然而,有的领导者未能从根本上认识社会主义市场经济的基本特征,也没能很好地把握市场经济的内在要求和运行特点。因此,领导活动过程中依然是领导权力至上,忽视了普通民众的权利和作用。此外,市场经济与民主法制是不可分割的,缺乏相关的法律制度,执法不严,也成为社会主义市场经济领导环境下的一大弊端。

3. 不合理的国际政治经济秩序

进入21世纪,"和平与发展仍是当今时代的主题。维护和平,促进发展,事关各国人民的福祉,是各国人民的共同愿望,也是不可阻挡的历史潮流。世界多极化和经济全球化趋势的发展,给世界的和平与发展带来了机遇和有利条件。新的世界大战在可预见的时期内打不起来。争取较长时期的和平国际环境和良好周边环境是可以实现的。但是,不公正不合理的国际政治经济旧秩序没有根本改变。影响和平与发展的不确定因素在增加。传统安全威胁和非传统安全威胁的因素相互交织,恐怖主义危害上升。霸权主义和强权政治有新的表现。民族、宗教矛盾和边界、领土争端导致的局部冲突时起时伏的南北差距进一步扩大。世界还很不安宁,人类面临着许多严峻挑战。"①针对现实的领导环境,我国领导者要通过学习不同的文化,排除狭隘性,用不同的解决方案和方法灵活地应付每一个不同的主题。

(二)内部环境制约领导方式的采用

1. 被领导者的自主意识不高

目前,虽然我国在推进社会民主政治建设,但是广大人民群众的民主意识、平等意识、政治参与热情都有待提高。这是因为人民受教育的程度、工作能力和素质还不够高,对领导者依赖太多,没有主动参与政治活动的意识,认为自己同政治沾不上边。在这种被领导者对政治冷漠的情况下,领导者应当改变传统的领导方式,多鼓励被领导者参与政治活动,关心周围的政治环境。毛泽东指出:"善于把党的政策变为群众的行动,善于使我们的每一个运动,每一个斗争,不但领导干部懂得,而且广大的群众都能懂得,都能掌握,这是一项马克思列宁主义的领导艺术。"②过去,决策是领导者的"专利",领导者是决策者,被领导者是执行者,而现在被领导者不仅能够参加重大"决策"的制定过程,还部分承受了领导者的职责。被领导者开

---

① 江泽民:《全面建设小康社会,开创中国特色社会主义事业新局面——在中国共产党第十六次全国代表大会上的报告》,载《人民日报》2002年11月18日。
② 《毛泽东选集》第4卷,人民出版社1991年版,第1319页。

始主动适应环境,主动调整自己与领导者的关系,甚至反过来影响领导者。

2. 被领导者监督渠道不畅

所谓公民有序的政治参与,是指人民群众以合法的形式,通过制度化的渠道参与党和国家政治生活和影响领导决策的过程。在现代社会,公民的政治参与水平反映着一个国家政治开放的程度,公民政治参与能力的强弱是测试一个国家的政治是否民主的"试金石"。[①] 从党长期执政的视角来看,依靠人民群众来监督领导者的领导活动,必须通过发展社会主义民主和组织有序的政治参与来实现,这是提高领导者领导活动效率的根本途径。然而,在实际生活中,群众监督的功能尚未得到充分发挥,其主要原因在于官权实、民权虚。人民群众的监督规定一般比较空泛,缺乏保障机制,监督渠道不畅。因此,在完善群众参与机制的同时,应加强法制建设,制定公民参政法、社团法以及新闻法、出版法、舆论监督法等法律法规,为扩大公民有序的政治参与提高充分的法制保障。此外,要不断创新民主形式,拓宽民主渠道,建立健全公民政治参与机制;要进一步创新民主形式,建立信息公开制度、重大事项社会公示制度和社情民意反映制度,健全公民公开制度、参与立法制度。

3. 领导者素质不高

领导者是行政领导活动的承担者和实践者,领导活动效率的提高很大程度上取决于领导者的素质。目前,我国领导者在人员素质方面还存在一些值得注意的问题:一是领导者思想政治素质有待提高,不注意讲政治、讲正气,不注意坚持原则。二是领导者政策水平、知识水平和业务能力不高,平时没有形成良好的学习氛围,不注意及时更新知识,开展领导工作的基础不扎实。三是领导者责任心不强,不注意领导工作的新情况、新问题,不注意研究社会主义市场经济条件下领导活动的特点和规律,工作缺乏预见性和针对性。建立一支高素质的领导队伍,创建一种良好的学习氛围,营造一个和谐的领导环境是提高领导效率的当务之急。

二、提升领导活动中领导环境的主要途径

虽然领导活动的诸多方面都受制于领导环境,但这并不意味着领导主体在领导活动中面对组织所处的环境必然表现出完全被动或者消极的状态,领导主体可以充分发挥主观能动性,仔细辨识内外环境变化状况和发展态势,深入分析组织所处环境发展变化的规律和特点,充分调动组织成员的积极性和主动性,努力创造一种全新的环境条件,从而在一定程度上实现领导环境的创新和改善。

(一)提高环境意识,正确认识领导环境

作为领导主体的领导者和追随者,要想在领导活动中实现自身的领导效能和

---

① 俞可平:《公民参与民主政治的意义》,载《学习时报》2007年1月1日。

追随价值,必须具备一种营造和改善领导环境的能力,而这种能力首先表现为对环境的认识力。领导环境固有的复杂性、动态性、风险性等特征要求领导主体不仅要时刻持有一种环境意识,要注意到领导活动所依托的内外环境变化发展的特点、规律和趋势,以及对领导活动产生的各种影响,而且要通过认真深入的调查和研究来正确、清晰地认识环境,及时发现和分析环境中的有利因素和不利因素,以便在领导活动的开展过程中趋利避害,做到游刃有余。当然,这就要求领导主体对周围变化着的环境具有高度的敏感性和敏锐的洞察力,树立一种客观的、全面的、系统的环境观念,不断增强其环境意识,提高应变能力,对环境因素的各种突发性变化做好充分的心理准备、物质准备和策略准备,进而因地制宜地适应复杂的、变化发展的领导环境,以做到临危不乱、从容有序。

(二)改进领导方法,有效运用领导环境

领导主体要想有效利用领导环境,首先必须正确认识和适应领导环境。领导主体必须对环境有客观、全面、正确的认识,而且这种认识不能只停留在某一阶段或某一方面,应当随着领导环境的发展变化而不断深化,在此基础上积极适应环境并迎合客观环境的需要。然而,领导主体对环境的适应并不是一味地迎合,也不是消极地等待,而是要有效利用领导环境中的各种有利因素和条件。这就要求领导者要时刻关注环境的变化,根据周围环境的客观性和动态性,研究客观环境对领导活动的要求,不断改进领导方法,采取适宜的、科学的、有效的方法展开领导工作,使整个领导活动基本符合领导环境的情况及发展规律。与此同时,还应与环境之间始终保持一种良好的协调关系,使领导主体与领导环境、领导内部环境与外部环境保持协同一致,努力去发掘环境中一切有利因素和条件,扬长避短,因势利导,抓住机遇并积极利用这些有利因素,避免一切不利环境或有利环境中的不利因素,这样领导活动的展开才能做到有的放矢,从容不迫。

(三)提升领导力,充分改造领导环境

在领导活动过程中,领导主体所面临的现实环境条件较为复杂,往往蕴藏着一些不确定的潜在风险,甚至随时会产生一些不利因素,给领导活动的有序展开带来诸多负面影响。面对现实不利的领导环境,领导者要正视和接受现实环境,而不是被动消极地接受与应付。领导环境具有可塑性,领导主体虽不能按照主观意志随意选择环境,但能适应环境,并且在认识和适应环境的基础上改造和优化环境。具有卓越领导力的领导者不仅能够准确认识和把握有利环境,抓住机遇实现领导目标,而且能够在不利环境中表现得从容自如,积极应对不利环境带来的风险,引导和改造不利环境,变不利环境为有利环境,创造和优化新的有利环境,使各种环境因素为我所用,以实现领导目标最优化。因此,现代领导者要想获得成功,必须重视自身领导力的开发,不断活化领导方式,增强自身综合素质,进而提高自己的领导力,以适应变革,适应当今时代风云变化的国内、国际环境,充分利用现实有利的环境因素,改造和优化一切可利用环境,使领导活动在和谐统一的领导环境中有条不紊地进行。

总之,领导环境是一个综合的复杂的系统,它会对整个领导活动产生这样或那样的影响作用,当今国内、国际环境情势日益变化的时代,给领导者带来许许多多的机遇和挑战。一个成功的组织需要一位变革型的领导,用全球化视角和战略性眼光审视周围的环境,不断培养自己营造环境的能力,不仅要正确地认识环境,充分地利用环境,而且还要主动地改造环境,积极地优化环境,通过对领导环境的利用、引导和改善,为组织营造一种和谐稳定的工作氛围,达到与外部环境的动态平衡,以此取得良好的领导效能,最终为领导目标的实现而服务。

本章小结

领导环境是领导活动的基本要素之一,它本身具有客观性、复杂性、系统性等特征。任何领导活动都是在一定的领导环境中展开的。在领导实践活动中,领导环境是实施领导活动、开展领导工作的重要因素,且起着至关重要的作用,它不仅制约着领导效能的高低,而且决定着领导活动的成败。因此,作为领导主体的领导者和追随者在领导活动过程中能够正确地认识领导环境,充分地适应领导环境,科学地利用领导环境就显得尤为重要。

案例分析

哈里逊公司的绝处逢生

1933年,经济危机笼罩着整个美洲大陆,很多企业都倒闭了,人人担心会丢掉饭碗。就在这时,位于美国加利福尼亚州的哈里逊纺织公司发生了一场火灾,整个厂区化为废墟,三千多名员工悲观地回到家里,等待着老板宣布破产和失业的窘境。在漫长的等待后,无望的他们收到了老板发给他们每一个人的一封信,老板亚伦·博斯在信中不是说工厂倒闭了,你被解雇了,而是通知大家在当月发薪水的日子照常去领取薪金。在整个世界经济一片萧条的时候,这让员工们深感意外又欣喜若狂,纷纷致电老板亚伦·博斯,向他表示感谢。老板说,公司虽然损失惨重,但员工们更苦,只要他有一分钱,也要发给员工。又过了一个月,正当员工们为下个月的生计忧愁时,又收到了老板的第二封信,信上说公司再支付每个员工一个月薪水。许多亚伦·博斯的朋友并不理解,甚至认为经济危机把他逼疯了,他的一位朋友还批评他缺乏商业头脑,建议他千万别感情用事。但是,员工们接到信后,不仅仅是惊喜和感激,而是热泪盈眶,并想着应该做些什么。第二天,员工们陆陆续续走进公司,自发地清理废墟,擦洗机器,还有一些人主动联系中断的货源,寻找好的合作伙伴。这些员工完美地阐释了"滴水之恩,涌泉相报",他们把公司当成家,把自己当成公司的主人,使出浑身解数,昼夜不停地卖力工作,恨不得一天干完两天的活儿。短短的几个月,哈里逊公司神奇地死而复生,重新运转起来,并且比以往更有效率,这简直就是一个奇迹。亚伦·傅斯成功地扭转了公司所面临的消极环境,与员工们上下同心,最终使公司成长为美国最大的纺织品公司。

案例思考题:

1. 亚伦·傅斯为什么能使哈里逊公司重新运转起来?
2. 领导环境对领导行为有何影响?
3. 如何将不利的领导环境转化为有利的领导环境?

拓展阅读

1.〔美〕詹姆斯·库泽斯、巴里·波斯纳:《领导力(第3版)》,李丽林、杨振东译,电子工业出版社2004年版。

2. 秦德君:《领导者公共形象管理》,山西人民出版社2005年版。

3.〔美〕加里·尤克尔:《组织领导学》,陶文昭译,中国人民大学出版社2004年版。

4. 夏书章主编:《行政管理学(第二版)》,中山大学出版社1998年版。

5.〔美〕F.赫塞尔本等主编:《未来的领导:新时代的新视野、新策略与新措施》,吕一凡等译,四川人民出版社2000年。

6.〔美〕哈罗德·孔茨、海因茨·韦里克:《管理学(第10版)》,张晓君等编译,经济科学出版社1998年版。

第二章 领导职能

本章要点

1. 了解领导职能的含义及其在领导科学研究中的地位。
2. 掌握领导职能的基本内容。
3. 了解领导履职的对象及过程。
4. 熟悉领导履职过程中应树立的正确政绩观。

引例

为了贯彻落实中共中央和四川省委的要求,2014年10月成都市出台了《改进和完善区(市)县党政领导班子和领导干部政绩考核工作实施办法》,该办法提出,按照横向分圈层、纵向分板块、突出功能区的思路,差异化设置考核指标,合理调整分值权重。主要围绕"突出科学发展导向",既不简单以GDP论英雄,又强化约束性指标考核,进而推动干部树立正确政绩观。成都市出台的政绩考核办法进一步明确:把负债作为政府政绩考核指标体系的内容组成之一,重视领导干部任期内举债情况的审核和失职行为的责任追究。同时,考核坚持和完善上一任工作思路、一张好蓝图抓到底的情况,考核历史遗留问题的化解,把是否存在"新官不理旧账",将前任遗留的矛盾问题绕开,遇到矛盾能拖就拖,击鼓传花留给下任等行为纳入领导班子和领导干部考核范畴。

领导的职能是什么?什么是领导应该做的,什么又是领导不应该做的?只有明确领导职能的边界,清楚领导所应该负有的职责,才能够更好地发挥领导作用。

第一节 领导职能概述

一、领导职能的内涵

(一) 领导职能的含义

领导职能就是领导的职责和社会功能,具有两方面内容:一方面是指领导在社会组织中的地位与作用,另一方面是指领导工作所具有的社会职责,它是领导本质的具体体现。任何人一旦走上领导岗位,就承担了不同层次的领导职务,负有本组织的领导责任,发挥着行使权力、进行服务等领导功能。为此,领导者必须引导全体成员领会所应承担的义务,明确各自工作的主要方面和主要内容是什么。每一个社会和组织的领导职能都呈现出两种属性:自然属性与社会属性。领导职能的这两种属性根源于领导的本质所具有的自然属性和社会属性。自然属性职能就是由社会共同劳动过程产生的职能,如由于共同生活与共同劳动的需要而产生了预测、决策、计划、指挥、组织、协调等职能,这是任何社会形态领导者的共同职能。社会属性职能是特定生产关系产生的职能,具有阶级性,主要适用于统治阶级内部或有共同理论的社会集团内部。例如,资本主义生产关系产生的领导者的压迫和监工职能,社会主义生产关系产生的领导者的服务和加强马列主义思想教育职能。领导职能的二重性是相互依存的,自然属性存在于社会属性之中,社会属性也表现出一定的自然属性。由于领导的本质主要是由其社会属性决定的,因此领导职能的社会属性占主导地位,起决定作用。

领导活动的多样性和层次性决定了领导具体职能的复杂多样。例如,政府部门的领导干部与企业管理干部的职能有所不同;同一单位中处于不同领导结构层次的职能也有所区别。随着社会生产和领导活动的发展,在不同行业、不同时期,领导职能也处于不断变化当中,领导职能的具体内容会有很大的差别,存在着"职能个性"。但纵观领导的活动,在多样、变动的领导职能中具有共同的较为稳定的职能,这些职能包含引导、指挥、组织、协调、监督、教育等。

(二) 领导职能的地位和作用

分析领导职能在领导科学范畴中所处的地位,有助于全方位、多层次了解和学习领导科学。综合来看,领导科学的主体结构体系可由六部分组成,包括领导职能、领导原理和原则、领导者(含领导班子)、领导体制、领导方法和领导艺术、领导效能。一般来说,领导科学首先要研究的范畴是领导职能,而后为了有效地实现领导职能,要研究应当遵循什么样的原理和原则,需要什么样素养的领导者(含领导班子结构)、需要运用什么样的领导方法和领导艺术,最后研究如何达到领导的高效能。这样循序展开建立领导科学体系，会使我们对这门新兴的领导科学有个完整、准确的概念，便于从总体上把握这门科学。所以，领导职能是领导科学范畴体系中的基点。我们可以把领导职能比喻成一座摩天大厦的基石，无论大厦有多高，都必须在基石上建立起来，空中楼阁是不存在的。领导科学这部巨著也必须在基石上撰写，离开了领导职能这个基石，必然导致逻辑混乱，不成体系，只有以领导职能为基点，领导科学的全部理论才可逻辑严谨地展开，领导科学体系方可结构严密地建构起来。

领导职能包孕着领导科学研究对象一切矛盾的胚芽。领导职能的存在决定着领导科学范畴体系中一切矛盾的存在，或者说领导科学范畴体系中的一切矛盾都是由领导职能派生出来的。我们不妨从我国行政体制改革来看看它的决定作用。从机构改革来说，只有正确认识、确立各部门的领导职能，才能理顺关系，才能精兵简政，才能达到提高效率的目的；反之，领导职能不清，各部门具体职责不明确，何谈理顺关系，何谈精兵简政，更难以达到提高效率的目的。很明显，所有这些矛盾的产生，归根到底是由领导职能决定的，都是实现领导职能的需要；如果离开领导职能，领导者将不存在，这一切矛盾也将不复存在。可以这样比喻，领导职能犹如领导科学细胞群中最原始、最中心的细胞，它决定着其他细胞的存在与发展；假如领导职能这个细胞消失，则其他细胞必定因失去存在的基础而随之消失，领导科学体系的构建就无从谈起。因此，我们认为领导职能应是领导科学的逻辑起点。

二、领导职能的主要内容

领导的职能主要概括为决策、用人、协调、控制和教育五大基本职能。决策贯穿于所有领导职能之中，用人是领导的灵魂，协调是领导工作实现组织目标的有效手段，控制是领导既定目标得以实现的保证，教育是传承工作方法与组织文化、教化培养人才的有效途径。从实践来看，尽管不同层次领导者拥有的权力大小不同，关注的问题类型不同，但都履行着这五种基本职能，组织使命的完成就是在这些基本职能的履行中得以实现。

（一）决策

什么是决策？领导者在正确理论指导下，按照科学、民主、法定的体制与程序，运用科学的方法与先进的技术手段，选择和决定未来行动和恰当人选的全过程就是领导决策。科学决策是领导活动中最基本的职能，包括调查研究，发现问题；分析预测，确定目标；多方运筹，拟制方案；科学评估，方案优选；试点检验，普遍实施；指挥协调，信息反馈和追踪决策；检查总结等若干相互联系的环节。不论是宏观上的领导，还是具体实践中的领导，都需要行使决策职能。党和国家领导人根据广大人民的意愿和国情决策国家大事，而一个厂长则决策工厂的大事。决策的失败，必然导致领导过程的失败。三国时期,诸葛亮在"隆中对"中所确定的战略方针的重要内容之一是"外结孙权,内修政理",然而刘备忽视了这一点,派不执行这一原则的关羽去驻守荆州,孙权遣使提出要和关羽结亲,娶关羽的女儿为儿媳,被关羽骂回。关羽自认为兵多将勇可以东抗孙吴,北伐曹操,致使两面作战,前后受敌,犯了兵家大忌,丢了荆州和自身性命,并且蜀国与孙吴的结盟也随之瓦解。因此,作为领导者必须慎重地行使决策职能,必须确保决策的可行性与现实性。

决策是领导履行各项职能的基础,是领导的第一职能,是领导职能的核心。领导在履行其他各项职能时都离不开决策。领导的指挥、引导、协调、教育、监督等职能都是在决策之后才能发挥作用,也就是由决策制定了团体的大政方针后,才能去实施指挥、引导等职能。领导的工作都要围绕一个中心、突出一个主题、解决一个问题,而决定中心、主题的工作就是决策。所以,领导的决策是领导各项职能的基础。领导的协调,领导对人才的使用、引进、培养等,领导的授权等,都离不开决策。在组织管理过程中,任何领导职能作用的发挥都离不开决策,它是整个领导过程的中心环节,决策正确与否,直接关系到领导活动的成败,是直接关系到全局利益的大事。不论是哪一层次的领导机关,哪一级的领导者,或是履行何种领导职能,都必须经常性、大量地对战略和战术、长远和当前或大或小的种种问题作出决定。领导者以其领导力,通过决策活动,为整个组织作出了各种具体的决策,为组织内的个体规定了行动目标和准则,使个体和集体结合在一起,使组织内的重大问题得以解决。

决策是个非常复杂的工作链条,领导决策与领导者素质关系密切。对于领导者的多种素质,在决策的酝酿阶段,需要的是领导的判断力,即眼力;在决策的制定阶段,需要的是领导的果断,即领导的魄力;在决策的实施阶段,需要的是领导的组织能力。在现代决策中,领导者主要担任如下四种角色:(1)决策的组织者。对于发现的问题,领导者确定决策目标,提出决策任务,选定人员组建机构,千方百计地完成决策工作。(2)决策的审定者。只有在领导者审定后,各种决策方案才具有实施的可能和法律效力。(3)决策的推行者。领导者通过组织人力、财力、物力,有计划地实施决策方案,把方案变为行动。(4)决策的追踪者。领导者负责提出追踪决策任务,组织追踪研究,着手安排进行追踪决策活动,并组织实施。

(二)用人

领导者制定的战略决策目标以及各项路线、方针、政策的实现,必须通过一定的人去贯彻执行。选才用人是领导者的基本职责之一。知人善任和决策一样,也是领导的一个基本职能。领导活动的核心是领导人和使用人。毛泽东曾经指出:

"领导者的职责,归结起来,主要地是出主意、用干部两件事。"①所谓"用干部",就是指领导者的知人善任。即领导者的基本责任,除了制定正确的路线、方针、政策之外,一项重要的工作就是选拔任用能够切实贯彻落实路线、方针、政策的干部。邓小平也曾明确指出:"善于发现人才,团结人才,使用人才,是领导者成熟的主要标志之一。"②因此,选才用才是领导者的基本职责。领导者在一个组织活动中居于主导、统率的地位,他的基本职责是对整个组织进行目标决策,制定大政方针,并率领群体实现组织目标。要使决策付诸实施,必须对组织群体进行合理的结构调配,要充分发挥组织成员的聪明才智,必须将其安排到最适宜的位置上,使得职得其人、人尽其才,而这必然要求领导者做到知人善任。所谓知人善任,就是在领导活动中对领导干部进行正确的考察识别和选拔使用。知人,就是了解人,指对人的考察、识别和选择;善任,就是用好人,指对人的使用得当。在中国古代,领导者对这一职责就已经有了深刻的认识。汉高祖刘邦曾说:"夫运筹策帷帐之中,决胜于千里之外,吾不如子房。镇国家,抚百姓,给馈饷,不绝粮道,吾不如萧何。连百万之军,战必胜,攻必取,吾不如韩信。此三者,皆人杰也,吾能用之,此吾所以取天下也。项羽有一范增而不能用,此其所以为我擒也。"③这表明刘邦对领导者的用人职责有着清醒的认识,深知欲得天下须正确用人的道理。因此,要做一个合格的领导者,不仅要会出主意,更要善于选才用才。

要把适当的人选提拔任用为领导者,所涉及的问题虽然非常多,但突出体现在两个环节上:一方面,要建立起一套领导人才脱颖而出的社会制度机制。在这方面,最重要的是建立起法制化的选拔领导人才的机制。通过制度化的方式建立起规范的、客观的、任人唯贤的领导人才选拔体系。另一方面,要建立起适宜的选拔领导人才的畅通渠道,要用多种多样的方式、方法,使具有领导才能的人走上领导岗位。在领导者任用上强调能上能下,是避免领导者选拔中出现封闭现象的一个起码要求。因此,必须建立起一个领导人才随时得以涌现的良性环境与一个具有机会平等特征的用人体制。

2014年1月,中共中央印发了《党政领导干部选拔任用工作条例》,它是我党在新时期做好干部选拔任用工作的一个纲领性文件。条例的颁布实施,对于贯彻落实党的十八大、十八届三中全会精神和全国组织工作会议精神,把信念坚定、为民服务、勤政务实、敢于担当、清正廉洁的好干部标准落实到干部选拔任用工作中去,建立健全科学的干部选拔任用机制和监督管理机制等具有十分重要的意义。条例对加强干部选拔任用的监督工作提出了新要求。对存在拉票贿选行为者、"裸官"

---

① 《毛泽东选集》第2卷,人民出版社1991年版,第527页。
② 《邓小平文选》第3卷,人民出版社1993年版,第109页。
③ 《史记·高祖本纪》。

等明确不得作为考察对象。条例规范了被问责干部重新启用的条件,实行党政领导干部选拔任用工作责任追究制度,强化了领导责任,为今后加强干部选拔任用监督工作提出了新要求。

（三）协调

协调是现代领导实践的重要环节,凡进行领导活动总离不开协调。协调就是领导者为了实现战略目标而对领导活动中出现的矛盾和问题所作的调整过程。具体而言,就是指领导者采取各种措施和方法,促使其所在组织同外部环境以及组织内部的各个部门和组织人员协同一致,以达到相互间的支持,形成最大合力和支持,迅速高效地实现组织目标的行为过程。

领导者必须高度重视协调工作,认真履行好协调职能。通过协调可以使党和国家的路线、方针、政策得以落实,可以充分调动群众的积极性,可以创造一个稳定和谐的社会环境,可以使部门之间密切协作、减少内耗、提高效率,可以有效地利用人力、物力、财力和信息资源等,取得良好的领导效果。在领导过程中,协调常常扮演着非常重要的角色,具有多层面的作用:第一,协调是领导职能实现的重要条件。任何部门、任何工作,在实现领导职能、达到工作目标的过程中,都必然会存在各种各样的矛盾,影响着思想的统一和行动的一致。这些矛盾往往是为了追求个人和部门的利益而产生的。对此加以协调是正常的,也是必要的和有益的。但如果不能妥善处理,就有可能增加困难,妨碍工作,对单位建设和个人发展都不利。因此,领导者必须学会协调的方法和艺术,确保领导职能的实现。第二,协调是提高领导工作效率的重要保证。协调和领导工作效率的关系非常密切,加强协调是提高效率的一个行之有效、事半功倍的好办法。一是通过协调可以理顺部门之间的关系,减少决策失误;二是通过协调可以理顺人际关系,创造良好的工作环境;三是通过协调可以很好地处理工作方面的矛盾,减少摩擦,提高领导工作效率。

领导的协调活动主要包括组织协调和人际关系协调。(1)组织协调。它主要是指对为集体而存在的领导活动主体之间关系的协调工作。在领导活动过程中,由于组织分工的结果,形成许多不同的功能单位,功能单位之间很容易发生冲突和矛盾。通过领导的组织协调,可以使组织中各个部门的活动协调一致,避免部门间的冲突,达到行动上的一致,发挥组织的整体功能,实现组织的共同目标。(2)人际关系协调。不同的人在利益、目标、手段等问题上的看法难免存在差异,这决定了组织成员之间必然存在着一定的冲突和矛盾。这些冲突和矛盾需要领导者在组织成员之间进行协调,缓和、消除成员之间的不协调现象,促使各个成员之间协同一致,相互配合,高效地完成工作任务。

（四）控制

控制是领导活动的一个重要环节和基本要素。所谓控制,是指领导者对下属的业务工作进行考核、计量和纠正,以确保既定计划及组织目标的顺利实现。在领导过程中,控制就是领导主体牢牢把握整个领导系统和被领导系统的过程,是实现有效领导的关键环节之一。具体来说,它是指根据决策执行的目标和计划,对执行活动进行监督检查,为消除目标实施和预期目标之间的差异所进行的领导活动。此外,控制也是一个领导主体对自身、对领导客体(主要是被领导者)进行控制的过程,特别是领导主体决定并实施利益处分性决策时的后续行为都是领导控制。领导主体只有依靠控制才能维系所领导的整个社会系统,才能把握整个领导过程直至取得领导成功。

领导对组织系统的控制必须确定有效的原则,既要实现控制职能,又要防止包办代替而破坏组织的稳定和下属积极性。控制的基本原则有:(1)确保决策目标的实现。控制是实现决策目标的保证,控制的目的是实现决策目标,所设计的控制系统越能反映决策目标,则控制工作越有效。(2)适应组织结构的要求。组织结构是有效控制的前提,组织结构合理,则控制会收到事半功倍的效果;若组织机构不合理,则存在组织失控的风险。所以,有效的控制不仅控制措施要适宜组织结构的单方关系,而且是能通过控制使组织结构优化。(3)控制关键点原则。控制关键点的意义在于实施有效控制,提高控制效率。它能够以最低的费用或代价来探明实际偏离或可能偏离决策目标的偏差及其原因。所以,为了进行有效控制,特别需要注意那些根据各种决策目标和计划来衡量工作绩效时有关键意义的因素。目前,在国外通行的"计划评审法""关键线路法"和"规划预算法"等都是控制关键点原则在实际中的运用。

领导主体要依靠控制维系所领导的整个组织系统,取得领导成功,就必须掌握提高控制效能的方法:(1)明确控制的目标。要建立控制目标,领导者可以根据工作类别、主题和处理方法来确定基本的工作单位,把工作划分成若干部分,分析工作负荷量的变化,统计并处理一个单位内或数个单位内的工作量,确定组织工作的衡量标准。(2)增强控制的感受灵敏度。领导者必须保持清醒的头脑,测量并获取实际工作进展情况及其发生偏差的信息,通过对工作的实际情况及其结果的评价同既定目标作比较,从中发现问题,及时纠正偏差。(3)增强控制的适应性。所谓积极适应,就是说当发现偏差之后,要主动采取措施加以纠正,而不是消极防范。如何调动和发挥人的自觉能动性,是全部控制的一个关键问题。要千方百计调动被领导者的积极性,使他们感到"我愿意这么干",而不是"你要我这么干",这有赖于领导者领导艺术的提高。(4)排除控制中的障碍。领导者与被领导者之间是一对矛盾,潜藏着产生各种障碍的因素。这些因素在一定条件下会干扰控制工作。这些因素包括了控制目标不明确的障碍、控制标准不恰当的障碍、执行规章制度不合理的障碍、执行不坚决的障碍及领导者自身素质的主观障碍等。

（五）教育

当代被称为"知识经济"的时代，社会日益建构起终身教育的相关理念和体系。组织或群体为了适应时代潮流，为了培养高素质的劳动者，必然将领导的教育职能提升到越来越重要的地位。领导的教育职能是指领导者对其下属进行宣传、动员、培养、训练，进而从各方面提高组织成员的素质和能力的领导活动。领导的教育活动不仅可以传承专业的工作方法与技巧，提升下属的职业能力，还能了解下属的思想动向，消除与下属的隔阂，传播组织文化。从领导工作的基本职能来看，一般可将教育的职能划分为两大类：思想政治教育和业务技能教育。思想政治教育是社会主义领导者实现领导意图的重要手段，是实现领导决策的保证，其目的在于解决人们的思想认识问题，以正确的世界观、方法论、人生观去引导下属，将党的路线、方针、政策转化为他们的自觉的行动。业务技能一般包括现代的经济知识、科技知识、文化知识及相关的生产技能等。随着社会分工的发展，对职业的专业化的要求越来越高。随着新知识、新技能的不断出现，业务技能教育的内容和方式也必须与时俱进，不断更新。领导者要处理好两类教育的关系，确保第一类教育活动不要流于形式，第二类教育不要偏离或脱离了正确的政治方向。

教育的途径、模式具体有以下三点：第一，在岗培训。即在工作中对员工下属进行各方面教育。这类教育是经常的、普遍的，正因为它经常、普遍，常有被忽视的倾向。教育是点点滴滴日积月累的，在这一工作中，边学习边工作是最经济有效的手段。第二，脱产学习。在一定目的的指导下，抽出一部分职工，针对某个方面进行学习、培训。这类教育，由于学习的内容、学习的人员相对集中，目的明确，是领导教育中较为普遍使用的有效方式。一般来说，下属对这类学习是很期望的，因为可以在一段时间内摆脱具体工作的劳累，又可以集中地学习到自己想获得的知识或技能。因此，领导对脱产学习的人员安排要慎重，既不影响工作，又要保证骨干人员得到这样的机会。第三，轮训。这是有计划、循序渐进地安排员工培训的方式。这类教育形式需要领导做好计划，有条不紊地进行。领导制订计划要慎重，制订好计划后，不要随意变动。随意变动员工很期盼得到的学习机会，不仅会打击员工学习的积极性，而且会影响领导自身的威信。教育的方式还有很多，如听课、考察、蹲点、实习等，教育要追求实际效果，要寓教于乐，领导要善于探索不同的学习形式，以求得教育的实效。

一个现代领导者除了受到普通教育外，还特别受到"领导教育"，即对现代管理领导实行的培养教育。现代管理领导者的培养教育，在整个现代教育中居于特别重要的地位，起着特别重要的作用。这是因为，一方面关系到这些领导者素质的提高，另一方面关系到对其下属的管理教育，乃至全部管理教育的社会效果。从根本上看，现代管理领导者所接受的管理教育如何，将对他们所从事的管理领导活动产生直接而广泛的影响。因此,世界各国都在高度重视和大力加强现代管理领导者的培养教育。从趋势上看,普遍要求现代管理领导者对所处的领导岗位进行专业化管理,应拥有相应的受过特定的现代管理教育的学历资格。

上述关于领导的五个基本职能是互相联系和制约的,领导者只有深刻认识领导职能是什么,才能自觉地、全面地履行领导职能,用这些基本职能的要求来支配和指挥自己的领导活动。

第二节 领导职能的履行

一、领导者的职位、权力与责任

(一)职位

1. 职位的概念

职位是领导者有效履行领导职能的首要条件。职位是指权力机关和人事行政部门根据法律的规定,按规范化程序选举、聘用或者依据法定程序任命领导者担任的职务和承担的责任。就其构成要素来讲,它由职务和职责两部分构成。职务意味着相应的工作指挥与统御权,职责意味着担任某一领导职位的人,负有对该组织的领导责任。

2. 职位的特点

职位有三个特点:(1)以事为中心。领导者必须围绕区分有缓急的领导事务展开工作,必须以处理各种事务的效率来推动工作任务的完成。(2)有一定的数量规定性。在设置领导职位时,一般是按最低数量原则设置的,这样就避免了因人设职的弊端。(3)相对的稳定性。这里包含了两层意思,一是领导职位有法定性。通过法律规定的职位,既不能随意增设,也不能随意废除。二是领导职位有稳定性。某一职位上的领导人担任职务与责任的时间长短、主要次要,对职位本身不构成影响。

(二)权力

1. 权力的概念

权力泛指控制力、影响力。一般认为,如果某人能够提供或剥夺别人想要却又无法从其他途径获得之物,那么他就拥有了高于别人的权力。任何领导者,当被组织或群体正式授予某种领导职务时,就意味着他获得了与此相适应的权力。领导权力具有法定的性质,受法律保护,它以服从为前提,具有明显的强制性。它随着职务的授予而开始,也以职务的免除而终止。正因为这种权力受法律的保护,所以领导在履行领导职责时,也必须按法律规范行动。

2. 权力的双重效应

领导者对权力,特别是权力的双重效应要有清醒的认识。(1)权力是领导工作必不可少的手段。权力带来领导的威势,是领导维护、推动组织的稳定发展,制定决策,实现自己的决策目标不可缺少的手段和工具。(2)权力具有很强的腐蚀力。权力的异化,颠倒了权力与权力使用者的关系,使人成为权力的俘虏。权力场中,一部分人经不起权力的诱惑,成为"权力拜物教"的崇拜者,最后成为权力的牺牲品。

(三)责任

1. 责任的概念

领导者的责任包含了两层意思:一是职位、职权由权力部门或上级组织或选举者所规定或要求;二是在一定名位上享有一定权力的领导者,担负着与权力相当的成败荣辱的个人重担。

2. 领导者责任的内容

领导者的责任主要由政治、工作、法律三个层面构成。(1)政治责任,就是一个领导者依照权力机构或授予者的要求进行工作,完成工作过程之后造成的客观社会影响。(2)工作责任,指的是领导者担任某一职务所应承担的义务,以及对成败的个人担当。(3)法律责任,则是指领导者担任某一职务,运用某种权力,而对法律所应作出的工作效率和工作效益社会影响的回应。

二、明确履职中的职、权、责关系

职、权、责是领导履职不可缺少的三个方面,是实现有效领导的必要条件。一般说,任何团体、任何层次、任何专业性质的领导者,一旦出任某个领导职务后,就有了这个职位赋予他的相应的权力,就承担了相应的责任。领导者在领导活动中的权威性、影响力同其在组织中的职务、权力和责任有着密切的联系。

(一)职、权、责的统一

领导者职位、权力、责任的统一,是实现有效领导的重要原则之一。领导者的职位、权力、责任三者是密切相关、相互依存、缺一不可的。三者的协调统一,是实现有效领导,履行领导职能的必要条件。也只有把三者统一起来,领导者才能真正地在其位,谋其政,行其权,尽其责。

1. 职与权的统一

"职"与"权"是一个问题的两个方面。二者联系紧密,关系复杂微妙。职和权之间有着非常紧密的内在联系。职是权的前提条件,权是职的表现形式。何谓真正的有职有权呢?真正的有职有权者,应是那种具有强大凝聚力的,能使下属主动接受领导行为并能带领他们实现预定组织目标的领导者。如果领导者的行为不是被下属自觉接受，而是用行政命令的方式去迫使他们执行，那么领导和被领导者之间就会形成纯粹的"上下级关系"，就会形成那种"我是领导，你必须听从我"的僵硬局面，不但难以充分调动下属的积极性，还会损害领导者与被领导者的关系，使其在思想上形成隔膜，给工作带来影响，领导者的实际权力也会因此而被削弱。为有效地确保职权统一，可采取的措施有：在领导职务设置上，坚持宁缺毋滥的原则，不搞职务照顾；副职、兼职不宜过多；建立健全正常的干部任免和离退休制；明确规定各种职位上的工作职权等。

2. 权与责的统一

所谓权责一致，就是权力主体履行的责任要与其所拥有的权力相当。在现代法治社会，组织机关的权与责、过与罚是不可分割的统一体，不允许只行使权力而不承担责任。有权必有责，权责统一是开展领导工作的基石。具体说来，一方面，责任主体必须拥有足够能使其履行责任的权力，没有足够的权力，责任主体就无法顺利履行责任，权力无法脱离责任而单独存在，否则，这种权力就是非法的或是不合理的。正如马克思所说，凡是有许多个人进行协作的劳动，过程的联系和统一都必然要表现在一个指挥的意志上。另一方面，权力的授予必然伴随着责任的规定，行使何种权力就应承担何种相应的责任，权力主体如果拥有的权力大于或小于应履行责任所需要的权力，就意味着一部分权力在责任之外或没履行相应的责任，是对责任的侵犯或逃避。权力与责任好比天平的两端，作为砝码的权力越"沉"，责任也就越"沉"。亨利·法约尔提出的组织管理思想是现代组织发展的重要理论基础，他提出了许多组织管理的重要原则，其中有一条原则就是权责相称。真正称职的领导者必须做到尽职尽责。正因如此，按照权责统一原则推动"有错无为问责制"的深入实施，是促进工作作风建设、提高行政效能的一个抓手。

3. 职与责的统一

所谓职与责的统一，是指领导职务与领导担当责任相匹配，职务越高，责任越大。在什么职位，就担当什么职务。职务是在相应工作岗位上的人应完成的任务，是享有权利、履行职责的前提。自2006年以来，我国先后出台了《公务员考核规定（试行）》《公务员职务任免与职务升降规定（试行）》等配套法规。这些更加具体化、更具操作性的配套法规，进一步明确了公务员职位职责规范的基础性地位。2012年，习近平在首都各界纪念现行宪法公布施行30周年大会上也谈到："我们要健全权力运行制约和监督体系，有权必有责，用权受监督，失职要问责，违法要追究，保证人民赋予的权力始终用来为人民谋利益。"[①]作为领导干部，必须切实地履好职、

---

① 《习近平：在首都各界纪念现行宪法公布施行30周年大会上的讲话》，http://news.xinhuanet.com/politics/2012-12/04/c_113907206.htm，2016年4月15日访问。

尽好责,这既是政治使命所付,也是职业操守所系。

(二)职、权、责的分离

从理论上说,在具体的组织内,同一领导的职务,无论谁来担任,其权力和责任都应该是对等的。但由于各种原因造成了职、权、责失衡,出现分离问题。这种情况下领导者不可能实现有效的领导和发挥最佳的领导效能。所以,必须重视、防止这类不正常现象的发生。

1. 职与权的分离

职与权的分离主要有两种表现,一是有职无权;二是有权无职。

(1)有职无权

有职无权的现象并不少见。有的领导者,虽然明确了其领导的职务,但并没有授予他相应的实际权力,有其职无其权。造成这种情况的原因是多样的,在个别情况下,原因在于领导者自身。有的领导者有相应的职务,但他不知道如何行使自己的权力,"当一天和尚撞一天钟",毫无作为;再有,是因为他不会控制权力,使得大权旁落,听命于他人,空顶了一顶"乌纱帽"。但究其主要原因,在于上级领导,尤其是直接的上级领导者对下级领导者不尊重或有意削弱下级领导者的职权造成的。《韩非子》中记载,中山国相国乐池奉命带领百驾车出使赵国,为了管好队伍,他在门客中选出一名能干的人,让他出来带队。走到半路,车队不听指挥,队伍乱了起来。乐池责问那个门客说,我认为你是个有才能的人,所以让你来领队,为什么走了一半路程,队伍就乱了起来。那个门客答道:你不懂管理,要管好队伍,就要有职有权,那样的话,才可以根据每个人的表现对他们进行管理乃至惩罚。我现在只是你的下等门客,你又没有授权于我,我没有这方面的职权,出现了失误为什么要怪我呢?既然已经明确了其职务,就应该授予其相应的权力,放手让他发挥作用。如果拿不准主意或对其不放心,就不要先授予其相应的职务,待时机成熟后,再任命或委托他人。

(2)有权无职

人们在实际生活工作中还可能看到这样的现象:有的人虽然没有担任什么领导职务,手中却握有实权。组织内的许多事情如果得不到他的认可,就干不成。这类人物大多是领导者的亲信或其依赖的人员,他们被群众称为"领导的领导"。在我国的反腐倡廉中,类似的报道常见于媒体,如某个腐败贪官的夫人、秘书、司机,甚至家中的保姆,成了他的同级、下级、百姓办事时不可逾越的"衙门口"。此外,还有一种政商权钱交易现象,有的地方甚至出现了班子中的常委要任命干部,首先要听"地下组织部长"的意见这类怪事。有权无职还有一种情况缘于"揽权",即有的领导者把本来属于下级或同级中他人的职权揽到自己身上,插手去管属于下级或同级中他人职权范围内的事情的现象。这样做大大束缚、打击了下级或同级中他人的积极性和创造性。甚至有些领导者已经调动了工作或退位了，但人走权不放，人退权还在，继续插手与决定原单位的事务，致使现任的领导者很难开展工作。

2. 权与责的分离

权与责的分离主要有两种表现：一是有责无权；二是有权无责。

（1）有责无权

有的单位内，上级领导者只向下级单位或领导者分配任务，而不授予相应的权力，造成了办事者无权，而有权者又不办事的现象，给下级领导者的工作带来了不应有的困难，结果是办事的人"跑断腿"，问题也得不到解决。特别是责大于权，不仅意味着责任者无法履行其责任，而且预示着充当"替罪羊"或"牺牲品"的结局。有责无权使组织缺乏活力，严重打击了责任者承担责任的积极性。除非领导者希望看到成员纷纷逃避责任，否则就不应容忍这种现象发生。例如，要求下属去调查、解决某一问题，但不授权。设身处地地为被指派了任务的下属想想，他们怎么能够正常地开展工作呢？他们的被调查对象得知真相后，又怎么可能配合他们的调查呢？

（2）有权无责

从法治角度而言，有什么样的权利就应该有相应的义务，行使什么样的权力就应承担相应的责任。如果行使权力没有责任规定或者超出责任规定之外，就意味着权力的膨胀与扩张，这种权力的扩张必然会或多或少地构成对民众权利实现的威胁。有的单位上级领导者为了从个人繁忙的工作中解脱出来，把某些权力下放给下级单位或领导者，但并没有明确其应承担的相应责任。这样做的结果确实自己解脱了，但如果出现有的下级领导者借机滥用权力，由于不是责任的承担者，即使出现问题，往往也很难追责。这样的做法为领导活动的开展留下了隐患，最终损失的是集体利益。

3. 职与责的分离

职与责的分离常有两种表现：一是有职无责；二是有责无职。

（1）有职无责

由于机构设置不合理、因人设事、虚职多、闲职多，就出现有的领导者虽然明确了其领导职务，但未明确或不承担其应负责任的情况。现行的组织体制设置，在一定程度上能够对人员的岗位责任作出要求，但这些要求至多只能做到按照什么程序运转、人员的行为在组织体系的运转中处于什么样的位置等方面的规定，而对于运转的结果以及人员行政行为的具体内容则无法作出明确规定，更不可能要求人员在行为发生的过程中采取何种态度。这样，自觉一点的领导者"尽力而为"，不自觉的"混日子"领导者挂得虚名，也能享受待遇，但不负其责。有些单位内的"荣誉X长"也带有这样的性质，他们有其名，但没有实质性的责任。

（2）有责无职

有的单位内，某些领导岗位空缺，上级领导者要求其他职务的领导者或下属承担起责任，而又不任命其职务，例如，有的部门领导的正职空缺，要求其副职承担正职的责任，全面主持工作就属于这一类现象。领导者只把责任给予下属，但没有同时授予其一定的职权。没有相应的职权，他的权威性会被质疑，是难以正常"谋政"的。

三、领导职能的履行

领导者的职能及要做的工作繁多，但只有在纷繁的领导活动中，紧紧抓住抓好自己的基本职能及必做的工作，再兼顾其他，才能成为一名成功的领导者。因此，有必要对领导者履行职能过程中开展的各项工作进行探讨。

（一）以人员为对象领导职能的履行

1. 做好人事工作

人才是推动社会进步和创造一切财富的主要因素。2010年，习近平在河北唐山调研时指出，要进一步完善选人用人机制，真正把那些坚持科学发展有韧劲、谋划科学发展有思路、推动科学发展有激情、实现科学发展有贡献的优秀干部选出来、用起来，努力造就推动科学发展的骨干队伍。[①] 如何发掘、培养、吸引、建立一支高素质的优秀人才队伍便成为领导者的主要目标任务。做好人事工作对领导者来说是一个十分重要的职责，具体有以下几个方面：

（1）建立有利于人才脱颖而出的机制是人事工作的前提

在这方面，最重要的是建立起法治化的选拔人才的机制。一方面，要解除人治情形下任人唯亲的用人桎梏，不至于使具备工作能力的人才被埋没；另一方面，通过法治化的方式建立起规范的、客观的人才选拔体系。目前，我国大部分国家机关和地方行政机关的公务员遴选及公务员招考制度等，都是朝着这个方向作出努力。

（2）做好人才的培养与使用是人事工作的关键

改变传统的对人才重用不重养，重管不重教的用人机制，针对所在单位和单位管理人员的具体情况进行必要的培训，使之更新知识，改变知识结构。要在培训经费、管理制度、培训政策、培训方式等方面加大力度，才能促使员工自我成长、自我发展，为员工将来承担更高层次的工作打下基础，为人力资源开发管理提供动力。

（3）创造留人拴心的优良工作环境是人事工作的重点

人才的成长和发展，是受内外多种因素制约的极其复杂的社会现象。探索人

---

① 《习近平在河北唐山调研时强调扎扎实实抓好创先争优活动 推动经济发展方式加快转变》，http://www.most.gov.cn/yw/201007/t20100719_78514.htm，2016年4月15日访问。

才成长的规律,既要考虑人才的内因,又要考虑人才的外因,还要考虑人才成长的多种因素的综合效应。在物质上,要为各类人才提供相应的物质条件,为他们提供较好的工作、学习和生活条件。同时,还要在组织内部逐步形成一种尊重知识、尊重人才的气氛,对确有发展潜力的人要提供各种方便,促其早日成才。

2. 协调利益关系

习近平在中共中央政治局第二十次集体学习时强调,当前,我国社会各种利益关系十分复杂,这就要求我们善于处理局部和全局、当前和长远、重点和非重点的关系,在权衡利弊中趋利避害、作出最为有利的战略抉择。这说明,提高党的各级领导干部协调利益关系的能力,已成为构建社会主义和谐社会和全面建设小康社会目标的关键因素。

协调利益关系能力是现代领导干部管理社会事务,处理利益关系和内部矛盾,维护社会和谐的基本本领,包括利益引导、利益调节、利益控制、利益补偿、利益增长等方面的能力。领导干部协调利益关系能力突出表现在以下几个方面:

(1) 利益引导能力

所谓利益引导能力,主要是指通过思想观念的引导,让人民群众树立起获取利益要合理、合法、公平、公正的观念,教育引导人们正确处理个人利益与集体利益、局部利益与整体利益、眼前利益与长远利益的关系,当然也包括领导干部自身也要树立正确的利益观。特别是在社会转型变革的重要时期,应该从思想教育入手,加强正确利益观的宣传和教育,引导人们正确看待当前社会利益分化等社会现象,使社会成员的思想观念与改革步伐相协调、相一致,进而推动政治经济文化和社会协调发展。

(2) 利益调节能力

改革开放以来,随着我国社会经济的发展,人们的组织形式及就业、收入方式出现多样化,利益主体出现多元化,社会阶层呈现多样化,不同阶层和不同群体的利益观念、价值取向、政治要求和利益诉求的差异增大。在个人利益、集体利益和公共利益三者关系中,不同利益群体往往出现利益观念认同上的差别,不少人的价值取向从过去重义轻利转为利益至上,导致个体利益行为取向多元。因此,提升领导干部协调利益关系能力,调整各利益主体之间的利益关系,调整和缩小人们之间的利益差距对我国经济社会的协调发展具有重要的意义。

(3) 利益控制能力

利益控制能力主要是领导有效化解社会矛盾,维护社会稳定,打击违法犯罪,处理突出事件和维护社会和谐稳定的能力。转型时期的中国正面临更加复杂和多样的社会问题,其核心问题是控制日益表面化的利益冲突,主要是通过法律和道德对人们的利益行为进行控制。法律对利益冲突的控制应从立法和司法两个方面入手:一是用立法建立起服务于最大多数人最大利益的利益整合制度,分配利益、保障利益和协商利益,在宏观上防范利益冲突的发生;二是用司法建立合法利益的救济机制,抑制非法利益,平衡合法利益,包容法外利益,在微观上解决具体的利益冲突。道德是引导人们合理确定利益目标,选择利益行为的内在约束力量。各级领导干部要注重加强对人民群众的道德建设,约束、规范人们的利益动机和利益行为,正确处理利益关系。

(4) 利益补偿能力

在我国经济体制转型和社会结构变化中,出现了收入差距扩大、城乡差距扩大和地区差距扩大等现象。按照党的十八大报告的要求,今后一个时期,要完善促进基本公共服务均等化和主体功能区建设的公共财政体系,提升基本公共服务水平和均等化程度,推进形成人口、经济和资源环境相协调的国土空间开发格局,实现全面协调可持续发展。建立健全主体功能区利益补偿机制,推进主体功能区建设,构建科学合理的区域经济社会和生态协调发展格局,促进区域协调发展,提高人民生活水平。

(5) 利益增长能力

协调和解决利益矛盾问题的基础还在于发展生产力。对此,各级领导干部必须切实贯彻实施科学发展观,努力提高社会生产力水平,把蛋糕做大做强,不断增加可供社会不同利益主体分配的利益总量。只有在此基础上对社会利益关系进行协调,才会使社会利益关系朝着健康有序的方向发展,才能给广大人民群众带来实实在在的利益。

(6) 利益保障能力

保障人民利益是党的领导干部的基本职责,也是必备本领之一,要依法保护合法利益,严厉打击各种获取非利益的行为,维护社会公平公正,建立和完善受损群体的利益补偿机制,健全与经济发展水平相适应的社会保障和社会救助体系,这样才能卓有成效地保障人民利益。

3. 搞好团队建设

组织要想有高效的行动,必然要求组织领导者带领全体成员通过不断地学习、沟通、交流,建立一个相互信任、相互关联、共同合作的团队,以解决错综复杂的各种问题,通过协调、激励等措施和组织文化的建立,不断加强团队的凝聚力,增强团队的应变能力,保持持续的创新能力,依靠团队合作,并加强团队建设,最终实现组织的高效管理。

搞好团队建设是当代组织建设发展的重要组成部分,具体可以从以下几方面着手进行:

(1) 明确团队的组织目标

目标正是把人们凝聚在一起的重要基础,对目标进行分解,使每一个部门、每一个人都知道自己所应承担的责任和应做出的贡献,把每一个部门、每一个工作与总目标紧密结合为一体。对目标的认同和共识,才会形成坚强的组织和团队,才能鼓舞人们团结奋进的斗志。

(2) 建立团队文化

首先,加强本团队价值观建设是核心。团队价值观是团队成员共同认可的一种集体意识,是团队成员共同价值观和理想信念的体现,是凝聚团队、推动团队发展的精神力量,从而易于对组织内各项重大决策取得共识。其次,保持并充分利用团队成员的差异性。一个拥有多样性成员的团队,最大的好处是活力充沛,解决问题时能引出多种观点和途径。最后,加强团队文化的强化与培训。通过制度的强制,使组织成员发生符合团队价值观的行为,在执行制度的过程中,团队理念与价值观不断得到内化,最终变成组织成员自己的理念与价值观。

(3) 良好的沟通和协调

毛泽东说过:"除了沙漠,凡有人群的地方,都有左、中、右,一万年以后还会是这样。"①在组织内部,复杂的人际关系常常使人不善于沟通。而人与人之间的交流和沟通又是一门重要的管理艺术。松下电器创始人松下幸之助有句名言:"企业管理过去是沟通,现在是沟通,未来还是沟通。"因此,团队管理离不开沟通,沟通已渗透到团队管理的各个方面。

沟通主要是通过信息和思想上的交流使成员间达到认识的一致,协调是取得成员间行动的一致,二者都是形成团队的必要条件。上下级之间、各部门之间、员工与员工之间,认识和意见不一致是经常的事,彼此产生误会、猜疑甚至成见也时有发生。加强团队建设,必须加强成员间的沟通与协调。沟通与协调不仅包括工作关系的协调,也包括利益关系的协调、人事关系的协调等诸多方面,通过大量的沟通与协调工作,把各方面关系理顺,从而保证各项活动的衔接与配合。一个团队、一个系统最终追求的是整体的合力、凝聚力和最佳的整体效益,所以组织全体成员必须树立以大局为重的全局观念,不斤斤计较个人利益和局部利益,自觉地为增强团队整体效益做出贡献。

(4) 相互尊重和关爱

领导者有这样一种心态和意境,即尊重、关心、爱护甚至以感谢之情对待员工,自然会创造出和谐的团队,员工的归属感也会由此而生。当他受到尊重,被充分肯定、被赏识、被信任时,他会用自己的最大努力去完成自己那一份责任,甚至会无限

---

① 《建国以来毛泽东文稿(第6册)》,中央文献出版社1992年版,第474页。

忠诚地对待事业,献身于事业。例如,一些日本企业将"和为贵"的标语挂在最醒目之处,作为企业的重要经营思想。发挥团队精神,就需要倡导友谊和爱心,彼此信任、尊重、关怀,互相理解、谦让、体谅,互相学习,共同进步,创造一个到处充满爱的氛围,这对组织是一种极大的推动力。

(5) 强化激励机制

激励要从细节做起,给每个成员营造良好的环境和氛围。首先,肯定他人的成果或贡献,可通过对他人的赞美、关怀、慰问、鼓励来表示肯定。其次,设法排除他人的限制和障碍,领导者要善于创造一种有利于群体动力充分发挥的良好环境。最后,为他人的需求提供方法和援助,在竞争的基础上协调合作,在合作的基础上公平竞争,让团队成员的知识和技能相互配合、相互补充。物质激励、精神激励、事务激励、语言激励要并济,同时要奖惩并重,形成一种荣辱与共、休戚相关的命运共同体。

(二) 以事务为对象领导职能的履行

从领导过程的角度来看,当领导者以"事"为核心履职时,强调通过科学地设定目标及实施计划,围绕目标的确定、实现和评价来开展工作,承担起制订计划、物资准备、组织设计、人员配备、全面落实和效果评价等责任,最终促进个体目标和组织整体目标的实现。

1. 发现问题,提出基本的目标和任务

领导在设定目标时,必须收集、加工有关问题的大量可靠的情报、信息、数据,还要掌握有关的背景材料、预测发展趋势的各种资料作为科学依据。对各种相关问题有一个清醒而全面的认识,从而对不同问题进行分类,找出其中必须解决的核心或关键问题,最后由领导集体确认问题的影响、性质和发展态势,初步制定出决策目标。同时,在设定过程中,还必须调动全体工作人员的积极性,使之认识到目标管理的重要性,并积极参与到目标设定工作中来,通过各级之间的反复协商、论证,初步确定组织的总体目标和任务。

2. 集思广益,制订具体的计划和方案

形成可供实施的总体方案后,紧接着要根据总体方案,进行财力、人力、物力的准备,并协调理顺各种关系,获得被领导者和广大群众对决策方案的理解和认可,形成统一的意志,去组织实施这个方案。要使执行顺利,就必须在执行的基本原则指导下,对总体目标进行分解。具体包括四方面的内容:(1) 进行工作安排,即开展哪几项工作,按照什么程序来进行等;(2) 进行人力资源安排,即由谁来执行,这些人员需要哪些具体核心技能等;(3) 进行物力安排,即在组织资源允许的范围内,考虑该计划需要多少财力、物力,作出合理的预算;(4) 进行时间安排,即需要多长的时间,确定执行的时间期限。在制订计划时,领导者要善于协调短期目标和长期目标,按时完成短期目标,实现阶段性成果。这里还应注意,在拟订方案阶段,领导者一定要发扬民主作风,同研究人员、专家、组织成员平等、民主地讨论问题,广开思路,充分论证。

3. 监督落实,调整有关决策和计划

监督是根据领导机关规定的目标、任务,经常检查下级的工作,及时查明妨碍目标、任务实现的缺点和偏差,纠正错误,确保任务完成。在方案实施过程中,由于客观情况发生了变化,或者出现了和计划本身没有预料到的因素,而阻碍和干扰了方案的实施;或由于事物过程具有多向性的特点,使方案实施出现偏差走样而偏离目标指向等不确定情况,就要求执行者在"领导过程"中必须根据客观变化了的情况,及时地调整决策和计划,对原计划进行调整、补充和完善,同时还要动员各方面的力量共同克服困难,以确保方案能够按照预定的目标顺利地实施,促使决策目标从可能向现实转化。领导执行是一个动态的过程,有些要素及其相互关系的变化无法实现全部控制,一旦出现意外情况,实际工作同原有的决策和计划的要求不相符,就必须依靠控制,才能逐步实现计划。通过控制环节也能检查下属的工作,保证其工作方向的正确性,提高工作效率。

4. 总结评价,提升领导履职能力

效果评估是领导履职的一个重要环节,是领导过程的终点。当一个领导过程即将结束,各项工作任务已经接近完成时,就要着手做好总结评比、考核、评价工作。根据实际情况,用不同的尺度从各个角度对决策和执行效果进行科学有效的评估,可以检查决策、计划的执行情况,以便肯定成绩,也可以总结经验教训,深化认识,发现规律,实现从感性认识到理性认识的飞跃,使事业取得更大的胜利。

广大党员领导干部肩负着引领社会经济科学发展的重任,必须在新的历史起点上率先完成自身能力素质的革命,特别要重视在实践工作中提升自己的履职能力:一是加强学习,提高时势应变能力。不断提高学习能力,建立学习型社会、学习型团队,形成推动科学发展的强大精神动力。二是把握全局,提高创新思维能力。思维方式是把理论转化为实践的桥梁,它决定了人们的价值取向和行为选择。加强思维能力,很重要的一点,就是进一步提高辩证、统筹思维的能力。三是发扬民主,提高科学决策能力。加强党员干部的决策能力,就必须树立科学的精神和民主的作风。最重要的是深入实际、调查研究、把握规律。四是捕捉机遇,提高跨越发展能力。要善于从形势的发展变化中,从经济社会自身发展规律中捕捉机遇,善于从各种政策、信息中捕捉机遇,善于在逆境中发现和培育有利因素。

第三节　领导新政绩观

一、政绩与政绩观

（一）政绩

政绩，从字面上看是由"政"与"绩"组成的。这里的"政"是指政治，"绩"是指成绩、绩效。关于政绩，有各种不同的定义。有人认为，政绩就是领导干部在履行岗位职责的政务活动中所取得的成绩。也有人认为，政绩就是政府的绩效。这两种典型的观点，各有各的道理。而《现代汉语词典》对"政绩"的解释是："官员在任职期间的业绩。"[①]可以认为，所谓政绩，就是指领导干部在任期内履行相关职务取得的工作成绩和贡献，是干部德才素质的综合体现。

政绩是从事公共管理与公共服务的人员，运用手中的权力，在履行特定职责的实践活动中创造出来的成绩以及通过工作推动社会发展与进步的绩效。它是衡量领导干部执政绩效的重要指标，因此，政绩可以从实践的意义上反映出领导干部个人和领导班子的工作态度、工作能力和工作成效这三个角度，它也自然地成为组织和群众评价和使用领导干部的重要依据。

政绩的表现形式多种多样，从不同的角度可以对其进行不同的分类。

第一，根据政绩的三个不同角度，可以把政绩分为完成上级下达任务的情况、工作的效率和工作的效益。完成上级下达任务的情况是指党政领导干部在特定的时间内和特定的职位上，完成上级组织分配任务的状况，包含任务完成的质量和数量两个方面。工作效率是指党政领导干部在履行职责、完成上级下达任务的过程中，对政府组织及自身资源的利用效率，是取得的成绩与所用时间、精力、金钱等的比值。工作效益是指党政领导干部的某些决策和行为能够产生的经济价值和社会价值及其他的一些附属价值的总和。

第二，根据政绩的工作成果完成主体的情况，可以将政绩分为集体政绩和个人政绩。集体政绩是指一个领导班子的群体工作成果；个人政绩是指党政领导的个人岗位工作成果。

第三，根据政绩的成效快慢，可以将政绩分为显绩和潜绩。显绩是指党政领导干部的工作所创造的见效快、易量化、看得见的政绩，如GDP经济指标、招商引资额、政绩工程等。潜绩是指难度大、周期长、基础性的工作，如改善生态环境、提高国民素质等。"潜"与"显"是对立统一的。"潜"是"显"的基础，"显"是"潜"的结果，

[①]《现代汉语词典(第6版)》，商务印书馆2012年版，第1664页。

后人的工作总是建立在前人基础之上的,如果大家都不去做"铺路石",甘于默默无闻地奉献,显绩就无从谈起,即使有显绩,充其量也只是急功近利的"形象工程"。

同政绩相关的词汇常见的是"绩效",这两个词的内涵相近,同领导干部履职的成绩考核均密切相连。从概念上看,政绩和绩效是有一定联系的,个人和组织都可以取得政绩和绩效。政绩和绩效都是对个人和组织行为过程和结果的一种描述。但二者在应用时又呈现出明显的不同。就内容而言,政绩往往强调行为的结果,而绩效则更深一步,强调的是这种行为结果的效益和影响。

(二)政绩观

1. 政绩观的含义

政绩观是对政绩的根本观点和总的看法,简言之,是对政绩的认识和态度。它是人们在一定政治活动和行政活动过程中,在一定思想的指导下,根据个人对政绩的理解所形成的对政绩的观点看法、态度倾向和评价方法,以及行为价值取向的总和。它主要包括对什么是政绩、为什么要创造政绩、为谁创造政绩、如何创造政绩和怎样衡量政绩等问题的认识和态度。它最直接地体现了人们特别是政权机构的领导者从政、施政的指导思想和价值取向,是创造政绩的思想基础和精神动力。

政绩观直接反映领导干部从政的价值取向,是领导干部创造政绩的思想基础。政绩观与政治观、价值观和道德观密切相关。人们的政治观、价值观、道德观不同,其政绩观就会不同。政绩观的实质是价值观问题,价值观支配和决定政绩观,从这个意义上说,政绩观是领导者工作价值观的有机组成部分。领导者工作价值观是领导利益、需要和行为取向的认识,是领导干部职业道德的核心内容。它主要体现在领导干部对从政行为的价值认同、价值取向、价值目标和价值标准等方面。对于各级领导干部来说,政绩观是一个十分重要的问题,有什么样的政绩观,就有什么样的工作追求和施政行为,同时也在很大程度上决定着领导干部所创造出政绩的大小和优劣。可以说,政绩观是衡量一个领导干部能否正确对待群众、正确对待组织、正确对待自己的"试金石"。

2. 政绩观的历史考察

自从国家政治产生以来,政绩问题就十分引人关注,不同的阶级、政党和国家所遇到的政绩问题各不相同,其所形成的政绩观也千差万别,带有显著的阶级性、民族性和时代性。

在古代,政绩观具有诉诸伦理道义和历史责任的特点。在古希腊,在城邦政治体系中产生了以亚里士多德为主要代表的政绩观。这种政绩观以公正为理念,讲求城邦的和谐与法制。亚里士多德认为,优良政体的目标在于使城邦公民过上优良的生活,实现善德和正义。在罗马帝国时期,帝国的皇帝们东征西讨,诉求武功,自我感觉是在履行义不容辞的责任。罗马帝国皇帝奥勒留说:"我就不会损害公共的利益,而是关心他人,事事以公共利益为重,不做有损于它的事情。"中国古代大体上可以分为上古时代、奴隶时代和封建时代。每个时代在人才选拔、政绩考核范围以及政绩考核重点上,均有独到之处。在上古时代,我们的先人只是从最基本、最朴素的本意出发,认为只要一个人品德高尚,有贤名,能使人民安定,过上富足的生活,就是一个合格的统治者、一个明君。在奴隶社会,出身血统、对天子的忠诚程度成为天子选拔诸侯最重要的标准。在奴隶社会末期,人的才干成为选拔官吏的重要标准。发展到封建社会,我们的先人日益重视经济与社会的发展,将经济与社会发展指标列入政绩考核范围。回顾千年的发展历程,考核的具体标准虽不断改变,但是考核中的精华部分并没有变。总的说来,有"软""硬"两大方面。"软"即品质,主要指官员的个人操守品行;"硬"即政绩,主要指社会经济的发展状况。虽然中国古代的官员考核制度在各个历史时期锻炼和培养了一批官员,这种制度对于整治吏治,维护政权稳定发挥了重要作用,但是由于这种考核是自上而下的考核,是一种封闭的考核,弊端丛生,逐渐流于形式。

发达国家或地区从19世纪中期推行公务员制度起,经过一百多年的改革、发展,逐步完善,形成了相对完备的公务员制度。伴随着公务员制度的成熟和发展,公务员考核特别是绩效考核也形成和发展起来。英国是最早推行公务员绩效考核的国家。在英国实行文官制度的初期,文官晋级主要靠资历,于是造成了工作不分优劣,所有的人一起晋级加薪的局面,结果是冗员充斥,效率低下。1854年,英国开始推行功绩考核制。20世纪70年代,英国初步建立了公务员绩效评估制度。近代中国,在政绩问题上形成了两种尖锐对立的观点:一种是诉求革故鼎新、救亡图存、社会进步与民族复兴的政绩观;另一种是维持统治、保守传统的政绩观。前者以孙中山为代表,诉求民生,强调政绩的根本在于"建设政治最修明、人民最安乐之国家,为民所有,为民所治,为民所享者也";后者以曾国藩为代表,把政绩与维持传统秩序以及个人的做官、升迁紧密联系,特别强调政绩就是要追求个人的修身、齐家、治国、平天下、立功、立德、立言,政绩要"匡救时弊,务持大体"。

20世纪70年代以来,西方发达国家实行的政府改革,引起了极大的社会反响。"重塑政府运动""企业型政府""政府新模式"等区别于传统公共行政典范的、新的公共管理模式出现了。新公共管理把企业管理中的一些科学管理方法,如目标管理、绩效评估、成本核算等引入行政领域,为加强政府管理和绩效考核提供了一些可借鉴的理念。基于新公共管理理论的反思,西方国家的学者提出了公共服务理论、政府再造理论等不少影响绩效考核的几种理论,这些理论思想对政绩考核实践产生了不同形式的影响。在长期的实践中,发达国家或地区对公务员的绩效考核形成了相对比较完备的制度和程序,取得了一些成功的经验。政府对公务员的绩效进行考核时普遍采用了各种具体实用的考核方法,包括因素分析法、相对比较法、综合考核法、考核评议法等,考核标准越来越详细、具体,日益趋于数字化和表格化。

梳理古今中外政绩观考评的发展历程,探寻政绩考评发展的一般规律,并认真总结历代政绩考评的通用标准,才能为我们当下政绩评价体系的建设提供切实可靠的历史依据。

二、正确政绩观的内涵

从对待政绩的态度方面分析,政绩观可分为正确的政绩观和错误的政绩观。领导干部的政绩观正确与否,直接影响到一个干部、一个班子、一支队伍的健康成长,影响到一个单位、一个部门、一个地方的顺利发展,更关系到党和国家的事业发展,关系到党在人民群众中的威信和形象。政绩观的理想状态是领导干部的职业需求与政绩主体的需求一致,二者契合度越高,政绩观的正确率越高。但是,现实生活中由于政绩主体的需要的复杂性,领导干部与政绩主体需求间的契合度不是很高,使得政绩观出现许多失范现象。

掌握正确政绩观的基本内涵,我们应从以下几个方面加以理解:

其一,"正"的内涵。"正"包含两个方面,即"心正"和"行正"。"心正"是指领导干部在全心全意为人民服务的同时,要有一颗公正之心,不偏离正道,不被各种诱惑所迷惑,一心一意地为人民所想、为人民所愿。"行正"是指在实际行动中,领导干部自觉做到施政行为的端正、施政方法的端正,并始终以科学、公正的态度来分析政绩、建构政绩,坚持在遵守党纪国法的前提下搞好政绩建设,维护社会正义。

其二,"真"的内涵。政绩是实实在在的,而不是虚假的、编造的,但是现在许多人为了追求显性的增长,编造出一些数据来证明经济增长,却从来不计算成本,也没有把经济增长落实在人民群众物质生活水平的提高上,而只是玩数字游戏来迷惑大众,从而达到升迁或别的目的。正确的政绩观诉求真理,讲求实效,要求在政绩建设中必须有实实在在的符合客观实际的规划和设想,必须有实实在在的施政行为和施政过程,必须创造出有正确效果的政绩。

其三,"实"的内涵。正确的政绩观要求各级领导干部在制定各种法律法规和政策方针时,要正确认识和把握我国社会主义初级阶段的基本国情,要坚持一切从实际出发,因地制宜,急群众所急,解群众所难,坚持实事求是,按客观规律办事。

其四,"省"的内涵。正确的政绩观要求各级领导干部在权力运行和创造政绩时,要不断地反省,时刻铭记历史的教训,时刻提醒自己在施政时是否坚持问政于民、问计于民,是否在办顺民意、解民忧、增民利的实事,时刻提醒自己不要重蹈历史的覆辙,真正地做一些能够被历史铭记的,被人民所颂扬的,利国家、顺民心、济苍生的政绩。

我们从正确政绩观的基本内涵可以得知,正确的政绩观就是要用辩证唯物主义和历史唯物主义的科学态度看待政绩,用解放思想、实事求是、与时俱进的思想路线指导政绩,用兢兢业业、真抓实干的良好作风创造政绩,克服在施政过程中出现盲目性、片面性,这与办实事、谋实效是一致的,与党的实事求是的思想路线是一致的。树立正确的政绩观,就是要坚持求真务实,坚持施政过程中的"正""真""实""省",这样才会依据科学观谋求发展,才会不断创新而又谨慎施政,从而顺时顺势而为,才能创造出真正无愧于时代、无愧于历史、无愧于人民的政绩。总而言之,正确政绩观的核心内涵说到底就是:"忠实实践党的宗旨,真正做到权为民所用、情为民所系、利为民所谋。"中国共产党人的政绩观的根本诉求就是:无论做什么、追求什么、取得什么样的成效,目的就是一个,就是全心全意为人民服务。这是由我们党全心全意为人民服务的宗旨所决定的,是新形势下坚持党的宗旨的客观要求,也是我们党必须始终坚守的政治立场。也就是说,正确政绩观的内涵始终坚持人民利益至上的标准。

总之,正确的政绩观是马克思主义党建理论的最新成果,是我们党自身建设经验的科学总结。正确的政绩观要求领导干部坚持科学的态度,一切从实际出发。在创设政绩时,要综合考虑经济、社会、环境等多方面的利益,既要获得实效,又要考虑各方面的成本,以为人民群众创造人民满意的政绩为最终目的。

三、中国共产党领导人的政绩思想

中国共产党的领导人在为完成各个时期的历史使命中,形成了各具时代特色的政绩思想。他们的思想一脉相承、相互补充、相互融合,最终整合为中国共产党领导人的政绩观。可以说,中国共产党领导人的政绩思想是正确政绩观的基础。

(一)以毛泽东为核心的第一代中央领导集体的政绩思想

以毛泽东为核心的第一代中央领导集体在领导中国革命和建设的历程中,一贯重视干部的政绩观问题。

1. 党员干部要在为人民谋利益、坚持群众路线中创造政绩

在1949年党的七届二中全会上,毛泽东告诫全党同志要全心全意为人民服务,牢记"两个务必",作出实在的成绩。

2. 要在坚持实事求是的思想路线中创造政绩

1941年毛泽东在延安干部会上作了《改造我们的学习》的报告,强调要在我们全党形成实事求是的态度,同时他赋予实事求是以科学的含义。在探索社会主义道路过程中,毛泽东要求全党要脚踏实地,不要弄虚作假。1958年11月,他在《在武昌会议上的讲话》中对当时有的领导干部工作浮夸、热衷于表面文章、盲目追求高指标、搞评比作假的现象提出了批评。

3. 领导干部的素质及责任是创造政绩的条件,要善于关心、爱护、识别和使用干部

1938年10月,毛泽东在党的六届六中全会上提出了党的"任人唯贤"的干部路线和"才德兼备"的干部标准,并论述了关心、爱护、识别和使用干部的原则和方法。

(二)以邓小平为核心的第二代中央领导集体的政绩思想

邓小平在长期的革命、建设和改革开放伟大实践中,形成了自己正确的政绩观。邓小平政绩观的出发点是为人民造福,理论基础是辩证的发展观,检验标准是人民满意不满意,思想方法是求真务实。

1. 邓小平政绩观的出发点:为人民造福

邓小平有一句名言:"我是中国人民的儿子,我深情地爱着我的祖国和人民。"他不仅是这样说的,而且也是这样身体力行的。为了尽快地提高人民生活水平,必须加紧社会主义现代化建设。邓小平认为,社会主义现代化建设是我们当前最大的政治,党和国家的一切工作都必须围绕和服从这个大局,除非发生大规模战争,在任何情况下都必须一心一意做这件事。

2. 邓小平政绩观的理论基础:辩证的发展观

邓小平的政绩观是建立在正确的发展观基础之上的。综观邓小平的建设有中国特色社会主义理论,他的发展观,既强调发展经济,又强调发展政治和文化;既强调跳跃式的上台阶的发展,又强调注重速度和效益结合的发展;既强调提高国家的综合实力,又强调大力改善人民生活;既强调改革开放,又强调社会稳定。"两手抓"的思想,是经济社会发展的一种科学方法论,实质上体现的是邓小平全面发展的思想。

3. 邓小平政绩观的检验标准:人民满意不满意

在南方谈话中,邓小平对衡量改革开放工作的是非标准作了进一步概括,更加明确地提出了"三个有利于"的标准。他鲜明地指出:"判断的标准,应该主要看是否有利于发展社会主义社会的生产力,是否有利于增强社会主义国家的综合国力,是否有利于提高人民的生活水平。"[1]从上述论述中可以看出,邓小平政绩观的最终检验标准就是群众利益标准,具体来讲,就是看"人民拥护不拥护""人民赞成不赞成""人民高兴不高兴""人民答应不答应"。邓小平关于党的路线、方针、政策是以人民利益为基础,以人民是否拥护、是否满意、是否赞成、是否答应为出发点和最高标准的。

---

[1] 《邓小平文选》第3卷,人民出版社1991年版,第372页。

4. 邓小平政绩观的思想方法：求真务实

将解放思想、实事求是的思想路线贯穿到创造政绩的实践中。解放思想、实事求是是邓小平理论的精髓，也是以邓小平为核心的第二代中央领导集体在改革开放中认识和创造政绩的思想基础。邓小平关于坚持解放思想，求真务实，反对官僚主义、本本主义、形式主义的思想，对于各级领导班子和领导干部落实科学的发展观和正确的政绩观，具有十分重要的指导意义，值得各级领导干部学习和深思。

（三）以江泽民为核心的第三代中央领导集体的政绩思想

在复杂的国内外形势下，以什么样的政绩观引导领导干部认识和创造政绩，成为以江泽民为核心的第三代中央领导集体在治国理政中思考和探索的重要议题。

1. 领导干部要按"三个代表"重要思想的要求创造政绩

"三个代表"重要思想是中国共产党的立党之本、执政之基、力量之源。按"三个代表"重要思想的要求创造政绩，才能不断推动先进生产力的发展、促进先进文化的进步、实现人民群众的根本利益，才能干出党和人民所需要的政绩。

2. 必须坚持一切从实际出发，以求真务实的态度创造政绩

创造政绩必须一切从实际出发。创造政绩必须尊重客观规律。要干出真正的政绩，必须把实干精神和科学态度结合起来，尤其应当强调坚持按客观规律办事、提高科学性、减少盲目性、克服片面性。创造政绩必须把工作的立足点放在真抓实干上，着力解决重大实际问题。以我们正在做的事为中心，着眼于新的实践和新的发展，开拓前进。

3. 坚持历史唯物主义的群众史观是江泽民政绩观的一条主线

群众观点是江泽民政绩观的根本出发点和落脚点。社会主义之所以不同于人类历史上其他任何一种形态的政治，主要因为它是以无产阶级政党为领导，以广大人民群众为政治基础。江泽民指出："政治问题，从根本上说，就是对人民群众的态度问题和同人民群众的关系问题。"[1]领导干部树立政绩观，最为重要的就是要牢记政绩之本在于人民。

4. 坚持与时俱进是江泽民政绩观的时空视野和思维向度

与时俱进是马克思主义最重要的理论品质，同时也是领导干部的执政要求。江泽民在十六大报告中指出："与时俱进，就是党的全部理论和工作要体现时代性，把握规律性，富于创造性。"树立和坚持正确的政绩观，必须始终保持与时俱进、开拓创新的精神状态。抓住机遇，加快发展，要求各级领导干部不断增强责任感、使命感，始终保持坚忍不拔、奋发有为的精神状态，不惧怕困难，不因循守旧，更加自觉、更加坚定地坚持与时俱进、开拓创新，永不自满，永不懈怠。

---

[1] 《十五大以来重要文献选编（上）》，人民出版社2000年版。

5. 坚持辩证思维方法是江泽民政绩观的显著特色

树立正确的政绩观,必须明确"树什么样政绩"的问题。这里有唯物辩证法与形而上学的区分。江泽民在把握这一问题过程中,形成了一个包括一系列相互联系的理论观点和方法论的体系,具有鲜明的辩证思维特征。这给领导干部追求政绩指明了方向,提供了方法,有助于克服片面的、简单化的政绩观。第一,要处理好经济发展与社会发展的关系。江泽民强调:"发展不仅要看经济增长指标,还要看人文指标、资源指标、环境指标。"①社会主义的建设发展是经济、政治和文化的全面发展和全面进步,经济效益不应该是执政的唯一追求和衡量政绩的唯一标志。"第二,要处理好全局与局部、近期利益和长远利益的关系。江泽民指出:"看一个地方或部门领导班子和主要领导干部政绩的大小,不仅要看工作实绩和本领,而且要看能否顾全大局,协同工作,全面正确地贯彻中央的方针政策。"②只有牢固树立全局意识,才能把本地区、本部门的工作作为实现党和国家总目标的必要步骤和环节而努力完成好。第三,要处理好法治与德治的关系。2001年初,江泽民在全国宣传部长会议上指出:"对一个国家的治理来说,法治与德治,从来都是相辅相成、相互促进的。"③我们应始终注意把法治建设与道德建设紧密结合起来,把依法治国与以德治国紧密结合起来。第四,既坚持两点论,又坚持重点论。党的第三代中央领导集体在贯彻邓小平"两手抓,两手都要硬"的战略方针中,始终注意围绕经济建设这个中心,全面推进重点突破,使社会主义各项事业协调稳定地向前发展。

(四)十六大以来领导干部政绩观转变的新迹象

1. 胡锦涛政绩观的论述

胡锦涛对领导干部树立正确的政绩观作出了一系列重要论述,回答了什么是政绩、如何树立政绩观以及如何衡量政绩等重大问题,形成了科学的政绩观。研究胡锦涛的科学政绩观,对于树立正确的政绩观具有十分重要的意义。"真正的政绩应是'为官一任,造福一方'的实绩,是为党和人民踏实工作的实绩,应该经得起群众、实践和历史的检验。"④这是胡锦涛对科学政绩观的深刻阐述。这里明确提出了构成政绩的两个条件:一是政绩必须是实绩。只有实绩才能称得上政绩,与"政绩工程""形象工程"鲜明地区分开来。二是政绩必须是为党和人民创造的。只有实绩还不行,必须是为党和人民创造的实绩才能称得上是政绩。胡锦涛指出:"树立正确的政绩观,说到底就是要忠实实践党的宗旨,真正做到权为民所用、情为民所

---

① 《江泽民文选》第3卷,人民出版社2006年版,第462页。
② 1996年11月21日江泽民在中央经济工作会议上的讲话。
③ 《江泽民在全国宣传部长会议上作重要讲话》,http://news.sina.com.cn/c/168432.html,2016年4月20日访问。
④ 《树立和落实正确的政绩观》,载《南方日报》2004年9月22日。

系、利为民所谋。"①

树立科学的政绩观,要以科学发展观为统领,加强党的思想政治理论建设,增强树立正确政绩观的自觉性,大力发扬求真务实精神,注重对干部政绩观的科学考核。

(1) 以科学发展观为统领

科学发展观的第一要义就是发展,核心是以人为本,基本要求是全面协调可持续,根本方法是统筹兼顾。科学发展观和正确的政绩观是内在统一的,科学发展观是正确的政绩观的统领和指导,不坚持科学发展观,就不可能有正确的政绩观,只有牢固树立科学发展观,才能确立正确的政绩观。

树立正确的政绩观,离不开科学发展观的指导,科学发展观是树立和落实正确政绩观的前提和基础。胡锦涛指出,现在一些党员、干部在发展观念上存在重"显绩"轻"潜绩"、重当前轻长远、见物不见人甚至制造虚假政绩等问题。因此,他指出:"要树立正确的政绩观,首先就要树立科学的发展观,不坚持科学的发展观,就不可能落实正确的政绩观。"②同时,他指出:"要把树立和落实科学发展观与坚持正确的政绩观紧密结合起来。科学发展观引导着正确的政绩观的树立,正确的政绩观又保证着科学发展观的落实。"③自觉地树立和落实科学发展观,坚持按照科学规律来谋划发展大计,做到凡是符合科学发展观的事情就全力以赴地去做,不符合的就毫不迟疑地去改。

(2) 不断加强思想政治工作

中国共产党历来重视思想政治工作,强调"思想和政治是统帅,是灵魂。只要我们的思想工作和政治工作稍微一放松,经济工作和技术工作就一定会走到邪路上去"④。思想政治教育在正确政绩观的树立过程中有着不可替代的作用,通过加强思想政治教育,有助于引导党员、干部坚定理想信念,提高理论水平,抛弃片面的政绩观,进一步增强树立科学政绩观的自觉性和坚定性。胡锦涛明确提出:"要把树立正确的政绩观作为新时期党的建设新的伟大工程的重要内容,通过加强思想政治建设和深化干部制度改革予以切实保证。"⑤胡锦涛在第十七届中央纪律检查委员会第三次全体会议上强调树立正确的政绩观,而政绩观的衡量标准是努力作出经得起实践、人民、历史检验的实绩。"必须坚持不懈地加强领导干部党性修养,使各级领导干部始终保持共产党人的政治本色,发扬党的光荣传统和优良作风,树立和坚持正确的事业观、工作观、政绩观,以优良作风带领广大党员、群众迎难而

---

① 《十六大以来重要文献选编(上)》,中央文献出版社 2005 年版。
② 何事忠:《以科学发展观为指导 树立正确的政绩观》,载《求是》2006 年第 2 期。
③ 《十六大以来重要文献选编(中)》,中央文献出版社 2006 年版,第 71—72 页。
④ 《毛泽东文集》第 7 卷,人民出版社 1999 年版,第 351 页。
⑤ 《十六大以来重要文献选编(上)》,中央文献出版社 2005 年版。

上、锐意改革、共克时艰","着力树立正确利益观,切实把人民利益放在首位。要以人民利益为重,坚持把实现个人追求与实现党的奋斗目标、人民利益紧密联系起来,不为私心所扰,不为名利所累,不为物欲所惑,努力实践共产党人高尚的人生价值"。党的思想政治工作的不断加强,增强了领导干部树立科学政绩观的自觉性。

(3) 大力发扬求真务实精神

求真务实是马克思主义科学世界观和方法论的本质体现,是对马克思主义认识论的精神实质的精辟概括。求真务实体现了理论和实践、知和行的具体的历史的统一。求真务实是辩证唯物主义和历史唯物主义一以贯之的科学精神,是我们党的思想路线的核心内容,也是党的优良传统和共产党人应该具备的政治品格。求真务实是树立正确政绩观的思想理论基础。胡锦涛在《全面贯彻落实科学发展观 推动经济社会又快又好发展》的讲话中提到:"要大力发扬求真务实精神。正确的决策、好的工作思路,必须有良好的工作作风来保证其贯彻落实。各级领导干部要带头发扬脚踏实地、埋头苦干的好作风,不图虚名,不务虚功,坚决反对形式主义、官僚主义,把各项决策和工作落到实处,以求真务实作风保证落实科学发展观和正确政绩观。"①只有发扬求真务实精神,才能做到解放思想,只有树立正确的政绩观,创造出人民满意的实绩。

(4) 注重对干部政绩观的科学考核

2009年1月1日出版的《求是》杂志发表了胡锦涛的重要文章《努力把贯彻落实科学发展观提高到新水平》。文章指出,一些地方和部门决策科学化、民主化做得不够,工作的系统性和协调性不强,体现科学发展观和正确政绩观要求的干部考核评价体系尚不健全,促进科学发展的监督体系不完善。一些党员、干部在发展观念上存在重"显绩"轻"潜绩"、重当前轻长远、见物不见人甚至制造虚假政绩等问题。文章提出,要改进考核方式,坚持以平时考核、年度考核为基础,以换届考察、任职考察为重点,合理安排,相互补充,增强考核方式的完整性和系统性。要扩大考核民主,强化党内外干部群众的参与和监督,进一步公开考核内容、考核程序、考核方法、考核结果,增强考核工作透明度,加大群众满意度在考核评价中的分量。要强化考核结果的运用,把考核结果作为领导班子建设和领导干部选拔任用、培养教育、管理监督、激励约束的重要依据,着力形成注重品行、科学发展、崇尚实干、重视基层、鼓励创新、群众公认的导向。

只有坚持科学的政绩考核,才能督促党员干部树立正确的政绩观。胡锦涛告诫全体党员干部,追求什么样的政绩,是衡量一名领导干部能否正确对待群众、正确对待组织、正确对待自己的"试金石"。

---

① 胡锦涛:《全面贯彻落实科学发展观 推动经济社会又快又好发展(2005年12月15日)》,载《求是》2006年第1期。

2. 习近平政绩观的论述

（1）执政为民是习近平政绩观的根本出发点

习近平强调，干事创业一定要树立正确的政绩观，要做到"民之所好好之，民之所恶恶之"，要求真务实、真抓实干，做工作自觉从人民利益出发，决不能为了树立个人形象，搞华而不实、劳民伤财的"形象工程""政绩工程"。

习近平始终把人民放在最高的位置，牢记为人民服务的宗旨，立党为公、执政为民，并采取了一系列改善和保障人民利益的政策和措施，真正做到了权为民所用、情为民所系、利为民所谋，解决了政绩观所提出的一系列基本问题。

政绩的最高目标是实现人民群众的根本利益。习近平始终强调树政绩的根本目的是为人民谋利益。作为领导干部，更要把群众的冷暖疾苦放在心上，为民办实事、办真事，只有真正地把人民群众当作自己头上的天，才能做好领导干部，才能得到人民的拥戴。因此，追求什么样的政绩，是为人民群众谋利益，还是为个人谋私利，是衡量领导干部政绩观正确与否的分水岭。习近平在基层工作得到的最彻底的感悟就是，我们的各级领导干部是人民群众的勤务员，手里的职权是人民群众赋予我们的，所以，领导干部肩上最大的责任就是向人民负责，向群众负责，向头上这顶"乌纱帽"负责。

（2）科学发展观是习近平政绩观的理论基础

科学发展观与正确的政绩观是一脉相承、相互联系的。科学发展观是树立和落实正确的政绩观的前提和基础，它引导着正确的政绩观。反过来，正确的政绩观又保证科学发展观的实现和落实。习近平强调，树立正确的政绩观，就要实现政绩观与科学发展观的协调统一，真正做到政绩为了人民、政绩依靠人民、政绩成果由人民共享。按照科学发展观的基本要求树立正确的政绩观，用正确的政绩观来指引领导干部和人民群众的工作实践，对切实落实科学发展观和树立正确的政绩观具有重大的理论意义和现实价值。

习近平在指导河北省省委常委班子专题民主生活会时强调，要"树立正确政绩观，切实抓好打基础利长远的工作"。"我们应该从制度上防止急功近利和短期行为。'功成不必在我'，实际上就是要处理好大我和小我的关系，长远利益、根本利益和个人抱负、个人利益的关系。"① "功成不必在我"是领导干部的基本要求，我们所进行的事业是伟大的事业，这个事业不可能一蹴而就，不可能在一年、一个任期内完成。领导干部要树立正确的历史观、全局观、政绩观。其中，政绩观的要求就是认真贯彻科学发展观的要求，维护和发展人民群众的根本利益，不以付出损害长远利益的代价干杀鸡取卵的蠢事，不以牺牲环境为代价追求一时的发展速度，不以

---

① 《习近平参加河北省委常委班子专题民主生活会纪实》，http://www.gov.cn/ldhd/2013-09/27/content_2495952.htm，2016年4月20日访问。

借口维护群众的利益而忽视全局,搞部门利益。

(3) 把抓好党建作为追求和创造政绩的第一要求

习近平提出,领导干部必须树立具有执政意识的政绩观。他强调:"必须树立正确政绩观,坚持从巩固党的执政地位的大局看问题,把抓好党建作为最大的政绩。如果我们党弱了、散了、垮了,其他政绩又有什么意义呢?各级党委要把从严治党责任承担好、落实好,坚持党建工作和中心工作一起谋划、一起部署、一起考核,把每条战线、每个领域、每个环节的党建工作抓具体、抓深入,坚决防止'一手硬、一手软'。对各级各部门党组织负责人特别是党委(党组)书记的考核,首先要看抓党建的实效,考核其他党员领导干部工作也要加大这方面的权重。"①

应当说,领导干部是否具有执政意识的政绩观,也关系到党的生死存亡。党员领导干部不仅要有身份意识,更要有执政观念。不忘党员身份,才能名副其实地在党言党、在党爱党、在党忧党;牢记执政使命,才能自觉自愿地在党为党、在党兴党、在党护党。两者的高度统一,就是具有执政意识的政绩观的党性要求。党员领导干部只有在这种政绩观指导下创造出的政绩,才是维护和加固党的执政基础的政绩,才是巩固和延续党的执政地位的政绩,才是赢得人民群众拥护和支持的政绩。

本章小结

领导的职能从内涵来看,主要有两个方面:一方面是指领导者在社会组织中的地位与作用,这说明了领导活动的重要性;另一方面是指领导工作中所履行的社会职责,说明领导工作的一般功能。领导职能是实现管理效率和效果的灵魂,是管理过程的核心环节。从领导职能的履行可以考察领导者运用组织赋予的权力,组织、指挥、协调和监督下属,完成领导任务所承担的具体职责和功能。

从实行经济体制改革到现在,我国在多年间形成了以经济增长速度为领导干部政绩考核指标的思维。各级领导干部都按照这个思路作为履行职能的中心目标,造就了很多"政绩工程""形象工程",也出现了"数字出官""新官不理旧账""吃子孙饭"等突出问题。随着改革的深入,领导者承担的责任发生了变化,那么,政绩的考核要求、对象、总指标也应相应地发生变化。领导干部履责效果如何,不仅关乎他们的政绩,也关乎其治理下的社会经济发展情况和人民生活状况。中央要求牢固树立和认真落实正确的政绩观,基本前提就是要求各级领导干部在正确理论和科学方法的指导下,认真履行职责,创造出实实在在的政绩,真正做到"为官一

---

① 习近平:《在党的群众路线教育实践活动总结大会上的讲话(2014年10月8日)》,人民出版社2014年版,第15页。

任、造福一方"。这就需要我们直面领导政绩考核中出现的问题,引导建立科学完善的领导责任体系,以硬措施力促领导干部全面履职尽责。

案例分析

领导干部应树立正确政绩观①

习近平同志在《关键在于落实》一文中指出:政绩,就是为政之绩,即为政的成绩、功绩、实绩。而政绩观则是指领导干部对如何履行职责、追求何种政绩的根本认识和态度,对干部如何从政、如何施政具有十分重要的导向作用,是人生观、价值观和世界观在领导干部中的根本体现。正确政绩观的要义就是要把人民的利益作为谋求发展的根本出发点和落脚点。一些领导干部落实工作抓得不好,主要就是政绩观出了问题,个人主义思想在作祟。所以,各级领导干部必须牢固树立正确政绩观,做到为党尽责、为民造福、立足现实、着眼长远,办实事、求实效。

树立正确的政绩观,必须坚持党的群众路线

习近平同志在党的群众路线教育实践活动工作会议上指出,群众路线是我们党的生命线和根本工作路线。群众路线的实质,就是要执政为民,代表人民群众,为人民谋利益,把为民务实清廉的价值追求,深深根植于全体党员干部的思想和行动中,使党的先进性和纯洁性、执政基础和执政地位,具有广泛、深厚、可靠的群众基础。群众路线的核心就是"一切为了群众,一切依靠群众",只有坚持群众路线,才能更加牢固地树立正确的政绩观。在具体工作中,党员干部首先要做到深入基层,贴近群众,密切与群众的关系,接受群众监督,敢于负责、善于负责地为群众解难题、办实事,努力作出经得起实践、人民和历史检验的工作实绩。首先,从取得政绩的目的来看,正确政绩的根本目的是全心全意为人民服务,始终做到权为民所用、情为民所系、利为民所谋。其次,只有让群众得实惠和满意的政绩才是真政绩,而那些"不怕群众不满意、就怕领导不注意"的"形象面子工程"就是群众深恶痛绝的假政绩。最后,正确政绩既不是靠花活"玩"出来的,也不是靠蛮干、霸道的作风"逼"出来的,而应该靠的是实干,靠的是科学发展,靠的是群众的支持。

树立正确的政绩观,必须坚决反对"四风"

习近平同志在指导河北省委常委班子专题民主生活会时强调,要"树立正确政绩观,切实抓好打基础利长远的工作"。这一重要论述抓住了产生"四风"问题的源头和要害,为提高各级党员领导干部的执政能力和执政水平指明了方向。首先,要坚定理想信念。政绩观出现问题,说到底与理想信念不坚定、不牢固有关。矫正扭曲的价值观念,前提在于认识水平的提高,在于思想理念的自觉。作为党员干部,

---

① 资料来源:侯欣彤:《领导干部必须牢固树立正确政绩观》,载《吉林日报》2014年8月26日。

必须要把学习教育、思想理论武装摆在第一位，为政绩观纠偏正位提供重要契机，在学习教育、查摆问题过程中，密切联系思想实际，积极改造主观世界，深刻剖析检查政绩观错位的思想根源与现实危害，进一步树立宗旨意识，强化思想信念，增强群众观点，筑牢抵御"四风"的思想防线。其次，要以群众满意为标准。维护广大人民群众的根本利益，既是追求一切政绩的出发点和落脚点，也是解决"四风"问题的最终指向所在，要针对群众关心的具体问题，进一步加大对民生薄弱环节的支持力度，牢固树立以人民为中心的工作导向，把反"四风"的效果体现在解决群众反映强烈的突出问题上，体现在为人民群众办实事、求实效上，把为民务实清廉的价值追求落到实处，用实实在在的成绩为党尽责，为民造福。

树立正确的政绩观，必须强化工作"落实力"

习近平同志曾指出"空谈误国，实干兴邦"，这就告诉各级领导干部，正确的政绩观要靠工作来体现，靠落实来保证，因为真正的政绩是"为官一任，造福一方"的实绩。抓落实，既是工作方法问题，也是工作能力问题，更是工作作风问题，落实抓得越彻底，工作成效就越大，政绩就越突出。当前，我国正处在加快发展的关键时期，发展任务艰巨，矛盾错综复杂，因此，各级领导干部要提高驾驭市场经济的能力，用改革的办法、市场的观念解决新问题；要提高驾驭复杂局面的能力，把握好工作推进的"底线"，善于用法律的手段、法治的办法解决各种复杂问题。好的思路、好的方案、好的措施要付诸行动、取得成效，就必须有一套行之有效的落实机制。要完善抓落实的机制，调动各种积极因素合力攻坚。要提高干部的执行力，决策一旦出台，制度一旦制定，就要一个声音传下去，一个调子喊出去，一个标准执行到底，没有讨价还价的余地。要坚持正确的用人导向，在推进重点工作中撞击班子，在经济发展的主战场上考验干部、使用干部。特别是对那些长期在困难大、矛盾多、任务重、条件艰苦的地方默默无闻干事创业、具有"潜绩"的干部，要大胆使用、委以重任；对那些热衷于"显绩"、自吹自擂、搞虚假政绩、跑关系、找门路、群众不认可甚至反对的干部，要坚决将其从领导岗位上换下来。只有这样，才能促使干部树立正确的政绩观，踏踏实实工作，兢兢业业为民，勤勤恳恳奉献。

总之，领导干部树立正确的政绩观，必须做到严于律己、善于谋事，心系群众、求真碰硬，真正把群众关心的事情办好办实，认真反思在工作过程中是否做到了权为民所用、情为民所系、利为民所谋，是否体现了立党为公、执政为民的执政理念，是否把工作都做到了群众的心坎上，是否立说立行、即知即改结合起来，内化于心、外化于行，是否能够从思想根源上"除垢祛病"，在实际行动中取信于民。

案例思考题：

1. 领导干部存在的"四风"问题给履行职责带来了什么样的风险？
2. 在领导干部政绩考核上如何才能构建一套行之有效的落实机制？

拓展阅读

1. 贺善侃:《领导科学和现代行政》,上海大学出版社 2001 版。
2. 王雪峰:《领导学学科体系的基本问题》,载《中国行政管理》2012 年第 4 期。
3. 张蕾:《论政绩观的价值诉求及其建构》,载《西北大学学报(哲学社会科学版)》2011 年第 3 期。

第三章 领导素质

本章要点

1. 了解领导素质的内涵与特点。
2. 了解领导素质的内容。
3. 探讨提升领导素质的途径。

引例

拿破仑说过:"一头狮子带领一群绵羊,可以打败一只绵羊带领的一群狮子。"这句话说明一个组织的成败往往取决于组织的领导。21世纪是知识经济高速发展的时代,更是政治、外交与军事风云多变的时代,一个国家要在世界上立于不败之地,领导者是不可或缺的关键因素。党的十八大报告明确提出,要深化干部人事制度改革,建设高素质的执政骨干队伍。由于各国的体制不同,不同的国家对领导素质内在的要求也不同,但是一个完善的领导集团必须是一组出类拔萃的素质的组合。因此,领导者应该具备什么样的素质,怎样使之得到优化,是领导科学研究的重要课题。

第一节 领导素质概述

一、领导素质的内涵

"素质"原是生理学上的一个概念。素质之"素",就是本来的、事物固有的性质和特点。"质",是性质的意思,也就是一事物区别于其他事物的内在规定性。素质就是指一个事物固有的区别于其他事物的性质与特点。素质有狭义和广义之分,狭义上的素质是指人的感觉器官、运动器官和神经系统方面的特质,即人体总的生理特点、条件与状态,是人的能力发展的自然基础。因此,素质与天资、禀赋、气质等是同义词,基本表现在性格、志趣、体魄等方面。随着社会的发展,"素质"一词已超出了生理范畴,被广泛应用于社会科学领域以说明人或各种组织的现时状态。广义上的素质又称"素养""能力""才干"等等,是一个人在先天禀赋的基础上,通过社会环境熏陶和自身磨炼而形成的满足其生存和发展的各种条件要素的总和,是判断一个人能否胜任某项工作的前提条件。素质就是一定的行为主体进行各种活动所依凭的自身内在条件。

领导素质是开展领导活动的前提,是领导活动过程的内在因素,受领导者的自身因素、后天教育、实践经验、主观意识等的影响。国内外许多学者通过对领导素质进行大量的研究后发现:领导者与非领导者在生理、个性、智力、能力等因素方面存在较大差异。领导素质不是指一般人的德、才、识等因素,而是领导者区别于非领导者的根本标志,专门指领导者从事领导活动必须具备的内在基本条件,也可以说是领导者在领导活动中经常发挥作用的本质要素。既包括领导者实施领导的先天素质,如悟性直觉、习惯态度和心理定式,又包括领导者通过后天的培养、教育以及自身刻苦学习,积极实践所获得的个性、心理、品德、知识、才能以及所形成的思维方式、思想观念、作风态度等在领导者身上的有机结合和升华。

二、领导素质的特征

领导素质的特点是由领导者所担负的领导工作的性质、职能、所处的时代、环境条件以及个人的先天因素等决定的。这些情况千差万别,所以领导素质具有不同的特点。

(一)时代性

辩证唯物主义告诉我们,世界上的一切事物都是处在不断发展变化之中的。领导素质是在一定的环境下培养出来的,不同社会、不同历史时期的政治、经济、文化和科学技术发展状况不同,对领导素质的要求也不同,因此它具有一定的时代性。例如,党和国家在不同时期工作重心不同,对我国行政领导的素质要求在内容和深度上要随之变化。在战争年代需要领导作战的素质;在解放初期需要恢复生产,重建家园的素质;在建立社会主义制度初期,需要构建和巩固社会主义制度的素质;在当今又需要维护国家安全、开拓创新、科学发展的素质。

(二)综合性

领导活动是涉及决策、用人、组织、指挥、协调、控制、监督等管理环节的复杂过程,领导者就是一个多元化的"角色丛",对领导者的素质要求必然是综合性的。现代领导素质是由多种素质组合而成的素质系统。我国古代对官吏有"德、才、学、识"的综合性要求,如《孙子兵法》提到:"将者,智、信、仁、勇、严也。"[①]即作为领导人

---

① 孙武:《孙子兵法》,文物出版社1976年版,第31页。

的将才,须具备这五方面的素质。列宁提出领导干部的素质应该包括:政治上的成熟和积极性;最密切地联系劳动群众,知道并理解群众的利益,赢得他们的绝对信任;能把人民团结在自己周围;在技术上和生产组织上是内行;受过科学的教育;具有行政工作的能力;办事认真负责;具有坚强和果断的性格。毛泽东提出干部要"又红又专"。邓小平根据我国现代化建设的迫切需要,在干部队伍建设的问题上提出"革命化、知识化、专业化、年轻化"的"四化"方针,这是我们党在新时期对干部基本素质的总要求,也成为我们党考察干部、选用干部、管理干部和指导干部队伍建设的基本方针。

(三) 层次性

社会分工随着生产力的进步发展越来越细,领导者的职责划分也越来越清晰。从组织层次分,领导有高层、中层和基层;从专业部门分,有党委、行政、事业、企业之别;从社会领域分,有政治、经济、文化领导之不同。对于不同层次、不同部门、不同领域的领导者,在素质上有不同的要求。职位是以事为中心设置的,职位本身的规定提出了对这一职位担任者的素质要求。例如,从事这项工作必须做什么?如何做?胜任这个职位要具备怎样的经验、知识与能力?三国时期诸葛亮把"将"分为天下之将、十万夫之将、万夫之将、千夫之将、百夫之将、十夫之将六个层次。他在《将器》一文中说:"将之器,其用大小不同。若洞察其奸,伺其祸,为之众服,此为十夫之将。夙兴夜寐,言词察,此百夫之将。直而有意,勇而能斗,此千夫之将。外貌桓桓,中情烈烈,知人勤劳,悉人饥寒,此万夫之将。进贤进能,日慎一日,诚信宽大,闲于理乱,此十万夫之将。仁爱洽于下,信义服邻国,上知天文,中察人事,下识地理,四海之内,视如家室,此天下之将。"[①]从诸葛亮的论述中可以看出,不同层次"将"的素质要求是不同的,越往高层素质要求越高。

美国学者罗伯特·卡茨1955年提出领导者必须具备三大领导技能,即技术技能、人际关系技能、概念技能。"但不同层次的领导者对这三种技能的要求是不同的,基层领导者的需求结构比例是47:35:18,中层领导者的需求结构是27:42:31,高层领导者的需求结构是18:35:47"[②]。高层领导者的职责是决策,应该具备宽阔的世界眼界,正确把握时代的发展要求,善于进行理论思维和战略思维,具有科学判断形势的能力、应对复杂局面的能力、战略决策能力。处于中层岗位的领导者的主要职责是从组织和协调方面落实政策,应该具备承上启下的协调沟通能力、组织能力和指挥能力。基层领导者的主要职责是执行决策,应具备专业技术知识、有较强的实干精神和解决具体问题的能力。因此,领导素质有十分鲜明的层次性。

---

① 张连科、管淑珍校注:《诸葛亮集校注》,天津古籍出版社2008年版,第280页。
② 彭向刚主编:《领导科学概论(第二版)》,高等教育出版社2013年版,第121页。

（四）实践性

领导素质的提高，虽然与先天的生理素质有关，但先天的禀赋不是形成领导者素质的决定因素，关键是后天的社会实践。任何一位卓越的领导干部都不是天生的，都是在实践中经过锻炼而逐步成长起来的。马克思、恩格斯、列宁、毛泽东等无产阶级革命领袖，除了他们的天才条件外，主要是他们参加了当时的阶级斗争和革命实践，没有这后一条，任何天才都不可能成功。社会实践，可以使先天生理因素好的领导者"锦上添花"，迅速提高素质，也可以使先天生理因素差的领导者通过具体活动，逐步提高素质。

三、研究领导素质的意义

领导者是组织的核心和旗帜，领导者素质的高低对领导活动起着决定性作用。毛泽东说："政治路线确定之后，干部就是决定的因素。"[①]邓小平明确指出："政治路线确立了，要由人来具体地贯彻执行。由什么样的人来执行，是由赞成党的政治路线的人，还是由不赞成的人，或者由持中间态度的人来执行，结果不一样。"[②]而在干部这个"决定因素"中，素质是关键。

（一）领导素质是党和国家各项事业兴旺发达的关键

一个组织和事业的发展，一是靠正确的方针政策，二是靠高素质的干部队伍。邓小平提出："正确的政治路线要靠正确的组织路线来保证。中国的事情能不能办好，社会主义和改革开放能不能坚持，经济能不能快一点发展起来，国家能不能长治久安，从一定意义上说，关键在人。"[③]当前已进入知识信息时代，世界科技日新月异，国际局势变幻莫测，国际竞争日益激烈，我国社会主义建设进入攻坚阶段，政治体制和经济体制的改革进入"深水区"。在这机遇与挑战并存的时代，环境错综复杂，矛盾层出不穷。能否快速抓住机遇，克服困难，把我国建设成为繁荣富强、民主和谐的现代化国家，很大程度上取决于各级领导者的素质。党的十五大报告指出："按照革命化、年轻化、知识化、专业化方针，建设一支适应社会主义现代化建设需要的高素质干部队伍，是我们的事业不断取得成功的关键。"领导者在领导活动中起着决定性的作用，是最能动灵活的因素。在我国现代化建设过程中，领导者不仅是党的路线、方针、政策的直接贯彻者，而且是社会发展宏观战略与决策的制定者和实施者，处于总揽全局的统帅地位，肩负国家继往开来的历史重任。因此，领导者的素质如何，直接影响党的路线、方针、政策的贯彻执行，决定着我国社会主义现

---

① 《毛泽东选集》第 2 卷，人民出版社 1991 年版，第 526 页。
② 《邓小平文选》第 2 卷，人民出版社 1993 年版，第 191 页。
③ 《邓小平文选》第 3 卷，人民出版社 1993 年版，第 380 页。

代化建设事业的兴衰成败。

（二）领导素质直接影响领导绩效

"领导绩效是领导者实施领导活动的行为能力、工作状态和结果的总和，即领导者进行领导活动的效率、效果、能力、成绩、业绩的通称。"①领导绩效是领导者素质的综合体现。领导活动的客观环境复杂多变，一般情况下，高素质的领导者能充分利用有利的客观条件，较好地实施领导活动，高效地完成领导任务，取得好的领导绩效；也能在客观条件不利时，通过多方努力，尽可能减少不利因素的干扰；甚至能根据客观规律，创造条件，扭转局势，完成领导任务，实现组织目标。一个能密切联系群众、立场坚定、品质高尚、才智过人的领导者，人们会由衷地信赖和敬佩他。即使条件恶劣、困难重重，其下属和群众也会一心一意地和他一起克服困难。素质低的领导者，即使位高权重，也难使人信任和敬佩，领导目标的实现不可能顺利，领导绩效较差。这种现象在基层的领导工作中也能清楚地看到：一些责任心强、工作认真又有丰富的专业知识和组织指挥能力的领导者，能够把自己单位的工作做得有生气，效果显著；而素质低的领导者，不仅打不开工作局面，还常常把好事办成坏事。因此，在相同的领导条件下，领导者素质的高低，常常决定领导活动的决策效能、用人效能、组织指挥效能以及时间效能的大小。

领导工作的职业化、科学化发展，必然要求领导者具备相应的领导素质。这道出了领导素质在团队中的决定性作用。领导者的素质差，往往体现在个人修养不高、识人用人不明、业务技能不佳、决策判断不准等方面，由此带来的损失要比普通干部群众可能带来的损失高得多。经过三十多年的改革发展，我国各领域的领导素质得到了很大改善。但是，不可否认，当前仍存在一些领导素质方面的突出问题。例如，近年来频繁曝光的官员性丑闻、跑官要官、买官卖官等等，以及为了升官不惜利用手中权力"获取"高学历文凭。目前，我们有的领导干部政治上还不够成熟，在思想作风和组织纪律上还需要进一步锤炼；有的还存在"四风"问题；有的不认真学习党的理论和政策，不注意大局，不注意政治，甚至分不清基本的原则与是非界限。凡此种种，严重影响领导绩效，我国各级各类领导者应当努力提升思想政治素质、能力素质、心理素质、知识素质等。

（三）领导素质是领导方法和艺术的源泉

领导工作是一种高强度的复杂劳动，为适应多变复杂的领导环境，顺利地开展工作，领导应当具有科学的领导方法和高超的领导艺术。而领导方法和艺术的掌握与运用，以领导者个人的知识和经验为基础，以其才能和气质为前提。人的生理特点影响着人的能力的形成，素质在领导艺术中占有重要的地位。大量领导活动

---

① 黄强主编：《领导科学》，高等教育出版社1992年版，第305页。

的实践证明,领导艺术水平与领导素质成正比。因此,要使领导艺术水平有较大的发展和升华,就必须提高领导素质。领导素质体现了领导活动主体的内在构成和行动的机理,它从领导活动主体的角度探求领导行为的原动力、基础以及领导活动的规律,它不但对领导者认识自我、把握自我、提高自我有直接的影响,而且对促进领导行为的科学性和艺术性有先决的作用。具有优良素质的领导者,不仅能熟练地运用领导方法和领导艺术,并能不断创造出新的领导方法;而素质低的领导者,即使是有效的领导方法和艺术都很难被他运用,更不可能有发展和创造。因此,领导素质是不断改进创新领导方法和提高领导艺术水平的基础。

（四）领导素质是形成领导影响力的主要因素

领导影响力可分为权力性影响力和非权力性影响力。对于一个领导者来说,尽管两种影响力都很重要,但具有决定意义的是非权力性影响力。非权力性影响力由领导者的品格、能力、知识、感情等因素组成,它主要取决于领导个人的素质。领导素质本质上是社会风气的风向标和指挥棒,更是下属、群众和国民的示范、先导和榜样,乃至整个社会的内质和外现都会因领导素质的影响而发生变化。因此,有什么样的领导素质,就会有什么样的领导行为、领导示范、领导取向,进而就会有什么样的下属素质、群体素质、组织作风和社会风气。必须使领导素质真正具备领导或模范的实质,才能使整个国民素质都得以极大的提高。

第二节　领导素质的内容

对领导素质的要求,各国学者从不同的角度提出了不同的标准,有的国家在20世纪初就开始对此进行研究。19世纪的法国著名政治思想家托克维尔在《论美国的民主》一书中,从政治和民主的角度出发,研究了领导现象,表达了自己关于领导素质的基本思想。他认为:"领导者必须有才能、德行、诚信和廉洁自律精神,否则就会破坏民主政治、败坏人民的政治道德。"[1]

国外学者在领导素质研究方面成果颇丰。[2] 西方现代特质理论从满足领导实际工作需要的角度,提出领导者应具备的素质有:(1)进取心。领导者拥有较高的成就渴望,他们进取心强、精力充沛,对自己所从事的活动坚持不懈,并有高度的主动精神。(2)领导愿望。领导者有强烈的愿望去影响和领导别人,他们表现为乐于承担责任。(3)诚实与正直。领导者通过真诚无欺以及言行高度一致而在他们与下属之间建立相互信赖的关系。(4)自信。下属觉得领导者从没缺乏过信心,领导

---

[1] 转引自李成言:《现代行政领导学》,北京大学出版社2002年版,第166页。
[2] 孙奎贞主编:《领导科学教程新编》,中国人民公安大学出版社2002年版,第65页。

者为了使下属相信他的目标和决策的正确性,必须表现出高度的自信。(5)智慧。领导者需要具备足够的智慧来收集、整理和解释大量信息,并能够确立目标、解决问题和作出正确的决策。(6)相关知识。有效的管理者对于公司、行业和技术事项拥有较高的知识水平。广博的知识能够使他们作出富有远见的决策,并能理解这种决策的意义。

美国管理协会在20世纪70年代花了五年时间,对在事业上取得成功的1800名主管人员进行了调查和研究,发现成功的主管人员一般具有二十种能力:(1)工作效率高;(2)有主动进取精神,总想不断改进工作;(3)逻辑思维能力强,善于分析问题;(4)有概括能力;(5)有很强的判断能力;(6)有自信心;(7)能帮助别人提高工作能力;(8)能以自己的行为影响别人;(9)善于用权;(10)善于调动别人的积极性;(11)善于利用谈心做工作;(12)热心关心别人;(13)能使别人积极而又乐观地工作;(14)能实行集体领导;(15)能自我克制;(16)能自行作出决策;(17)能客观地听取各方面的意见;(18)对自己有正确评价,能以他人之长补己之短;(19)勤俭;(20)具有技术和管理的知识。

苏联有些学者认为,领导者应具备七个方面的素质:(1)有高度的政治水平和业务水平;(2)严于律己,宽以待人;(3)善于维护劳动纪律;(4)充分发挥每个下属人员的才能;(5)善于调动下级的积极性;(6)发扬民主,遇事与下级商量;(7)说话要算数。

日本企业界认为领导者应具备十项品德、十项能力。十项品德是:(1)使命感,非要完成任务不可;(2)信赖感,上下左右相互信任和支持;(3)诚实,在上下级和周围关系中都能以诚相待;(4)忍耐,不随便发脾气;(5)热情,对人热情体贴,对工作专心负责;(6)责任感,对工作敢于负责任,能充分发挥主观能动性;(7)积极性,以主人翁精神主动做任何工作;(8)进取心,不满足现状,积极上进;(9)公平,对人对事秉公处理,不拘私情;(10)勇气,对于危险的工作能亲自处理,有向困难挑战的勇气。十项能力是:(1)思维、决策能力;(2)规划能力;(3)判断能力;(4)创造能力;(5)洞察力;(6)劝说能力;(7)对人的理解能力;(8)解决问题的能力;(9)培养下级的能力;(10)调动积极性的能力。

我国学者邱霈恩在《领导者素质》一书中把我国领导者的素质分为几大类型:平台性素质、基础性素质、器用性素质、核心性素质。[①] 在我国,党中央、国务院在不同时期对行政领导者提出了不同的要求,专家学者也从不同的角度进行广泛而深刻的研究。学者的研究主要包括德、能、勤、绩、廉五个方面。

以上研究成果对我们构建领导素质有很大帮助。虽然领导素质内容会不断变

---

① 邱霈恩:《领导者素质》,中国言实出版社2003年版。

化,但也具有一定的共同性和稳定性,从这个意义上说,领导的基本素质包括政治素质、道德素质、知识素质、能力素质、身心素质五个方面。

一、政治素质

政治素质,是指领导者从事领导活动所必须具备的政治思想、政治方向、政治立场、政治观念、政治态度、政治信仰的综合表现。政治素质是评价领导素质的首要条件。政治素质不仅决定着领导干部自身的发展方向,而且影响领导活动的性质,在领导工作中具有十分重要的意义。毛泽东说过:"没有正确的政治观点,就等于没有灵魂。"[①]政治素质由多种因素构成,有着丰富而深刻的内涵。

（一）坚定正确的政治方向和政治立场

政治具有鲜明的阶级性,领导者政治方向正确与否,关系到党和国家的前途和命运,是检验领导者政治素质的根本标志。政治立场是领导者在领导工作中认识、分析问题和解决问题的出发点和立足点,是领导者政治素质的集中体现。坚定正确的政治方向和政治立场,就是高举中国特色社会主义伟大旗帜,坚持以马列主义、毛泽东思想、邓小平理论、"三个代表"重要思想、科学发展观、习近平新时代中国特色社会主义思想为指导,坚持四项基本原则,坚持立党为公,执政为民,为把我国建设成为富强民主文明和谐美丽的社会主义现代化强国而奋斗;就是要求领导者坚定地站在党和人民群众的立场上,想问题、办事情,时时牢记党和人民的利益,一切从国家和人民的利益出发,做人民的公仆,全心全意为人民服务。

（二）较高的政治敏锐性和政治鉴别力

政治敏锐性是指领导者在政治实践基础上形成的,从政治事件的局部现象、萌芽状态迅速洞察其本质、预见其趋势的快速反应能力。政治鉴别力是领导者在政治上识别大是大非的能力。它要求领导者要善于运用马列主义的政治眼光和对党对人民高度负责的态度,及时洞察和鉴别各种社会现象,正确分析和处理各种社会矛盾。在改革开放的新形势下,人们的思想空前活跃,各种社会思潮相互碰撞。领导者必须密切关注并科学分析社会思想动态,善于见微知著,善于从本质上看问题,从党和人民的利益出发,分清是非,坚持真理,始终保持清醒的政治头脑。只有这样,才能在错综复杂的客观环境中,带领群众把深化改革、加快发展、保持稳定的各项工作做好。

（三）政治纪律性强

政治纪律是领导者执行党的路线、方针、政策的行为规范,是领导工作成功的重要保证。领导者政治纪律的实质是指领导者在政治上、思想上、行动上必须同党

[①] 《毛泽东选集》第5卷,人民出版社1977年版,第385页。

中央保持一致,坚决维护党中央的领导权威。在十八届中央纪委五次全会上,习近平强调指出,要"严明政治纪律和政治规矩","加强纪律建设,把守纪律讲规矩摆在更加重要的位置",并且明确提出了遵守政治纪律和政治规矩的"五个必须"要求,即"必须维护党中央权威,在任何时候任何情况下都要在思想上政治上行动上同党中央保持高度一致;必须维护党的团结,坚持五湖四海,团结一切忠实于党的同志;必须遵循组织程序,重大问题该请示的请示,该汇报的汇报,不允许超越权限办事;必须服从组织决定,决不允许搞非组织活动,不得违背组织决定;必须管好亲属和身边工作人员,不得默许他们利用特殊身份谋取非法利益"①。

二、道德素质

道德素质是对道德风范和个人品质的要求,是领导者所具有的品德修养和在领导活动中自觉遵守社会规范,恪守领导活动职业道德的基本素养和特质,是领导素质体系的重要组成部分,是领导者自我约束、自我管理的内在手段。道德素质包括伦理知识,道德规范内化程度、约束取向、价值维度和情操、气节、风格、境界、作风、勇气、正气、责任感等的表现元素。古往今来,为官者"不患无位而患德之不修","不患位之不尊,而患德之不崇"。中国自古以来,各朝代都非常重视以德治国。中国历代思想家既重视以德修身,也重视为政以德。"为政以德,譬如北辰,居其所而众星拱之。"②"德不称位,能不称官,赏不当功,罚不当罪,不祥莫大焉。"③哈佛大学心理学教授戴维·麦克利兰提出"冰山模型"能力素质构成理论,认为动机、价值观是隐性能力,起关键性作用。2011年7月,胡锦涛在庆祝中国共产党成立90周年会议上强调:要坚持把干部的德放在首位,选拔任用那些政治坚定、有真才实学、实绩突出、群众公认的干部,形成以德修身、以德领才、以德润才、德才兼备的用人导向。习近平强调,成为好干部,就要不断改造主观世界、加强党性修养、加强品格陶冶,时刻用党章、用共产党员标准要求自己,时刻自重、自省、自警、自励,老老实实做人,踏踏实实干事,清清白白为官。习近平在2013年全国组织工作会议上阐述了好干部的五条标准:信念坚定、为民服务、勤政务实、敢于担当、清正廉洁。具体来说,新时期领导应具备以下道德素质:

(一)坚定的理想信念

理想信念是人的内心的道德准则,道德需要通过人的内心信念起作用,各种道德规范和原则只有转化为人的内心的道德准则,才能对人的行为产生作用和影响。理想信念来源于社会实践,又再次指导社会实践。不同的理想信念体现不同的世

---

① 《习近平在十八届中央纪委五次全会上发表重要讲话》,载《人民日报》2015年1月14日第1版。
② 《论语·为政》。
③ 《荀子·正论》。

界观、人生观、价值观、历史观、道德观。"功崇惟志,业广惟勤。"①正确崇高的理想信念能形成强大的精神动力,能够激发人们的积极性和创造性,鼓舞人们的斗志,帮助人们形成良好的道德情操。理想信念指引人生方向,决定事业成败。坚定的理想信念要通过以身作则和共启愿景体现出来,这也是领导行为理论的基本观点。美国领导力大师詹姆斯·库泽斯和巴里·波斯纳在畅销全球的著作《领导力》中提出,卓越领导者应具有五种领导行为:以身作则、共启愿景、挑战现状、使众人行和激励人心。其中,以身作则和共启愿景主要是强调领导者要有自己的信念,一个组织、一个团队也要有共同的理想信念。

坚定的理想信念是领导者精神之"钙"。没有理想信念,理想信念不坚定,精神上就会"缺钙",就会得"软骨病",就会动摇前进的方向,就会动摇要走的道路,就会动摇全心全意为人民服务的宗旨。邓小平说:"根据我长期从事政治和军事活动的经验,我认为,最重要的是人的团结,要团结就要有共同的理想和坚定的信念。我们过去几十年艰苦奋斗,就是靠用坚定的信念把人民团结起来,为人民自己的利益而奋斗。没有这样的信念,就没有凝聚力。没有这样的信念,就没有一切。"②一个领导者如果被社会主义建设中暂时的困难所迷惑,对有中国特色的社会主义现代化强国的建设失去信心,悲观失望,就根本谈不上什么创造性。习近平在中央党校2012年秋季学期开学典礼上也特别强调,在干部队伍特别是年轻干部队伍中,最重要也是最需要注意并切实解决好的就是理想信念问题和思想作风问题。

领导坚定的理想信念就是坚定实现中华民族伟大复兴的"中国梦",就是坚定共产主义的根本方向,就是坚定中国道路、中国理论、中国制度,就是坚定道路自信、理论自信、制度自信。坚定了科学的理想信念,心中就有了浩然正气,就能抵制权位、名利、金钱、女色的诱惑,抵制各种不良思想的侵蚀,就能自觉地抵制腐败和不正之风,就能经受各种考验。

(二)廉洁公正

廉洁就是要把党和人民的利益放在首位,严格遵守党纪国法,坚持高尚的精神追求,永葆共产党人的浩然正气,切实做到秉公办事、不徇私情、不谋私利、清白做人。中国悠久的传统文化中蕴涵着丰富的廉政思想内容。早在战国时期,《周礼》中就提出了对官吏进行考核的六条标准,也就是"六廉"。"六廉"指的是考察官吏的廉善、廉能、廉敬、廉正、廉法、廉辨。廉善指善于行事;廉能指能行政令,有为政的能力;廉敬是考察他是否敬守职位;廉正是考察他是否品行方正;廉法是看他是否守法不移;廉辨是考察他是否头脑清醒,临事分明。善、能、敬、正、法、辨,每个要

---

① 《尚书·周书·周官》。
② 《邓小平文选》第3卷,人民出版社1993年版,第190页。

求前面都加了一个"廉"字，不仅要求官吏拥有多方面的为政能力，还把廉作为各种能力的基础。宋代苏东坡就写过《六事廉为本赋》；一代清官于成龙的碑文中也提到，吏道，廉是最重要的。毛泽东指出："共产党员在政府工作中，应该是十分廉洁、不用私人、多做工作、少取报酬的模范。"①

公正是人类的基本价值观，习近平曾多次讲到要维护社会公平正义。作为公共职位的占据者和公共利益的代表者，领导干部必须对公正有充分而深刻的认识。在资源稀缺的条件下，在一个充分竞争的环境中，任何不公正都有可能导致严重的后果。在利益分配上的不公正，可能导致严重的利益冲突；在职位提拔上的不公正，可能导致严重的吏治败坏；在惩罚奖励上的不公正，可能导致严重的激励机制的扭曲。公平地对待人和事，实际上是要求别人公正地对待和评价自己的前提。领导干部讲公正，就是要让想干事者有机会，能干事者有舞台，不让老实人吃亏，不让投机钻营者得利。② 领导干部要坚持"权为民所用、情为民所系、利为民所谋"。廉洁自律，以身作则，带头维护党纪国法的严肃性，是领导素质升华的突出表现。孔子说："政者，正也。"③也就是说，执政者要为人正派，办事公道，不能以权谋私。领导干部要有公正用权、勤政为民的真诚和良知，始终做到心正、眼正、身正，自己约束自己，自己管住自己，自觉实践党的宗旨，确保人民赋予的权力用于为人民服务。

（三）全心全意为人民服务

全心全意为人民服务是我党的宗旨，是衡量领导者德的重要评价标准。毛泽东认为，中国共产党是为人民谋利益的政党，它本身是无任何私利可图的，所以，"共产党人的一切言论行动，必须以合乎最广大人民群众的最大利益，为最广大人民群众所拥护为最高标准"④。邓小平说，领导就是服务，服务体现了领导活动的本质。领导活动本来就是对公共权力的承担，对实现公共利益的追求，而领导干部只不过是公共职位的短期占据者和实现公共利益的代表者。2012年，习近平在考察广东时指出："领导干部是人民的公仆，必须牢记宗旨、牢记责任，自觉把权力行使的过程作为为人民服务的过程，自觉接受人民监督，做到为民用权、公正用权、依法用权、廉洁用权。"⑤对于一个领导者而言，其自身价值的最好体现，不在于其才能在多大程度上得到了展示，而在于其利用才能多大程度上唤起了下属的干事热情，实现了领导目标，服务了人民群众。

---

① 《毛泽东选集》第2卷，人民出版社1991年版，第522页。
② 周银超：《领导干部应该具备的基本道德素质》，载《光明日报》2014年6月4日。
③ 《论语·颜渊》。
④ 《毛泽东选集》第3卷，人民出版社1991年版，第1096页。
⑤ 周银超：《领导干部应该具备的基本道德素质》，载《光明日报》2014年6月4日。

(四)敢于担当

担当是一种勇气,更是一种品德。真正的领导者就是责任、困难和风险的担当者。习近平曾在多个场合多次强调领导干部要勇于担当,把是否具有担当精神,是否能够忠诚履责、尽心尽责、勇于担责作为检验每一个领导干部身上是否真正体现了共产党人先进性和纯洁性的重要方面。敢于负责,勇于担当需要魄力。因为只有胸怀大我之利而不计小我之险的领导者,才能以超常的大智大勇,敲定大决策,作出大业绩。在决策执行环节中,担当又体现为时间和效率,更体现为速度和机遇。基于此,我们任用干部,不仅要人品好、能力强、作风正,还要敢于担当。我们面对瞬息万变的发展形势,很多突破性的工作都没有成例可循,需要摸着石头过河,如果总是畏首畏尾,患得患失,怕担责任,就不可能有创新,更不能有业绩。习近平指出,坚持原则、敢于担当是党的干部必须具备的基本素质。党的干部敢于担当,就是坚持原则、认真负责,面对大是大非敢于亮剑,面对矛盾敢于迎难而上,面对危机敢于挺身而出,面对失误敢于承担责任,面对歪风邪气敢于坚决斗争。敢于担当本身也是一种责任。好干部必须有责任重于泰山的意识,坚持党的原则第一、党的事业第一、人民利益第一,敢于旗帜鲜明,敢于较真碰硬,对工作任劳任怨、尽心竭力、善始善终、善作善成。为了党和人民事业,我们的干部要敢想、敢做、敢当。全面深化改革,啃硬骨头、涉险滩,更需要领导干部敢于担当。[①] 领导要敢于到困难大、矛盾多的地方去解决问题,肯于到群众意见大、怨气多的地方去理顺情绪,善于到路障拆不开、轮子转不动的地方去打开局面,切实把事关百姓衣食住行和读书就业等事情办好,让他们生活得更富足、更健康、更快乐,这就是为善的最好体现。

(五)勤政务实

勤政,就是要坚持恪尽职守,勤于政事,认真负责地为人民做事;务实,就是要坚持实事求是,量力而行,重实际、办实事、求实效。勤政务实是领导者职业道德的核心,领导的忠诚、公正、廉洁,归根到底都要通过领导活动体现出来,都要以勤政务实为归宿。"空谈误国,实干兴邦。"在当今纷繁复杂的时代背景下,加快经济社会事业发展需要各级干部勤政高效、务实肯干。好干部要带头加强和改进工作作风,在履职尽责、勤政为民中奉献青春。要有认真负责的精神,不论工作大小,始终以一丝不苟的态度对待每一项工作、每一件事情,力求每一项工作都做到位,每一件事情都办落实;要有严谨细致的精神,始终以精益求精的标准要求自己,从大处着眼,从小处着手,不当说起来头头是道、做起来毫无章法的"务虚型"干部;要有一抓到底的精神,始终以时不我待、只争朝夕的紧迫感,主动工作,积极作为,不散漫懈怠,不虎头蛇尾。

---

① 江岩:《敢于担当是领导干部必备的基本素质》,载《人民日报》2014年4月8日第7版。

三、知识素质

知识素质是指领导做好本职工作所必须具备的基础知识与专业知识,它在领导干部综合素质中处于基础地位。无论是领导干部品德修养的增强,还是领导能力的提高,都离不开一定水平的知识。一般地说,一个人掌握的知识越多,对客观规律的认识越深刻,就可以有更好的预见力、表达力和创造力。列宁指出,领导者必须"了解人类创造的一切财富以丰富自己的头脑"[①]。领导者合理的知识结构是以马克思主义理论为指导,以广博的现代科学文化知识为依托,以精湛的专业技术知识为基础,以管理科学知识为主体的立体知识结构。

(一) 马克思主义理论知识

马克思主义理论素养是领导干部的必备素质,是保持政治上清醒坚定的基础和前提。马列主义、毛泽东思想、邓小平理论、"三个代表"重要思想、科学发展观、习近平新时代中国特色社会主义思想是我们党的指导思想,是社会主义现代化建设事业的理论基础。领导者必须熟练掌握马克思主义的基本原理,学会利用其立场、观点和方法来分析和解决现实问题,创造性地用于指导实践。领导干部学习马克思主义理论,在现阶段主要是学习中国特色社会主义理论体系。要注重马克思主义经典著作的学习,系统掌握马克思主义科学真理,深化对中国特色社会主义理论体系的理解和运用。

(二) 人文科学和自然科学知识

一定的科学文化知识,包括各种社会科学知识和部分相关的自然科学知识,是领导者知识结构的第一层级。现代领导工作的全局性、综合性、专业性、复杂性、超前性,要求领导者一定要具有渊博的文化知识,成为杂家、通才。人们通常所说的领导者的知识面应当宽一些、基本功应当扎实一些,主要是指基础知识这个层级。尼克松在其《领导者》一书中考察了他所接触到的伟大的政治领袖们,归纳出了两个共同特点,其中之一就是博览群书。培根曾经说过:读史使人明智,读诗使人聪慧,演算使人精密,哲理使人深刻,伦理学使人有修养,逻辑学使人善辩。知识能塑造人的性格。丰富的文化知识是领导者事业成功的基础。领导者具有广博的知识,在观察问题、分析问题和解决问题时能视野开阔,思维敏捷,有洞察力,能精准分析问题,科学总结经验教训,灵活果断地解决问题。领导者对政治、法律、历史、地理、哲学、文学以及生物、化学、物理、计算机等方面的知识,都应当有一定的了解和涉猎,这样才能适应现代领导工作的需要。当前重要的知识有:(1)法律知识。领导者在实施领导行为时,要以法律为准绳,依法领导,依法行政,就必须具备较为系统的法律知识。领导干部必须学习把握我国《宪法》的基本精神,准确把握党内

---

① 《列宁选集》第 4 卷,人民出版社 1995 年版,第 285 页。

法规,掌握行政法规,熟悉人大、政府的组织程序、运作规则以及司法程序。(2)市场经济知识。各级领导干部要具备有关市场经济的基础知识,熟悉掌握市场经济的特征、功能、规律,能够运用市场经济规则管理和调节经济,促进各地经济发展。同时,还要了解和把握世界经济的发展趋势,熟悉国际贸易规则,引导国内经济积极参与国际竞争。(3)现代科技知识。科学技术在经济发展中起着举足轻重的作用,领导干部要了解现代科学技术,充分重视科学技术的作用。

（三）专业知识

专业知识是领导者知识结构的核心,也是区别于其他领域人才知识结构的主要标志。领导者既要有广博的基础知识,还要有与其职位相适应的专业技术知识。就领导工作的共性来说,专业知识主要是指要熟悉本部门、本单位的技术知识和专业知识,受过专门的教育和训练,掌握领导工作的基本原理和基本方法等。每一个领导者必须依据其工作对象和职能范围,掌握相关的专业知识,以求成为内行领导,以免造成外行领导内行的现象。

（四）管理科学知识

管理科学是领导者必须掌握的一门科学知识,领导干部应该熟悉和了解包括经济管理、行政管理、领导科学、人才学等在内的多方面现代管理知识。当代社会已经进入知识经济时代,从事任何一个行业的工作都必须掌握相应的知识,这是获取成功的先决条件。随着时代的发展,部属的工作能力、思维水平等也不断提高,若领导者的领导方法还不改进,就不能适应形势发展的需要。如今在企事业单位、党政机关中从事脑力劳动的人员不断增加,他们大多接受过高等教育,有些学历水平甚至超过了领导者。领导属于管理活动,能否灵活运用科学有效的领导方法,能否取得预期的领导绩效,在一定程度上取决于领导者掌握的管理科学知识的多少。领导者要熟悉和掌握管理科学知识,提高个人素质,才能较好地履行领导职责,高效实现组织目标。

四、能力素质

能力素质是领导者素质的核心。能力是一个人的知识智慧在工作中的综合体现,即完成一定活动的本领。领导者的能力素质是指与领导职务相适应、能够成功地履行领导职责所必需的主观条件,它包括注意力、观察力、记忆力、想象力、思维力等智力因素,也包括领导岗位要求的特殊能力。领导活动包含的内容、涉及的领域、实施的方式等都非常广泛、复杂,作为现代领导者必须具备多种较强的能力,才能适应工作的需要。"在西方国家,有一些学者把领导者的能力素质定为12项,即忠于职守的能力、计划能力、决策能力、组织能力、控制能力、适应能力、口头表达能力、文字表达能力、把握整体目标的能力、创造能力、指挥能力、主动的精神。"①史蒂文·克尔和约翰·杰迈尔在1978年提出"领导替代"概念,认为领导情境的变量使领导者的某些传统作用被部分替代,现代领导者因此需要增加或者强化某些领导能力。当前我国党政领导干部的能力受社会转型和政府职能转变的影响,也存在着传统能力被部分取代、新型能力需要加强的问题。习近平提出,各级领导干部要努力提高六个方面的能力:一是统筹兼顾的能力,二是开拓创新的能力,三是知人善任的能力,四是应对风险的能力,五是维护稳定的能力,六是同媒体打交道的能力。② 这六个方面的能力归结起来就是要努力实现以人为本、执政为民的能力目标理念,这是我们党的性质和全心全意为人民服务根本宗旨的集中体现。

(一)决策能力

决策有狭义和广义之分,狭义的决策是指"作出决定",即"拍板定案"。而广义的决策是指整个决策过程,包括决策方案的制订与实施。正如"世纪经理人"杰克·韦尔奇所说,领导决策是一个完整的程序、完整的系统。我们采用广义的决策定义。决策是领导最主要的职责,毛泽东说:"领导者的责任,归结起来,主要地是出主意、用干部两件事。"③出主意就是决策。美国学者马文曾经在部分高层管理者中间就如下问题作过调查:你认为每天最重要的事情是什么?你每天在哪些方面花费的时间最多?在你履行职责时感到最困难的是什么事?结果90%以上的答案都认为是决策。中国学者们的研究也说明了同样的问题。据戴永良等人的研究,企业经营者对自己最容易出现的问题的评价中,决策失误高居榜首。可见,在整个领导工作中,从计划、组织、指挥、控制到对被领导者的激励、任用等都需要进行决策,从某种意义上说,没有决策能力就等于没有领导能力。英特尔曾面临危机时刻,利润从1984年的1.98亿美元下降到1985年的不足200万美元。当许多经理还在喋喋不休地纠缠于细枝末节时,格鲁夫却毅然挺身而出。在《只有偏执狂才能生存》一书中,格鲁夫回顾了当时的情景,有好几个星期的时间,他和戈登一直进退维谷、踌躇不决。一天,看着窗外远处旋转不停的游乐园大转轮,格鲁夫忽然转向戈登问道:"如果我们被踢出门去,董事会找来新首席执行官,你认为他会怎么干?"戈登不假思索地回答,"他会立刻退出记忆芯片的生意。"格鲁夫盯着他,稍后说道:"为什么你我不能自己走出那扇门,然后再回来,由我们自己这样干呢?"格鲁夫的英明决策挽救了英特尔。

领导者要提高决策能力,保证决策的科学性和正确性。决策能力主要包括预

---

① 潘云良:《领导者素质分析与测评读本》,中共中央党校出版社2000年版,第57页。
② 《习近平强调:领导干部要加强党性修养提高综合素质》,http://news.xinhuanet.com/newscenter/2009-03/01/content_10923334.htm,2016年4月15日访问。
③ 《毛泽东选集》第2卷,人民出版社1991年版,第527页。

见力、决策力:

1. 预见力

预见力是指人们超前地把握事物或事态发展趋势的能力,它是认识能力的延伸。认识能力是对现存事物及其关系的直觉力,预见力则是对事物未来或未来事物及其关系的想象力。一个理想的领导者不仅仅要有正确地认识现实的能力,还应有超前地预见未来的能力。因为,领导者的各种不同预见,可为制定各种决策方案奠定基础,还可为选择和确定合适的决策方案奠定基础。如果领导者有超人的预见力,便可经常作出正确决策;反之,很可能会出现决策失误。

2. 决策力

决策力是指迅速稳妥地决定方案的能力,即拍板定案的能力。决策力是预见力的延伸和结果,优化选择决策方案是决策过程关键的一环,是领导者的主要职责。决策力对于领导者来说至关重要,因为现代领导工作涉及众多因素,关系复杂,信息瞬息万变,领导者必须权衡利弊、把握时机,果断决策。

(二) 组织能力

组织能力,从广义上说就是指把人力、物力和财力科学地组织起来,卓有成效地去完成预定目标的能力。组织,是领导活动的载体,是领导者与被领导者之间建立联系,发生作用的纽带与桥梁;组织,又是领导者常用的一种领导方式,利用组织的力量超越自我,超越组织的极限,让 1+1＞2 一直是人类追求的目标。这种组织能力是领导者实现正确领导,完成任务所必须具备的条件。领导者的组织能力可具体分为以下几方面:

1. 知人善任的能力

邓小平指出:"善于发现人才,团结人才,使用人才,是领导者成熟的重要标志之一。"[①]领导活动是领导者、被领导者和客观环境相互作用的过程。离开了被领导者,领导者也就成了孤家寡人,领导活动也无法进行。人才则是被领导者中的主要力量,是领导活动赖以进行的重要因素。因此,领导者对人才的识别、选拔、任用是否准确、恰当,直接关系到领导效能的高低和领导目标的成败。因此,领导者在组织工作中必须首先做好选才用人的工作。选才用人的能力是领导者应具备的重要的基本能力。选才用人的能力在于:一是有知人识才之能,即有善于对人的考察、识别的慧眼。"不知人之短,不知人之长,不知人长中之短,不知人短中之长,则不可以用人,不可以教人。"[②]二是有求才之能,即有求才若渴、礼贤下仕的态度。三是有用才之能,即有用人之长、明责授权的魄力。四是有举才之能,即有虚怀若谷、唯

---

① 《邓小平文选》第 3 卷,人民出版社 1993 年版,第 109 页。
② 《默觚下·治篇七》。

才是举的美德。

2. 指挥部署能力

领导者的领导地位决定其在领导活动中经常处于指挥员的位置。这就需要其具有较强的指挥部署能力。指挥部署是领导者通过组织行使权力，发号施令，调度、布置、指引和率领被领导者为实现对客观世界的改造而进行的活动。领导决策的实施、下属人员的调配，均是在领导者的指挥部署下进行的，如果领导者不具有指挥部署的组织能力，那么，再好的决策也不可能实施到位和获得如期的效果，其下属人员的积极性和潜能也难以发挥，也不可能转化成改造客观世界的动力。所以，领导者的指挥部署能力是非常重要的。领导者的指挥部署的职责一般通过以下步骤得以实现：一是发布决策方案，统一下属人员的思想；二是向下分派任务，分解指标；三是制订执行任务的工作方案，确立具体的规章制度；四是培训思想、业务和技术骨干，做好物质力量的准备工作；五是明确实现任务的条件、途径和方法，规定完成任务的时限；六是制定下属之间的协调衔接原则，避免和减少在实现领导目标活动中的脱节与内耗；七是根据实际情况相应调整工作部署。领导者履行这些职责的能力多体现为指挥部署的权威。权威一般来自权力性影响力和非权力性影响力。在指挥部署中，领导者除了依靠权力性影响力之外，还应释放出自身的非权力性影响力，来强化其指挥部署权威。

3. 沟通协调能力

沟通，是指两方以上的组织或个人通过进行正确的疏导而交换思想、观点、意见，并获得相互了解和团结合作的过程。协调，是将组织或个人之间最大限度地协同起来，步调一致地去实现共同的目标。领导者的沟通协调能力的关键所在是将组织内外关系疏导开来，将各方面的力量和积极性协同起来。这就要求领导者公正处事、团结各方、清除障碍、化解矛盾，调动一切积极因素，提高整体活动的效能。沟通有控制下属的行为、传递信息、情感表达和激励的作用，在领导活动中，矛盾无处不在。在组织中最棘手、最难处理的是什么？许多领导者尤其是党政机关的领导干部，绝大多数都认为是复杂的人际关系问题。在现实社会中生活的每一个人，都处于各种各样的人际关系之中，都会面临如何处理和协调人与人之间关系的问题。美国著名的人际关系学大师戴尔·卡耐基认为，一个人事业上的成功，只有15％是由于他的专业技术决定的，而另外的85％则要靠他的人际关系和处世能力。"在日本，有人曾对调动工作的人员的动机做过调查，大约有95％的人的调动是由于人际关系问题。在美国，根据哈佛大学就业指导小组调查的结果，数千名被解雇的人中，人际关系不好的占90％以上。"[①]这种矛盾不可能都通过法律手段、行政手

---

① 潘云良：《领导者素质分析与评测》，中共中央党校出版社2002年版，第83页。

段、经济手段来解决,而往往要依靠领导者出色的沟通协调艺术。所以,领导者还必须具有沟通协调能力。

（三）应变能力

应变能力是一种根据不断发展变化的主客观条件,随时调整领导行为的能力。它是复杂的现代领导活动对领导者的素质提出的一条起码的要求。领导者在工作中总会遇到一些紧急的、意外的情况。为了能妥善地处理好这些偶然性的突发事件,领导者必须具备处变不惊、临危不惧、随机应变的能力。其前提是不违背国家有关方针、政策。一般情况下,领导者应当具有较强的原则性,但灵活性对其也必不可少。其二者是相辅相成的统一体。领导者处理问题的随机应变,便是其工作灵活性的具体体现。尤其是在偶然性的突发事件出现时,领导者随机应变的能力便显得更为重要。具有应变能力的领导人才,不因循守旧,不墨守成规,能够从表面"平静"中及时发现新情况、新问题,从中探索新路子,总结新经验。应变能力是敏锐的洞察力、科学的思维力、敏捷的反应力和准确的判断力的综合体现,是原则性与灵活性的结合。领导者在判断预定目标因环境变化无法实现时,能当机立断地迅速转移工作重点。在确知再坚持一下就会实现目标时,能够扛住压力,排除各方面的干扰,创造各种条件争取胜利。在目标实现后,能适时地制定更高的目标,带领下属更上一层楼。

（四）巧用激励能力

激励是一种激发人们动机的心理过程。激励可以充分调动人的积极性,并满怀信心地朝着预期目标努力。领导者的重要职能之一是调动下属的积极性和激发创造性,因此,激励能力是领导能力的一个重要方面。美国领导学家史蒂文·科恩指出:"领导者的一个重要职能,就是设置激励机制,你对组织的控制力主要来自你掌握激励机制的能力。"①因此,西方学者早就注意到了激励问题,提出了许多理论和方法。美国哈佛大学教授詹姆斯经过调查研究后发现:"在一般情况下,即单单是在计件或计时制下,一个人只发挥自己能力的30%;如果受到激励的条件下,则能发挥能力的80%—90%,其中50%—60%的差距是激励的作用所致。"②由此可见,激励在调动和发挥人的潜能方面作用巨大。在组织活动中,领导者的作用就是调动人的积极性,把分散的单个人的行为聚集成组织的行为。在正式组织中,领导者通常运用组织规章制度和规范约束个体行为,这是非常重要的,但问题是,组织规章制度和规范的约束是强制性的,人们是消极被动地接受,心理有抵触因而影响

---

① 〔美〕史蒂文·科恩、威廉·埃米克:《新有效公共管理者》,王玲玲等译,中国人民大学出版社 2001 年版,第 170 页。

② 转引自黄鹏:《关于进一步完善公务员制度的思考》,载《桂海论丛》2003 年第 4 期。

工作效率。组织要长期生存与发展，领导者就必须把组织的"硬"约束和领导者的"软"激励结合起来。领导者应熟悉激励理论和激励的方法、技巧。例如，人性化管理理论、马斯洛的需要—动机理论等；还有具体的目标激励、成就激励、物质激励、精神激励、情感激励、机会激励、参与激励、股权激励等方式、方法。

（五）开拓创新能力

创新能力就是及时发现问题、善于提出新思想、敢于采用新方法解决问题的能力。创新是进步的灵魂。习近平在谈到领导问题时指出："在改革开放的新形势下，除了要求领导者具有解放思想，实事求是的基本素质之外，最重要的是必须具备创造性。具有创造性的领导，才能善于领导改革，推动改革，把工作搞得生气勃勃，有声有色，既有进取，又有成效。"①因为领导工作是一种创造性的活动，它具有复杂性、多变性的特点，需要领导者具有不断进取的开拓创新能力，尤其是在现代科学技术日新月异、社会急剧变化的时代，工作的动态性更加显著，形势复杂多变，机会转眼即逝。领导者必须顺应时代的变化，解放思想，实事求是，开拓进取，善于收集新信息，勇于探索，勇敢迎接挑战，抓住机遇，敢想、敢干、敢改革，充分发挥主观能动性，适时转变观念，审时度势，大胆创新，及时提出新方案、新举措。

创新能力是新时期领导者的关键能力，也是区别一流领导者和末流领导者的分水岭。美国密希根大学丹尼逊教授通过调查研究发现："如果把人才分为七等：第一等人才具有高度的创造性和想象力，经常想出机智的方法来解决问题；第二等人才善于用新的首创方法来解决问题，并提出许多好的意见；第三等人才比一般人有较多的新意见；第四等人才能发挥别人的见解；第五等人才在搞一项新工作时，经常向同事求教；第六等人才无明显的首创性，很少提出新见解；第七等人才满足于让干什么就干什么。"②培养创新能力，是作为新世纪领导者的一项重要必修课，为此必须把握领导者创新的重要原则。彼得·德鲁克是当代西方最负盛名和最具影响力的管理学家之一，他在《有效的管理者》中阐释了六条创新原则："（1）分析创新机会的各种来源，这是有目的、有计划地创新的开始；（2）走出去观察、询问和倾听，研究用户的价值观和潜在需求；（3）有效的创新必须简单的集中；（4）从小事做起，只做一件具体的事；（5）创新一开始就以充当领导者为目标，争取成为标准的设计者并决定创新方向；（6）创新需要知识、机智和才干，并努力和专心致志地工作。"③领导者要想具有开拓创新能力，首先要有创新思维和创新管理能力。领导者

---

① 转引自刘峰、张国玉：《创造性是领导者最重要的素质——学习研究习近平总书记领导思想之二》，载《理论视野》2014 年第 5 期。
② 转引自潘云良：《领导者素质分析与测评》，中共中央党校出版社 2002 年版，第 99 页。
③ 转引自张岩：《论创新的源泉与原则——关于彼得·德鲁克〈创新规则〉的阐释》，载《文学界（理论版）》2011 年第 2 期。

要不断地更新思想观念,用全新的理念来研究和解决问题,形成富有特色的工作思路,创造性地开展各项工作。另外,各种问题的解决要求领导者具有创新的精神品格、创新的工作方法和创新的管理技能,这是领导者开展创新活动的基本要素,也是领导提高工作层次的基本要求。

(六) 依法行政能力

依法行政能力是指领导干部增强法治观念,善于把坚持党的领导、人民当家作主和依法治国统一起来,提高依法行政水平的能力。党的十六届四中全会通过的《中共中央关于加强党的执政能力建设的决定》强调"贯彻依法治国基本方略,提高依法执政水平"。党的十八大报告要求,各级领导干部要提高领导干部运用法治思维和法治方式深化改革、推动发展、化解矛盾、维护稳定能力。领导干部必须适应新形势、新要求,主动以法治思维看待问题,带头用法治方式解决问题,依法推动改革、发展、稳定各项工作。

首先,要强化法治意识,形成内在动力机制。领导干部必须牢固树立"四个意识",即法律至上的意识、依法定权限执政的意识、依法定程序执政的意识、自觉接受法律监督的意识。依法行政,关键在于自觉性。自觉性的高低,又取决于法治意识的强弱。如果人们的法治观念淡薄,思想政治素质低,那么,再好的法律和制度也会因为得不到遵守而不起作用,甚至形同虚设,依法行政也就成了一句空话。因此,强化领导干部的法治意识,对提高依法行政的自觉性具有决定性的意义。只有这样,才能提高党的依法行政的水平和能力,把党的执政能力建设推进到一个新的阶段。

其次,在法律的框架下化解矛盾、维护稳定。领导干部在行使国家公权力时,应遵守目的合法、权限合法、内容合法、手段合法、程序合法要求,依法正确行使公权力,让公权力的行使得到人民群众的真心拥护,从源头上预防和减少因公权力行使不当带来的社会矛盾。在法治的轨道上处理改革中的利益冲突问题,能使改革得到更广泛的社会认同和支持,从而使改革更权威、更合理、更顺畅。这就要求领导干部学会用法治思维和法治方式分析和处理改革中的问题,进而深化改革、促进发展。法律反映了我国各族人民的共同意志和根本利益,运用法治这种规范来解决问题,坚持在法治轨道上推进各项改革;要善于通过公众协商、公开听证等法定渠道,推进信息对称,公开博弈,统筹兼顾,最终确定改革的最佳方案,使改革更加接近公平合理的目标;特别要积极运用法治方式处理涉及教育、医疗、养老、户籍、收入分配等民生领域改革的利益纠纷,尽可能地凝聚共识、排除干扰、激发活力,使改革沿着法治化道路有序向前推进。

五、身心素质

身心素质是领导者必不可少的基础性素质。身体是革命的"本钱",同时也是领导服务的"本钱"。身体健康包括生理健康和心理健康,领导者必须具备良好的身体素质和心理素质。

（一）身体素质

身体素质主要是指人的身体健康状况,是领导者做好工作的基础条件。现代领导任务繁重复杂,没有强壮的体魄和充沛的精力是难以胜任的,而且身体素质对人的心理也会产生重大的影响。世界卫生组织给健康提出了十条标推:（1）有足够充沛的精力,能从容不迫地应付日常生活和工作的压力;（2）处事乐观,态度积极,乐于承担责任,不挑剔事务的巨细;（3）善于休息,睡眠良好;（4）应变力强,能适应环境的各种变化;（5）能够抵抗一般性感冒和传染病;（6）体重适当,身体匀称,站立时,头、肩、臂位置协调;（7）眼睛明亮,反应敏锐,眼睑不易发炎;（8）牙齿清洁,无空洞,无痛感,牙龈颜色正常,无出血现象;（9）头发有光泽,无头皮屑;（10）肌肉、皮肤有弹性,走路感到轻松。对于领导者来说,健康的身体素质主要包括强壮的身体、充沛的精力、优良的体质、较好的适应力。

（二）心理素质

心理素质是人的整体素质的组成部分。一个人的心理素质是在先天素质的基础上,经过后天的环境与教育的影响而逐步形成的,是人们的思想活动、认识觉悟、意志毅力、工作能力、身心健康等多方面的综合体现。心理素质是领导素质的一个重要组成部分,从某种意义上说,它制约和影响着领导者的其他素质。

1. 领导者要有较好的自我控制力

自我控制力即能清醒地认识到自己的内在需要,又能正确对待外部环境,自觉地把自己的行为控制在适当的限度内。工作中要控制自己的情绪,约束自己的行为,越是在困难、挫折和干扰大的情况下,越要保持良好的心境,冷静理智地处理各种复杂的问题,防止感情用事,克服消极情绪,以适应各种环境和条件下的领导工作。

2. 领导者应具备坚忍不拔的意志

法国前总统戴高乐曾说,面对事端,性格刚强的人总是依靠自己,用自己的性格左右事态,勇于承担义务,并视之为义务。当人遇到困难险阻时,是退缩还是坚毅,结果完全不同。有一个故事,一个醉鬼有两个儿子,一个儿子也成天喝酒瞎混,另一个儿子却自力更生创立了自己的事业。当人们去问他们为什么会变成现在的样子时,他们的回答却非常的一致,他们都说:"我既然有这样的父亲,那我还能怎样呢?"如果在困难面前没有一种坚强意志,会很难胜任领导责任。

3. 领导者要尊重和宽容他人

德国哲学家康德认为,尊重他人是我们的责任,这意味着把他人视为目的而不是实现目的的手段。一个尊重他人特别是尊重下属的领导人,就能承认他人存在的独立性,认可他人的创造性,珍惜他人的体力和脑力劳动成果,同时能够给他人的建议和意见以足够的重视。尊重表现了领导干部对群众的情感和态度。习近平曾指出:"对各类困难群众,领导干部要格外关注、格外关爱、格外关心,时刻把他们的安危冷暖放在心上,关心他们的疾苦,千方百计帮助他们排忧解难。"①

只有尊重下属和群众的领导,才能得到下属和群众足够的尊重。欣赏和宽容他人,是一种胸怀、一种美德,是心态健康、人格健全的重要标志。齐桓公不计前嫌而重用管仲,成就霸业;李世民喜闻谏言而重用魏征,创下"贞观之治"的大唐盛世。领导者要克服偏见心理,要有足够的度量去接受不同的意见;要克服求全责备的心理,培养尊重、宽容的人格亲和力;要克服嫉妒心理,保持良好的心理平衡。

第三节 提升领导素质的途径

领导素质有着广泛的内涵,因而领导素质的提升也不可能是一种完全规范和机械的过程,不可能有着绝对标准的程序和步骤。古今中外的领导者都是经过自身的实践和学习,通过书籍寻找智慧借以提升自身的领导素质。习近平曾强调,好干部不会自然而然产生。成长为一个好干部,一靠自身努力,二靠组织培养。② 具体来说,提升领导素质的主要途径有:

一、读书学习

读书学习是领导者加强修养、坚定理想信念、提高知识水平的重要途径之一。通过读书学习来增长知识、增加智慧、增强本领,这是新形势下作为一名称职的领导者履行领导职责的内在要求和必经之路。我国自古以来十分讲究读书修身、从政立德。《礼记·大学》中提出:修身、齐家、治国、平天下。治天下者先治己,治己者先治心。治心养性,一个直接、有效的方法就是读书。2013年"五四青年节",习近平同各界优秀青年代表座谈时说:"我到农村插队后,给自己定了一个座右铭,先从修身开始。一物不知,深以为耻,便求知若渴。上山放羊,我揣着书,把羊圈在山坡上,就开始看书。锄地到田头,开始休息一会儿时,我就拿出新华字典记一个字的多种含义,一点一滴积累。"③现代人才学中的"蓄电池理论"认为,人的一生只充一次电的时代已经过去,只有成为一块高效蓄电池,进行不间断的、持续的充电,才

---

① 转引自蒋贤斌:《要正确认识为了谁、依靠谁、我是谁——群众路线教育活动中的几点思考》,载《党史文苑(学术版)》2013年第24期。
② 《习近平强调:建设一支宏大高素质干部队伍》,http://news.xinhuanet.com/politics/2013-06/29/c_116339948.htm,2016年4月15日访问。
③ 《中国有梦 青春无悔——习近平五四青年节参加主题团日活动侧记》,载《人民日报》2013年5月6日。

能不间断地、持续地释放能量。列宁指出："只有了解人类创造的一切财富以丰富自己的头脑，才能成为共产主义者。"①这句话说明要成为真正的共产主义者，就要努力学习，用知识武装头脑。另外，读书学习可以提高人格魅力，人格魅力可以提高领导者的影响力。周恩来十分重视读书学习，通过学习改造世界观，成为有崇高思想品德、高尚道德情操和人格魅力的领导人。领导者如果不加强读书学习，知识就会老化、思想就会僵化、能力就会退化，就难以做好领导工作，就会贻误党和人民的事业。2009年5月，习近平在中央党校2009年春季学期第二批进修班暨专题研讨班开学典礼上发表了讲话，要求领导干部爱读书、读好书和善读书。习近平指出："当前领导干部读书的状况不容乐观，归结起来主要是四个方面的问题：一是追求享乐、玩物丧志，不好读书；二是热衷应酬、忙于事务，不勤读书；三是浅尝辄止、不求甚解，不善读书；四是学而不思、知行不一，学用脱节。"②人的学习追求应当是无止境的，但人的精力是有限的，我们不可能把所有的书读完。领导者主要应读以下几类书：

1. 马克思主义理论著作

毛泽东曾经说过："主义譬如一面旗子，旗子立起来了，大家才有所指望，才知所趋赴。"③对于领导来说，政治上成熟要以理论上的成熟为前提和基础。马克思主义理论是被我国实践证明的真理，是"我们认识世界和改造世界的强大思想武器，马克思主义理论素养是领导素质的核心和灵魂。加强马克思主义理论学习，始终保持理论的自觉，是领导干部提高政治思想素质和领导水平的必由之路。在革命战争年代，毛泽东同志就主张一切有相当研究能力的共产党员，都要研究马克思列宁主义理论，干部应当着重研究，中央委员和高级干部尤其应当加紧研究。他曾经提出，从担负主要领导责任的观点上说，如果我们党有一百个至两百个系统地而不是零碎地、实际地而不是空洞地学会了马克思列宁主义的同志，就会大大提高我们党的战斗力"④。

领导者学习马克思主义理论，首先要认真研读马克思主义中国化最新成果，深入学习领会邓小平理论、"三个代表"重要思想、科学发展观、习近平新时代中国特色社会主义思想等，系统掌握中国特色社会主义理论体系，做到真学、真懂、真信、真用。

2. 领导专业书籍

习近平曾指出："领导干部要坚持干什么学什么、缺什么补什么的原则，有针对

---

① 《列宁选集》第4卷，人民出版社1995年版，第285页。
② 习近平2009年5月13日在中央党校2009年春季学期第二批进修班暨专题研讨班开学典礼上的讲话，载《学习时报》2016年5月18日。
③ 《毛泽东早期文稿》，湖南出版社1990年版，第554页。
④ 刘明福、王忠远：《习近平民族复兴大战略——学习习近平系列讲话的体会》，载《决策与信息》2014年第7—8期。

性地学习掌握做好领导工作、履行岗位职责必备的各种知识,多读与本职工作相关的新理论、新知识、新技能、新规则的书,努力使自己真正成为行家里手、内行领导。"[1]领导工作是复杂综合的,涉及面广,需要多种知识,与领导工作密切相关的有管理学、领导科学、岗位专业知识,这三类书领导者要广泛阅读。社会发展迅速,知识更新快,领导方式、方法在不断创新,领导者要与时俱进,不断调整知识结构,学习计算机和电子政务知识,掌握现代化领导手段。

3. 优秀传统文化书籍

2014年10月,习近平在主持中央政治局第十八次集体学习时强调:治理国家和社会,今天遇到的很多事情都可以在历史上找到影子,历史上发生过的很多事情也都可以作为今天的镜鉴。要治理好今天的中国,需要对我国历史和传统文化有深入了解,也需要对我国古代治国理政的探索和智慧进行积极总结。[2] 优秀传统文化书籍是古人智慧的结晶,探讨人类发展的根本问题,蕴涵做人做事和治国理政的大道理,是人类共有的精神财富,人们常说"半部《论语》治天下",讲的就是这个意思。党的十七大明确提出:"要弘扬中华文化,建设中华民族共有的精神家园。"[3]优秀传统文化可以说是中华民族永远不能离别的精神家园。2015年6月15日,首套"全国领导干部国学教育系列教材"出版,包括导论《中华和合文化的国际比较优势》和修身之道、处世之道、用人之道、治兵之道、应急之道、廉政之道、执法之道、谋略之道、治国之道、天人之道等11册书,各级官员将轮训。这说明领导者读优秀传统文化书籍的重要性。通过研读优秀传统文化书籍,吸收前人在修身处事、治国理政等方面的智慧和经验,养浩然之气,塑高尚人格,不断提高人文素养和精神境界。

4. 经济和法律书籍

经济建设是我国第一要务,而发展经济要遵循市场规律,盲目指挥会破坏市场,阻碍经济的发展,因此,各级领导者要认真阅读市场经济方面的书,根据市场规则指导经济建设。市场经济又是法制经济,政府管理要以经济手段和法律手段为主,十八届四中全会专门探讨了依法治国问题,领导者要依法行政,要注重学习宪法、行政法等法律知识,使自己成为既懂经济又懂法律的领导。

二、实践锻炼

实践出真知,实践增才干,没有实践,就不能完成从"知"到"会"的飞跃。亲身参加认识世界和改造世界的实践活动,是领导者素质培养和提升的最基础和最关

---

[1] 习近平2009年5月13日在中央党校2009年春季学期第二批进修班暨专题研讨班开学典礼上的讲话,载《学习时报》2016年5月18日。
[2] 《习近平在中共中央政治局第十八次集体学习时强调 牢记历史经验历史教训历史警示 为国家治理能力现代化提供有益借鉴》,载《人民日报》2014年10月14日第1版。
[3] 《弘扬中华文化 建设中华民族共有精神家园》,载《人民日报》2008年1月3日。

键的环节。在实践中接受锻炼,经受考验,增长才干,历来是我们党造就领导干部的重要方法,也是领导者成长的最基本的途径。所谓"纸上得来终觉浅,绝知此事要躬行"①,"纸上谈兵"不仅是兵家大忌,也是所有领导者修养的大忌。毛泽东提出:"读书是学习,使用也是学习,而且是更重要的学习。从战争学习战争——这是我们的主要方法。"②此乃金玉良言。刘少奇也指出:"革命者要改造和提高自己,必须参加革命的实践,绝不能离开革命的实践;同时,也离不开自己在实践中的主观努力,离不开在实践中的自我修养和学习。"③坐而论道、纸上谈兵是做不好领导的。领导者一定要深入社会生活,密切联系群众,到艰苦困难的地方去,在实践中锻炼自己,磨炼意志,增加经验,提高素质。

习近平指出:"实践也是干部教育培训最好的课堂。……要更好地运用改革开放和社会主义现代化建设这个实践大课堂,要把实践中好的经验好的做法作为干部教育培训的鲜活教材,要组织学员到这一伟大实践的第一线去学习,到处于这一伟大实践的最基层去学习,到作为这一伟大实践主力军的广大群众中去学习。从历史的比较和现实的教育中,不断坚定中国特色社会主义理想信念,提高理论联系实际的能力,增强推动科学发展、促进社会和谐的本领。"④

社会实践的方式很多,对于领导者而言,日常领导事务的处理、工作中的调查调研、民情民意的了解、挂职锻炼等都是实践。比较有效的实践锻炼形式是十六届四中全会提出的到基层一线、艰苦的地区和复杂的环境接受锻炼和考验三种。

1. 到基层去锻炼

基层与广大人民群众直接联系,领导者到基层去,能及时把握群众动态,了解群众需求,更有针对性地开展工作,帮助群众解决急需的问题,满足群众的诉求。在与群众的密切接触中,培养群众感情,提高思想政治素质,加强党性修养,牢固树立为人民服务的思想。同时增加人生阅历,增强心理素质,丰富人生精神财富。我国许多重要领导人都是在基层经过艰苦锻炼培养起来的。领导工作的最终目的就是为了人民的利益,所以到基层去是领导者社会实践的主要形式。

2. 到艰苦的环境中去锻炼

艰苦的环境,就是工作条件差,生活困难,领导者在恶劣环境中工作,要不断克服不适应的各种生理、心理状态,要调动各种资源,协调多方关系,创造条件完成组织目标。越是条件艰苦、困难多,领导者接受的考验越大,也越能磨炼意志,提高毅力,培养吃苦耐劳、坚忍不拔的优秀品格和脚踏实地、艰苦奋斗的工作作风。2009

---

① 陆游:《冬夜读书示子聿》。
② 《毛泽东选集》第1卷,人民出版社1991年版,第181页。
③ 《刘少奇选集》上卷,人民出版社1981年版,第99页。
④ 习近平:《做好新形势下干部教育培训工作》,载《学习时报》2010年10月27日。

年3月,习近平在全国培养选拔年轻干部工作座谈会上强调:"越是有培养前途的年轻干部,越要放到艰苦环境中去,越要派到改革和发展的第一线去"①。

3. 到复杂的环境中去锻炼

当前,我国面临的国际国内环境复杂,在复杂的环境下领导者要以巨大的政治勇气来应对严峻的挑战,需要保持清醒的头脑,从容应对,洞察局势,全面剖析,准确预测,大胆创新。经过这样的锻炼,能培养领导者服从大局、团结协作的精神,能提高统筹能力、预测力和决策力,能增强开拓进取、勇于创新、不怕失败、敢于担当的意志品格。

三、教育培训

提高领导者的素质,在外部条件上关键是要建立健全领导者的教育和培训制度。建设高素质的领导人才队伍,基础在于加强领导人才的教育培训。美国克莱斯勒公司前总裁艾科卡在其自传《反败为胜》中说,他以前是个害羞、内向、拘谨、口才笨拙的工程师,后来接受卡耐基的训练,成为充满自信、沟通能力强、有影响力的领导。这说明领导素质可以通过教育培训得到提升。

当前我国政治、经济、文化环境发生巨大变化,新情况、新问题层出不穷,对领导者提出了更高的要求,有些领导者明显感觉不适应,说明其能力和素质有待提高。而教育培训是学习知识、提高能力的便捷的、有效的途径。通过培训,领导者可以全面系统地掌握马克思主义理论、管理学和领导科学知识,提高理论素质和知识水平,增强服务意识、发展意识、大局意识。通过工作方法和工作技能的培训,领导者可以提高业务能力。通过形势政策的教育,领导者可以提高把握形势和分析组织内外环境的能力。领导者在不断接受教育培训的过程中,树立终身学习的理念,逐步提高自身素质,适应新环境,胜任领导工作,提高领导绩效。

近几年来,我国特别重视对领导的培训,出台了《干部教育培训工作条例》和《2010—2020年干部教育培训改革纲要》,不断推进大规模的培训领导工作,大幅度地提升领导素质。目前,我国的领导干部培训的形式灵活多样,如以政治培训为主的党校培训,以公共管理类为主的行政学院、干部学院、委托高等院校培训等。但领导培训的针对性、实效性不强仍是一个重要问题。习近平强调:"推进干部教育培训改革创新,还要在创新培训方式方法上下功夫。坚持教无定法、贵在得法,针对不同对象、不同专题和不同内容,采取灵活有效的培训方式和手段,因人施教,因材施教,增强培训的互动性、实践性和实效性。加强对干部学习培训情况的考核评价,研究建立干部教育培训与干部培养使用密切结合的机制和办法。"②各级政府要

---

① 《以改革创新精神做好培养选拔年轻干部工作》,载《人民日报》2009年3月31日第4版。
② 习近平:《做好新形势下干部教育培训工作》,载《学习时报》2010年10月27日。

按照中央要求,建设干部培训队伍、培训机构,探索适合各地区不同层次的有效的培训模式和方法。各级组织部门要加强宏观指导与协调,合理发挥各类培训机构的作用,切实落实培训的效果,以学促用、以用带学。

四、制度约束

领导素质的提高既要自觉,也要外在约束,制度与领导素质的提升有着十分密切的关系,良好的制度能激励约束领导者,提高领导自律能力。要建立领导干部能力建设的长效机制,必须建立加强领导干部能力建设的制度,通过制度来培养人、约束人,使领导干部能力建设工作走上制度化、科学化的道路。

(一)完善领导学习制度

教育培训既是领导者的权利也是义务,各级政府要建立领导学习责任制,完善领导学习制度。一是要坚持以往做得比较好的党委、中心组集中学习研讨制度,领导干部到党校、行政学院等培训基地学习进修制度,以及个人经常性的在职学习制度。二是要建立领导干部培训学习的激励约束机制。有些领导不重视培训学习,抱着无所谓的态度,经常缺课。今后要建立领导干部理论学习考试、业务知识考核、岗位能力测试等考试制度,检查领导干部的学习效果;建立和完善干部学习档案,把干部中心组学习、脱产进修、指定文件书目学习等情况及时记录个人档案。三是完善培训学习成绩与晋升挂钩制度。在领导干部晋升更高职务时要考察他的学习进修情况,不合格者不能晋升。

(二)完善选人用人制度

按照党的政策选拔任用好干部,是建设高素质干部的重要环节。习近平指出,用一贤人则群贤毕至,见贤思齐就蔚然成风。选什么人就是风向标,就有什么样的干部作风,乃至就有什么样的党风。[①] 各级党委及组织部门在选人用人上要严格按照《公务员法》《党政领导干部选拔任用工作条例》中的规定,严格把好"进口、出口、楼梯口"三口。"进口"即由普通公务员成为领导者,"楼梯口"即领导者的晋升制度,"出口"即辞职辞退制度。选拔任用领导干部,必须坚持以下原则:党管干部原则;五湖四海、任人唯贤原则;德才兼备、以德为先原则;注重实绩、群众公认原则;民主、公开、竞争、择优原则;民主集中制原则;依法办事原则。根据干部人事制度改革的发展程度和工作需要,定期选择一些领导岗位面向社会公开选拔、竞聘,并形成一种制度,使领导能力强的干部能够脱颖而出。推进干部工作公开,坚决制止简单以票取人的做法,确保民主推荐、民主测评风清气正。要完善领导干部引咎辞

---

① 《习近平强调:建设一支宏大高素质干部队伍》,http://news.xinhuanet.com/politics/2013-06/29/c_116339948.htm,2016 年 4 月 15 日访问。

职和责令辞职制度、降职制度,疏通"出口",形成领导干部能上能下、能进能出的新陈代谢制度。

(三)完善勤政廉政监督制度

勤政制度的核心是考核制度,通过考核方式的改进,敦促领导者勤政务实,通过科学合理的考核目标的设定,引导领导者素质改进的方向。在考核中要充分运用民主测评、民意调查、实绩分析、个别谈话、综合评价等考核方法,坚持客观公正、民主公开、科学合理、注重实绩的原则,全面、系统地对领导干部的素质进行考核和评估,而不是仅仅只关注GDP。把民生改善、社会进步、生态效益等指标和实绩作为重要考核内容。通过对考核结果的分析研究,查找问题和不足,以便更好、更快地促进领导干部能力的提高。针对领导干部中出现的贪污腐败问题,要完善廉政制度,防微杜渐。完善的廉政制度,会减少领导干部滥用权力的机会,有助于领导干部廉洁自律,提升公信力。改革开放以来第一个被严惩的省部级高官胡长清落马后说:"组织的管理和监督对我而言,如同牛栏拦猫,进出自由。"[1]制度不健全,导致有些领导者的贪欲得不到约束,最后彻底丧失廉政领导力。所以,我们要把勤政和廉政有机结合,为领导干部素质优化设置长效的他律机制。

本章小结

领导素质是指领导者从事领导活动必须具备的内在基本条件,也可以说是领导者在领导活动中经常发挥作用的本质要素。它具有时代性、综合性、层次性和实践性的特点。领导素质是领导方法和艺术的源泉,是形成领导影响力的主要因素,直接影响领导绩效,关系党和国家事业的成败。

领导者要具备多方面的素质,主要有政治素质、道德素质、知识素质、能力素质和身心素质。政治素质是灵魂,道德素质是关键,能力素质是核心,知识素质和身心素质是基础。

领导者都是通过不断学习和锻炼成长起来的,领导素质提升的主要途径有:(1)学习。要学习马列主义知识,用理论武装自己;要学习业务知识,做内行的领导;要学习传统文化,加强修养。(2)实践。要到基层、艰苦的环境和复杂的环境中锻炼,在实践中磨炼自己,培养高尚的品格和领导能力。(3)参加培训。培训可以改善思维,更新知识,提高工作技巧。(4)加强制度制约。制度建设是领导素质优化的他律机制。

---

[1] 李永忠:《变"关猫的牛栏"为制度的铁笼》,载《人民日报》2013年1月24日。

案例分析

爱钱爱得"变态"的王广玉[①]

2008年1月30日上午,身穿囚服的王广玉从安徽省淮南市第一看守所转到合肥监狱服刑。王广玉的罪名是受贿罪和巨额财产来源不明罪。2007年12月29日,安徽省淮南市中级人民法院以上述两罪判处王广玉有期徒刑14年,并处没收个人财产20万元。

与老板攀比,心理失衡

2006年7月12日,安徽省检察院决定对王广玉依法立案侦查。根据王广玉的交代,侦查人员从其办公室书橱里,搜出他以多个户名分别存入合肥市建设银行、工商银行、徽商银行等金融机构的存款、国债等,共计371.37万元。2006年7月19日上午,经安徽省检察院决定,王广玉被刑事拘留,并于同年8月1日被逮捕。此时,王广玉担任合肥市瑶海区区长还不到两年时间。

出身农家的王广玉大学毕业后就进了县委机关。其后,无论是当计委主任,还是当财政局长,王广玉都经常提醒自己,一定要把握好自我,不能在权、钱、色上出问题。

然而,随着职务的升迁,王广玉的思想开始发生变化。在2000年9月担任肥东县委常委、常务副县长后,他的应酬多了起来,经常被一些老板约出去吃饭、唱歌。

慢慢地,王广玉开始收受别人送的烟、酒等礼品。到瑶海区任职后,由于分管经济、科技、政法等多项工作,王广玉出去应酬的机会就更多了。看着老板们出手阔绰,王广玉的心理开始失衡。他虽然有职有权,但一个月的收入还不及这些老板的一顿饭钱。他期望自己也能成为千万富翁。

有了和老板们比富的想法后,王广玉开始与一些房地产开发商称兄道弟,对送礼者来者不拒。到瑶海区任职还不到一个月,他就迎来了第一个行贿者——静安公司董事长孙斌。

孙斌也是肥东县人,王广玉在肥东县任职时,两个人就熟络。2002年11月的一天,在孙斌的办公室,孙斌向王广玉提出,静安公司今后到瑶海区投资项目时,希望能得到王广玉的关照。接着,孙斌从抽屉里拿出两万元人民币,说:"王书记,听说你小孩刚考上大学,我也没什么表示的,这点心意请您收下。"王广玉笑了笑,把钱收下了。

2003年5月,经王广玉介绍和推荐,孙斌和安徽省帮才公司合伙,取得了瑶海工业园区瑶海家园恢复楼项目。为表示感谢,5月26日,孙斌在合肥一家五星级酒

[①] 资料来源:《爱钱爱得"变态"的王广玉》,http://www.ahpc.gov.cn/pub/content.jsp?newsId=BBE24DAD-65F-45BF-AC92-339E89B924DA,2016年4月15日访问。

店宴请了王广玉,并在席间送给王广玉一张存有近 10 万元人民币的银行卡。后来,孙斌又分 6 次向这张卡中存入了 120 万元。孙斌的合伙人先后 3 次给送王广玉 20 万元现金。

收了钱也未必办事

为了实施"人才强区"战略,促进全区经济建设和社会发展,2004 年,瑶海区委、区政府研究决定,建立区领导与优秀人才联系制度。

合肥金钟纸业股份有限公司董事长、高级工程师钟某是瑶海区区委书记许某联系的优秀人才。2005 年底,王广玉先后为金钟公司解决了 20 万元科技专项资金,后来又批准由区财政暂借给该公司 300 万元周转资金。按说,作为一区之长,这都是自己应该做的事,但 2006 年春节前,王广玉却"笑纳"了钟某给他送去的 1.5 万元的"感谢费"。

王广玉不仅从优秀人才身上"揩油",还对一些人才进行欺骗,收钱不办事。安徽国清置业发展有限公司总经理郭某是瑶海区区委常委、常务副区长陈永鹏联系的优秀人才。2004 年 4 月,郭某想利用瑶海工业园区一块 40 多亩的土地搞开发,便多次找王广玉帮忙。王广玉明知想买这块地的公司有好几家,却还是收取了郭某所送的两万元。2005 年 7 月,郭某又看中了工业园区一块 70 多亩的土地,于是又分两次送给王广玉 6 万元。王广玉把钱收下之后,却总是推说那块地的评估结果还没出来。最终,郭某的 8 万元打了水漂。

"双规"前还收了 15.8 万元

合肥安安美公司承建的史家河综合整治工程完工后,政府原先承诺的优惠政策却长时间没有兑现。2002 年下半年,王广玉到瑶海区任职后,该公司董事长李某多次找王广玉帮忙。王广玉出面找到土地、规划等相关部门进行协调,又向市政府分管领导反映情况并签批了相关文件,最终解决了经济补偿、土地使用权、规费减免等问题。为表示感谢,2004 年 2 月,李某将其预购的一套房屋"转让"给了王广玉。在过户时,王广玉假惺惺地要把 30 万元定金还给李某。李某说:"我也不缺这两个钱,以后再说吧。"两个月后的一天,王广玉对李某讲,他以李某的名义在银行存了 5 万元,算是先还给李某的一部分钱。李某说:"这事不急,先放一放。"当年七八月间,王广玉到李某办公室,拿出一个信封说:"我给你写一个 30 万元的欠条。"那 30 万元原本就是李某想送给王广玉的,李某说什么也不要那张欠条。后来,王广玉再没有提过这事。

王广玉在亲笔书写的交代材料和多次供述中承认:"随着为李某办成的事情越来越多,我的心里也就坦然了,不再和李某提还钱的事。"他还写道:"当时我身边有钱,足够还上这 30 万元。我先后给李某存折和欠条,一方面想试探一下李某,看他是不是真想送这笔钱,另一方面也是做出一种姿态,毕竟我和李某很熟悉,我不想在他面前显得很贪婪。同时,也为防范将来可能存在的风险做点准备,到时好推脱责任,说我们之间存在债权债务关系。"

后来,王广玉自己也觉得"这种做法确实很可笑"。

据曾多次提审过王广玉的检察官介绍,在提审王广玉时,王广玉曾说:"我是财迷心窍,我和我爱人的工资足够用了,平时也花不了什么钱,但当我看到存折上的数字不断地往上增加时,心里有一种说不出的舒服。看到自己的财产和那些家产上千万的老板越来越接近,我的内心就会有一种满足感。我爱钱都爱得变态了。"

正是在这种"变态"心理的支配下,王广玉在各个领域"出售"自己的权力。

王广玉捞钱捞得太投入,以至于就在他被"双规"前的20天时间里,他还收受了6个人所送的15.8万元人民币。

案例思考题:

1. 从领导者素质的角度分析王广玉腐败的原因。
2. 领导者如何加强自身修养,抵制腐败?

拓展阅读

1. 〔美〕莱瑞恩·西格尔:《动态领导——变革时代领导者十大基本素质》,胡零、李恩译,华夏出版社2004年版。
2. 李奇:《行政领导素质论》,四川大学出版社2004年版。
3. 钱国樑:《领导素质》,红旗出版社2009年版。
4. 德群编著:《领导素质与领导艺术大全集》,中国华侨出版社2012年版。
5. 达人主编:《韦尔奇领导素质课:新时代商界领袖必备的11项素质》,群言出版社2005年版。
6. 圣铎编著:《领导素质与领导艺术全书》,中国华侨出版社2015年版。
7. 赵艳波编著:《领导者必备的21个素质》,中国盲文出版社2002年版。
8. 尹艳华、杨咏编著:《成功领导者的素质研究》,中国经济出版社2000年版。
9. 沈远新主编:《领导者能力与素质测评方法和提高》,中共中央党校出版社2008年版。
10. 陈国治:《现代基层领导者素质论》,内蒙古大学出版社2001年版。
11. 潘云良:《领导者素质分析与测评读本》,中共中央党校出版社2000年版。
12. 李守林、于学强主编:《局处级领导者素质与能力》,中国铁道出版社2004年版。
13. 盛宇华:《领导素质测评研究》,中央文献出版社2002年版。
14. 凡禹主编:《领导素质的培养》,北京工业大学出版社2002年版。

第四章　领 导 方 法

本章要点

1. 了解领导方法的内涵、特征与基本逻辑。
2. 了解领导方法的基本理论。
3. 了解传统调查研究方法与民意调查法。
4. 了解走群众路线方法的实践原则、具体形式与实践过程。
5. 了解系统分析方法的运用原则和实践过程。

引例

北风和南风比威力,看谁能把行人身上的大衣吹掉。北风呼呼地刮,想让凛冽的狂风刮走人们身上的衣服,结果行人为抵御寒冷侵袭,把大衣裹得更紧。南风徐徐吹动,温暖和煦,行人觉得很暖和,便解开纽扣,脱掉了大衣,南风获胜。这个寓言告诉我们,方法很重要。对一个领导者来说,为了达到较好的工作效果,领导方法同样很重要。

第一节　领导方法概述

领导方法是领导科学的重要组成部分,既具有理论性,更具有实践意义。毛泽东曾经对此作过生动的比喻:"我们不但要提出任务,而且要解决完成任务的方法问题。我们的任务是过河,但是没有桥或没有船就不能过。不解决桥或船的问题,过河就是一句空话。不解决方法问题,任务也只是瞎说一顿。"①可见领导方法在工作中的重要性。掌握领导方法,熟练应用领导方法,对于科学领导、有效领导具有重要意义。

---

① 《毛泽东选集》第 1 卷,人民出版社 1991 年版,第 139 页。

一、领导方法的内涵与特征

（一）领导方法的内涵

领导方法,就是领导者为达到某种领导目标而进行的认识活动和实践活动的方式和手段,也是领导者对领导活动过程的规律的认识和应用。领导工作是认识活动和实践活动的统一,因此,简单地说,领导方法就是领导者从事领导活动所运用的方式和手段。作为实现领导目标的手段和方法,领导方法有其自身的规定性。在领导实践中,领导者对这些规定性的认识、把握、运用的能力和技巧会影响领导行为达到预期目标的程度。

（二）领导方法的特征

1. 客观性

领导方法的客观性是领导方法的所有规定性之中最为首要的。因为客观事物和方法自身的客观性是不可改变的,但是领导活动中的主体却是领导者,具有主观的意志和兴趣。最终实现领导目标的程度取决于领导自身对待和运用领导方法的态度和技巧,即领导者主观最恰当地运用客观领导方法的程度。领导方法的客观性要求领导在实践当中要尊重方法的客观性,找准主观意识与客观方法之间的融合点,灵活有效地运用客观领导方法。

2. 动态性

领导系统的不断发展变化,会自然地影响领导者对领导方法的选择和应变,即"随时而变,因势而动",不断适应变化了的新的时空条件下的领导系统。即使是在同一个领导系统发展过程中的不同阶段,也要及时采用不同的领导方法。这就是领导方法的动态性。领导方法的动态性使领导活动协调和谐,最大限度地、最有效地实现领导目标。缺乏动态性的领导方法,会最终失去对环境的应变能力,导致领导活动的失效。当然,领导方法的动态性并不排斥它在某些方面、环节和特定历史阶段的相对稳定性。它要求领导者要通过动态的领导方法来实现领导活动的稳步进行。领导者对这种动态性的把握以及运用自如的感悟能力,体现了领导科学同个人魅力与风格融合之后的艺术性质。

3. 条件性

领导方法的条件性是指领导方法的产生与使用要受一定条件的影响和制约,如领导者本身的特点、被领导者的状况、客观物质条件、环境因素等。一个知识内容丰富、知识结构合理、领导经验广博的领导者与一个知识贫乏、结构失衡、经验不多的领导者,共同面对一个对象,使用相同的领导方法,其效果是不一样的。领导方法的条件性,表明有些方法所作用的对象相似时,它们之间可以通用,或稍加改造而相互适用。这种条件性,要求领导者不能生搬硬套,要具体问题具体分析,灵活变通,综合运用。

4. 目的性

领导方法要为一定的领导目标服务,要达到一定的目的。这就是领导方法的目的性。领导方法的选择取决于领导目的,具体表现为领导者使用某种领导方法的自觉性。在相同的条件下,领导者选用这种而不是那种方法,表明领导方法的目的性通过人们使用它的自觉性体现出来。但是,领导者一般都是几种方法相互配合使用或综合运用。因此,实现同一目标可以有多种方法,同一方法可以实现多种目标。

5. 时效性

如果用经济学上的术语来说,这是指一种领导方法的边际效益。新的方法的采用往往会在最初的实施过程中取得较大的成果,但是这种效果会随着时间的推移呈下降的趋势。例如,在领导方法中,经常会采用奖酬激励的方法来激发下属人员的积极性。最初实施这种奖酬的时候,人们会产生一定的积极性,工作的热情和业绩也自然会提高。但是,当这成为一种常规时,就逐渐失去了对人们的激励作用。同时,在奖酬数量不断增加的情况下,人们所提升的热情和取得的工作业绩与奖酬的提升呈反比。这就是说,领导方法往往存在时间上的"保鲜期",因此,"方法供给和保鲜"在领导活动中也是一个至关重要的因素。

(三) 领导方法的重要性

方法是完成任务的手段。在任何工作的过程中,要完成一项任务,办好一件事情,都必须采用一定的方法。无数实践证实,凡属正确领导,总是同运用正确的工作方法相联系。从一定意义上说,能不能实施正确、有效的领导,取决于领导者有没有科学的领导方法。在领导工作中,领导者无不自觉或不自觉地运用这样那样的方法去解决问题,只不过有的领导方法好,有的不好,有的是科学的,有的是不科学的罢了。领导方法不同,其工作效果就不同。方法不对,事与愿违;方法得当,事半功倍。从一定意义上讲,能不能实现正确的有效的领导,取决于领导者是否有科学的领导方法,这对工作的好坏至关重要。正确的领导方法是确定目标,完成任务的根本保证;正确的领导方法是研究新情况、解决新问题、开拓新局面的强大武器;正确的领导方法是总结经验,推动工作向前发展的重要工具。

二、领导方法的逻辑思维

领导活动的多样性,也意味着领导方法具有多层次性。大部分学者都从宏观到微观层面,将领导方法分为三个层面:一是世界观层面,称"思想方法",它体现了领导者的思维方式,是实施领导活动的哲学依据;二是领导活动的宏观层面,称"基本领导方法",它是对领导活动一般规律的反映,体现了有效的领导活动的一般要求;三是领导活动的微观层面,称"具体的领导方法与艺术",它是对具体领导活动具体规律的反映,只适用于某种具体活动或某一领域、某一时期、某一阶段的某个具体问题。① 但无论如何划分,领导方法都包含着内在层次的逻辑思维过程及外在层次的实际应用。本章将在接下来几节研究领导思维在实际中的应用,这里重点介绍一下领导的逻辑思维基础。

领导逻辑思维是实施领导的前提,是基于对客观规律的正确认识,有效应用这种规律的一种思维活动。科学的思维是领导才能的灵魂,是领导能力结构中最基本、最重要的要素。实践中,有的工作之所以难以有效推动,有的问题之所以积重难返,表面看是工作方法不科学,本质上都能从思想方法上找到根源。② 在我国,领导逻辑思维必须以马克思主义哲学和现代科学理论为基础。马克思主义哲学具有高度抽象性,是指导一切工作的普遍方法。一方面,要以马克思主义哲学为指导;另一方面,也要在领导活动和实践中不断丰富和发展马克思主义哲学。另外,现代科学的发展,如自然科学、社会科学和思维科学的发展,也为领导方法提供了有益的借鉴,注入了更符合客观情况、更具有创新精神的新思维形式。

(一) 辩证思维形式

辩证思维是指以变化发展视角认识事物的思维方式。领导是一种系统的活动,相互之间是互相联系、互相影响的,而辩证思维正是以这种客观联系为基础,对领导活动进行的进一步的认识和感知,并在思考的过程中感受领导活动规律,形成某种结论性认识的一种思维形式。辩证思维模式要求领导者在观察问题和分析问题时,以动态发展的眼光来看问题。联系、发展的观点是辩证思维的基本观点。对立统一规律、质量互变规律和否定之否定规律是唯物辩证法的基本规律,也是辩证思维的基本规律,即对立统一思维法、质量互变思维法和否定之否定思维法。

1. 领导者要坚持对立统一的思维方式

领导本身是矛盾的统一体。作为普遍存在联系的系统构成,领导实质是由多方面、多层次的对立统一构成的矛盾体系。有些领导在工作中看不到矛盾,不愿意深入实际了解情况,满足于下级汇报和表面上看到的情况,甚至于千方百计压制矛盾的出现,不愿意承认和直面矛盾,为自己营造了一个自我欣赏和自我陶醉的安乐圈。领导者的思维形式要符合客观实际,就必须尊重这种对立统一的矛盾体系。要善于认识到领导系统中存在的新旧事物、肯定与否定内容,善于从对立中促进发展,形成统一向前的结果。

---

① 贺善侃:《领导科学和现代行政(修订版)》,上海大学出版社 2011 年版,第 164 页。
② 龚允冲:《领导干部要注重优化思想方法》,http://www.qstheory.cn/caigao/2014-06/02/c.1110954079.htm,2016 年 3 月 2 日访问。

2. 领导者要坚持质量互变的思维方式

量变质变规律揭示了事物发展变化形式上具有的特点,从量变开始,质变是量变的终结。领导是一个不断追求进步的过程,也是一个循序渐进的过程。领导者只有在充分量的积累的基础上,才可能实现质的发展。因此,要摒弃急躁冒进的思维,要充分重视量的积累,尊重事物发展的规律,多做基础性工作,为社会发展和人民幸福打下坚实的基础,一步步推动领导成效即质变的实现。

3. 领导者要坚持否定之否定的思维方式

否定之否定规律揭示了矛盾运动过程具有的特点,它告诉人们,矛盾运动是生命力的表现,其特点是自我否定、向对立面转化,因此否定之否定思维形式构成了领导辩证思维运动的实质。领导成效与领导者的认识有很大关系。一旦领导者认为其工作已经很到位了,满意于当前的领导成绩,思维上就会懈怠,就会丧失继续促进发展的动力。只有坚持否定之否定的思维形式,坚持发展的每一个阶段都面临着"被否定"的必然和必须,深刻意识到"否定"之后才会有更大的发展,就会时刻存在发展危机,不断增强责任感和事业心,时时把精力放在工作上。

(二) 系统思维形式

系统是由两个或两个以上的元素相结合的有机整体。系统思维是指以系统论为思维基本模式的思维形态,它不同于创造性思维或形象思维等本能思维形态,能极大地简化人们对事物的认知,给我们带来整体观。领导的系统思维形式,主要以整体性、结构性、立体性、动态性、综合性等特点见长。[①]

1. 领导者要坚持思维的整体性

领导活动和领导行为的系统性,也意味着其具有由不同部分有机组成的整体性。领导者首先要认识到这一点,学会将领导活动看成一个整体,科学划分部分,有效构成整体;学会将领导活动置于社会活动总体中考虑,认识其本身作为社会总体活动的"部分"所应承担的功能和应发挥的作用,有针对性地加以推进。领导者要把整体作为认识的出发点和归宿。在对整体情况充分理解和把握的基础上提出整体目标,然后提出满足和实现整体目标的条件,再提出能够创造这些条件的各种可供选择的方案,最后选择最优方案实现之。在这个过程中,提出整体目标,是从整体出发进行综合的产物;提出条件,是在整体目标统摄下,分析系统各要素及其相互关系而形成的;方案的提出和优选,是在系统分析的基础上重新进行系统综合的结果。

2. 领导者要坚持思维的结构性

系统思维方式的结构性,就是把系统科学的结构理论作为思维方式的指导,强

---

① 刘长林:《中国系统思维(修订版)》,社会科学文献出版社 2008 年版,第 88—95 页。

调从系统的结构去认识系统的整体功能,并从中寻找系统最优结构,进而获得最佳系统功能。领导者在认识到整体中的部分的基础上,立刻就面临着部分如何构成总体的问题。结构优化才能产生最佳的领导效果,非优化的结构则不能产生最佳效果。领导者在领导活动中,要着眼于结构构造和优化的环节,认识和把握具体领导实践活动中各种系统的要素和功能的关系,在要素不变的情况下,努力创造优化结构,实现系统最佳功能。

3. 领导者要坚持思维的立体性

领导行为与活动既是由若干个子系统构成的系统,又是更大的社会行为和活动总系统中的子系统。作为一个独立的系统,它的发展是纵向的;作为一个子系统,它与其他子系统之间的联系是横向的。这就要求领导者不仅要学会纵向思维,还要学会横向思维,要注意纵向层次和横向要素的有机耦合、时间和空间的辩证统一,在思维中把握思考对象的立体层次、立体结构和总体功能,从而形成"三维思维",甚至是"四维思维"。纵向思维以横向思维为基础,即要在横向比较中进行纵向思维,而且只有经过横向比较之后才能准确地确定纵向思维目标。横向思维必须以纵向思维为基础,即有效的横向思维必须以对事物的纵向的深刻认识为前提。

4. 领导者要坚持思维的动态性

事物都是发展变化的,既体现在事物本身的发展变化上,也体现在事物与周围环境之间联系的动态变化上。领导者要充分认识到,领导活动本身的结构和部分并不是固定不变的;领导活动本身也是一个开放的系统,总与周围的环境进行着物质、能量、信息等的交换。因此,领导者要摒弃停滞固化的思维模式,不能把真理"条条化",把马克思主义理论当成永世不变的教条来机械认识和应用。要坚持思维的动态变动特性,学会正确认识和对待系统的稳定结构,根据领导的需要和价值取向,创造条件打破系统的有序结构,使之成为向新的有序结构过渡的无序状态,也可以创造条件消除对系统的各种干扰,使系统处于有序状态,保持系统的稳定。关键是要破除线性单值机械决定论的影响,树立非线性的统计决定论的思维方法。

5. 领导者要坚持思维的综合性

任何思维过程都包含着综合和综合的因素。它有两方面的含义:一是任何系统整体都是这些或那些要素为特定目的而构成的综合体;二是任何系统整体的研究,都必须对它的成分、层次、结构、功能、内外联系方式的立体网络作全面的、综合的考察,才能从多侧面、多因果、多功能、多效益上把握系统整体。领导者思维的综合性,要求在系统分析的基础上综合,着眼于系统的整体功能,从大局出发来调整或是改变系统内部各部分的功能与作用。在此过程中,可能是使所有部分都向更好的方面改变,从而使系统状态更佳,也可能为了求得系统的全局利益,以降低系统某部分的功能为代价。

(三) 创新思维形式

创新思维是一种有创见的思维,即人脑对客观事物未知成分进行探索活动,是人脑发现和提出新问题,设计新方法,开创新途径,解决新问题的活动。领导活动是一种应对现实挑战的活动。现实环境高速变动的特征,不断对领导者提出新问题,亟须领导者转变传统思维方式,创新思维形式,更灵活、更有效地解决领导过程中遇到的各种经济、社会问题。

1. 领导者要学会逆向思维

逆向思维,是指对现有事物或理论相反方向的一种创新思维方式,它是创新思维中最主要、最基本的方式。领导者在面对新问题时,要学会将通常思考问题的思路反过来,用常识看来是对立的,似乎根本不可能的办法去思考问题;在面对长期解决不了的问题或长久被困扰的难题,不能沿着前辈或自己长久形成的固有思路去思考问题,而应该"迷途知返",即从现有的思路上返回来,从与它相反的方向寻找解决问题的办法;面对那些久久解决不了的特殊问题,可以尝试采取"以毒攻毒"的办法,即不是从彼一问题中来寻找解决此一问题的办法,而是相反,就从此一问题本身来寻找解决它的办法。反向思考法是一种科学复杂的思考方法。因此,领导者在运用它时,一定要对所思考的对象有全面、深入、细致的了解,具体情况具体分析,决不能犯简单化的毛病。

2. 领导者要学会发散思维

发散思维,是指在对事物或对问题的研究中,保持思想活跃和开放状态的思维。领导者在运用发散性思维的时候,要放射式地去思考,多方向多层次地去思考,从中心向各方向沿着直线伸展出去,由一点思及一片,思及一面。其主要特点是:多向性、灵活性、开放性和独特性。多向性是指从问题的多个方向去思考,避免单一、片面;灵活性是指在各个方向之间灵活转移;开放性是指每个方向都可以任意思考下去,没有任何限制;独特性是强调思路的特殊性、奇异性,富有创新性。领导者在应用发散思维的时候,要学会将发散思维和聚合思维有机地结合起来。要充分发挥发散思维在开拓思路,冲破思维定式的束缚,从各个方向上想出新奇、独特的方案或办法的作用;充分发挥聚合思维在分析和比较各种方案、方法,为创新选择方向的作用。如果说创新是一个民族的灵魂,那么发散思维便是创新的基石。它是典型、艺术化的思维,它能使领导者对工作、生活和学习产生激情,它是智慧的发源地、是兴趣的乐园。

3. 领导者要学会联想思维

联想思维,是在原先并不相关的事物之间,搭起一座认识的桥梁,将表面看来互不相关的事物联系起来,从而达到创新思维的境地。领导者可以通过这种联想思维,扩展思路,升华认识,把握规律。在具体运用时,可以运用不同形式的联想,如接近联想,即由一事物容易联想到在时间上或空间上相接近的另一事物;对比联想,即由一事物联想到和它具有相反特点的另一事物;相似联想,即由一事物想到另一个与它性质上接近或相似的事物;关系联想,即由事物所具有的各种关系而形成的联想思维等。

4. 领导者要学会纵向思维

任何事物的发展以及与其他事物的联系,总是呈现纵向态势和横向态势。所谓纵向思维,是指在一种结构范围内,按照有顺序的、可预测的、程式化的方向进行的思维形式,这是一种符合事物发展方向和人类认识习惯的思维方式,遵循由低到高、由浅到深、由始到终等线索,因而清晰明了,合乎逻辑。领导者要学会按照既定目标、方向,在现有基础上,向纵深领域深化、挖掘的一种创新思维方式。领导者在应用纵向思维时,还要将其与横向思维结合起来,既要层层深入思考,也要突破问题的结构范围,从其他领域的事物、事实中得到启示而产生新设想和新方案。纵深思考的创新思维方法,不仅对领导者做好各项工作有帮助,而且对于领导者加强党性修养,塑造好人格形象具有重要的作用。

5. 领导者要学会灵感思维

灵感思维,是指在事物的接触及思考中,因受到某种启发而产生的灵发性创新思维方式。它同顿感思维一样,是在科学研究和文学艺术创作中经常出现和运用的一种创新思维方式,也是领导者在日常的工作思考中经常出现和运用的一种创新思维方式。由于这种创新思维方式具有转瞬即逝的偶发性,所以,领导者要善于抓住这种稍纵即逝的灵感思维,对此进行深入思考和研究,以促使新生事物的应运而生或疑难问题的解决。正如著名科学家钱学森所说:"我认为就是现在也不能以为思维就只有逻辑思维和形象思维这两类。还有一类可称为灵感,也就是人在科学或文艺创作中的高潮,突然出现的、瞬息即逝的短暂思维过程。它不是逻辑思维,也不是形象思维,这后两种思维持续时间都很长,以至人说废寝忘食。而灵感却为时极短,几秒钟,一秒钟而已。……总而言之,灵感是又一种人可以控制的大脑活动,又一种思维,也是有规律的。"①

三、领导方法的相关理论

领导方法应该是怎么样的?怎样达到尽可能好的领导效果?围绕着这些问题,中外很多理论家都进行过探讨,形成了各具特色的理论。这里简要介绍几种相关的理论。

(一)利克特的领导模式

伦西斯·利克特在 1961 年的《管理的新模式》一书中假设了四种管理风格,以

---

① 钱学森:《系统科学、思维科学与人体科学》,载《自然杂志》1981 年第 1 期。

此作为研究和阐明他的领导原则：

(1) 专制权威式(exploitative authoritative)：主管人员发布指示，决策中没有下属参与；主要用恐吓和处分，有时也用奖赏去激励人们；惯于由上而下地传达信息，把决策权局限于最高层等。

(2) 温和专制式(benevolent authoritative)：用奖赏兼某些恐吓及处罚的方法去鼓励下属；允许一些自下而上传递的信息；向下属征求一些想法与意见，并允许把某些决策权授予下属，但加以严格的政策控制。

(3) 民主协商式(consultative)：主管人员在作决策时征求、接受和采用下属的建议；通常试图去酌情利用下属的想法与意见；运用奖赏并偶尔兼用处罚的办法和让员工参与管理的办法来激励下属；既使下情上达，又使上情下达；由上级主管部门制定主要的政策和运用于一般情况的决定，但让较低一级的主管部门去作出具体的决定，并采用其他一些方法商量着办事。

(4) 民主参与式(participative)：主管人员向下属提出挑战性目标，并对他们能够达到目标表示出信心；在诸如制定目标与评价目标所取得的进展方面，让群众参与其事并给予物质奖赏；既使上下级之间的信息畅通，又使同级人员之间的信息畅通；鼓励各级组织作出决定，或者将他们自己与其下属合起来作为一个群体从事活动。

利克特认为：风格1是极端专制的领导系统，效果最差。权力集中在最高一级，下级无任何发言与自由，领导与下层存在不信任气氛，因而组织目标难以实现。风格2是温和式专制领导，权力控制在最高层，但领导者对下级较和气，授予中下层部分权力，下层自由非常少，奖惩并用，上下有点沟通，但是表面的、肤浅的，领导不放心下级，下级对上级存有畏惧心理，工作主动性差，效率有限。风格3是民主协商式领导，领导者对下级有一定信任，重要问题的决定权仍在最高一级，中下级对次要问题有决定权，上下级联系较深，所在执行决策时，能获得一定的相互支持。风格4是民主参与式领导，上下关系平等，有问题民主协商，参与讨论，领导最后决策，按分工授权，下级也有一定的决策权；上下级有充分沟通，相互信任，感情融洽，上下都有积极性。以上管理风格可归纳如图4-1。利克特发现，那些用参与民主式

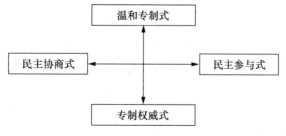

图4-1 利克特的领导模式图

领导风格从事管理活动的管理人员,一般都是极有成就的领导者,以此种方法来管理的组织,在制定目标和实现目标方面是最有成绩的。他把这些主要归于员工参与管理的程度,以及在实践中坚持相互支持的程度。

(二) 领导行为四分图理论

这是美国俄亥俄州立大学提出的一种领导方式的理论,又称"俄亥俄模式"。从1945年开始,以斯多迪尔等人为首的研究组展开了对领导行为的研究。研究组使用了1790多种刻画领导行为的问题以收集被试者的反应,最后统计出两个基本的领导行为维度,即"关心人"(关怀维度)和"关心组织"(结构维度)。研究结果认为,领导者的行为是组织与体贴精神两个方面的任意组合,即可以用两个坐标的平面组合来表示。用四个象限来表示四种类型的领导行为,它们是:高组织与高体贴、低组织与低体贴、高组织与低体贴、高体贴与低组织。用这样的标准进行划分,可以非常容易地将任意领导者的行为投影在一个"四分图"上。

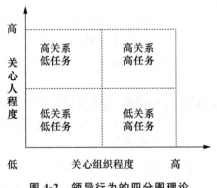

图 4-2 领导行为的四分图理论

从图 4-2 中可以发现,关心人和关心组织虽然是相互独立的两种领导行为维度,但领导功能的两个维度并不互相排斥,它们可以任意搭配。人们经过研究发现,越是在两个维度上的值均高的领导者,其领导效能越好。换言之,既重视人际关系,又重视抓工作组织的领导行为将收到最佳效果。

(三) 管理方格图理论

管理方格理论(managerial grid theory)是研究企业的领导方式及其有效性的理论,是由美国得克萨斯大学的行为科学家罗伯特·布莱克和简·莫顿在1964年出版的《管理方格》一书中提出的。这种理论倡导用方格图表示和研究领导方式。

他们认为,在企业管理的领导工作中往往出现一些极端的方式,或者以生产为中心,或者以人为中心,或者以 X 理论为依据而强调靠监督,或者以 Y 理论为依据而强调相信人。为避免趋于极端,克服以往各种领导方式理论中的"非此即彼"的绝对化观点,他们指出:在对生产关心的领导方式和对人关心的领导方式之间,可以有使二者在不同程度上互相结合的多种领导方式。为此,他们就企业中的领导方式问题提出了管理方格法,使用自己设计的一张纵轴和横轴各9等分的方格图,纵轴和横轴分别表示企业领导者对人和对生产的关心程度。第1格表示关心程度最小,第9格表示关心程度最大。全图总共81个小方格,分别表示"对生产的关心"和"对人的关心"这两个基本因素以不同比例结合的领导方式。

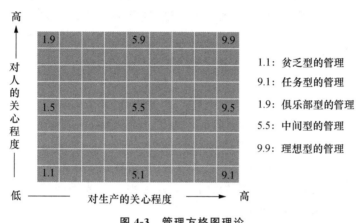

图 4-3　管理方格图理论

图 4-3 中,1.1 定向表示贫乏型的管理,对生产和人的关心程度都很小;9.1 定向表示任务型的管理,重点抓生产任务,不大注意人的因素;1.9 定向表示俱乐部型的管理,重点在于关心人,企业充满轻松友好气氛,不大关心生产任务;5.5 定向表示中间型或不上不下式的管理,既不偏重于关心生产,也不偏重于关心人,完成任务不突出;9.9 定向表示理想型管理,对生产和对人都很关心,能使组织的目标和个人的需求最理想、最有效地结合起来。

除了那些基本的定向外,还可以找出一些组合。比如,5.1 方格表示准生产中心型的管理,比较关心生产,不大关心人;1.5 方格表示准人中心型的管理,比较关心人,不大关心生产;9.5 方格表示以生产为中心的准理想型的管理,重点抓生产,也比较关心人;5.9 方格表示以人为中心的准理想型的管理,重点在于关心人,也比较关心生产。还有,如果一个管理人员与其部属关系会有 9.1 定向和 1.9 定向,就是家长作风;当一个管理人员以 9.1 定向方式追赶生产,而在这样做的时候激起了怨恨和反抗时,又到了 1.9 定向,这就是大弧度钟摆。此外,还有平衡方法、双帽方法、"统计的"5.5 方法等。

布莱克管理方式表明,在对生产的关心和对人的关心这两个因素之间,并没有必然的冲突。他们通过有情报根据的自由选择、积极参与、相互信任、开放的沟通、目标和目的、冲突的解决办法、个人责任、评论、工作活动 9 个方面的比较,认为 9.9 定向方式最有利于企业的绩效。所以,企业领导者应该客观地分析企业内外的各种情况,把自己的领导方式改造成为理想型的管理方式,以达到最高的效率。

（四）领导生命周期理论

领导生命周期理论是美国俄亥俄州立大学心理学家卡曼于1966年首创的。卡曼认为,领导者采取什么样的领导行为,应与领导者的年龄、知识经验、技术水平和自我控制能力的发展水平相适应,否则将影响领导效果。后来,赫西和布兰查德于1976年发展了该理论,也称情景领导理论,这是一个重视下属的权变理论。赫西和布兰查德认为,依据下属的成熟度,选择正确的领导风格,就会取得领导的成功。生命周期理论是在领导行为四分图理论基础上发展起来的,同时吸取了阿吉里斯的"成熟—不成熟"的理论。

领导生命周期理论使用的两个领导维度与菲德勒的划分相同:工作行为和关系行为。但是,赫西和布兰查德更向前迈进了一步,他们认为每一维度有低有高,从而组成以下四种具体的领导风格:

(1) 命令型领导方式(高工作—低关系)。在这种领导方式下,由领导者进行角色分类,并告知人们做什么、如何做、何时以及何地去完成不同的任务。它强调指导性行为,通常采用单向沟通方式。

(2) 说服型领导方式(高工作—高关系)。在这种领导方式下,领导者既提供指导性行为,又提供支持性行为。领导者除向下属布置任务外,还与下属共同商讨工作的进行,比较重视双向沟通。

(3) 参与型领导方式(低工作—高关系)。在这种领导方式下,领导者极少下达命令,而是与下属共同进行决策。领导者的主要作用就是促进工作的进行和沟通。

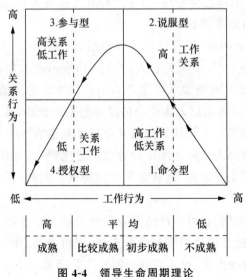

图 4-4　领导生命周期理论

(4) 授权型领导方式(低工作—低关系)。在这种领导方式下,领导者几乎不提供指导或支持,通过授权鼓励下属自主做好工作。

(五) 领导行为连续体理论

领导行为连续体理论是罗伯特·坦南鲍姆和沃伦·施密特于 1958 年提出的。这种理论认为,领导方式不是固定不变的,要根据内外环境条件、工作性质和时间等具体情况适当决定。

在高度专制和高度民主的领导风格之间,罗伯特·坦南鲍姆和沃伦·施密特划分出 7 种主要的领导模式:

(1) 领导者作出决策并宣布实施。在这种模式中,领导者确定一个问题,并考虑各种可供选择的方案,从中选择一种,然后向下属宣布执行,不给下属直接参与决策的机会。

(2) 领导者说服下属执行决策。在这种模式中,同前一种模式一样,领导者承担确认问题和作出决策的责任。但他不是简单地宣布实施这个决策,而是认识到下属中可能会存在反对意见,于是试图通过阐明这个决策可能给下属带来的利益来说服下属接受这个决策。

(3) 领导者提出计划并征求下属的意见。在这种模式中,领导者提出了一个决策,并希望下属接受这个决策,他向下属提出一个有关自己的计划的详细说明,并允许下属提出问题。这样,下属就能更好地理解领导者的计划和意图,领导者和下属能够共同讨论决策的意义和作用。

(4) 领导者提出可修改的计划。在这种模式中,下属可以对决策发挥某些影响作用,但确认和分析问题的主动权仍在领导者手中。领导者先对问题进行思考,提出一个暂时的可修改的计划,并把这个暂定的计划交给有关人员征求意见。

(5) 领导者提出问题,征求意见作决策。在以上几种模式中,领导者在征求下属意见之前就提出了自己的解决方案,而在这个模式中,下属有机会在决策作出以前就提出自己的建议。领导者的主动作用体现在确定问题,下属的作用在于提出各种解决方案,最后领导者从他自己和下属所提出的解决方案中选择一种他认为最好的解决方案。

(6) 领导者界定问题范围,下属集体作出决策。在这种模式中,领导者已经将决策权交给了下属群体。领导者的工作是弄清所要解决的问题,并为下属提出作决策的条件和要求,下属按照领导者界定的问题范围进行决策。

(7) 领导者允许下属在上司规定的范围内发挥作用。这种模式表示了极度的团体自由。如果领导者参加了决策的过程,他应力图使自己与团队中的其他成员处于平等的地位,并事先声明遵守团体所作出的任何决策。在上述各种模式中,坦南鲍姆和施密特认为,不能抽象地认为哪一种模式一定是好的,哪一种模式一定是差的。成功的领导者应该是在一定的具体条件下,善于考虑各种因素的影响,采取最恰当行动的人。当需要果断指挥时,他应善于指挥;当需要员工参与决策时,他能适当放权。领导者应根据具体的情况,如领导者自身的能力,下属及环境状况、工作性质、工作时间等,适当选择连续体中的某种领导风格,才能达到领导行为的有效性。

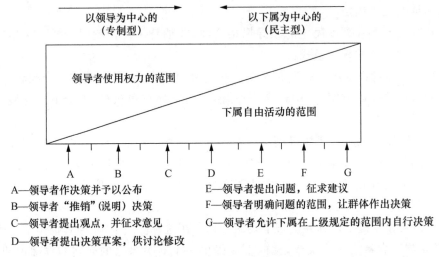

图 4-5　领导行为连续体理论

第二节　调查研究方法

认识社会和改造社会是人类社会活动的主要内容。领导行为是一种改造社会的实践活动,需要以正确认识社会为前提。如何保证认识社会的科学性?毛泽东在《反对本本主义》一文中提出了"没有调查就没有发言权"的著名论断。他说:"你对那个问题的现实情况和历史情况既然没有调查,不知底里,对于那个问题的发言便一定是瞎说一顿。"①可见,调查研究在领导方法中具有重要地位。

一、传统调查研究方法

调查研究是做好领导工作的重要方法。习近平专门在《学习时报》发表了《谈谈调查研究》一文,提出"调查研究是做好领导工作的一项基本功,调查研究能力是领导干部整体素质和能力的一个组成部分"②。长期以来,党和国家高度重视调查

---

① 《毛泽东选集》第 1 卷,人民出版社 1991 年版,第 109 页。
② 习近平:《谈谈调查研究》,载《学习时报》2011 年 11 月 21 日。

研究,要求领导者要"接地气",要深入基层和一线,通过调查研究了解实际情况,尊重客观事实,理论联系实际,由此为党的思想路线提供了重要内容。新中国成立后,党和国家的重大决策和领导活动如土地改革运动、社会主义改造等,都是通过调查研究产生的,这些调查所采用的具体方法主要是"典型调查",即选择一些典型案例,用"解剖麻雀"的方法进行调查,"访贫问苦""开座谈会"是比较普遍采用的方法。① 同时,如毛泽东等老一辈领导人大力提倡"没有调查就没有发言权",使得注重调查、深入研究成为党的领导的重要方法,也在此过程中逐步形成了我们党具有悠久历史传统的调查研究方法。

(一) 党的历史上形成的传统调查研究方法

1. 开调查会

这是毛泽东 1927 年进行湖南农民运动调查和后来在江西进行社会调查时所采取的主要方法。首先,做调查的人须有甘当小学生的精神,要有满腔热情,要有眼睛向下的决心和求知的渴望。也就是说,要有群众观点,这是前提条件。其次,讲究开调查会的方法。参加对象要有实践经验的中下级干部和普通群众。参加人数不要多,使每个人都有时间讲话。事前要有调查提纲,交谈时自己口问手写,并与到会人员展开平等讨论。另外,应当认识到,开调查会在任何时候都是领导获得第一手可靠资料,取得发言权的最好并且简单易行的方法。②

2. "解剖麻雀"

这是一种比喻性说法。毛泽东曾说:"如果有问题,就要从个别中看出普遍性。不要把所有的麻雀统统捉来解剖,然后才证明'麻雀虽小,肝胆俱全'。从来的科学家都不是这么干的。只要有几个合作社搞清楚了,就可以作出适当的结论。"③这是运用一般寓于个别之中的辩证方法,也是科学家常用的实验研究方法。这个方法实用价值大,也简单易行,但须注意:一是选择确有代表性的单位作解剖典型,不要把没有普遍性的个别单位选作调查对象,那样做容易犯片面性错误。二是选择了有代表性的单位,还要抓住它的本质性问题进行分析,不能把一般现象认为是本质性东西。三是除典型调查外,还应作一些对比调查,以印证典型调查得出的认识,或弥补其不足。

3. "走马看花"和"下马看花"

这是一种点面结合的调查方法。毛泽东曾指出:"调查有两种方法,一种是走马看花,一种是下马看花。走马看花,不深入,……还必须用第二种方法,就是下马

---

① 李强:《新中国社会调查研究方法回顾》,载《中国社会科学报》2009 年 9 月 22 日 B8 版。
② 于炳贵:《领导科学新论(第 2 版)》,济南出版社 2002 年版,第 380—382 页。
③ 《毛泽东选集》第 5 卷,人民出版社 1977 年版,第 206 页。

看花,过细看花,分析一朵'花',解剖一个'麻雀'。"①所谓"走马看花",就是领导者要多跑一些地方,出访巡视等,广泛接触实际和接收信息。这能得到比较全面的、一般的情况。所谓"下马看花",就是在一个点上留下来,深入下去,过细地研究一些管理上重要的、带本质性的问题,以弥补前者的不足。要将两者结合起来,只走马不下马,像蜻蜓点水一样,浮光掠影;只下马不走马,又像坐井观天,管中窥豹,都会产生一定的片面性。

4. "胸中有数"和"种试验田"

这也是一种点面结合的方法。所谓"胸中有数",指的是对情况和问题一定要注意到它们的数量方面,要有基础的数量分析。因为任何质量都表现为一定的数量,没有数量也就没有质量。为此,必须全面占有资料,做好数字统计,这是面上的工作。但为了印证情况和数字,需要领导者亲自作实验调查,用"种试验田"的方法,采取"蹲点"的方式进行调查。这种调查能使领导者避免被假象所蒙蔽,掌握真实可靠的情况。

(二)社会学重建后经典的调查研究方法

改革开放之后,邓小平在一次重要的会议上提出社会学要赶快补课。社会学得到重建和发展,社会调查研究方法作为一门学科才真正受到重视。在继承和发展党的历史上形成的有效调查研究方法的基础上,最后形成了定性研究和定量研究相结合、比较全面的调查研究方法。问卷法、访谈法和观察法,被称为传统调查研究的三个经典方法。

1. 问卷法

问卷法也称为"书面调查法",或称"填表法",是指通过向调查者发出简明扼要的征询单或征询表,请示填写对有关问题的意见和建议来间接获得材料和信息的一种方法。

问卷调查,按照问卷填答者的不同,可分为自填式问卷调查和代填式问卷调查。其中,自填式问卷调查,按照问卷传递方式的不同,可分为报刊问卷调查、邮政问卷调查和送发问卷调查;代填式问卷调查,按照与被调查者交谈方式的不同,可分为访问问卷调查和电话问卷调查。

问卷法的两个主要优点是:标准化程度高、收效快。问卷法能在短时间内调查很多研究对象,取得大量的资料,能对资料进行数量化处理,经济省时。问卷法的主要缺点是,被调查者由于各种原因(如自我防卫、理解和记忆错误等)可能对问题作出虚假或错误的回答;在许多场合对于这种回答要想加以确证又几乎是不可能的。因此,要做好问卷设计并对取得的结果作出合理的解释,必须具备丰富的心理

---

① 《毛泽东选集》第 5 卷,人民出版社 1977 年版,第 308 页。

学知识和敏锐的洞察力。

2. 访谈法

访谈法是指工作分析人员通过与员工进行面对面的交流,加深对员工工作的了解以获取工作信息的一种工作分析方法。其具体做法包括个人访谈、同种工作员工的群体访谈和主管人员访谈。因研究问题的性质、目的或对象的不同,访谈法具有不同的形式。访谈法运用面广,能够简单而迅速地收集多方面的工作分析资料,因而深受人们的青睐。

访谈法是定性研究最主要的方法。访谈法可以分为不同的类型:根据研究者与被研究者交流的方式,可分为直接访谈和间接访谈;根据访谈的人数,可分为个别访谈和集体访谈;根据访谈过程中可控制的程度,可分为结构性访谈、半结构性访谈和无结构性访谈。访谈法一般由以下几个步骤来完成:(1)访谈准备;(2)进入访谈;(3)访谈过程的控制;(4)结束访谈;(5)访谈记录与资料整理。

访谈法的优点有:非常容易和方便可行,引导深入交谈可获得可靠有效的资料;团体访谈,不仅节省时间,而且与会者可放松心情,作较周密的思考后回答问题,相互启发影响,有利于促进问题的深入。

访谈法的缺点有:样本小,需要较多的人力、物力和时间,应用上受到一定限制。另外,无法控制被试受主试的种种影响(如角色特点、表情态度、交往方式等)。所以,访谈法一般在调查对象较少的情况下采用,且常与问卷法、测验等结合使用。

3. 观察法

观察法是指研究者根据一定的研究目的、研究提纲或观察表,用自己的感官和辅助工具去直接观察被研究对象,从而获得资料的一种方法。科学的观察具有目的性和计划性、系统性和可重复性。常见的观察方法有:核对清单法、级别量表法和记叙性描述。观察一般利用眼睛、耳朵等感觉器官去感知观察对象。由于人的感觉器官具有一定的局限性,观察者往往要借助各种现代化的仪器和手段,如照相机、录音机、显微录像机等来辅助观察。

观察法具有不同的种类。依观察者是否参与被观察对象的活动,可分为参与观察与非参与观察;依对观察对象控制性强弱或观察提纲的详细程度,可分为结构性观察与非结构性观察;依是否具有连贯性,可分为连续性观察和非连续性观察;依观察地点和组织条件,可分为自然观察和实验观察等。

观察法的主要优点是:可以观察到被试在自然状态下的行为表现,所获结果比较真实;可以在实地观察到行为的发生、发展,能够把握当时的全面情况、特殊的气氛和情境。

观察法的缺点在于:研究者处于被动地位,往往只能等待行为的发生,因而难以观察到所需要研究的行为,同时收集资料颇费时间;对观察的结果难以进行精确的分析,观察可能受到主观因素影响,难以做到完全客观、公正。在研究中,观察法还要与其他方法进行配合方能取得较为理想的效果。

实际上,调查研究的方法还有很多,领导者要根据实际情况,与时俱进,不断学习和运用,努力提高调研实效。习近平指出:"调查研究方法也要与时俱进。在运用我们党在长期实践中积累的有效方法的同时,要适应新形势新情况特别是当今社会信息网络化的特点,进一步拓展调研渠道、丰富调研手段、创新调研方式,学习、掌握和运用现代科学技术的调研方法,如问卷调查、统计调查、抽样调查、专家调查、网络调查等,并逐步把现代信息技术引入调研领域,提高调研的效率和科学性。"[1]

二、民意调查法

民意调查,又称"民意测验",是调查者运用科学的调查与统计方法,通过亲自接触或广泛了解,如实反映一定范围内"一定时间内的民众对某个或某些问题的态度倾向"的一种应用性社会调查活动。[2] 领导需要用科学的方法、客观的态度,以人们的观念、习惯、行为和态度为调查研究的主要内容,有效地收集和分析有关的信息,为自身决策、制定有关的战略和策略提供基础性的数据和资料。[3]

(一)民意调查是新时期领导的需要

古人言,得民心者得天下,要得民心先要听民意。在我国古代,为了收集民意,朝廷会派采风官走村串户,深入百姓家中听取民声民意,并将民声民意汇编成奏文,供决策者参考,作为制定政策的民意依据。而"从群众中来,到群众中去"则是中国共产党取得胜利的重要法宝。据考证,最初的民意调查是1981年1月于上海图书馆和复旦大学进行的"重大新闻传播调查",主要是了解读者对于审讯"四人帮"的反应。此后,各类民意调查发展迅速。[4]

近年来,随着我国民主化进程的加快,民众对公平和公正的追求意识增强。普通民众渴望自己的诉求能够被领导者注意到,并能在决策中体现其利益诉求,因而通过多种渠道积极呼吁。但是,由于传统政治体制对民意的重视程度不够,民众的诉求无法及时得到吸纳。在正常途径无法解决民众关心的问题的时候,部分弱势民众可能会采取比较极端的方式,如自焚、暴力等,给社会的稳定带来隐患。现代社会互联网的高度发达,使以前作为"沉默的主体"的草根大众获得了便利的发言途径,其在现实社会的委屈和困惑,无法通过正式的政治途径传达给领导者,便会

---

[1] 习近平:《谈谈调查研究》,载《学习时报》2011年11月21日。
[2] 《民意调查在中国》,载《领导文萃》2010年第19期,第12—14页。
[3] 柯惠新、刘红鹰编著:《民意调查实务》,中国经济出版社1996年版,第8页。
[4] 李强:《新中国社会调查研究方法回顾》,载《中国社会科学报》2009年9月22日B8版。

通过网络途径,以疾风骤雨式、情绪化的方式表达出来,造成社会负面情绪传递,给社会管理传导了反向制约力。当前,我国处于全面深化改革进程中,各种社会矛盾纠结在一起,需要领导关注和解决的问题有增无减,普通民众也因处于特殊时期而具有空前的向领导反映其心声的需要。这一切都要求领导者要重视民意,采用民意调查法,收集和整理民意,为正式决策提供第一手的实用信息。

虽然政府已经在城市管理、社会发展乃至国家立法、政府决策、干部的选拔任用以及官员的政绩考核评价、升迁等诸多方面的工作,都不同程度地引入了民意调查程序,同时越来越多的民众也逐渐认识并参与到这项社会活动中,[1]但是当前对民意调查法的运用还远远不够,有些所谓的民意调查只是打着"民意"的幌子,实际上却是领导者个人意志的间接表达,对于领导工作造成了无法估量的负面影响。民意调查的生命力在于客观性、真实性。民意评估是现代社会政党执政不可或缺的组成部分,民意调查也应该成为领导者的工作重点。[2]

(二)现代民意调查的几种形式

社会主义的民意调查是实施民主政治、公开监督的重要渠道。它有助于领导者了解社情民意,帮助群众排忧解难;有助于集中群众智慧,促进领导的科学决策,克服官僚主义作风。民意调查的形式是多种多样的,当前主要可以采用以下九种调查形式:[3]

1. 通过人民代表调查

人民代表是人民群众派往人民代表机关的使者,代表通过提案的形式反映人民群众的意见、要求和建议,从而行使自己的职权。发挥人民代表的桥梁和纽带作用,建立人大常委会和人大代表与选民的联系制度,办好代表议案,尊重和支持人民代表管理国家事务的权力,既是人民当家作主的具体体现,也是领导者获取民意的重要来源。领导者不但要重视人民代表的提案,更要全力支持人民代表开展广泛的民意调查活动,主动了解人民代表在调查过程中各种有代表性的民情、民意。

2. 通过来信来访调查

信访是人民群众通过来信、访问等形式向党和国家各级领导反映个人或集体意愿的制度化活动。它来自各条战线,反映各个方面的问题,是领导决策的依据,是社会信息的"窗口"。

3. 通过社会热点调查

社会热点是一种不容忽视的社会现象,反映了大多数民众的关切,往往与人民群众的切身利益相关。社会舆论对此高度关注,易引起人们强烈的反响。它可以

---

[1] 《民意调查在中国》,载《领导文萃》2010 年第 19 期,第 12—14 页。
[2] 袁锋:《现代政治生活离不开民意调查》,载《社会科学报》2012 年 10 月 25 日第 2 版。
[3] 李严平、胡跃先:《现代民意调查的几种形式》,载《四川社联通讯》1990 年第 2 期,第 48 页。

直接影响人们的思想、情感和意志,在社会上汇集成一种声音,对领导活动有着强大的制约作用。领导通过社会热点切入调查,可以在短时间内了解社会上民众的关注焦点或社会趋势,从而有针对性地制定应对政策和措施。

4. 通过汇报反映调查

通过召开正式会议,由下级领导进行汇报和反映情况,提出意见和建议,这是领导最常用的一种调查形式。这种形式由于可以事先指定汇报主题,由下级部门广泛收集材料,因而可以在短时间内了解大量有针对性的内容。但这种形式一般比较"正规",下级领导报喜的成分多,报忧的成分少,因而常常变成成绩汇报会,问题的发现功能较弱。但它较之于单纯地从文件中找问题要优越得多。

5. 通过新闻媒介调查

现代社会是信息社会,新闻媒介在其中起了其他工具无法替代的作用。新闻媒介对信息最为敏感,很多刚刚出现的苗头事件,媒体就已经开始关注,社会上的热点事件媒体也都会参与报道。因此,通过新闻媒介的帮助,领导人可以及时发现社会上最新的发展趋向和问题苗头。新闻媒体还可以通过各种相对专业的调查方式帮助领导人了解民众对其施政的意见,传递来自民众一线的声音,帮助领导者发现问题,发挥优势,更有针对性地施政。新闻媒体可以通过以下方式协助领导人进行民意调查:(1) 电话调查。即媒体自建专业的调查中心,实施具体的调查项目。这种方式与委托调查公司实施具有同样的效果,但可以根据自己的需要随时实施和调整。(2) 邮寄调查。新闻媒体(尤其是纸质媒体)可以就某一议题刊登调查问卷,由读者填答后邮寄回指定地址。这种方法的最大问题是回收率难以保证,但它也是一种很实用的民意调查方式。(3) 短信调查。电子媒体经常会在节目播出过程中就某一议题征集受众意见,受众以手机短信回复的方式参与,实现与广播、电视节目的互动。这种方法在本质上与邮寄调查是一样的,只不过把借以实现反馈的介质由邮寄变成了短信。(4) 网络调查。网络调查又称"在线调查",应该是目前应用最为广泛的媒体调查方法。网络媒体比如人民网、搜狐网的网页上都有众多调查内容,网友可以非常方便地参与调查,甚至可以在每一条新闻之后打分、评价等,用多种方式表达自己的意见。其他传统媒体比如广播、电视、报刊等也会在自己的网站上就某一议题进行调查。网络调查以其快速即时、生动形象、参与人数多而受到媒体的欢迎。[①] 这些新闻媒介的调查方式都可以成为领导进行民意调查的借力和工具。

6. 通过工作研究调查

工作研究是领导者做好决策的预测行为,同时也是发现问题、解决问题、进行

---

① 张轶楠、陈锐:《网络民意调查的方法探讨》,载《现代传播》2012 年第 1 期,第 155—156 页。

民意调查的有利时机。通过研究领导者可以迅速集中问题,在较短时间内了解民意,帮助从感性认识上升到理性认识,完成认识上的飞跃,比较精准地抓住众多民意的实质。

7. 通过专家评议调查

专家往往在某一方面有比较独到的认识和研究,有针对性地邀请专家参与评议,认真听取专家的意见,仔细研究专家的意见,从专家的评议中调查,可以更清晰地梳理民意的脉络,帮助领导科学决策。

8. 通过广交朋友调查

领导者要善于与不同党派、不同协会、不同行业的人交朋友,通过定期会晤和交流,搭起友谊的桥梁,架起通话的热线,以此了解各行各业的情况。只有广交朋友,才能够了解到真实的民意、民心。

9. 通过日常生活调查

日常生活丰富多彩。党风民俗,民众所思、所忧、所喜、所惧,最容易从人们的日常生活中表现出来。领导者只要在日常生活中留心观察,不放过身边的"小事",就可以获得有价值的东西。

三、调查研究的组织与实施

调查研究是领导者深入基层、深入群众、深入实际了解客观真实情况,实现科学决策、民主决策的重要工作方法。但是,其能否发挥效用,关键在于能否组织和实施好调查研究,这就需要遵循一些基本的程序和步骤,并根据实际情况进行适当优化。

(一)明确目的,编制计划

明确调查目的,是领导者搞好调查研究的基础。领导者要善于根据需要解决的问题,提出可行性的调查目标;组织人员根据调查目的编制调查计划,为开展调查研究活动做好准备工作。调查计划的内容一般应包括调查目的、调查对象、调查步骤、调查项目和调查方法等。

(二)收集资料,初步分析

在开始调查之前,领导者应对调查人员进行适应性培训,组织调查人员围绕调查目的,在小范围内收集有代表性的相关资料,以熟悉和掌握调查对象的基本情况,并通过初步分析,对调查计划进行修正和完善,确定调查的重点。

(三)作好准备,实地调查

领导者应根据不同的调查方法做好充分的准备工作,如采用访谈法所采用的访谈提纲或访谈表格,问卷法所采用的问卷,观察法所采用的观察提纲和观察表格等,然后协调调查人员深入调查地点,进行实地调查,全面收集所需信息,以全面地了解和掌握情况。

(四)资料汇总,分析研究

在大量地、全面地占有资料的基础上,领导者要组织专业人员进行认真的汇总分析。根据实际情况,可以采用定性分析或定量分析的方式,借助专业的分析软件,如 SPSS 统计软件、Stata 软件等,去粗取精,去伪存真,并以一定的理论或思想为指导,深入研究,得出结论。

(五)形成建议,研究实施

把调查研究的最终结果写成调查报告,并结合需要解决的问题,形成若干份政策性建议。领导者要根据政策建议,对其可行性和适用性进行研究。如果政策建议获得通过,则成为正式的政策予以实施;如果政策建议未获通过,仍需要根据讨论意见,组织专门人员进行补充调查和研究,以进一步完善政策建议,并再次提交领导集体讨论。

以上是调查研究的一般程序和步骤。在实际情况不同时,需要进行适当优化。如当政策涉及面比较小时,准备和分析的过程都可以相对简化,而当涉及面比较广时,则需要严格程序,扎实走好每一步。当然,调查研究重在实效,程序与步骤都是为效果服务的,因而要求调查与研究两个部分都必须做扎实。习近平在中央党校2011年秋季第二批入学学员开学典礼上指出:"调查研究,包括调查与研究两个环节。衡量调查研究搞得好不好,不是看调查研究的规模有多大、时间有多长,也不是光看调研报告写得怎么样,关键要看调查研究的实效,看调研成果的运用,看能不能把问题解决好。从目前领导干部开展调查研究的实际情况看,有调查不够的问题,也有研究不够的问题,而后一个问题可能更突出。有的同志下去,只调查不研究,装了一兜子材料,回来汇报一下写个报告就了事;有的领导干部连调研汇报也不听,调查材料也不看。这种调查多、研究少,情况多、分析少,不解决什么问题的调查研究,是事倍功半的。我们要充分认识到,调查研究的根本目的是解决问题,调查结束后一定要进行深入细致的思考,进行一番交换、比较、反复的工作,把零散的认识系统化,把粗浅的认识深刻化,直至找到事物的本质规律,找到解决问题的正确办法。"[①]

第三节 走群众路线方法

群众路线是以毛泽东为代表的中国共产党第一代领导人,根据人民群众是历史的创造者的历史唯物主义基本原理的理论独创,是实现党的思想路线、政治路线、组织路线的根本工作路线,是党的优良传统和政治优势。新时期群众路线被贯

---

① 习近平:《谈谈调查研究》,载《学习时报》2011 年 11 月 21 日。

彻到政治的方方面面,新形势下更加突出政治的民生导向,也更要求领导者自觉、主动、熟练地践行党的群众路线。在全党开展以为民务实清廉为主要内容的党的群众路线教育实践活动中,需要通过全面准确地把握党的群众路线的精神实质,推动教育实践活动的深入,触动领导干部的灵魂,把群众路线转化为领导干部的精神追求和自觉行为。[1]

一、含义与内容

毛泽东曾对群众路线作了具体的阐释。他在《关于领导方法的若干问题》一文中指出:"在我党的一切实际工作中,凡属正确的领导,必须是从群众中来,到群众中去。这就是说,将群众的意见(分散的无系统的意见)集中起来(经过研究,化为集中的系统的意见),又到群众中去作宣传解释,化为群众的意见,使群众坚持下去,见之于行动,并在群众行动中考验这些意见是否正确。然后再从群众中集中起来,再到群众中坚持下去。如此无限循环,一次比一次地更正确、更生动、更丰富。"[2]《中国共产党章程》提出:群众路线是一切为了群众,一切依靠群众,从群众中来,到群众中去,把党的正确主张变为群众的自觉行动。群众路线的领导方法就是党的群众路线在领导工作中的具体运作,就是领导与群众相结合的方法,它是马克思主义唯物史观在领导方法中的具体体现,是领导不断获得正确认识的基本途径。

坚持群众路线的领导方法,最基本的要求是必须树立正确的群众观点。[3] 它主要包括以下四个方面的内容:

(一)一切为了人民群众

全心全意为人民服务,是党的根本宗旨,也是每个领导干部必须具备的根本立场价值导向。树立起一切为了人民群众的观点,是对领导干部的基本要求。领导干部无论级别多高,权力多大,本质上仍然是人民的勤务员,是为人民服务的。脱离人民群众,只顾自己享受,以权谋私,不但要遭受直接的法律追究,最终也会被人民唾弃。

(二)一切向人民群众负责

领导干部是为人民服务的,本身并不能享受特殊的利益。也就是说,作为党的领导干部,除了为广大人民群众谋利益,没有任何私利可图。领导干部的一切言行,制定的一切政策,指挥的一切行动,都要符合人民群众的根本利益,不能以损害人民群众的利益为代价。领导干部要切实把履行职责和对人民群众负责结合起

---

[1] 周志成、刘福军:《全面准确把握党的群众路线》,载《中国特色社会主义研究》2013年第6期,第105—109页。
[2] 《毛泽东选集》第3卷,人民出版社1991年版,第899页。
[3] 车洪波、郑俊田编著:《领导科学》,中国商务出版社2006年版,第167—172页。

来，重视群众呼吁，想人民之所想，思群众之所思，切实对人民群众负起责任。在实际工作中，领导干部要处理好"对上负责"与"对下负责"的关系，既不能眼睛向天，不管民生疾苦；也不能借口对群众负责，拒不执行上级的指示。

（三）相信和依靠人民群众

人民群众是历史的创造者。中国特色社会主义的伟大事业也是在人民群众的伟大实践中创造出来的。要相信人民群众中孕育着巨大的革命首创精神，有巨大的能动性。领导的智慧和力量，归根结底来源于人民群众，而不是哪个天才或是哪个英雄。历史上的伟大领导者，无不是善于从人民群众中吸取智慧和力量，从群众的利益出发，广泛动员和发动群众，从而创造历史。在树立群众观点时，领导者既要认识到群众的作用，真心实意地依靠他们；又要准确地为自己定位，承担起应负的引领群众的作用。毛泽东指出："有许多时候，群众在客观上虽然有了某种改革的需要，但在他们的主观上还没有这种觉悟，群众还没有决心，还不愿实行改革，我们就要耐心地等待；直到经过我们的工作，群众的多数有了觉悟，有了决心，自愿实行改革，才去实行这种改革，否则就会脱离群众。"[1]

（四）虚心向人民群众学习

虽然从个体对比上，领导通常是群体中比较优秀的成员，但是任何优秀超群的领导与人民群众的整体相比，不过是沧海一粟，群众才是真正的英雄，群众中蕴藏着无穷无尽的智慧和力量。特别是当前处于知识经济时代，创业大潮涌现，各行各业都涌现出大量优秀的人才，在任何一个行业都可以找到人民群众的精英代表。因此，领导除了应具有坚定的马列主义信念和掌握必要的科学文化知识外，最经常、最大量地应是在实践中向人民群众学习，借以丰富自己、健全自己和强化自己。领导者务必要摒弃"一言堂"的工作作风，虚心听取群众的意见，认真考虑群众的建议，善于借用互联网等新兴媒介，深入基层一线，甘当群众的学生。

二、实施原则和具体形式

毛泽东在谈到领导方法时说："我们共产党人无论进行何项工作，有两个方法是必须采用的，一是一般和个别相结合，二是领导和群众相结合。"[2]这也是领导者贯彻群众路线的基本原则和方法。

（一）领导与群众相结合的原则

"从群众中来，到群众中去"的领导方法，既有源于群众的建议和愿意，也有来自领导的提炼和加工，体现为领导与群众的互动结合。

---

[1]《毛泽东选集》第3卷，人民出版社1991年版，第1012页。
[2] 同上书，第897页。

1. 从群众中来,就是领导深入群众,把群众意见集中起来,化为领导意见。在调查研究的基础上,把群众在实践中积累的丰富经验、提出的要求和愿望,化为一般的指导思想,作出决策,形成路线、方针、政策等。现代社会已经进入信息时代,领导每天面对的信息量呈几何级数激增。社会由于处于改革期和矛盾多发期,群众分散的、无系统的、片面的意见有时甚至是互相冲突的,领导集中群众意见的难度不断加大,对领导本身的能力和素质提出了更高的要求。从群众中来可以采取多种具体形式。[①]

(1) 蹲点调查研究。必须深入实际,选几个有代表性的地区和单位,真正蹲下来,深入调查,"解剖麻雀",真正了解到真实的情况,为正确决策提供有力的依据。习近平曾经提到:"领导干部进行调查研究,要放下架子,扑下身子,深入田间地头和厂矿车间,同群众一起讨论问题,倾听他们的呼声,体察他们的情绪,感受他们的疾苦,总结他们的经验,吸取他们的智慧。既要听群众的顺耳话,也要听群众的逆耳言;既要让群众反映情况,也要请群众提出意见。尤其对群众最盼、最急、最忧、最怨的问题更要主动调研,抓住不放,这样才能真正听到实话、察到实情、获得真知、收到实效。"[②]

(2) 座谈会征求意见。可采取召开民主座谈会的办法,营造和谐、宽松的环境,把领导者的意图交给群众,让与会者各抒己见,形成讨论、商量问题的气氛。循循善诱,使参与者可以心无顾虑地发言,直陈利弊,献言建策,充分发挥社会主义民主协商的优势,使领导能够真正听到群众发自内心的要求和呼声。

(3) 网络留言和讨论。可以通过构建领导者个人网页、微博、微信等多种形式,借用便利的互联网渠道,鼓励民众就关心的问题留言或是参与讨论,鼓励网民参与各种话题调查,以快速方便的方式收集群众意见和建议,听取群众诉求,并及时反馈。

(4) 拓宽民主渠道,完善民主制度。如建立健全深入基层制度,建立领导接待日制度,设立意见箱,完善群众参与对话的制度和保障机制,与民主党派和工会、共青团、妇联广泛接触、协商等。这样不仅有利于调动广大人民群众的积极性,而且加强了领导机关和领导干部同人民群众的联系。

2. 到群众中去,就是把集中起来的领导意见化为群众自觉的实践活动,也就是把吸取群众意见而形成的路线、方针、政策,再回到群众中去,化为群众的思想,变为群众的实践,并在群众的实践中得到检验和发展。可以采取以下具体的形式:

(1) 舆论宣传。可以通过广播、报纸、网络、宣传画等形式,以简明扼要的语言介绍政策内容,以画龙点睛的方式突出政策功效,吸引群众关注政策,主动了解政

---

① 孙奎贞主编:《领导科学教程新编》,中国人民公安大学出版社2002年版,第260—264页。
② 习近平:《学习和掌握正确的调查研究的方法》,载《新湘评论》2012年第10期。

策,为政策的实施创造良好的环境。

(2) 政策宣讲。可以组织专门的宣讲会,选拔优秀的专家、学者,用群众喜闻乐见的语言和易于理解的方式,将政策的来龙去脉、政策实施的理由和收益告知群众,让群众明白为什么要提出这项政策、政策内容是什么、政策目标是什么、政策与其的关系如何等,使群众在理解政策的基础上积极支持政策。

(3) 个别谈心。在政策宣传和政策实施的过程中,如果有个别民众对政策的抵触情绪特别大,就需要领导有针对性地召集这部分民众,与其深入谈心,了解其反对的理由,设身处地地为这部分民众考虑,提出补偿和调整政策的办法,促进政策的顺利实施。

(4) 鼓励发动。为了促进政策的落实,可以通过采取鼓励的措施,制定相配套的奖励办法,召开动员大会予以表彰等动员和激励相结合的方式,从精神鼓励和物质奖励两方面入手,双管齐下,调动群众参与政策的积极性和主动性。

(二) 一般与个别相结合的原则

"从群众中来,到群众中去",体现为从个别到一般的提炼过程和从一般到个别的再具体化过程的结合。从哲学上讲,个别与一般的关系极为密切。一般产生于个别,个别中蕴涵着一般。从个别认识上升到一般认识,又从一般认识具体作用于实践,这也是马克思主义科学的认识论。领导者既要深入、全面认识个别,也要正确、有规律地总结一般,将一般具体化为党的路线、方针、政策,作用于个别中,产生积极的领导效果。

领导者要深入、全面地认识个别,可以采取多种形式,如蹲点调查研究、座谈会征求意见、网络留言和讨论、建立定期下基层制度和领导接待日制度等。主要着眼于发现群众的意见,不但要接受赞美的话语,更要重视批评的意见,要善于从反对和批评的声音中发现问题,形成领导者的工作导向和工作着力点。

实现从个别到一般转化,可以采取以下形式:典型调查、"解剖麻雀"、从个别中概括出一般。选择同类事物中的几个典型,深入调查研究,就可以认识同类事物的本质。对于确定的典型,第一步要深入了解情况,摸清事物的外表,占有大量的感性材料。第二步要在掌握的大量感性材料基础上辨别真假,保证材料的真实性和可靠性。第三步进行分析对比,掌握事物的结构和内部联系,使认识由感性阶段上升到理性阶段,实现由个别到一般的转化,提出对同类事物的指导意见。[①]

要实现从一般到个别的转化,就要坚持把路线、方针、政策和工作指示变成群众的自觉行动,必须采取一般号召和个别指导相结合的方法,这需要通过实地、深入的工作形式,坚持实践与总结相结合的方法。既要深刻理解一般的精神实质,也

---

① 孙奎贞主编:《领导科学教程新编》,中国人民公安大学出版社2002年版,第263页。

要掌握一般的灵活运用,善于与实际相结合,发挥其在个别中的强大动员力和执行力。毛泽东在谈到领导方法时曾说:"任何工作任务,如果没有一般的普遍的号召,就不能动员广大群众行动起来。但如果只限于一般号召,而领导人员没有具体地直接地从若干组织将所号召的工作深入实施,突破一点,取得经验,然后利用这种经验去指导其他单位,就无法考验自己提出的一般号召是否正确,也无法充实一般号召的内容,就有使一般号召归于落空的危险。"①

一般号召之所以需要同个别指导相结合,其原因在于一般虽然来自个别,对进一步认识个别的指导作用,但一般不能包括个别的所有特性,只概括了个别的共性。这种概括是否正确,不是靠领导人的威信高低和动员报告的好坏,关键是一般号召是否能做到主观和客观相符合。一般号召在贯彻到个别中去时,需要具体化为计划、方案、办法,才易于被群众掌握和实施。这样在从一般到个别的过程中,还会遇到思想阻力。因此,领导者要选择自己领导的一两个单位,将一般号召的工作任务付诸实施,作出样子,总结出典型经验,然后用这种经验去指导其他单位。②

三、新时期践行群众路线的新要求

随着改革开放的进一步深入和社会的不断发展变化,我国的政治、经济、社会等领域也发生了许多新变化,这些新变化为党的群众路线在新时期的贯彻带来了机遇,同样也给党的群众路线提出了新要求和新挑战。党的十八大以来,以习近平同志为总书记的党中央面对群众工作的新情况、新问题,围绕密切党群关系,深入开展党的群众路线教育实践活动,发表了一系列重要讲话,提出了许多新思想、新观点、新举措,进一步丰富和发展了党的群众路线的理论内涵,对于领导干部在新时期如何践行群众路线也提出了新要求。③

(一) 领导者要坚持"为民"

为民,即为人民服务、执政为民。这是党的根本立场、根本价值取向。为民,首先要纠正长期以来观念上对人民群众的不正确认识,将人民群众从"老百姓"等具有从属性的称呼中解放出来;领导者也要从"为民作主"的旧观念中跳出来,将人民群众拓展到"人"的高度来认识,坚持在工作中"以人为本"。④ 不仅要发展经济,提高人民的物质生活水平,而且要加强社会主义民主政治建设和文化建设,让人民依法充分行使政治权利,享受健康丰富的文化生活。要坚持人民群众的主体地位,维护社会的公平正义,使社会发展成果最大限度地为广大民众所享。习近平指出,检

---

① 《毛泽东选集》第 3 卷,人民出版社 1991 年版,第 897 页。
② 孙奎贞主编:《领导科学教程新编》,中国人民公安大学出版社 2002 年版,第 264 页。
③ 罗会德:《十八大以来党对群众路线的理论贡献》,载《求实》2014 年第 2 期。
④ 祝猛昌:《党的十八大以来群众路线研究:一个文献综述》,载《重庆社会科学》2014 年第 5 期。

验我们一切工作的成效,最终都要看人民是否真正得到了实惠,人民生活是否真正得到了改善,这是坚持立党为公、执政为民的本质要求,是党和人民事业不断发展的重要保证。他强调,一方面,我们要坚持党的群众路线,坚持人民主体地位,时刻把群众安危冷暖放在心上,及时准确地了解群众所思、所盼、所忧、所急,把群众工作做实、做深、做细、做透;另一方面,我们要随时随地倾听人民呼声、回应人民期待,保证人民平等参与、平等发展权利,维护社会公平正义,在学有所教、劳有所得、病有所医、老有所养、住有所居上持续取得新进展,不断实现好、维护好、发展好最广大人民的根本利益,使发展成果更多、更公平惠及全体人民,在经济社会不断发展的基础上,朝着共同富裕方向稳步前进。①

（二）领导者要坚持"务实"

务实,即追求实、务必实,求真务实,说实话、办实事、求实效。求真务实体现了辩证唯物主义和历史唯物主义一以贯之的科学精神。求真才能客观地认识世界、把握规律;务实才能把计划变成行动、把理想变为现实。胡锦涛在十六届中央纪委三次全会上就着重强调:"全党要大力弘扬求真务实精神、大兴求真务实之风。"求真务实是一切优良作风存在的基础,是坚持理论联系实际、密切联系群众、批评与自我批评等作风的保证。习近平指出,做好我们党和国家的各项工作"关键在落实"。空谈误国、实干兴邦,是对千百年来治国理政经验教训的科学总结。"如果落实工作抓得不好,再好的方针、政策、措施也会落空,再伟大的目标任务也实现不了。"②实干富民、实干兴邦。以人为本、执政为民的理念靠务实来践行,党的路线、方针、政策靠务实来贯彻,前进中的重重难关靠务实来突破,全面建成小康社会的目标靠务实来实现,中国特色社会主义理论靠实践来检验和发展。③

（三）领导者要坚持"清廉"

清廉即清正廉洁、公正廉明。清廉是共产党人的政治本色。共产党从成立那天起,就坚持立党为公的坚定信念,确立了全心全意为人民服务的崇高宗旨。强调共产党人不谋求任何私利和特权,一心一意为最广大的人民谋福利。因此,党始终把清廉作为党性的重要内容和检验标准。清廉是党员干部的底线标准。领导干部一定要认识到,手中的权力是人民赋予的,人民才是权力的最终来源,是真正的权力主体,唯有清正廉洁,才能取得人民的信任,获得人民的支持,任何人都没有法外的权力,任何人的权力都必须为人民服务,对人民负责并接受人民监督。领导干部要认识到,清廉是分层次的,层次不同其精神境界大不相同。以不违法、不违纪为

---

① 罗会德:《十八大以来党对群众路线的理论贡献》,载《求实》2014 年第 2 期。
② 习近平:《关键在于落实》,载《求是》2011 年第 6 期。
③ 谭福金:《牢牢把握为民务实清廉的内涵》,载《中国监察》2013 年第 15 期。

标准的清廉,是底线清廉;无私奉献、一尘不染、"富贵不能淫"的清廉,是崇高清廉。领导干部作为社会中的精英分子,要努力向崇高清廉靠拢,做社会清廉的典范。面对新形势下的"四个考验""四个危险",清廉显得更加重要、更加宝贵。清廉是为民、务实的保证。不清廉就难以做到以人为本、执政为民,全心全意为人民服务就会大打折扣甚至落空。不清廉、不干净,干事的热情也不会持久。往往干了一点事就想伸手,总觉得自己吃了亏,心理不平衡。一旦跌进腐败的深渊,本事再大,为民、务实都成了空谈。为了个人名利而"务实",搞劳民伤财的"形象工程"、脱离实际的"政绩工程",务得越实,给国家和人民造成的损失就越大。

一切为了群众,一切依靠群众,从群众中来,到群众中去的群众路线,涵盖了"为民""务实""清廉"的全部内容,是贯穿于其中的一条红线,使三者成为一个紧密联系的整体。"为民""务实""清廉"的要求,为领导者贯彻落实群众路线提供了正确目标和作风保障。"为民"是群众路线的灵魂,是一切工作的出发点、落脚点。我们党的最大优势是始终同人民群众保持密切联系,执政党的最大危险是脱离人民群众。落实群众路线要"务实",多做富民利民的实事好事。要解决不符合"为民""务实""清廉"要求的突出问题,特别是有的领导机关、领导班子和一些领导干部形式主义、官僚主义、享乐主义突出,奢靡之风严重的问题。不解决好这些问题,就无法充分做好事。要解决这些问题,从根本上说要树立正确的世界观、权力观、事业观。要牢固树立群众观点,不断增强人民主体观念、权力民授观念。要进一步转变作风,坚持和发扬求真务实、清正廉洁的作风。进一步树立"为民""务实""清廉"的形象,在全心全意为人民服务上取得新的更大的成效。[①]

第四节　系统分析问题方法

系统分析问题方法是一种普遍适用的科学的认识方法和实践方法。领导本身就是一个系统活动,既需要着眼于大局,又需要分析其中的每一个构成因素及其与环境的关联,因而必须从系统论的观点出发,学会从整体与部分、内部与外部之间的相互作用、相互制约的关系中来研究、组织和开展工作。

一、内涵和意义

"系统"一词,源自古希腊语,意为"由部分构成整体",亚里士多德早就有过"整体大于部分的总和"的思想。系统论认为,任何事物,无论是自然还是人类社会、物质或是精神,无不以系统的方式存在着,都是有着复杂结构与组织特征的系统,是

---

① 谭福金:《牢牢把握为民务实清廉的内涵》,载《中国监察》2013年第15期。

有机的统一整体。因此,任何一个研究对象,都可以从系统分析问题方法的角度予以研究。① 系统分析问题方法,就是根据事物的系统特性认识和改造事物的方法,即从整体出发,根据整体与部分、层次、结构、环境等的相互作用,综合而精确地考察对象,以实现最优化处理问题的科学方法。它是唯物辩证法普遍联系的观点和方法的具体体现。② 美国著名的智库兰德公司认为,系统分析是一种研究方略,它能在不确定的情况下,确定问题的本质和起因,明确追求目标,找出各种可行方案,并通过一定标准对这些方案进行比较,帮助决策者在复杂的问题和环境中作出科学抉择。

系统分析问题方法是现代科学技术的结晶,将这种按照事物所固有的系统属性把对象当作一个系统来分析、考察的现代科学方法运用于领导工作,大大有利于领导工作的现代化、科学化和准确化的进程。这就是从事物的系统性出发,始终着眼于从整体与部分、部分与部分、整体与外部环境之间的相互关系、相互影响、相互制约中综合地考察对象,以达到领导工作总体优化目的的一种方法。③

系统分析问题方法运用到领导工作中来,对于提高领导水平、实现科学领导具有重要意义。现代社会是一个非常复杂的、多因素、多层次、动态的系统,只有运用系统的观点和方法分析问题,才能适应现代领导职能的需要;只有运用系统的方法,才能揭示系统内部诸要素之间的相互作用,以及系统与外部环境的联系,从而把握住全局和未来;才能发现对系统整体功能起作用的决定性环节,从而抓住主要矛盾和矛盾的主要方面。同时,只有运用系统的定量方法,才能实现现代领导的精确性和高效性。

二、运用的基本原则

系统方法具有许多体现现代科学性的基本原理和原则。④ 系统方法在领导科学中的应用,应遵循以下一些基本原则:

(一)整体性原则

整体性原则是系统方法的出发点,观察和处理问题都要坚持这个原则。领导系统的整体性在于,其作为具有系统论特征的有机整体,不是各个要素简单相加的总和或者是机械组合的结果,而是各个要素相互依存、相互制约,不断动态发展而形成的。因此,其整体功能是在其发展过程中建立起来的,是这些构成要素在孤立

---

① 周鑫:《马克思系统分析方法及其对生态文明建设的指导意义》,载《环境教育》2010年第3期。
② 金邦秋:《领导科学论纲》,上海教育出版社2003年版,第152页。
③ 同上。
④ 于炳贵:《领导科学新论(第2版)》,济南出版社2002年版,第385—387页。

状态下所没有的特质,是要素相互作用结合而成的新质。[①] 人、物和智力成果等要素构成了领导系统,是组成领导系统的基本成分。这些要素的和谐发展,使整体功能可以得到最大程度的发挥,进而形成高水平的领导成效。"大局观""全国一盘棋""统筹兼顾""和谐发展"等领导思想的提出,正是整体性原则在领导系统中的运用和发展。

(二)相关性原则

领导系统各要素之间互相依存、互相影响,不存在孤立存在的要素。如果其中的一项要素发生了变化,其他的要素必然会受到影响,进而影响到系统整体。不但系统内部要素普遍存在联系,在系统整体与环境之间也存在密切关系。系统受环境的制约,系统的变化也会影响到环境,两者之间存在协同性,相互影响和相互制约。现代的领导工作面临内部各要素、内部和外部之间的复杂互动,"牵一发而动全身"。在十八届三中全会提出全面深化改革的大背景下,国内新旧要素之间、国内与国外要素之间的矛盾与冲突变得极为突出,也对领导工作提出了巨大的挑战。相关性原则既看到联系和合作,也不回避矛盾,领导系统中各要素的矛盾和冲突必然会影响系统功能的发挥,但"和谐""全面"的发展正是包容性的发展,正是在处理矛盾和纠纷、允许异质因素存在的前提下,社会才能得到稳定发展,这也才符合深化改革背景下领导的实际状况。

(三)动态性原则

领导有机体作为一个有着丰富要素的系统,是处于不断运动和变化之中的。时间和空间的变化,必然带来领导系统的变化。稳定是相对的,而变动却是绝对的。领导系统的变动短期来看似乎杂乱无章,但长期观察却是有章可循。变化发展不会是直线式上升,但是会在某一定范围内上下波动,总体的平均情况就是相对均衡或稳定状态。因此,领导工作需要坚持"权变"原则,因地制宜、因时制宜。领导者解放思想,实事求是,与时俱进,在思想认识和部署落实上都能跟上时代的节拍。

(四)等级结构和自主性原则

领导系统具有等级结构,体现为领导系统是由若干具有隶属关系的不同层次的系统所构成,从小到大依次可以分为个体系统、群体系统、组织系统等。每个系统既具有隶属关系,又具有相对的自主性。这也意味着每个下级系统既依赖于上级系统,需要上级系统的统筹布局,又具有相对的独立性,能够自动地调节自身的组织和活动,以适应变化的环境。这也要求领导者从整体出发,做好宏观调控,又要注重下级系统的自主性,做好微观搞活。在宏观调控中,必须主动地获取大量信

[①] 周鑫:《马克思系统分析方法及其对生态文明建设的指导意义》,载《环境教育》2010年第3期。

息，掌握全面的、真实的情况，从而不断地及时改进领导工作；又要培养下级系统的自我适应能力和自组织能力，增强下级系统的自我发展水平，使不同层级系统都充满生机和活力。

（五）目的性原则

系统的目的性是指系统活动最终趋向有序性和稳态。这是系统的自主性的结果。系统由于受到随机干扰，有时表现出无确定性。但是，由于系统的自主性，通过反馈而适应环境，保持系统的相对稳定，呈现出系统的目的性。系统的目的性可使系统在发展中表现出异因同果，也可以表现为一因多果。目的性程度标志着系统组织水平的高低。任何一项领导活动都具有目的性。在领导活动中，领导者必须首先确定系统应该达到的目标，然后，在尊重客观规律的前提下，使系统的发展顺利地导向目标。当前，我国中国特色社会主义建设的总目标，已经由原先的单纯注重经济发展，向经济发展和社会发展并重转变；由原先的资源消耗型外延式增长，向资源节约型内涵式发展转变。任何领导工作都必须服务于这个总目标，并在实际工作中分解细化为具体目标，以服务于中国特色社会主义事业的发展和"中国梦"的实现。

三、系统分析的实践路径

系统分析方法的具体步骤包括：界定问题、提出目标、调查研究、提出备选方案和评价标准、备选方案评估和审议方案。

（一）界定问题

所谓问题，是现实情况与计划目标或理想状态之间的差距。系统分析的核心内容有两个：其一是进行"诊断"，即找出问题及其原因；其二是"开处方"，即提出解决问题的最可行方案。所谓界定问题，就是要明确问题的本质或特性、问题存在范围和影响程度、问题产生的时间和环境、问题的症状和原因等。限定问题是系统分析中关键的一步，因为如果"诊断"出错，以后开的"处方"就不可能对症下药。在界定问题时，要注意区别症状和问题，探讨问题原因不能先入为主，同时要判别哪些是局部问题，哪些是整体问题，问题的最后确定应该在调查研究之后。

（二）提出目标

系统分析目标首先要服务于系统的总目标，因而应将总目标作为领导工作的方向。其次，应该根据工作对象的要求和对需要解决问题的理解确定具体目标，如有可能应尽量通过指标表示，以便进行定量分析。对不能定量描述的目标也应该尽量用文字说明清楚，以便进行定性分析和评价系统分析的成效。最后，要确定每个层次或局部要解决的任务，研究它们之间和它们与总体目标、具体目标之间的相互关联和相互影响，对各项具体措施与发展趋势进行综合考察。

(三) 调查研究

调查研究和收集数据应该围绕问题起因进行,一方面要验证有限定问题阶段形成的假设,另一方面要探讨产生问题的根本原因,为下一步提出解决问题的备选方案作准备。调查研究常用的有四种方式,即阅读文件资料、访谈、观察和调查。收集的数据和信息包括事实、见解和态度。要对数据和信息去伪存真,交叉核实,保证真实性和准确性。

(四) 提出备选方案和评价标准

通过深入调查研究,使真正有待解决的问题得以最终确定,使产生问题的主要原因得到明确,在此基础上就可以有针对性地提出解决问题的备选方案。备选方案是解决问题和达到咨询目标可供选择的建议或设计,应把所有可能的备选方案尽可能都列举出来,方案之间应互相排斥,以便提供进一步评估和筛选。为了对备选方案进行评估,要根据问题的性质和领导工作所具备的条件提出约束条件或评价标准,供下一步应用。[1]

(五) 备选方案评估

根据上述约束条件或评价标准,领导者要组织专业人员对解决问题的备选方案进行评估。评估应该是综合性的,不仅要考虑技术因素,也要考虑社会、经济等因素,评估小组的成员应该有一定的代表性,除专业技术人员外,也要吸收政策作用对象的代表参加。根据评估结果确定最可行方案,并将评估结果提交给领导集体,作为决策的重要参考。

(六) 审议方案

最可行方案并不一定是最佳方案,它是在约束条件之内,根据评价标准筛选出的最现实可行的方案。如果领导集体审议并通过后,则系统分析达到目标。如果领导审议不通过,则要再行协商调整约束条件或评价标准,甚至重新限定问题,开始新一轮系统分析,直到方案获得通过为止。

系统分析要求立足整体,统筹全局,使整体和局部辩证地统一起来,因而对领导者本身的素质也具有极高的要求。[2]

一是要求领导者必须坚持从实际出发,贯彻实事求是的思想路线。要着重研究本地区、本部门、本单位的实际情况,确定总体最佳目标,以及系统的结构组成,分阶段、分层次地进行优化处理,在最高一级统一协调下求得整个系统的优化。

二是要求领导者有创新精神。必须随着领导对象和工作进程的变化,不断地创造出新的数学模型。同时,又不迷信模型。模型来自对领导系统的科学抽象,而

---

[1] 杨俊:《公共政策决策的系统分析方法》,载《领导科学》2007年第8期。
[2] 金邦秋:《领导科学论纲》,上海教育出版社2003年版,第155—156页。

不是主观臆造。

三是要求特别重视信息。领导者不仅要了解和获取原始信息,更重要的是要建立信息系统,通过信息系统及时掌握所需的各种信息,并建立数据库,以便随时调用。

四是要求领导者掌握有关的现代科学技术和管理的基础知识,如运筹学、系统论、信息论、控制论、计算机技术等。要特别重视定量分析,了解和掌握必要的定量分析方法。

五是要大量吸收专业技术人员参加领导活动。无论是系统分析、政策模拟,或是自动化信息系统的运转,都需要自然科学、社会科学工作者和工程技术人员的亲密合作。领导者要尊重知识分子、尊重专家,吸收他们到各级各类领导活动中来,使他们真正成为各级领导系统的智囊团。

本章小结

领导方法是领导者从事领导活动所运用的方式和手段,具有客观性、动态性、条件性、目的性和时效性。领导方法在实践中极为重要,凡属正确领导,总是同运用正确的工作方法相联系的。

领导逻辑思维是实施领导的前提。在我国,领导逻辑思维必须以马克思主义哲学和现代科学理论为基础。领导要具有辩证思维形式,即要坚持对立统一的思维方式、质量互变的思维方式、否定之否定的思维方式;领导要具有系统思维形式,即要坚持思维的整体性、结构性、立体性、动态性和综合性;领导要具有创新思维形式,即要学会逆向思维、发散思维、联想思维、纵向思维和灵感思维等。

我党历来重视领导方法,在长期的革命和现代化建设中形成了各种卓有成效的领导方法,其中最有代表性的是调查研究方法、群众路线方法和系统分析方法。调查研究方法是做好领导工作的重要方法。我党历史上形成了有效的传统调查研究方法,包括开调查会、"解剖麻雀"、"走马看花"和"下马看花"、"胸中有数"和"种试验田";在社会学科重建后又逐渐发展起比较规范,包括问卷法、访谈法和观察法在内的三种经典调查研究方法。新时期根据形势发展需要,发展了民意调查法,形成了通过人民代表、来信来访、社会热点、汇报反映、新闻媒介、工作研究等方式进行调查的民意调查方法。

群众路线方法包括一切为了人民群众、一切向人民群众负责、相信和依靠人民群众、虚心向人民群众学习四个方面的内容。在走群众路线方法时,要坚持领导与群众相结合的原则和一般与个别相结合的原则。新时期践行群众路线,需要领导者坚持为民、务实、清廉的要求,全心全意为人民服务。

系统分析问题方法是从整体出发,根据整体与部分、层次、结构、环境等的相互作用,综合而精确地考察对象,以实现最优化处理问题的科学方法。在运用系统分析问题方法的过程中,要坚持整体性原则、相关性原则、动态性原则、等级结构和自主性原则、目的性原则。领导者在进行系统分析时,首先要界定问题,提出目标;其次要调查研究,提出备选方案和评价标准;再次要对备选方案进行评估;最后要对方案进行审议。

案例分析

不久前,某乡某村因农民负担过重引发了群体性事件。为了及时调解矛盾,安抚村民,县委、县政府决定派一个特别工作组进驻该村。可是,在研究落实工作组人选问题上碰到了难题:派谁去合适呢?张三不行,他虽然在该乡工作一届,但临走时硬是被群众点着鼻子骂走的;李四也不行,他在那里工作三年,农民群众对他的告状信就有半麻袋。最后好不容易找到几个与当地群众关系好的,其中之一是袁某,县委主要领导还赋予他尽可能答复群众提出的一切合理要求的权力。

经过一天一夜的努力工作,袁某先后倾听了数十名群众的怒言怨语,本着能答复的立即答复、不能答复的做耐心细致的解释工作的原则,最后终于达成一致。末了,几个群众代表异口同声地说:"袁会计,今天若不是你,他们哪个来也与我们谈不到一块儿。"接着面对县委书记:"如果你们这些领导干部都能像他们这样就好了,这样的事也就不会发生了……"

事后,县委书记感慨地问袁某:"那些村民为什么都听你的?"袁某纠正说:"不,应该说首先是我听他们的……"

早前袁某曾在那个乡担任过会计。有一次去这个村收缴公购粮折征款,走村串户了解实际情况后,得知十余户农民家庭存在各种各样的困难,就一一记在本子上,并要求他们分别向公社写出要求困难补助的申请报告,回来后如实向公社党委作了详细汇报,几天后还带着补助款徒步十多公里去分发给他们。此外,谁家孩子病了,送医捎药;谁家有困难,积极上报。就是这一件件、一桩桩不大不小但却是关系农民切身利益的事,袁某全身心地为他们解决。多年过去了,村民们仍然铭记在心。

案例思考题:
1. 为什么张三、李四都不行,只有袁某能完成调解矛盾、安抚村民的任务?
2. 如何评价领导者选择袁某并让他尽可能答复群众要求的行为?
3. 这个案例对你有何启示?

拓展阅读

1. 《毛泽东选集》第1、3卷,人民出版社1991年版。
2. 习近平:《学习和掌握正确的调查研究的方法》,载《新湘评论》2012年第10期。
3. 习近平:《谈谈调查研究》,载《学习时报》2011年11月21日。
4. 周振林、屠春友编著:《现代领导方式与领导方法创新》,中共中央党校出版社2005年版。
5. 李传绪编:《领导方法文选》,冀鲁豫书店1946年版。
6. 姜春云主编:《桥和船:新时期领导方法18篇》,新华出版社2005年版。
7. 王雪峰编著:《领导方法创新实例解析》,中共中央党校出版社2008年版。
8. 邱霈恩主编:《掌握99种领导方法》,人民出版社2004年版。
9. 邱霈恩:《危机博弈与领导权变》,广西人民出版社2010年版。
10. 韩庆祥等:《哲学思维方式与领导工作方法》,中共中央党校出版社2014年版。

第五章 领导决策

本章要点

1. 了解领导决策的内涵和原理。
2. 了解领导决策的类型。
3. 了解领导决策的程序与方法。

引例

遵义会议过后,红军依然面临着十分险恶的军事形势,蒋介石为阻止红军北进或东出湖南,纠集了40万人的部队企图围歼红军。生死攸关之际,毛泽东通过"四渡赤水",在敌强我弱的情况下,取得战略转移的胜利。1936年12月12日清晨,张学良和杨虎城派兵到西安华清池逮捕了蒋介石,并囚禁了西安城内一些国民党高级将领。接着,他们向全国发出通电,提出抗日救国八项主张,呼吁停止内战,联共抗日。这次逼蒋抗日的行动,历史上称为"西安事变"。当时,围绕如何处理蒋介石的问题,呈现出了一种十分复杂的局面。

毛泽东不为一党私仇所扰,从中华民族前途和根本利益出发,作出了和平解决西安事变的正确决策。

由周恩来等人组成的代表团前往西安,和张、杨协商,并同蒋介石谈判。蒋介石基于当时的处境,终于被迫放弃"攘外必先安内"的反动政策,接受了"停止内战,一致对外"的主张,西安事变因此得到了和平解决。

由此可见,领导决策具有重要意义。一言以蔽之,领导决策就是作抉择,是领导活动的灵魂。

第一节 领导决策概述

领导决策是指领导者在领导活动中,为了解决现实问题,运用科学的方法和技术,在若干有价值的备选方案中选择一个最佳方案,在该方案的实施过程中加以改进和完善,最后实现领导目标。西方决策理论学派的代表人物赫伯特·亚历山大·西蒙曾经说过"管理就是决策"的名言,他认为决策是管理的"心脏",领导的基本活动关键在于会决策。领导决策既包括决策的制定,还包括决策的实施。领导者的地位和作用,很大程度上是通过决策体现出来的。

一、领导决策的内涵

(一)领导决策的含义

领导决策的过程是领导者在领导活动中,为实现领导目标,对未来行动的计划、对策的方案进行设计和选择,并在实施过程中加以分析、评估、修正、完善的过程。

领导决策的内涵有广义与狭义之分。广义的领导决策,是指囊括抉择前的准备活动、决断、抉择后的执行活动以及评估完善决策方案的动态全过程。例如,收集情报、筛选信息、整理分析、设计方案、作出抉择、实施执行、调整反馈、总结等过程。狭义的领导决策,特指决断这一环节,即对可供选择的方案进行抉择,也就是通常所说的拿主意、作最后的决定。狭义的领导决策专注于研究如何作出决定这一环节,既不包括决定前的活动,也不包括决定后的工作。

金延平在《领导学》中提出:领导决策是指领导者为实现领导活动目标,组织制定多种决策方案,并择优确定方案和实施方案的过程。[①]

车洪波、郑俊田在《领导科学》中提出:领导决策是根据对未来形势的分析或预测,按照最优化的要求,从若干准备实施的方案中进行选择,最终决定对策,并予以实施以达到一定目标的过程。[②]

居继清、余维祥在《新编领导科学概论》中提出:作为决策的具体类型之一的领导决策,是指领导者在领导活动过程中,为了实现领导职能,对群体或组织有关未来行动的计划、目标、途径、对策的方案所作的选择和决定,并在实施过程中加以修正完善的过程。[③]

(二)决策是领导活动的第一环节

决策是领导的基本职能,是领导活动的起步和开始。领导活动始于领导决策,决策贯穿于领导活动的全过程,从发现问题、确立目标、实施决策到结束,领导活动的每一个环节都离不开决策这一主线作为线索对全局所给予的牵引。领导活动需要通过决策来实现,没有决策,领导活动就无法正常开展和进行。因此,决策的正

[①] 金延平主编:《领导学》,东北财经大学出版社2007年版,第108页。
[②] 车洪波、郑俊田编著:《领导科学》,中国商务出版社2006年版,第71页。
[③] 居继清、余维祥主编:《新编领导科学概论》,华中科技大学出版社2012年版,第122页。

确与否、决策能力水平的高低、决策是否科学与民主,都关系着领导活动的成败。尤其身处现代多元化社会,面临着日新月异的时代以及瞬息万变的内外环境,作为领导者,需要努力掌握科学的决策理论和方法,提高决策水平,进行科学决策、民主决策。

领导决策说到底就是领导者为了解决问题而去拿主意、想办法、作决策的活动过程。决策是行动的前提,是人类最重要的社会活动之一。美国学者马文对领导者作过调查:"你认为每天最重要的事情是什么?""你每天在哪些方面花费的时间最多?""你在履行你的职责时感到最困难的是什么?"结果90%以上的答案都认为是决策。决策是管理的"心脏",管理是由一系列决策组成的。可见,对领导者来说决策是何等重要。在个人英雄主义已经成为过去的年代,领导者怎样拿主意、作决定,又怎样使下属自觉自愿执行都是领导活动中最本质的问题。

领导决策是产生后果和影响的领导行为。决策作为群体性组织行为,实践实施后必定会产生行为结果和影响,无论这个结果和影响是好是坏,都会对组织内外的每一位成员产生直接或间接的关系。

(三)领导决策有明确的目标

领导决策的关键之一是目标的确定。领导决策的目标要非常明确、具体。决策目标是根据所要解决的问题来确定的,因此,必须把握住所要解决问题的要害。只有明确了决策目标,才能避免决策的失误。

领导的决策活动是以实现目标为最终目的。说到底,领导决策的对象是为实现目标而采取的一系列措施,始终围绕的是目标,因此,目标必须明确,不能模棱两可。只有这样,决策才能按轨迹进行,否则就是一种盲目的行为。

(四)领导决策与领导者息息相关

首先,领导决策反映了领导素质。领导决策作为领导主体的基本职能和基本职责,运用所掌握的科学理论和领导艺术进行决策,凝结的是领导主体投射在决策里的能力素质、智慧素质、文化素质、生活素质、道德素质等等。

其次,领导决策反映了领导者的主观意志和价值取向。领导者个人发挥主观能动性是很重要的,它允许领导者在其范围内进行创造性的活动。同时,在决策过程中,领导主体总是带着特定的价值取向和立场考虑问题,用人、指挥都带有强烈的主观意志色彩。

最后,领导决策反映了领导者的包容。决策者要善拿主意,善拿主意的奥秘在于善用外脑:兼听百家,肚量宏大,尊重信任是发挥外脑作用的秘诀所在。决策的科学还得益于善作决定,要作好决定就要走出去、引进来。决策的科学还在于善做聪明人,克服种种决策的误区。迷信经验是决策失误的重要原因,贸然出击,决策"欲速则不达";过度自信,决策失败之墓向你敞开;目光短浅,轻举妄动,一作决策就可能会失误……一个个反向案例使你在决策误区前却步。当然,我们不能忘了,科学的决策,要站在前人肩膀上,实现决策的升华。作了决策,还要让自己的下属认识决策、理解决策,自觉自愿动起来。这都需要领导者应具有决策科学的品格。

(五)领导决策的过程是对信息的处理过程

决策的制定过程,需要对信息进行收集、加工、整理,并依据目标导向原则和利益原则,对信息去粗取精、去伪存真、重新整合,从而制定和产出新信息的过程。

二、领导决策的特点

领导决策贯穿于领导活动的全过程。它具有预测性、目标性、实施性、优选性、风险性等特点。

(一)预测性

领导决策是针对未来而制定目标以及为实现这个目标对多项方案作出抉择并执行的过程,因此,领导决策离不开对领导活动的演进过程和发展趋势的预测。领导决策是否可行的重要衡量标准,在于对各种情况的把握是否科学、准确,缺乏预测的领导决策是盲目的。

(二)目标性

领导决策的展开,最先要做的是知道自己将要做些什么、怎么去做。领导决策的出发点是要确定需要解决的问题、确定明确的目标。领导决策是以达成目标为前提,进行一系列方案设计、选择、实施、评估的过程,可以说,针对性越强、目标越鲜明,其导向性越强,决策的导向性就集中体现在目标的针对性上。针对性是决策的灵魂,没有领导目标或者领导目标不明确,领导决策也就无从谈起,领导决策也就失去了意义。如果方向错了,就会引起决策失误,造成严重后果。

(三)实施性

决策的制定是为了改变现实,谋得未来。因此,决策的实践和实施是必要条件,只有通过对决策的执行,才能得出结果。而无法付诸实践的决策就是一张无法兑现的空头支票,多余且毫无用处。

在中国共产党第十八届中央纪委第二次全体会议上,习近平强调,全党同志要按照党的十八大的部署,坚持以邓小平理论、"三个代表"重要思想、科学发展观为指导,更加科学有效地防治腐败,坚定不移把党风廉政建设和反腐败斗争引向深入。实现党的十八大确定的各项目标任务,实现"两个一百年"目标,实现中华民族伟大复兴的"中国梦",必须把我们党建设好。党风廉政建设和反腐败斗争,是党的建设的重大任务。为政清廉才能取信于民,秉公用权才能赢得人心。改革开放三十多年来,以邓小平同志为核心的党的第二代中央领导集体、以江泽民同志为核心的党的第三代中央领导集体、以胡锦涛同志为总书记的党中央始终把党风廉政建设和反腐败斗争作为重要任务来抓,旗帜是鲜明的,措施是有力的,成效是明显的,为我们党领导改革开放和社会主义现代化建设提供了有力保证。[①] 而十八届四中全会前后的一系列举措,周永康、徐才厚、令计划等的纷纷落马都为反腐倡廉的决策打下了实实在在的印记,这绝不是一张开给百姓的空头支票,而是真正落到实处的决策。

(四)优选性

领导决策的优选前提是要备有多个可供选择的方案,只有这样才具有选择性,如果只有一个方案,那就根本无从选择。领导决策就是在若干个目标中综合分析、权衡利弊,选择一个最符合实际的目标,在若干个方案中对比研究,选择一个令人满意的方案。之所以要进行择优,是因为在比较中才能广开思路、集思广益,综合各方意见,避免片面的认识造成决策失误,同时择优也是为了尽可能地剪除细枝末节、去粗取精,从中寻求出直达目标的快捷途径。

(五)风险性

由于客观环境的复杂性以及事物的不断发展变化,领导者的决策又大多是在这种不确定且不断发展变化的环境中作出的,领导决策实施的后果或多或少都会带有不确定性,在这种情况下容易衍生出意料之外的甚至是不好的情况,导致决策的失误或失败。这就是领导决策的风险性。这也更加考验领导者的能力和素质,在承担风险的情况下如何驾驭决策引领成员实现既定目标。

三、领导决策的要素

领导决策是领导活动的关键性环节,了解领导决策当中有哪些要素在起作用和产生影响,更有助于对领导决策整体的理解。领导决策要素包括:

(一)决策者

决策者即决策主体、领导者。决策主体(决策活动者)可以一般地界定为直接或间接地参与政策制定、执行、评估和监控的个人、团体或组织。但是,由于各国的社会政治制度、经济发展状况、文化传统等方面的不同,各国的政策过程存在差别,因此决策主体的构成因素及其作用方式也有所不同。[②]

决策活动全过程必然是由许多人共同参与进行的,但是决策活动的参与者并不等同于决策主体。一般参与决策活动的实施操作人员、管理人员以及决策的辅助人员并不是决策主体。决策主体进行决策的客观条件是具有职位、职责、职权和

---

① 《科学有效防治腐败 坚定不移把反腐倡廉建设引向深入》,载《人民日报》2013年1月23日第1版。
② 陈振明编著:《公共政策分析》,中国人民大学出版社2002年版,第22页。

权威。决策主体应具有的内在素质包括政治素质、心理素质、知识素养、能力素质等等。决策主体从其他社会角色中分化出来,使决策工作专门化,这是现代领导体制的一个重要特征。

决策主体可以分为两类:最终由一个人作出决定的,为个人决策;最后由集体作出决定的,为集体决策。决策主体有两方面的基本职能:一是领导和管理决策组织,依据决策目标进行指挥、用人;二是领导和直接进行决策工作,通过决策个人和集体的合作,进行调查、研究、制定、决策、实施、评估等。总之,决策主体在决策活动中起着决定性作用。

(二)决策目标

决策目标是指决策所要达到的目的。领导决策是目的明确的群体性组织行为,目的的明确关系到群体行为的导向是否明确进而影响决策效果的优劣。决策目标明确了,选择就有了方向,实践和行动就有了导航。决策目标不明确,选择就会迷失方向,实践和行动也会变得迟缓、停滞,甚至会造成"南辕北辙"的后果。决策目标明确的衡量标准有以下几点:

第一,目标具有针对性。目标所要解决的问题必须明确。

第二,目标是具体的。需要罗列出目标的边界条件,如数量、期限和相关约束条件,使目标的衡量标准具体化。如果是抽象目标,可以把抽象的总目标分解为便于把握的数量化的各个小目标。

第三,目标是系统的。决策活动中的问题有可能涉及范围广且复杂,就需要从决策整体系统出发,全面考虑决策目标的主次和先后关系,建立起结构层次分明的目标体系,以便实施过程能秩序井然,不因各种没有主次分明的问题和目标焦头烂额。

第四,目标是切实可行的。目标能否实现是受客观条件制约的,不能脱离客观条件而凭空捏造。即决策的目标与现实要有一定的距离,但又不能离现实太过遥远,而是经过努力可以达到的。

(三)决策备选方案

在管理学和领导学界有一句名言:当看上去只有一条路可走时,这条路很可能是走不通的。仅仅有单选方案是存在危险性的,极有可能一条道路走到最后是无法通行的,如若没有其他备选方案和应急措施来解决问题,会耽误执行进度、错过时机,往往在投入大量成本的情况下无功而返甚至损失惨重。因此,多项决策备选方案是必要存在的。同时,决策备选方案也是有优劣等级之分的,可以耗时、耗费、效率等的高低为衡量标准,判断决策备选方案的优劣等级。

(四)决策情势

决策情势是指影响政策产生、存在和发展的一切因素的总和。从系统论的角度看,凡是影响政策的存在、发展及其变化的因素皆构成政策环境,包括自然环境和社会环境两大部分。自然环境主要是指一个国家的地理位置、面积大小、气候条件、山川河流、矿藏资源等。它对一国的内外政策具有影响和制约作用。社会环境主要包括政治状况、经济社会状况、文化状况、教育状况、法律状况、人口状况、科技状况、国防状况等等,其对公共政策起着更直接、更重要的影响、制约甚至决定作用。[1]

一个决策是否正确、能否顺利实施、影响效果如何,不仅取决于决策者和决策方案,而且直接取决于决策所处的环境和条件。决策行为实际上是受决策者和决策情势影响,因此,决策情势因素也应被纳入决策考量范围内。重视和研究决策情势在决策中的作用,对于提高决策的科学性有很大帮助。

(五)决策后果

决策后果是指在一定环境条件下,决策主体与决策对象在决策中相互作用产生的行为结果。它通常指选择后得到的最佳决策方案及其实施执行后的成果。

决策后果可以检验决策方法的科学性、可行性、实效性和决策目的的合理性、现实性、社会性。只有通过决策结果才能实现决策目标。不仅如此,决策结果可以作为对比抉择的前提和依据,即抉择建立在决策结果好坏的基础上,结果是抉择的一个具体衡量指标。因此,在对决策进行抉择前,对每一个备选方案所产生的后果进行预测和评估是重要的。首先,应该依靠专家集体的智慧,对决策后果进行科学分析,避免没有科学依据的凭空捏造。其次,可以凭借以往经验对具有相同性质的决策结果作出预测和评估。最后,应该做好产生最坏结果的打算,而不是一味乐观地看待决策结果。

总之,不同的决策产生的决策结果并不相同,因此决策者在涉及组织成员切身利益的决策时要更加慎重,对一些例行性、常规性、程序性的决策可以减少决策成本。

四、领导决策的原则

领导者在决策中必须始终坚守客观原则、可行性原则、民主原则、信息原则、择优原则、创造原则、时效原则。

(一)客观原则

领导决策虽然可以是领导者能力与智慧的体现,但它所要解决的是现实问题,制定的目标不能超越现实条件和现实基础,如果脱离现实,凭空捏造,不仅受客观条件制约,在人力、物力、财力上无法完成进度,甚至会造成无法估量的损失。

---

[1] 陈振明编著:《公共政策分析》,中国人民大学出版社2002年版,第22页。

遵循客观原则,可以从以下几个要点进行把握:一是决策主体的客观性。决策讲究的是决策者的主观意志,但决策者进行决策须从实际出发,实事求是,考虑到客观条件的制约。二是决策目标的客观性。为了解决现实客观问题,只有制定我们经过努力可以达到的目标,才能使决策发挥效用。三是决策环境的客观性。决策环境不是一成不变的,而是呈发展变化趋势的,要把握环境发展规律,如自然、社会、物质因素,同时还要关注组织内外群体的心理和心态。

(二)可行性原则

所谓可行性原则,就是需要决策者运用科学的程序、方法和技术对决策方案进行可行性预测和研究,这样的预测和研究将作为抉择时的依据之一。

对决策方案进行可行性预测和研究,必须符合客观事物发展的规律,只有符合客观发展规律,才具备实施的条件,而决策方案只有通过执行和实践才可能成为现实的东西。由此可见,可行性原则是客观原则的进一步延伸,客观原则可以说是可行性原则的前提。

因此,可行性研究可以从以下方面进行分析:首先,机会与风险、需要与可能等;其次,现有人力、物力、财力、科学技术条件、环境因素;最后,各个决策方案可能产生的种种后果。

(三)民主原则

没有民主广泛参与,就没有决策的科学性。民主原则主要是指在决策活动中,领导者虚心听取意见,广泛收集相关建议,鼓励各方人士广泛参与,各抒己见,畅所欲言,提倡讨论甚至辩论。正所谓多谋才能善断,慎思才能明辨,"兼听则明,偏信则暗",都旨在说明全方位、多角度地收集信息和听取意见,才能避免决策的失误和偏离。

在现代社会中,不仅讲究民主参与,广纳谏言,还有一类是由民主原则衍生而出的——借助于"外脑"。这个生物学专有名词运用在决策领域中,是指在决策过程中,为领导者处理信息、出谋划策的一些人员或组织。这些人员或组织也可称为"智囊团"。"外脑"作为广开思路突破自身缺陷和局限的一条途径,古今中外的经典例子都可以表明,无论是企业还是政府的领导,在遇到困境或是身处困境时,不妨借助于"外脑"。

(四)信息原则

信息是决策的基础,决策的过程离不开对信息的收集、加工和整理。领导决策不仅要重视信息处理过程,还必须重视信息的完备、真实性。信息越全面越完备、质量越高、越真实可靠,领导决策的科学性程度越高。

领导者获取信息的渠道主要有:第一,实地考察调研。即要求领导者深入实践走入基层,通过实际的接触来获取第一手信息。第二,通过信息系统对信息进行收集。这在现代社会中是普遍的收集信息的手段之一。

关于坚持信息原则,需要注意以下几个问题:

第一,随着现代信息社会的发展成熟,信息越来越占据着举足轻重的地位,因此,对信息的掌握就是占据主动的前提。

第二,要善于从别人容易忽视的信息中提炼出有关决策的精华或自己所需要的信息。

第三,需要有识别和分析信息的能力,即能够识别虚假信息和真实信息,并能厘清信息的等级层次结构。

1944年初,艾森豪威尔制订了代号为"霸王"行动的诺曼底登陆作战计划。为了确保行动的成功,他还使用了一系列的欺骗战术,通过使用军事、政治、新闻等手段给德军造成假象,使德军相信登陆地点为加莱地区,而不是诺曼底。最终这项行动获得成功。在这个案例中德军为一系列伪造的信息欺瞒,最终作出错误的判断和决策。由此可见信息的完备和真实的关键作用。可以说,全面准确地掌握有关信息,及时对信息进行归纳、总结、整理,对信息去粗取精、去伪存真,才有可能作出正确的领导决策。只有优先掌握完备而真实的信息才能占据主动权。

(五) 择优原则

任何一个决策的最终确定都是建立在多种方案的对比基础之上。对比择优原则是指在广域的范围内从最优的角度去考虑问题,力求寻找到决策的最佳方案。

具体地说,决策的执行总是受制于主客观条件:一方面,人力、物力、财力、科学技术条件和环境因素;另一方面,人的心理、意识、精神等。因此,在进行决策时,我们必须进行充分的对比、考量和预测,以保证决策的顺利实施。也就是说,决策时,需要从各方面的利益、现实与未来、机遇与挑战、有利与不利、成功与失败等方面进行对比衡量,最终选择一项令人满意的决策。

在决策理论中,只有一个方案而没有其他选择方案的决策被称为"霍布森选择"。"霍布森选择"来源于一个历史典故:1931年,英国剑桥商人霍布森在贩马时承诺:可以让顾客随意挑选马匹。但是,有一个附加条件,即必须挑选离门口最近的马匹。附加的这一条件实际上限定了顾客选择的自由,而只允许顾客作出没有选择余地的一种抉择。

"霍布森选择"与上文提到的"单选方案"都旨在说明,只有一个选择方案时,有可能在决策实施过程中出现意外状况和问题,造成决策半途夭折而无法实行,从而造成损失。而在多方案的比较中,才能找出问题,发现差距,打开更为广阔的视野,使决策得到进化。

(六) 创造原则

决策者所面临的对象,如需要处理的问题、所依托的环境、人的主观意识等等各种主客观条件,是呈不断发展与千变万化趋势的。如果始终僵硬地、绝对地、不变地看待各个事物,那么决策也会变得不合时宜。只有灵活地、创造地、联想地看待事物,才能在变化着的形势中找到有利的位置和角度,才能作出符合实际且具有创造力的决策。

这一规律所奠定的领导决策就需要遵循创造原则,不被固有的局势所束缚,用发展的眼光看待形势,发挥联想和创新力,用于开拓和探索。

美国艾士隆公司董事长布希耐一次在郊外散步,看到几个小孩在玩一只异常丑陋的昆虫。布希耐顿时就联想到:市场上销售的玩具一般都是精致而优美的,如果生产一些丑陋的玩具,又将如何?于是,他安排自己的公司研制丑陋的玩具并迅速向市场推出,结果取得了很大的成功,为公司带来了巨大的收益。

卓越的领导人,必须具有丰富的想象力和思维能力。思维突破需要想象力和联想力,通过信息的涉猎能够作出联想,突破思维定式,同时针对特定的信息作出正确的决策。

(七) 时效原则

领导决策是针对特定的问题,对当前的内外条件的把握,进行组织未来行动的规划。而问题、条件都会随着时间的推移而改变,时移世易,领导决策必然受时间的制约,一旦错过时机,即便再好的决策,也得不到预期的结果。把握时机,在决策过程中做到及时、快速、果断,关系着决策是否能够有效地解决问题,产生良好的效果。如果领导决策不能做到及时、快速、果断,就很可能会造成严重的后果。

恺撒大帝带兵攻打埃尔维提伊人时,军资匮乏,士气低弱,纪律松懈。这时,一位军官来向恺撒申诉,说他手下的士兵被另一部分士兵抢去了东西,而且遭受了殴打。恺撒立即对那些士兵进行惩罚,整顿军纪。同时,恺撒也不失时机地对士兵们进行演讲,鼓舞士气。恺撒把握时机地整顿军纪,激励士气,最终转败为胜。因此,把握决策的时效性也是极其重要的。

第二节 领导决策的类型

在领导决策中,依据面临问题的不同,决策方案、决策程序和方法、参与人员都各有不同。对决策的分类,有助于人们厘清决策类型、理解决策,有助于人们提高实施效率,分清权责,各司其职。

一、确定型、风险型与不确定型决策

根据决策过程中所掌握的信息完备程度以及产生后果的确定性不同,可以将决策分为确定型决策、风险型决策和不确定型决策。

（一）确定型决策

确定型决策是指在决策时所需信息已完全掌握，各条件因素完全确定的情况下，对方案进行设计、抉择，而实施方案所产生的也只有一个确定的结果。确定型决策是最简单的决策——信息完备，实施难度小，实施结果确定。

（二）风险型决策

风险型决策是介于确定型决策和不确定型决策之间的一种决策。顾名思义，此种决策存在一定的风险性，它的风险性来源于决策过程中所掌握的信息不够完全、各条件因素无法确定，决策后果同样不确定。

（三）不确定型决策

不确定型决策是指决策时所需信息和条件因素在无法确定和掌握的情况下作出的决策，而决策会出现的若干个后果出现的可能性也无法判断。不确定型决策的变量相较风险型决策更大。

风险型和不确定型决策的相似之处在于，提供的每一个方案可能会出现若干个不同的结果。风险型决策和不确定型决策的区别在于，风险型决策的若干个不同的结果出现的概率是已知的，而不确定型决策的若干个结果出现的概率是未知的。

二、理性决策与非理性决策

无论是理性决策还是非理性决策都有各自的优劣和适用范围，只有将它们相互结合地运用才能实现决策的科学化。理性决策与非理性决策的区别不在于正确与错误，而是方式方法的迥异。二者的区别主要有以下几点：第一，理性决策主要依据科学的理论、推演和运算，以及科学的技术和方法，而非理性决策则凭借决策者的素质、经验、能力、知识等作出判断。第二，理性决策有规范的秩序，而非理性决策则存在一定程度的随意性。第三，理性决策侧重于定量分析，而非理性决策则侧重于定性分析。二者的联系在于，理性决策与非理性决策都置于经验的基础上。

（一）理性决策

理性决策是建立在现代化大生产基础上的决策方式，是在科学理论和方法的指导下，按照科学决策程序，运用科学的决策技术，选择和决定未来行动方案的活动。理性决策注重事物客观发展的规律和趋势，遵循普遍性的原则，综合智囊团和思想库的意见，强调科学论证和研究分析，极大地提高了决策的准确性和可靠性。

理性决策主要有两层含义：一是指决策要有科学的程序。决策从计划、执行、评估到修正完善的全过程不能仅仅依靠人为的经验、能力、素质，还需依靠经过层层衡量标准而被定为健全的、科学的、客观的一系列制度和程序。二是指决策的内容富有真理性。决策内容的真理性是指决策作为一种认识过程需以客观条件为基础,符合客观实际的认识才是真理性的内容。

理性决策具有如下特点:

1. 科学的决策体制

决策作为组织行为,是集体的行动和结晶,不是个人的行为。健全、完善的决策体制可以约束、指导集体行动,使得集体行为不至于因为内部意见不一、行动不协调造成拖沓、贻误等不利后果。

汉朝,韩信虽受汉王刘邦拜将,但由于他出身寒微,受一班老臣武将轻视。有一次集合操练,限令全员五更时要到齐,但监军殷盖却姗姗来迟。不仅如此,在韩信质问他为何迟到时,殷盖还要强辩。韩信按军法要斩殷盖。刘邦得知消息后,派遣郦生去求情。此时郦生因不敢怠慢汉王旨意,而坐马车飞奔至军中。韩信说:"军中不准驰骤,郦大夫素熟兵法,为何故犯军令?"最终郦生因事急从权而免罪,殷盖和马夫被处斩了。

理性决策离不开严格的规章制度。韩信通过对军法的坚决执行,不仅树立了自己的权威,也维护了军法的权威。如果军营里人人都视军法于无物,这支军队不仅是一盘散沙,更有可能成为最大的祸患。而韩信维护军法,立斩殷盖和马夫,使军队人人不敢藐视军法,严格服从军法约束。韩信的做法就是制定严格的、健全的规章制度,维护规章制度的效用,进而提高军队的效率。

2. 规范化的程序

决策是从制度设计、抉择、执行、评估到修正完善的一整个过程,这一过程的秩序化,有助于决策的理性化和科学化。这使得决策不再是可以随意变更的、带有随机性的非理性的过程,而是必须严格按照规范化程序进行执行的理性过程。

美国联合包裹服务公司(UPS)雇用了15万员工,平均每天将900万个包裹发送到180个国家。为了实现最快捷的运送,UPS的管理当局系统地培训他们的员工,使他们以尽可能高的效率从事工作。UPS的工程师们对每一位司机的行使路线都进行了研究,并对每种送货、暂停和取货活动都设立了标准,同时记录了司机红灯、通行、按门铃、穿过院子、上楼梯、中间休息喝咖啡的时间,甚至上厕所的时间,将这些数据输入计算机中,从而给出每一位司机每天工作的详细时间表。每一位员工必须严格遵循工程师设定的程序工作,才能完成每天的定额任务。UPS运用科学管理,通过标准化、规范化每一位员工的时间,从而提高了工作效率。

3. 科学分析、理性判断

理性的决策是建立在科学分析、理性判断的基础之上的。

首先,科学分析主要是指运用科学的技术手段和方法综合分析决策。现代社会常采用数学方法对决策作出定量分析。所谓定量分析,即对社会现象的数量特征、数量关系与数量变化所作的分析。如投资分析师使用数学模块对公司可量化数据进行分析。通过分析,对公司经营给予评价并作出投资判断。定量分析的对象主要为财务报表,如资金平衡表、损益表、留存收益表等。

其次,运用理性的思维而不是依靠人为经验去判断决策。所谓理性思维,是指能对事物或问题进行观察、比较、分析和概括的一种思维。这种思维是建立在证据和逻辑推理基础之上的。

4. 系统化、多元化

首先,有秩序、有条理、有内部联系是理性决策的必要条件。其次,理性决策的形成,除了领导者的作用外,有时也借助于电子计算机、咨询机构、智囊团等系统。

理性决策的特点铸就了理性决策依据规范化的程序、科学分析和理性判断,能够提高决策的准确性和可靠性,提高工作效率,更优质地实现目标,解决问题。

(二)非理性决策

非理性决策是指主要凭借决策者的个人智慧和经验而进行的决策活动。[①] 非理性决策主要依赖于决策者的个人经验、知识、素质等,主观意志较为明显。尽管非理性决策对于特定的情况和范围有着一定程度的合理性和应用价值,但决策者个人的能力是有限的,所能处理的信息也是有限度的,在现代社会下,环境的复杂性、发展趋势的多变性、个体意识的不可估量都显示出非理性决策的局限性。

非理性决策的特点有:

1. 个人的决策活动

非理性决策主要与决策者个人的素质、能力、性格、胆识、经验、知识等密切相关。决策的全过程总是因人而异,不同的决策者针对同一个问题的处理方式并不相同,针对同一个目标,所抉择的方案也并不相同。

2. 侧重于定性分析

所谓定性分析,是指运用归纳和演绎、分析与综合以及抽象与概括等方法,对获得的各种材料进行思维加工,从而去粗取精、去伪存真、由此及彼、由表及里,达到认识事物本质、揭示内在规律的目的。区别于运用数学计量方法的定量分析,非理性决策更多依靠的是决策者的主观意识和思维对实践进行归纳、演绎和概括,即总结实践经验,再运用归纳的知识、经验投入下一轮实践中。

3. 缺乏连续性、规范性

非理性决策最大的特点在于决策者个人的随意性,时移世易,决策者的观念、立场等都会发生改变,继而引发决策的变更。另外,随着决策者的更替,决策也将发生变化。因此,非理性决策的连续性、规范性都相对欠缺。

---

① 彭向刚主编:《领导科学概论》,高等教育出版社2013年版,第161页。

公元前 341 年,魏国发兵韩国,韩国向齐国求援。孙膑率齐军援韩,交战之时,利用魏军求胜心切的弱点,诱敌冒进。齐军佯装撤退,在撤退途中,有意造成军力不断削弱的假象,第一天造了 10 万人吃饭的锅灶,第二天减为 5 万人的锅灶,第三天减为 3 万人用的锅灶。齐军在马陵伏击魏军,魏军大败,齐军乘胜追击。而数百年后,虞诩奉命率兵西行平叛羌人。但羌人阻截虞诩于陈仓、崤山一带。为了取得战争胜利,虞诩散布援军会赶到的消息,并派兵急速西进,一昼夜行二百里,部队官兵各造锅灶,每天增灶一倍。羌人看此情景不敢逼近。

还有一个例子,晋惠公夷吾在秦穆公、齐桓公的支持下登上国君之位,并事先许诺割五城给秦穆公以获得秦穆公的支持。但事后晋惠公却不曾兑现诺言。在晋国灾祸连天的时候,秦国依然给予了援助。而当秦国也遭遇灾祸时,晋惠公却拒绝援助。当秦军以讨晋侯负德之罪的名义,兵临晋境时,庆郑建议"割五城以全信,免动于干戈",晋惠公不但不听,反而下令斩杀庆郑,虢射谏言后,才让庆郑免于一死。而在秦晋交战时,晋惠公一味坚持骑郑国献给他的"小驷",这匹"小驷"身材小巧,根本不适合在战场中使用,可是晋惠公就是非它不用。最终,晋国败于秦国。

从上述例子可以得到正反两个方面的启示。一方面,非理性决策所展示了个人的智慧、经验的无限可能性。孙膑运用自身的才智、胆识、经验在战争中创制了"示假隐真"等战争谋略,虞诩在借鉴前人经验的基础上举一反三,成功大败羌人。另一方面,经验也不是万能的,晋惠公的例子就可以看出晋惠公的秉性、性格造就了他的刚愎自用。可见,非理性决策的不当利用会造成专断,甚而造成不良后果。

三、其他类型决策

(一)个人决策与集体决策

根据决策者的组成数量,可以将决策分为个人决策与集体决策。个人决策又称"首长决策",是指最终敲定方案是由一个人完成的。个人决策的特点是垂直统一、便于传达信息和上下协调、迅捷快速和权责明确。个人决策又带有明显的个人色彩,即受领导者性格、学识、能力、经验、魄力等因素的影响。个人决策的局限性也在于此,容易受决策者个人意志的影响,由于决策的决定权掌握在一人手中,如果运用不得当,很可能造成"家长制""一言堂"的现象,更容易导致决策的失误。

集体决策,是指最终敲定方案是由两个或两个以上的集体协调组织完成的。集体决策的优点在于多人商讨可以拓宽思路也更加审慎,防止决策的片面性,提高决策的优化概率,不出或少出纰漏,同时防止个人专断;局限性则在于经过协商探讨,有时会耗时较长,贻误时机,错过机会。

个人决策和集体决策各有所长、各有优劣,一方面,在面临突如其来且迫在眉睫的问题,需要最高领导者当断则断,采取果断措施时,个人决策具有优势;涉及全局性、战略性等宏观决策时,则经集体讨论后由最高领导者拍板决定为宜。另一方面,面临涉及面较广、时限较长、更为复杂的情况时,集体决策更有助于经过周密的讨论,将方方面面都安排妥当。

因此,基于生活中各种复杂的情况,在现实生活中,更多地采用集体决策和个人决策相结合的方式。

(二)程序化决策与非程序化决策

根据决策过程是无例可循还是有例可循,可以将决策分为程序化决策与非程序化决策。程序化决策也可称为"常规性决策",是决策者在领导活动中的普遍性决策,通常重复出现且有例可循。在领导活动过程中,一些一般性的问题通常以相同或相似的形式在日常中重复出现,长此以往,领导者自然而然地会对这类问题习以为常且能够毫不意外地加以处理,也能够运用以往经验、既定程序和方法作出例行性决策。决策的过程具有规范化的固定程序,运用这些程序可以解决同类或相似的问题。

非程序化决策也可称为"非常规性决策",是决策者在领导活动中针对首次出现或偶然出现的非重复性问题进行的决策。这类问题和对应的决策带有一定的偶然性和随机性,考验的是决策者的反应和能力,是否能够在无例可循的情况下有效且快捷地处理这类意料之外的问题。

在当代,决策者应加强自己的非程序化决策能力。这是因为,在领导活动中不可能总是一成不变,总是会有突发状况出现,需要决策者重视和关注突发状况并及时作出反应和处理,这也是衡量决策者能力水平高低的一个指标。如果决策者应对不当,或没有及时反应,很有可能造成更为复杂和难以收拾的后果。

(三)高层决策、中层决策与基层决策

根据决策主体的层级,可以将决策划分为高层决策、中层决策与基层决策。高层决策是由高层领导作出的,其决策性质属于战略决策和宏观决策,顾名思义,就是放眼全局,把握宏观方向。中层决策是由中层领导作出的,决策性质介于战略与战术之间,通常具有局部性、协调性的特征,中层决策需服从高层决策。基层决策是由基层领导作出的,基层决策的性质一般属于战术决策,是为了完成高层和基层决策而制定的具体的实施性决策、方法、步骤,通常具有具体性、执行性、技术性、实施性等特征。

(四)最优决策、满意决策与待定决策

根据决策的认可程度,可以将决策划分为最优决策、满意决策与待定决策。最优决策是指决策者追求理想条件下的最优目标和最优方案。但是,理想状态与现实总是存在差异,在客观条件下,一些意料之外的、随机的因素的出现,往往会制约理想状态的最优决策无法百分百地发挥效用。满意决策是指决策者根据现实的条件,追求一种满意结果的决策。最优决策与满意决策二者之间的区别在于,前者追求最佳条件下的最优目标和最优方案,后者追求现实条件下取得的满意结果。待定决策是指可以作为补充或待定的备选方案。

（五）战略决策与战术决策

在军事领域中,战略指的是指导战争全局的宏观策略,战术指的是指导战争的具体原则和具体实施方法。战略决策与战术决策同军事领域中的专业术语在性质上大同小异。战略决策又称"宏观决策",是指关系到组织宏观方向、发展趋势、全局远景的决策。战术决策又称"微观决策",是指制定的有关具体执行过程的步骤和方法,但必须以战略决策确定的宏观目标和方向为依据,可以说战术决策是战略决策的延续和具体化。

战略决策与战术决策息息相关、相辅相成。一方面,战术决策作为战略决策的具象化,必须服从于战略决策;另一方面,战术决策的制定才能保证战略决策的实现。因此,战略决策与战术决策同等重要。

（六）单项决策与序贯决策

单项决策也称"静态决策",它处理的是某一时间段或某一时点条件下某问题应达到的可能状态或结果。[①] 它要求的行动方案只有一个,即使这一方案中有多个目标和决策变量,它们之间的关系也是平行的。

序贯决策也称"动态决策",它是处理在时间上有先后顺序,同时又互为联系呈串联结构状态的问题的决策。[②] 序贯决策有三个特点:第一,作出的决策是一串,而不是一个。第二,这一串决策不是彼此毫无关系,而是相互影响、相互制约的,前一阶段的决策能够直接影响到以后的决策。第三,整个决策问题的效果并不是各阶段决策效果的简单叠加,而是相互影响、组合而成的总效果,决策者关心的也正是这一整串决策的总效果。

（七）定性决策与定量决策

根据决策目标和决策变量是否可以用数量来表示,可以将决策划分为定性决策与定量决策。定性决策又称"主观决策法",是指在决策中主要依靠决策者或有关专家的智慧、经验、判断来进行决策的方法。它主要是运用归纳和演绎、分析与综合以及抽象与概括等方法,对获得的各种材料进行思维加工,以便认识事物本质、揭示内在规律。它适用于受非计量因素影响较大的、难以用准确数量表示的问题。定性决策方法有:德尔菲法、头脑风暴法。

---

① 刘建军编著:《领导学原理——科学与艺术》,复旦大学出版社 2001 年版,第 172 页。
② 同上。

定量决策是指数量化的决策,即运用数学工具,建立反映各种因素及其关系的数学模型,并通过对这种数学模型的计算和求解,选择出最佳的决策方案。简单来说,就是应用数学模型和公式来解决一些问题,选择最佳方案。定量决策需要的是数量化和精确度。例如,收益多少、销售量多少、成本多少等不能用"较大幅度提高""明显程度下降"等笼统、模糊的提法,需要用具体的数据进行表示。属于定量决策的方法有:决策树法等。

(八)政治、经济、社会、文化、科技、军事决策

根据决策对象范围的不同,可以将决策分为政治决策、经济决策、社会决策、文化决策、科技决策、军事决策等。

政治决策是政府处理政治问题或调整政治关系方面所采取的行动或规定的行为规范。经济决策是政府处理经济问题或调整人们的经济利益关系的手段。社会决策是指政府用来处理狭义的社会(社会学意义上的社会)问题所采取的行动或规范,人口、环保、治安、社会保障以及社会救济一类的决策都属于社会决策的范畴。文化决策是政府用来处理文化问题以及发展文化事业方面的政策。科技决策是指政府指导科学技术活动,确定科学技术发展的目标和任务,处理科技领域的各种内部和外部关系而规定的指导方针和行为准则。军事决策是指政府针对建设国家武装力量、筹划军事训练、指导战争等军事活动所提出的计划、方略。[①]

第三节 领导决策的程序与方法

一、领导决策的程序

(一)发现问题

决策活动的第一环节就是发现问题、确定问题。这是决策活动中决策者第一要做的事。所谓问题,就是现实和理想之间的差距。问题是客观存在的,不以人的意志为转移,是决策的动力和发端。没有发现问题、确定问题,就没有所谓的决策,决策的过程也就是解决问题的过程。

领导主体为实现领导职能,在确定问题之前,需要收集、分析自己所处的组织的实际环境,掌握问题信息。

第一,自己工作的具体内容是什么,有哪些特点、性质,工作中可能面临的困难,自身所处的位置,需要掌握的能力、工作内容、准则和标准。

第二,领导对象的优缺点、能力、性格、需要等,以及组织成员内部有何特点、存

---

① 陈振明主编:《公共管理学》,中国人民大学出版社2005年版,第250页。

在什么矛盾等。

第三,领导情势即领导环境的完备信息。

通过对上述信息的收集、分析、掌握,就能对自身所处的环境有相对全面的了解,有助于决策者觉察和发现领导环境中的问题、被表面现象掩盖的问题、未来可能出现的问题,这些都需要建立在对客观条件相对熟识的基础之上,因此,对于各方面信息的收集、分析、了解是确定问题的必要条件。

各个问题的内容和内涵不一,层次和等级不同,性质和特点相异,因此,针对各个问题的分析、诊断、提炼、分类和筛选也作为确定问题的必要步骤。

关于问题,可从以下几点进行把握:

第一,诊断问题。对已经收集到的问题信息进行诊断,确认问题实质、本原,即明白、了解和熟识问题内容。

第二,提炼问题。将已经了解和熟识的问题,根据重要程度的不同进行分类,并对重要问题、主要问题、紧急问题加以概括和提炼。

第三,建立问题系统。这个问题系统是决策过程所要处理的所有相关问题的集合,可以说,这些问题集合为决策提供了线索和源泉。

(二)确定目标

确定目标就是在一定的环境和条件下,在预测的基础上所期望达到的结果。目标确定建立在确定问题的基础上,通常是与所要解决的问题相关联。确定目标关系着接下来的程序的实施——决策方案的设计、抉择、实施、反馈。简单地说,确定目标才能着手开始接下来的工作。

确定目标是领导决策中的重要环节。一方面,目标在领导决策过程中具有指明道路前进方向的作用,没有目标的决策就犹如古时候航行中失去指南针,再多的方法、技术都不知道往哪一处使。另一方面,确定目标为后续程序提供了衡量标准、具体指标。因为,实现目标的可能性是高还是低,决定了决策方案的优劣之分,也决定了该决策方案是否被选取和执行。所以,在全过程中都不能放松目标这个衡量标准,时时刻刻都需要以目标为具体指标。

在确定目标时需要注意以下两点:

第一,决策目标的函数关系。首先,决策目标因决策问题而被决定,此时决策目标是因变量。其次,决策目标的变化又决定着决策方案的变化,此时决策目标又是自变量了。因此,在确定目标时,要充分考虑目标的这两种角色所发挥的作用。

第二,主次目标区分。在目标体系中,领导者需要依据工作重点、发展需要、环境条件、合理性和可行性等确定主要目标和次要目标。只有在分清主次目标时,才能为接下来的工作找到方向,奠定基础。

(三)收集信息

决策是建立在信息的收集的基础之上,没有完备的信息,决策就是无源之水。可以说,信息是决策的原材料和灵感源泉。

这里的信息收集区别于上文阐述的收集、分析环境。前者是为接下来的方案设计、抉择、实施尽可能完备地收集相关信息,后者则主要是为了捕捉问题。

掌握信息的渠道有以下三种:

1. 调查研究

第一,可以通过问卷调查、实地考察、抽样调查、座谈、访问等方法,直接获得第一手资料;也可以通过翻阅资料、文献,观看新闻等方法获得第二手资料。之后,对这些资料进行系统的分类、筛选,建档备用。

第二,充分利用这些资料,即在这些资料、数据中寻找决策问题相关的信息。对这些信息进行整理、提取,找出可以作为支持问题和目标的有用素材、观点、论据。

2. 经验推测

经验是对现实生活的长期观察、体验、认知、总结的结果,是行之有效的直接知识和技能,尽管其中掺杂了大量非科学的主观成分,但是也同样包含了大量的科学成分,特别是直接反映了现实中人们的行为规则、心理状态等等这些关于人的行为逻辑、心理规律和行动规律,是真实、实际的而非书本上所能得来的知识。

经验丰富是指决策者经过长期的实践,对客观事物发展规律性、现实生活中常见问题有一个大概的体验和认知,凭借以往的经历将问题的实质抓准,自然而然就能运用丰富的经验去化解。所谓的熟能生巧就是这个意思。这种经验实际上依靠的是人生阅历的多寡,是一种潜力和智慧的表现,任何一位决策者能够适当地发挥这样的潜力和智慧,不仅为自身领导魅力的树立有帮助,并且能够提高决策的准确率。当然,决策总的来说依然需要依赖科学的分析论证,仅仅靠经验,有时也会造成错误估计,进而蒙受巨大损失。

3. 科学预测

科学预测是以科学理论为指导,以知识和经验为依据,运用各种预测方法和技术,分析和判断所掌握的多种信息,对事物未来发展的可能状态作出合理的估计和推断。[①]

科学预测赋予领导者前瞻性和战略眼光,使领导者始终站在解决问题的最前沿,制定的决策也会具有战略性、科学性、前瞻性,领导工作将具有预见性、效率性。

---

① 居继清、余维祥主编:《新编领导科学概论》,华中科技大学出版社2012年版,第133页。

(四) 方案设计

在目标确定之后，就进入了方案设计环节。方案设计环节是针对目标和问题，收集、分析、研究相关材料，从中挖掘出实现目标、解决问题的具体措施和方案。这个环节实质上就是领导者为实现领导职能，为实现既定目标，对未来行动提出具体措施和安排，这些措施和安排要尽力做到条理化、直观化、数量化和具体化。

领导者在这时要发扬民主作风，广开思路，广纳谏言，集思广益，发挥集体的力量，为方案设计提供灵感源泉和线索。

显然，方案设计融入了巨大的个人智慧，最大限度地发挥出了个人的学识、经验、素质、潜力，方案设计的水平也奠定了之后的方案抉择的水平。因此，这一过程也是是否能超越其他领导者的"分水岭"。

一般来说，方案设计过程中，比较通用的是专家创造方法和数学分析方法。专家创造方法也称"智囊技术"，是指通过专家学者的集合，运用各种科学理论和方法技术设计出方案。数学分析方法就是将目标及变量之间的关系运用数学化、模型化和计算机化表达出来，进而创制出方案。

方案设计通常有以下几个步骤：

第一，参考或借鉴过去的经验和做法。

第二，从现有的资料中寻找能够解决问题的线索。

第三，依据事物发展的基本规律，首先设计一个简单的方案，随着事物发展的复杂化、高级化，再对这个方案进行补充、添加和完善。

第四，结合实践和具体工作的展开，分步进行决策方案的拟订。

(五) 方案评估

制订出各个备选方案之后，需要对各个备选方案进行评估分析。方案评估主要是为领导主体最终拍板定案时提供科学依据和前提，便于其作出抉择。

方案评估实质上是对方案的可行性进行分析论证。可行性分析就是对拟订的方案进行经济效果和社会效益分析，以求得定量和定性的可行性，同时运用优化方法寻求最优解的一种科学方法。可行性分析具有以下特点：第一，它是在方案确定前研究该方案应不应该采用。第二，它是先研究后决定。第三，前期分析多。第四，它超出和超前于原有的信息。第五，它注重动态分析。第六，它可以较快揭开矛盾。

可行性分析可以应用定性分析和定量分析两种分析法进行分析评估。定性分析是运用归纳和演绎、分析和概括方法，对各种信息和思维进行加工处理；定量分析是对分析对象的数量关系、数量特征、数量变化进行计量和分析、比较和研究。

通过对具体方案的分析，使得各个备选方案在优劣方面有了比较，从而检验出差距，了解哪个方案更具有可行性、可操作性，哪个方案更能解决实质问题，哪个方案能更优更快地实现目标,哪个方案在成本和资源的耗费上更节省,最终会产生什么后果和影响,在运行过程中会有什么困难,会出现什么意外情况,是否备有后续处理措施和应急措施。

进行方案评估和论证同样需要坚持一定的原则:

第一,定量分析和定性分析相结合的原则。定量分析的优点在于能够通过数量化的统计和各类模型直观地看出各个方案的差别,使人更容易作出判断;定性分析的优点在于归纳、演绎、概括一些不便用数量化的指标衡量的方案和实施后果。

第二,民主原则、科学原则。所谓"兼听则明,偏信则暗",站在不同的立场和角度看待问题也是有所不同的,吸取不同的意见,有利于决策的科学性和真理性,尤其是发挥智囊团的作用,有助于决策者的专业性判断和科学性评估,不至于使方案丧失客观性和准确性。

第三,风险预测的原则。由于各种主客观条件一直处在不断的变化当中,具有不确定性,针对各个方案评估时,也需要作出风险预测,以便领导主体及时作出反应和决策。

第四,正确处理"最优标准"和"满意标准"的关系。最优标准是一种理想化的标准,它要求各个条件都是明确而且最优的;满意标准才是在实际生活中经常采用的标准,即相对来说令人满意的标准。

(六) 方案抉择

方案抉择就是依据目标导向原则,对已经评估论证了的各项备选方案进行抉择,通过对比选取其中令人满意的一个方案,或者综合成一个方案。

方案抉择时具体的衡量标准有:第一,价值标准。它是指包括各项价值指标的一个价值系统。第二,优化标准。所选取的方案应该是成本最小而获益最大的方案,但这往往难以达到。第三,时效标准。时效讲究抓准时机,如果错过时机,即使作出抉择也不能产生预期中最优的效果,甚至可能会引发不好的结果,造成不可估量的损失。

方案抉择的方法主要有:第一,筛选法。以达到目标的可能性高低为标准,对方案依次进行筛选淘汰。第二,分类法。依据不同的角度将备选方案进行分类,使各备选方案更加明晰。第三,排序法。依据评估的结果将各备选方案进行等级排序,区分优劣。

在方案抉择中,领导者应避免独断专行,尽可能发挥"外脑"作用,通过咨询和探讨,广泛听取各方意见。这样,才能对方案做到择优而取。

(七) 方案实施

方案设计、方案抉择最终都是为了能够贯彻实施方案,实现既定目标。方案实施应划分为两个阶段:第一阶段是试验实证阶段。方案选定后,必须进行模拟试验或局部试验,以证明所选最优方案是切实可行且具有可操作性的。第二阶段是普遍实施阶段。在证明最优方案切实可行后,就可以进入大规模普遍实施阶段。只有通过实践,才能检验方案决策是否合理有效,是否最终达到目的,才能从实践中发现新问题,吸取经验。

(八)方案反馈

所谓反馈,是指由控制系统把信息输送出去,又把结果接收回来,并对信息的再输出发生影响,以达到预期的目的。简言之,反馈是用系统活动的结果来调整系统活动的方法。①

由于现代环境和客观事物的复杂性与不断变化趋势以及决策者个人认识能力的局限性,决策实施过程中会出现不完全符合预期与并不能真实反映客观事物等现象,这就需要在决策进入实施阶段时,及时做好方案监测和反馈工作。为此,需要建立健全的、灵活的反馈机制。

第一,制定正式的决策追踪和监测制度。所谓决策追踪和监测制度,就是对决策的实施情况进行经常性的考察、监督、评估、核实的制度。建立决策追踪和监测制度就是针对决策实施过程产生的信息进行及时的反馈,能及时地发现决策实施过程中出现的问题,并及时作出反应和修正,以免错过时机,使得决策中的小问题严重化进而造成严重后果。

第二,沟通各种反馈信息渠道。反馈信息渠道即反馈信息的相关部门之间也需要沟通,只有进行沟通,才不会造成信息反馈的重叠或遗漏,才能够及时地将决策执行的真实可靠情况反馈给决策机构。

第三,确立稳态极限标准。所谓稳态极限标准,是指能够保持决策实施相对稳定状态的最大限度。也就是说,没有超出这一限度就是稳定状态,超过这个限度就是破坏稳定。确立这一标准的目的是为了在稳定状态时,决策可继续执行,在稳定被破坏时,需要进行反馈并及时调节。

二、领导决策的方法

(一)经验决策法

经验是决策者对现实生活的长期观察、体验、认知、总结的结果。经验决策能不能获得成功,取决于领导者经验的丰富与否。经验丰富是决策者经过长期的实践,对客观事物发展规律性和现实生活中常见问题有一个大概的体验和认知,凭借以往的经历将问题的实质抓准,并作出决策。

---

① 居继清、余维祥主编:《新编领导科学概论》,华中科技大学出版社 2012 年版,第 133 页。

（二）专家会议决策法

专家会议决策法即头脑风暴法，是指依靠一定数量的专家的创造性思维对决策对象未来的发展趋势及其状况作出集体判断。

头脑风暴法是由美国创造学家亚历克斯·奥斯本于1939年首次提出的，英文名为"Brainstorming"，意为"头脑起风暴"，最早是精神病理学上的用语，用来形容精神病患者精神错乱。它最早被用于广告花样的创造上，后来发展为人们无限制的自由联想和讨论的一种会议形式。在会议上，成员们可以无拘无束地思考问题，畅所欲言，无须有任何顾虑。头脑风暴法的目的在于通过产生新观念或激发创新设想，找到新的和异想天开的解决问题的方法。

头脑风暴法应遵循如下原则：

第一，庭外判决原则（延迟评判原则）。不能对别人的意见进行批判和评论，也不能有质疑的动作、神态。对各方意见、方案的评判必须放到最后阶段。

第二，自由畅想原则。所有人都可以无拘无束、自由奔放地思考问题，畅所欲言，不受任何限制。这旨在创造一种自由、活跃的气氛，使与会者思想放松，大胆提出各种"荒诞无稽"的想法。

第三，以量求质原则。各种意见和设想越多，产生优质的意见和设想的可能性也越大。

第四，综合改善原则。除提出自己的意见外，提倡与会者对他人的意见进行补充和改进、完善，也提倡与会者提出从他人意见中获取的新的创造性设想。头脑风暴法是一个相互启发、相互提示、相互完善、激发思想的过程。

第五，突出求异创新原则。这是头脑风暴法的宗旨。

第六，限时限人原则。

头脑风暴法何以能激发创新思维？根据亚历克斯·奥斯本及其他研究者的看法，主要有以下几点：

第一，联想反应。联想是产生新观念的基本过程。在集体讨论过程中，每提出一个意见，就会引发其他人的联想，在这个意见的基础上作出补充或者牵引出新的设想。

第二，热情感染。在无拘无束、自由奔放的氛围里，每个人都不受限制地抒发己见，这样能激发人的热情，而这样的热情很容易感染别人，形成热潮。

第三，竞争意识。在集体讨论和抒发己见的过程中，每个人都希望自己的意见和设想被采纳、被认同，人人争先恐后竞相发言，在这样的竞争意识之下，必然能提高效率。

第四，个人欲望。头脑风暴法中有一条原则，即不得批评别人的发言。这就使得每个人在集体讨论过程中更加不受拘束、干扰和控制而能大胆地提出自己的所思所想。

当然，头脑风暴法也有不足之处，具体表现在：

第一，参与人员过多，层次复杂，意见不统一的情况时一般都是少数服从多数，而忽视少数派意见，但有时少数人的看法才是正确的。

第二，在进行头脑风暴法时，可能会扰乱专家们的思路，从而导致作出一些没经过深思熟虑的决定。

第三，头脑风暴法不适用于一些具有机密性和高技术含量及专业性的问题。

一般来说，头脑风暴法可分为直接头脑风暴法和质疑头脑风暴法。直接头脑风暴法又称"畅谈会法"和"智力激励法"，是指鼓励参加者在会上不受限制地思考问题，各抒己见。质疑头脑风暴法需要先后召开两个会议，第一个会议完全遵从直接头脑风暴法的原则，第二个会议则是对第一个会议提出的已经系统化的设想进行质疑。

（三）哥顿法

哥顿法以发明者美国人哥顿命名。哥顿法与头脑风暴法相类似，其基本方法是，会议主持人在开会时不具体提出会议的主题，只是让会议成员就一个话题海阔天空地讨论，当会议进行到适当的时机时，主持人点明会议主题，让会议成员作进一步探讨，最后由决策者吸收讨论结果，进行决策。这个方法讲究抛开对事物的固有思维，在零起点上对事物进行新的认识。

（四）对演法

对演法也称"逆头脑风暴法"。头脑风暴法讲究的是禁止批评，而对演法则相反，依靠相互批评激发设想。

对演法就是针对相同的问题和目标，分别由对立的小组制订方案，待方案制订后，相互对立的小组进行相互批判，找出对方方案的不足和漏洞，揭露对方方案中存在的问题，进而达到方案的优化和升华。

对演法是一个进行理性决策的快速方法。对于企业来说，企业老板可以通过集中公司管理人员、专业技术人员、一线市场人员以及公司外部专家、学者，对企业的重要项目进行批判性的讨论，以获得决策。这一方法可以用来加强项目决策信息的沟通以及对管理人员的权力控制。其意义在于批不倒的决策方案才能为企业所执行。

（五）综摄法

综摄法又称"类比思考法""类比创新法""提喻法""比拟法""分合法""举隅法""集思法""群辩法""强行结合法""科学创造法"，是指以外部事物或已有的发明成果为媒介，并将它们分成若干要素，对其中的要素进行讨论研究，综合利用激发出来的灵感，来发明新事物或解决问题的方法。

综摄法是由美国麻省理工大学教授威廉·戈登于1944年提出的。戈登发现当人们看到一件外部事物时,往往会得到启发思考的暗示,即类比思考。这种思考的方法和意识没有多大联系,反而是与日常生活中的各种事物有紧密关系。

在人类社会中,文学作品、发明创造等大多是人类从客观事物以及人类需要中得到启发思考而衍生出的产品。例如,神话、传说等,电视、汽车、手机等。

综摄法的具体操作步骤有:

1. 准备阶段

第一,确定地点和时间;

第二,确定参加人数,参加者可以是不同专业的人员,但须是内行;

第三,指导员应具备常识和专业知识,如两大思考原则、四种模拟技巧、实施要点等。

2. 实施阶段

第一,主持人介绍综摄法的含义、作用和实施方法;

第二,主持人先不公开议题,而是介绍与议题相关的材料,让参加者进行探讨;

第三,当讨论进入解决问题阶段时,主持人可以适时地提出议题,并要求参加者按异质同化、同质异化两项原则和人格性、直接性、想象性、象征性四种模拟法,积极构思解决问题的方案;

第四,整理各方案,从中找出令人满意的方案。

综摄法需要遵循以下原则:

第一,异质同化。简单说来,异质同化就是把陌生的不习惯的事物当作熟悉的早已习惯的事物。即要求我们在碰到陌生的没有接触过的问题和事物时,用我们过去所经历的所有经验、了解的所有知识去分析、研究它。

第二,同质异化。就是针对熟悉的事物,用新知识从人们需求的角度去进行观察和研究,以脱离固有的看法的桎梏,产生新的设想和灵感。同质异化就是将熟悉的事物当作陌生的事物来看待。

(六)德尔菲法

德尔菲法又称"专家意见法"或"专家函询调查法",是20世纪40年代由O.赫尔姆和N.达尔克首创,50年代,借由美国兰德公司与道格拉斯公司合作,研究一种如何通过有控制的反馈更为可靠地收集专家意见的方法时,进一步得到发展。德尔菲原是古希腊的一处遗址,亦即传说中阿波罗神殿所在地。传说中阿波罗具有预见未来的能力。后人借用德尔菲来比喻高超的决策能力。因此,这种预测方法被命名为德尔菲法。

德尔菲法主要是首先由调查人拟定调查表,按照既定程序,以函件的方式分别向专家组成员进行征询;而专家组成员又以匿名的方式(函件)提交意见;然后将他们所提的意见予以综合整理和归纳,匿名反馈给各位专家,再次征询意见,随后再加以综合和反馈。经过多次循环,专家组成员的意见逐步趋于集中,最后获得一个比较一致的并且可靠性较大的意见。在此过程中,发表意见的专家不相互交流和讨论,只能与调查人员进行交流。

德尔菲法有三个明显的特点:

第一,匿名性。采用德尔菲法时,所有专家组成员并不直接见面,而是以匿名函件的方式进行交流,这样专家就能独立地作出自己的判断,而不会受其他因素的影响。

第二,反馈性。该方法要经过多次循环,每一轮征询意见也意味着一轮信息反馈,使专家组成员及时获得信息,从而最终结果基本能够反映专家的基本想法和对信息的认识。

第三,统计性。一些典型的决策法都是反映多数人的意见。而统计却并不是这样的,它报告一个中位数和两个四分点,其中一半落在两个四分点之内,一半落在两个四分点之外。这样,每种观点都包括在这样的统计中,避免了专家会议决策法只反映多数人观点的缺点。

德尔菲法的实施步骤有:

第一,确定调查题目,制定调查提纲,准备题目相关资料。

第二,组成专家小组,依据课题确定相关专家。专家人数的多少可以依据课题的大小和涉及面的多少进行确定。

第三,告知专家所要预测的问题及相关要求,将准备好的资料交给专家。

第四,各位专家根据获得的资料,针对预测的问题,提出自己的意见。

第五,将各位专家的第一次意见汇总整理,再分发给各位专家,让专家将自己的意见和他人的进行对比,修改自己的意见和判断,然后再次汇总整理各位专家的意见,再次分发。这一过程重复进行,直到专家不再修改自己的意见为止。

第六,对各位专家的所有意见进行汇总、综合处理。

(七)阶层分析程序法

阶层分析程序法又称"竞赛式决策制定法",由美国匹兹堡大学沙迪教授提倡,并于20世纪80年代在许多国家得到推广运用。这种方法是将决策中有关联、有影响力的多种因素采取阶层结构的方式加以排列,这些因素可能是相互对立或排斥的,它们各自对决策方向发生着不同角度的牵引作用。通过比较这些因素及其所指的决策方案,运用数学方法,最终选择出最优的一种决策方案。[①]

---

① 刘建军编著:《领导学原理——科学与艺术》,复旦大学出版社2001年版,第176页。

(八) 模拟决策法

模拟决策法是指人们为了取得对某一客观事物的准确认识,通过建立一个与所需要研究和领导的实际系统的结构、功能相类似的模型,即同态模型,然后运行这一模型,并对各种不同条件下的模拟运行结果进行评价、分析和选优,从而为领导者决策提供依据。①

模拟决策法的优点主要体现在以下几点:

第一,一些复杂庞大的实际系统,总是找不到有效的分析方法,实地考察又需要花费大量的时间和费用,如果中途出现问题无法继续实行,将会造成重大的损失,模拟决策法则能够弥补这一缺陷。

第二,模拟决策法关键在于"模拟"两个字,本身带有实验和模拟的性质,与实际操作相比,即使出现失误和错误,也是被容许的。因此,在模拟决策法实施过程中,可以打消人们的顾虑,大胆地探讨和实验,然后寻找出切实可行的方案。

第三,模拟决策法可以避免对实际系统进行破坏性或危险性的实验。

第四,模拟决策法所花费的时间较短,可以加快决策的进程。

模拟决策法有助于人们更清晰地认识客观事物,不至于被复杂庞大的实际系统扰乱视线,但模拟决策毕竟不是决策。因此,对模拟决策法必须持辩证态度,既不能把决策模型看成是从许多方案中挑选最优解,也不应在模拟过程中忽视领导的判断。

(九) 决策树法

决策树法是指分析每个决策或事件(即自然状态)时,都引出两个或多个事件和不同的结果,把这种决策分支画成图形,很像一棵树的枝干,所以称为"决策树"。决策树是决策过程的一种有序的概率的图解表示,是一种运用概率与图论中的树对决策中的不同方案进行比较,从而获得最优方案的风险型决策方法。

决策树法的构成要素有:

第一,决策结点。决策结点代表决策问题。

第二,方案枝。方案枝代表可供选择的方案。

第三,状态结点。状态结点代表各个备选方案的经济效果(期望值),通过对比各个经济效果,按照一定的决策标准就可以选出令人满意的方案。

第四,概率枝。概率枝表示不同的自然状态即客观状态,概率枝的数目表示可能出现的自然状态的数目,每个分枝上要注明这个状态出现的概率。

第五,结果结点。各方案在各种自然状态下取得的损益值标注于结果节点的右端。

---

① 刘建军编著:《领导学原理——科学与艺术》,复旦大学出版社2001年版,第176页。

决策树法的优点有：

第一，决策树更易于人们理解，更清晰地辨识到重要的字段和数据，只要通过解释都有能力去理解决策树所要表达的意义。

第二，应用于多阶段决策时，层次分明，等级清晰，便于决策机构直观地辨析资料，更有利于作出正确的决策。

第三，对于决策树，数据的准备相对来说趋于简单，计算量不是很大。

第四，易于通过静态测试来对模型进行评测，可以测定模型可信度。如果给定一个观察的模型，那么根据所产生的决策树很容易推出相应的逻辑表达式。

决策树法的缺点有：

第一，适用范围有限，无法适用于不能用数量表示的决策。

第二，各方案经济效果的出现概率主观性较大。

第三，类别太多时，分枝也多，复杂性随之增加，失误的可能性也会增大。

（十）运筹决策法

运筹学虽然最早出现于英国，却由美国深入研究发展壮大。1951年，莫尔斯和金布尔合写了《运筹学方法》一书。书中指出，运筹学是可以为行政部门的活动和决策提供数量分析依据的科学方法。自此，运筹学不仅能运用于战争领域，也能运用于管理领域和领导领域，带来了一场管理上的革命。由于其研究对象的不同，形成了一些新的分支，大致可归纳为以下几种：

第一，规划论。主要研究的是如何以最小的消耗和成本获得最大的获益。即如何充分利用一切资源包括人力、物力、财力、时间等，最大限度地实现目标。

第二，库存论。主要研究关于零部件、器材、设备、资金等库存量，以及如何补充这些库存，既能保持组织有效运转，又能保持一定的库存，还能保持补充采购的费用最少。

第三，排队论。排队论又称"等候理论"，主要研究设置多少服务人员或设备最为合适，能够使顾客或使用者不用过久地排队等候，又能使人员、设备不过久地闲置。

第四，对策论。对策论又称"博弈论"，主要研究在利益相悖的情况下，怎样使自己的一方获利最大或损失最小，并寻找出制胜对方的策略的一种方法。

（十一）方案前提分析法

方案前提分析法是近年来国外兴起的一种决策方法。方案前提分析法并不直接分析备选方案本身，而是分析方案的前提假设。其依据是：任何方案都有前提假设作为依据，方案是否正确关键在于这些前提假设是否能够成立。如果前提假设能够成立，则这个方案所选取的目标和途径基本上是正确的。

方案前提分析法的优点可以从以下几点进行把握：

第一,参加备选方案讨论的人员,总是与方案的设计息息相关,因此在进行抉择时总是会不可避免地注入个人感情和主观意志,方案的抉择就会失去客观标准。假如我们不讨论方案本身,而讨论方案的前提假设,就可以使与会人员摆脱对于方案的主观主义思想,有助于与会人员客观地看待问题,作出正确的判断。

第二,方案前提分析法虽然是对方案的前提假设进行分析讨论,但不能因此而认为这一方法对具体方案本身不作任何考虑。事实上,对于方案前提假设的考量判断就包含着对方案本身的思考,对于前提假设的论证过程也是一个对各种方案论证取舍的过程。同时,当某个成员所提方案被否定时,他也不会感到特别难堪,照顾到了与会人员的自尊心,不会因为被否定方案就感情用事。

第三,当参加备选方案讨论的人员较多时,会出现较多的分歧和不同意见,这时与会人员往往会顾忌其他人员的情面或由于其他因素而不愿意发出过于尖锐的批评意见,总是因此妥协而提出一些综合折中的意见。如果采取方案前提法可以避免这样的情况,使与会人员更客观地分析和认识问题,自由地发表意见。

第四,方案前提分析法是对于备选方案的前提假设进行讨论,因而需要有充足的论据以支持方案的前提假设,因此,与会人员对于各个方案的论据能够了解得更深入和更透彻。

(十二)鱼缸法

鱼缸法是通过领导者宏观智能结构效应的发挥来进行决策的方法。在运用鱼缸法时,所有与会者围成一个圆圈,要有一个中心人物,这个中心人物坐在圈子的中间,通过与这些人之间的互动来进行决策。因其形似鱼缸,就得名"鱼缸法"。这里的中心人物是指在特定时间内发布信息的人,只有他才可以讲话,可以提出自己的意见和看法,也可以附议别人已经提出的建议。这种做法将与会人员的注意力都集中在了中心人物身上,由中心人物掌握节奏,可以避免插话干扰打乱节奏和不切题的讨论。

三、经典决策模式

(一)传统理性决策模式

传统理性决策模式也称为"科学决策模式",这种模式深受古典经济学理论的影响,以"经济人"的假设为前提,功利主义是它的思想来源,强调人是趋利避害的,是以获得最大利益为目标的。

传统理性决策模式的基本内容有:

第一,决策者面临的是一个既定的问题。

第二,决策者所选择的目标和目的一定是明确的,而且可以依据目标的重要性进行排序。

第三,决策者可以设想和列举出所有备选方案,决策者能够将每一个方案的收益值和损失值精确计算出来,用各种科学方法对备选方案分析评估,并预测出各方案的各种可能产生的后果。然后经过对比,抉择出其中的最优方案。

传统理性决策模式具备以下几个条件：

第一,能够获得所需要的全部信息。

第二,能够了解所有人的心理和价值取向。

第三,能够设想出和找到所有决策方案。

第四,能够准确预测各个备选方案所产生的后果。

第五,能够正确地选择最优方案。

（二）西蒙有限理性决策模式

美国卡内基梅隆大学计算机科学和心理学教授赫伯特·西蒙提出的有限理性决策模式,是一个较为现实的模型。

首先,西蒙认为传统理性决策模式只是一种理想化模式,实际上它并不现实。原因如下：第一,决策者可以掌握所有完备的信息,但事实上决策者是难以把握所有信息的。这是由于人的知识是有限的,既不可能完全掌握全部信息,也不可能完全认识决策的规律。人的想象力也是有限的,不可能全部列出方案。第二,决策者不可能完全正确地处理信息,会受到主客观条件的制约,因此决策者处理信息的能力是有限的。第三,事实上并不存在绝对的最好的方案,因为每一种方案都会受到各种主客观条件的制约,不可能存在完美无瑕的方案。

有鉴于此,西蒙提出了"有限理性"。西蒙认为,人的理性是介于完全理性和完全非理性之间的有限理性。传统理性决策模式的完全的"经济人"和"理性人"是不存在的。

其次,决策者在决策过程中追求满意标准,而不是最优标准。最优标准是一种理想化的标准,而现实中由于各种主客观条件的制约,最优标准是无法实现的,而满意标准能适用于实际生活中。

最后,西蒙提出,决策并不只是最后抉择,它还包括整个决策过程。第一阶段："情报活动",顾名思义就是收集情报信息,就是观察与研究文化、社会、经济等各种情况；第二阶段："设计活动",即拟订各种解决问题的可行方案；第三阶段："抉择活动",即基于设计活动的各备选方案进行抉择；第四阶段："审查活动",即对已选择的方案进行实施和审查。

（三）林德布洛姆渐进决策模式

渐进决策模式是由美国著名经济学家和政治学家林德布洛姆在对传统理性决策模式分析批判的基础上提出的。渐进决策模式是针对传统理性决策模式的缺陷,根据实际制定政策的特点,从"决策实际上如何做"而不是"应如何做"的角度出发建立的一套有特色的决策制定模式。

其特点是：第一，林德布洛姆认为决策的制定是建立在过去经验的基础上，经过逐渐修补的渐进过程而得来的。第二，渐进决策看上去似乎行动迟缓，但它实质上是一个累积的过程，正如积土成山、积水成渊，即使看上去是一点一点地堆垒，但是它的变化往往要大于一次重大的变革。第三，稳中求变。渐进讲究的是累积，它的跨步是小的，但正是这一点一点的改变，可以保证决策过程的稳定性，达到稳中求变的效果。

渐进决策模式是一种具有实用性、现实可行的决策制定模式，是一个能够有效地解决矛盾、冲突和争端的决策模式。但它也存在一些缺陷：第一，它的保守性。渐进决策比较适用于相对稳定而变化不大的环境，一旦环境发生大的动荡和变化，需要政策作出重大甚至颠覆性改变时，那么渐进决策则无法适用。第二，它的滞后性。渐进决策的过程较为漫长，有可能错过解决问题的最佳时机，甚至带来新的问题。

（四）埃特奥尼的综合扫描决策模式

由于传统理性决策模式和渐进决策模式都有缺点，美国政治学家和社会学家阿米泰·埃特奥尼提出了综合扫描决策模式。其基本内容是，先运用渐进决策模式来分析一般性的决策要素，然后再运用传统理性决策模式，这样既可以避免忽略决策目标，同时也保证了对重要问题的深入分析。

综合扫描决策模式既能克服传统理性决策模式和渐进决策模式的弊端，又能综合它们的优点。一方面，它考虑到了决策者的能力问题，认为并非所有的决策者都具备同样的能力，凡是能力较高者，就能进行更广泛的观察，而观察越详尽，决策过程就越有效。另一方面，它能适应不断变化发展的环境，从而使决策的制定过程有了更大的弹性。然而，对于渐进主义和理性主义如何有机结合，也就是综合扫描决策模式在实际运用中如何灵活运用的问题，在埃特奥尼的论述中并不是非常清楚。

本章小结

决策是领导的基本职能。领导者的地位和作用，很大程度上是通过决策体现出来的。决策贯穿领导活动始终，从发现问题、确立目标、实施决策到结束，领导活动的每一环节都离不开决策作为线索所给予的牵引。

领导决策不只是孤立地作决定，还与领导决策的环境息息相关；领导决策包含一系列与决策相关的活动过程；领导决策具有明确的方向、目标和目的，并以一定的价值观作为基础；领导决策是对领导资源所作的权威性分配，涉及利益关系。

领导决策具有预测性、目标性、实施性、优选性、风险性等特点。它是领导活动的关键性环节,了解领导决策当中有哪些要素在起作用和产生影响,更有助于对领导决策整体的理解。领导决策要素包括决策者、决策目标、决策备选方案、决策情势、决策后果。

领导者在决策中面临的问题各有不同,所需的决策也要对症下药;所需的决策程序和方法不同,决策参与人员也不同。对决策的分类,有助于人们按照不同划分标准,进行实施、管理,分清权责,各司其职。决策类型分为:个人决策与集体决策、程序化决策与非程序化决策,以及高层决策、中层决策与基层决策等。

领导决策的程序分为:发现问题、确定目标、收集信息、方案设计、方案评估、方案抉择、方案实施、方案反馈。领导决策的方法有:经验决策法、专家会议决策法、哥顿法、对演法、综摄法、德尔菲法、阶层分析程序法、模拟决策法、决策树法等。

案例分析

打开俄国的大门

老沙皇去世后,10岁的彼得一世继承了皇位。但是,他同父异母的姐姐索菲娅公主发动军事政变,把她的亲弟弟、弱智的伊凡五世立为第一沙皇,和彼得一世共同执政,她自己则担任摄政大臣,总揽朝权。

那时候的俄国还没有脱离农奴制阶段,贫穷而落后,相比蓬勃发展的欧洲其他国家,俄国好像还停留在中世纪。崇山峻岭、密林沼泽以及强敌环绕,阻隔了俄国通向欧洲内陆的道路,欧洲的文明之光照不到俄国这个角落,俄国的文化、科学、技术等非常落后。

彼得的母亲担心彼得待在索菲娅身边会有不测,于是带着彼得搬出克里姆林宫,住到了莫斯科郊外,亲自看护自己的儿子。

在莫斯科近郊有一片欧洲侨民聚集区,来俄国工作的欧洲侨民都住在那里,离彼得住处不远。近水楼台之便,彼得从小就接触到先进的欧洲文明,使他对欧洲非常向往。

因为军队反戈,彼得顺利地从姐姐手里夺回权力,独立执政。俄国从此进入沙皇彼得时代。

为了夺得通向欧洲的出海口,彼得发起了针对奥斯曼土耳其的战争,并亲率大军进攻亚速海要塞。俄国人没有海军,只能从陆地发起进攻,而土耳其舰队却能从海上为守军提供源源不断的支援。彼得狂攻多日不克,只得怏怏离去。

首战受挫使彼得意识到海军的重要性,于是开始全力建造战舰并组建了俄国第一支海军。

不久,俄军卷土重来,水陆并进。新组建的俄国海军沿顿河顺流而下进入亚速海,配合陆军包围了亚速海要塞。成为孤城的要塞终于被他拿下。

不过，得到亚速海的出海口并没有使彼得如愿得到通向欧洲的通道。亚速海通向黑海、地中海乃至南欧的航道还在土耳其的控制之下，拿下亚速海出海口只是万里长征走完第一步。俄国小胜一仗也并不意味着俄国的实力已能和横跨欧亚非的奥斯曼大帝国抗衡。俄国要想在强手如林的欧洲据有一席之地，必须尽快提高自己的整体实力。彼得认为俄国迎头赶上其他强国的唯一出路就是全盘西化。

1697年，彼得决定去西方取经。他派出一个访问团出使西欧，自己隐瞒身份随团出国。

彼得首先来到欧洲的经济强国荷兰。当时的荷兰，以捕鱼起家逐渐发展起发达的造船业和商业。继西班牙和葡萄牙之后，荷兰成为和英国并驾齐驱的海上强国。荷兰拥有四千多艘商船，比欧洲其他国家的总和还多。荷兰商队遍迹全球，垄断了全球一半的贸易。

彼得隐瞒身份进入一家造船厂工作，一边偷师学艺，一边物色能工巧匠。他"走出去"的目的也是为了"请进来"。

彼得以留学生的身份在荷兰待了半年，并全程参加了一艘舰船的建造。在看着自己亲手造出的舰船下海后，彼得横跨欧洲来到英国。

在英国，他参观英国企业的同时还考察了英国的国家制度，甚至躲在玻璃窗后旁听了英国国会的会议。彼得考察了英国后回到西欧大陆，继续在西欧各国考察、学习，尽最大的努力了解西方的文化、科学、工业及行政管理方法。

彼得在西欧待了一年，直到国内传来政变的消息，迫使他中断旅行匆忙回国。

彼得回国后，见到群臣的第一件事就是掏出一把大剪刀剪去他们的大胡子和长袖子，推行全盘西化的改革。留胡子是俄国人的传统，他们崇拜胡子，认为一脸大胡子是男人威严的象征。"剪胡子"和中国辛亥革命"剪辫子"一样象征社会变革的开始。

他按照西方模式进行方方面面的改革。鼓励发展工业和商业，引进先进的技术和工艺；采用新式大炮、火枪和军事训练方法；建立学校，鼓励发展科学，将全国划分为若干省，设立省总督管辖，以省参议会制约总督权力。他还撤销了贵族杜马，代之以参政院，加强中央集权。

他的一系列改革措施使俄国迅速发展起来。他为俄国打开了国门，被俄国人称为"彼得大帝"。

案例思考题：

1. 根据所学知识分析彼得大帝成功带领俄国"走出去"的关键是什么。
2. "走出去、引进来"对决策有什么重大意义？领导者应该如何在自己的决策过程中运用这一思想？

拓展阅读

1. 胡鞍钢:《民主决策:中国集体领导体制》,中国人民大学出版社2014年版。
2. 尤元文、唐霄峰:《领导决策论》,社会科学文献出版社2012年版。
3. 刘锐:《领导干部决策必备的法治思维》,中国法制出版社2013年版。
4. 史为磊编著:《与官员谈领导决策》,国家行政学院出版社2010年版。
5. 谢燮正、娄成武:《领导决策论》,东北大学出版社2003年版。
6. 高颖编著:《领导力与决策:来自MPA课堂的精彩案例》,科学出版社2013年版。
7. 于洪生编:《领导决策案例》,人民出版社2010年版。
8. 徐良:《高瞻远瞩的领导战略决策》,红旗出版社2012年版。

第六章 领导用人

本章要点

1. 了解人才在领导工作中的重要性。
2. 了解领导用人的基本原则。
3. 了解领导用人的根本方法。

引例

　　1960年,杰克·韦尔奇在取得化学博士学位以后,选择了通用电气公司(GE)的一家分公司开始自己的事业。杰克·韦尔奇感到,在GE这样一个规模极大的企业体系中,可以将自己的博士学问派上最大的用场。一年后,他得到了第一次的年度评语,由于他创造了一种非常快速的流程,因此公司对他的评价很高。然而,他所在的GE下属公司只按规定标准给他加了1000美元的年薪。因为无论表现好与坏,每个人都获得同样的加薪。他感到非常气愤和沮丧,把自己的老板称作"吝啬鬼",并毅然辞去了工作,接受了位于芝加哥的国际矿物化学企业提供的职位。但因为薪水问题,他待了仅仅一年又辞了工作,准备前往另一家企业工作。就在第二位老板准备为他开欢送会的头天晚上,GE总经理亲自飞到这个城市,向他提出了几乎无法拒绝的条件:假如他留在GE工作,公司将在薪酬上令他感到值得为它工作下去。公司还要向已经雇用了他的那家企业道歉,并赔偿他们因此所造成的经济损失。杰克·韦尔奇认为那是"一剂医治创伤的良药",欣然接受,回到GE继续工作。

　　1971年底,杰克·韦尔奇成为通用化学与冶金事业部总经理,并不断晋升。1979年8月成为公司副董事长。1981年4月,年仅45岁的杰克·韦尔奇成为GE历史上最年轻的董事长和CEO。从入主GE起,在二十多年间,他将一个弥漫着官僚主义气息的公司,打造成一个充满朝气、富有生机的企业巨头。到1999年,从全美上市公司盈利能力排名第十位发展位列全球第一,成为世界第二的世界级大公司。如今,GE旗下已有12个事业部成为其各自的市场上的领先者,有9个事业部能入选《财富》500强。杰克·韦尔奇带领GE,从一家制造业巨头转变为以服务业和电子商务为导向的企业巨人,使百年历史的 GE 成为真正的业界领袖级企业。他被誉为"最受尊敬的 CEO""全球第一 CEO""美国当代最成功最伟大的企业家"。

古往今来、国内国外,因领导者用人不当而使得组织遭受巨大损失的不计其数,因领导者用人有方而创造辉煌业绩的例子也不胜枚举。此间涉及的问题即领导用人问题,知人善任是作为优秀的领导者必备的品质。

第一节　领导用人概述

纵观历史,那些成就伟大事业的领导者都是极为重视人才且善于用人的。用人是领导者的重要职责之一,正确合理地用人不仅体现了领导者的领导水平,同时对事业的兴衰成败也起着关键性的作用。古人云:"盖有非常之功,必待非常之人";"治国之道,唯在用人";"为政之本,在于任贤"。在信息技术高速发展的现代社会中,人才业已成为最宝贵的资源。人才不仅仅是推动社会生产的第一要素,更是社会繁荣发展的第一推动力。因此,一个好的领导者要善于识人、选人、用人、育人,使得人尽其才,才尽其用,用当其时。

一、领导用人的含义

对于领导用人,人们因研究角度的不同形成了两种不同的观念。一种是狭义的领导用人观,认为领导用人就是领导者对现有人才的使用;另一种是广义的领导用人观,认为领导用人不仅仅是领导者对现有人才的使用,还包括对人才的识别、选择、培养、激励、爱护、举荐等内容。从时代发展看,狭义的领导用人观是一种静态的用人观,具有一定的局限性,而广义的领导用人观则更有益于领导者把握人才成长的规律,更有利于领导者激发出人才的全部潜能以实现领导目标。

从领导科学的角度来看,领导用人,主要是指领导者或者领导集体在实施领导活动的过程中,凭借自身的职权,按照一定的隶属关系和管理权限,对下属加以选拔、使用和培养的一种组织行为过程。具体而言,领导用人,一是指对人的能力的使用,主要体现为智慧、精神,而非人的体力;二是指用能力较突出之人,有专门特长之人,而不是用一般的、无专长的人;三是指通过选用骨干来负责各个层面的工作。领导用人的实质是领导用人的艺术,领导者在现实工作中必须知人善任,用人不疑,疑人不用。领导用人包括对人才的识别、选拔、使用、培养、激励、保护等诸多内容和环节,涉及政治、经济、军事、科学、文化、教育、卫生等各个领域。因此,领导者要根据不同的领域和不同的岗位要求,选拔、任用和培养各式各样的人才。无论在哪个环节,不管选用何种人才,领导者必须从事业出发,坚持正确的用人原则和

用人方法,使人才发挥最大的作用。领导用人的内涵丰富,归纳起来,主要包含以下四个方面:

（一）领导识人

领导识人即领导者通过对人才的品德、能力、素质等各方面的考察与审核,对其得出的评定结果,再进一步考虑是否录用的一项评定程序。在实施这项考察的过程中,除了考察的内容须全面细致,还应讲究科学合理的考察的方法,以确保被录用的人,能真正为组织提供优质服务。要做到正确识人,一方面,要考察人的德、智、体、美等综合基础素质;另一方面,还须考察个人的技能特点及其对待工作的态度等。在对个人进行考察时,应采用辩证的方法,既要看到其优点,也应该看到其缺陷所在;既要看清主流,也要分清支流。总之,领导在识别人才的过程中,应透过现象看本质,看到人才发展的潜力,从人才的层次性、社会性、广泛性、专业性、进步性、动态性等方面进行人才筛选。

（二）领导选人

领导选人即领导者依据组织目标,选择有利于组织发展需要的人才,使得人才能够符合相应的岗位需求,实现人与事的合理结合,达到人岗匹配,以推动事业的发展。领导选人要求领导者要在正确识人的基础上,对组织所需的岗位进行岗位分析和评价,根据科学、系统的选才标准对人才进行筛选,使其实现人岗合理配置。领导者在选人时,一方面,一定要从工作需要出发,以事择人,不能简单地把职位作为奖励干部的手段;另一方面,要注意把握人才的性格特点、爱好、特长,提供合适的平台,使其在工作中发挥最大的作用,做到人尽其才,才尽其用,用当其时。总之,领导选人应使得人与岗位相匹配,与人的兴趣爱好相结合,与人的特点相符合,这样才能促进组织目标的顺利完成。

（三）领导用人

领导用人,是领导者在识人、选人之后所进行的一项工作,即对已择优选取的人才进行岗位分配与工作安排。根据工作事务的繁简、难易程度,进一步对人才的工作量进行分配,建立科学合理的人事管理制度。通过完善组织人事管理制度,建立合理的人事绩效考核制度,为人才充分发挥自身优势和特长提供公平、公正的平台。领导用人,归根结底是通过统筹安排,合理配置,把合适的人安排在最合适的岗位上,使人才的各方面的才能得以充分发挥,达到才尽其用的目的。

（四）领导育人

领导育人,是指领导者在完成识人、选人、用人的基础上,对人才进行培养与教育的过程。对人才的培育是领导用人中必不可少的一个环节。对人才的有效培育,一方面,能够提高人才对组织的责任意识,增强人才的组织荣誉感;另一方面,能够进一步提升人才的能力,推动组织不断向前发展。领导育人的方式与方法是多种多样的,领导者应该合理利用,科学育人。例如,领导者应该关心下属,常与下属进行沟通交流,用心听取下属的汇报,以自身示范影响和启发下属。再如,领导者适时给人才压担子,促使其成长得更快、更好。总之,任何一位有责任感和使命感的领导者,都应该把培育人才作为自身工作的重点。

二、领导工作的关键在于使用人才

(一)所有资源中最宝贵的资源是人才

毛泽东说过,人是这世界上最宝贵的资源,人的智慧能够创造出许多令人惊叹的成果。而人才则是这种资源中的精华,是推动社会进步、发展的主力军。充分珍惜、大力开发和使用人才资源是领导者的一项重要任务,只有这样才能够创造更丰富、更伟大的文明。[①] 2014年6月9日,习近平在中国科学院第十七次院士大会、中国工程院第十二次院士大会上的讲话中指出:"尊重人才,是中华民族的悠久传统。'思皇多士,生此王国。王国克生,维周之桢;济济多士,文王以宁。'这是《诗经·大雅·文王》中的话,说的是周文王尊贤礼士,贤才济济,所以国势强盛。千秋基业,人才为先。实现中华民族伟大复兴,人才越多越好,本事越大越好。"可见,人才资源在整个社会、国家的发展中占据了至关重要的地位。

管理大师彼得·德鲁克在《创新与创业精神》一书中说:企业必须有能力生产出比构成企业的全部资源更多或者更好的东西,它的产出必须大于所有的投入。同时,企业的经营不像是19世纪的经济学家那样,以为按照程序把资源投放进去,然后打开开关把资本投进去,就能使产出大于投入,它是不可能从资本这样没有生命的资源中产生出来的。任何一个组织(包括企业)都拥有许多资源。但是,这些资源都是受机械的法则支配的。人们可以把这些资源利用得好些或者差些,但绝不可能使产出大于投入,所以,德鲁克的结论是:有可能扩大的资源,只能是人的资源。在所有的资源中,人是唯一增长和发展的资源,这是一种独一无二的资源。人之所以是能扩大、增长或发展的资源,根源在于人的创造力。因此,如何使用创作型的人才,怎样激发人的创造力,使平凡的人也能干出不平凡的事情就成为领导艺术的关键。[②]

人才是世界上最宝贵的财富,是创造社会物质财富和精神财富的主力军。人、财、物及信息的支配和使用离不开领导者,只有协调好这些因素,才能发挥更大的作用。在这些因素中,人才是最重要的因素。马克思说,人是社会历史的创造者。

---

① 彭向刚主编:《领导科学概论》,高等教育出版社2007年版,第271页。
② 苏保忠主编:《领导科学与艺术》,清华大学出版社2009年版,第174页。

因此,须充分发挥人的创造力,推动社会的进步。现实生产活动中,影响生产效率高低的因素很多,但是最重要的是通过充分发挥人的主观能动性,促使生产效率的提高。在肯定物质资源的重要性的同时,更要强调人的根本性推动作用,即所有的物质资源脱离了人的主观能动性,脱离了人对其的使用、创造和提高,都无法直接变为经济成果,无法直接转化为生产力。因此,在生产过程中,发挥主要作用的是人,特别是优质的人才。

从古代到近代时期,物力资源一直是社会经济活动的主要支撑,自然资源与资金长期充当着经济增长的两大支柱。随着人类文明的发展、近代工业革命带来的利好,特别是知识经济时代的到来,社会化生产过程中对人力资源的需求也越来越显著,人力资源的地位越发重要,其作用也越来越明显。20世纪中期以来,许多国家特别是发达国家的资源开发战略重心已经从物力资源转移到了人力资源开发。人力资源是指在一个国家或地区中,处于劳动年龄、未到劳动年龄和超过劳动年龄但具有劳动能力的人口之和,或者表述为一个国家或地区的总人口中减去丧失劳动能力的人口之后的人口。人力资源也指一定时期内组织中的人所拥有的能够被组织所用,且对价值创造起贡献作用的知识、能力、技能、经验、体力等的总称。

人才是衡量一个国家综合国力的重要指标。当今世界各国的竞争、民族与民族之间的竞争,归根结底是人才的竞争。人才也是一个地方经济社会发展最重要的基础条件、最核心的竞争要素,也是最关键的推动力量。人力资源是第一资源,人才保障是第一保障,人才优势是第一优势。当今时代急需大量的人才,特别是创新型的人才,拥有的人才资源越多,特别是创新型人才越多,就越能占据主导地位。改革开放以来,我国的经济实力、综合国力和国际竞争力得到很大提升。这与我国各类人才在各自工作岗位上发挥聪明才智、作出突出贡献密不可分。尽管我国的人才工作取得了巨大的成就,但与发达国家相比尚有一定的差距。我国的人才数量还不够多,质量还不够高,领军人才、顶尖人才还比较匮乏。我们要进一步做好人才开发培养和选拔任用工作。做好人才工作,推动和提高我国的综合竞争力,是我国现阶段发展的重要目标。

综上所述,无论是人与物的关系,还是人力资源发展战略、社会竞争的实质,都提示着人才的重要性。历史的经验也反复证明,得人才者得天下,失人才者失天下。

(二)使用人才是领导的主要职能

领导职能是指领导者运用组织赋予的权力,组织、指挥、协调和监督下属人员,完成领导任务的职责和功能。简言之,领导的职能主要包括:战略决策、激励、协调、监督等。这些职能的落实都离不开领导者对人的管理。而对人的管理中,最为关键的是对人力资源的配置,也就是用人。相比较而言,对于领导者的其他职责,可以安排和授权其他人来做，但用人的职责必须由领导者自己亲自来承担，因为这是领导者其他一系列工作的基础保障。所以，用人是领导者的主要职责。毛泽东说："领导者的责任，归结起来，主要地是出主意、用干部两件事。"[①]判断一个领导者是否称职，在很大程度上取决于其是否能做到科学用人，这对事业的兴衰成败关系极大。领导者作为领导活动的主体，在领导活动中居于核心位置，手握指挥棒，指引领导活动，使被领导者行有所依，使组织活动有一定的目标与方向。作为领导者，在工作中要做到合理安排和使用人员。可是在日常工作中，我们看到有些领导者不善用人，而是事必躬亲，常常顾小失大，最终导致领导工作无法圆满完成。一个优秀的领导者应善于合理分配任务，科学使用人才，而不是任何事都亲历亲为。

21世纪是一个信息高速发展的世纪，挑战与机遇并存，无论是综合国力竞争，还是在市场经济条件下各大中小型企业、社会组织的竞争，实际上都是人才的竞争。不论是国家、企业抑或是领导者个人，培养人才、吸引人才，都是为了更好地使用人才。合理使用人才已不仅仅是衡量一个领导者是否具有德才素质、统领大局的能力，更是领导者的主要职责所在。领导用人的实质就是领导者用才，就是领导者根据人才的特长和素质，将其安排到最能发挥其作用的岗位上，实现人与事的科学结合，即人职匹配。

人只有在活动中才能创造价值、产生效益，也只有将人才使用好了，才能吸引更多的优秀人才为己所用，而聚集的人才越多，创造的效益越大。简言之，组织因得人才而发展，因发展而得更多的人才。领导者并非全才，但一定要有使用人才的才干，不仅要敢用人才，还要善用人才，更要巧用人才。

1. 敢于用人

领导用人，首先要敢用人才。要敢于让人才挑重担，负大责。敢于使用人才，关键在于用其所长。所谓用其所长，就是要按照人才的长处委任相应的工作，使人才充分发挥自身的聪明才智，为组织作出最大的贡献。"金无足赤，人无完人。"每个人有其所长，亦有其所短。领导用人，不能求全责备，而要用人才所长。领导者要将人身上最为宝贵的闪光点挖掘出来，并在使用时注意扬长避短，充分发挥人才在工作中的积极性，使工作出现新局面。

敢用人才，就要敢于用强人，不怕他超过自己。领导不仅要挖掘人才的长处，更要在知悉人才之所长后敢用他。历史上凡是唯才是举、任人唯贤的人，事业上几乎都能够取得成功。美国的钢铁大王安德鲁·卡内基的墓碑上刻着一句话："一位知道选用比他本人能力更强的人来为他工作的人安息在这里。"卡内基之所以能成为钢铁大王，不仅因为他自身具有极高的才干和素质，也是因为他善于发现并发挥

---

① 《毛泽东选集》第2卷，人民出版社1991年版，第527页。

人才的特长，敢用比自己强的人。他曾说过："把我的厂房、机器、资金全部拿走，只要留下我的人，四年以后又是一个钢铁大王。"而那些生怕下级比自己强，生怕别人超过自己、威胁自己的地位，并采取一切手段压制别人、抬高自己的人，甚至明知对方是一个人才，却不敢使用的人，永远不会成为像卡内基那样的优秀领导者。

敢用人才，还要敢于使用年轻人才。有的人认为"姜还是老的辣"，因此，用人倾向于使用资历深、辈分高的人，往往忽视了年轻的干将。时代在不断进步，只有敢于使用年轻人，才能为组织带来创新和活力。当年海尔集团效益不佳，集团总经理张瑞敏大胆起用年轻人才，仅仅用了十年左右的时间就扭转了局势，使一个面临倒闭的企业发展成为今日位列世界500强之中的大型集团公司。

一个优秀的领导者应当具有发现人才的慧眼、使用人才的能力，更要有敢用人才的魄力。因此，不仅是要知其所长，更要敢于用其所长，这是领导用人的关键。

2. 善于用人

要使人才各尽其能，还要懂得知人善任。善于用才，应该是每个领导者的专长。领导者用人时，要因事用人，而不能因人设事。德鲁克在《有效的管理者》一书中说：因人设事的结果，必将产生恩怨派系。任何组织都经受不起恩怨派系。人事的决策，须凭公平和公正。否则就会赶走了好人，或破坏好人的干劲。同时，组织也需要各方面的人才，否则将缺乏改变的能力。因此，用人要因事，要根据人才之能力用其所能，以推动事业的发展。

现实社会中人无完人，每个人都有其所长，亦有其所短。领导者在了解了人之所长后，还要根据其实际能力作出合适的安排，即知人善任。有的人也许在某些方面存在不足，但是却很适合从事其他方面的工作。正如唐代韩愈在《送张道士序》中说："大匠无弃材，寻尺各有施。"其意思是，对于工艺高明的匠人来说是没有废弃材料的，"长"的材料有其用途，"短"的材料也有其用途。用人也是如此，人无弃才，关键在于知人善任。只有知人善任，才能人尽其才。高明的领导者犹如"巧匠之制木，直者以为辕，曲者以为轮，长者以为栋，短者以为角。无曲直长短，各有所施"[1]。汉高祖刘邦说："夫运筹策帷帐之中，决胜于千里之外，吾不如子房。镇国家，抚百姓，给馈饷，不绝粮道，吾不如萧何。连百万之军，战必胜，攻必取，吾不如韩信。此三者，皆人杰也，吾能用之，此吾所以取天下也。"[2]这是刘邦对自己夺取天下成功经验的总结，归根到底，这个经验可以用四个字来形容，那就是"知人善用"。

3. 巧用人才

高明的领导者不仅敢用人才、善用人才，而且还能巧用人才。领导用人是一门学问，也是一门艺术，如果能够巧妙地发挥人才的作用，则会起到事半功倍的效果，

---

[1] 《帝范·审官第四》。
[2] 《史记·高祖本纪》。

更有利于组织事业的发展。因此,作为领导者,应该提高巧用人才的艺术。

清代常胜将军杨时斋在论及用人之道时指出,军营中没有无用之人。聋者,安排在左右当侍者可避免泄露重要军事机密;哑者,派他传递密信,因守口如瓶,即便被敌人抓住,除了搜去密信之外,再也问不出更多的东西;跛者,命令他去守护炮台,因艰于行走,很难弃阵而逃;盲者,听觉特别好,命他战前伏在阵前窃听敌军的动静。再如,美国柯达公司的用人妙招:美国柯达公司在制造感光材料时,需要有人在暗室工作。工作人员在漆黑的暗房中操作,犹如司机驾驶着失控的车辆一样不知所措,不仅生产相当缓慢,而且不时还会有错误发生。针对这种情况,柯达公司管理层接受了"让盲人来干这种工作"的建议,将暗室的工作人员全部换成盲人,结果不仅提高了工作效率,保证了工作质量,还给公司增加了可观的利润。在黑暗中盲人不是"残障",而正常人才是,管理者正是巧用了盲人在暗室中工作的特点大大提高了生产效率。

以上两个用人案例共同揭示了这样一个道理:人的短处是相对的,如果从另一个角度来看,也许它有更高的利用价值。人某些不足之处被用好了,就能够像人的长处一样发挥着重要作用。所以,巧用人才,其实就是巧妙利用人的"短处"。有人说:"垃圾是放错了地方的宝贝",某些"庸才",或许是放错了位置的人才,或许是被传统心理定式看偏了的"短才"。因此,作为领导者就要善于发现、挖掘每个人的特点,并且巧妙地使用人才的这些特长,这样才能将人才用到极致,才能事半功倍,把事情做得更好。

(三)能否科学使用人才关系到领导工作的成败

用人是存在风险的。有些负责人事任免的管理者常常抱怨:"一个优秀的员工足以让你成功,但是一个不称职的员工完全可以让你的事业前功尽弃。"而那些没有在用人问题上遭受过失败的领导者,似乎从不缺乏一种盲目的自信:"社会上的人才多的是,一捞一大把,何必发愁找不到人才呢?"他们似乎忽略了一点,人才是组织生存和发展的决定力量,同样也是毁灭力量。人力资源市场人很多,但要找到合适的人才并不容易,而要使用好人才更不容易。

领导者对人才的选拔、使用是否得当,直接关系到领导的效能,关系到事业的成败甚至国家的兴衰。二战以来,西方最推崇的理论是美国舒尔兹首创的"人力资本理论"。他认为,人才是最重要的资源、最重要的资本,只有重视人才资本,才能创造更大的物质财富。这一思想在今天的知识经济时代得到了发扬光大,谁拥有一流的人才,谁就能占据主动地位。无论哪个国家、哪个单位,人才开发得好,使用得当,就会兴旺发达;反之,就会衰退。对企业而言,最大的威胁不是来自于其竞争对手,也不是来自于不可预见的潜在因素,而是来自于他们自己的员工。对领导者而言,选准、用好人才,充分发挥其作用,不仅决定企业是否有一支过硬的经营管理队伍,而且关系到领导工作的成败。

1. 合理使用人才,收获成功

古今中外,兴邦治国,无不在于选贤任能。将人才合理使用到位的,大都获得了成功。

古有刘彻重用人才。汉武帝刘彻当政时,汉王朝之所以鼎盛,是与其敢于打破论资排辈的思想,重用一批没有"资历"的人才分不开的。众所周知,霍去病是一个奴婢的私生子,是一个骑奴。他十八岁随卫青出击匈奴,首战建功,汉武帝即封其为冠军侯,并委以军权。霍去病不负汉武帝之望,和卫青一起率领不占优势的汉家骑兵七击匈奴,无不大胜,为汉王朝立下汗马功劳。霍去病也在征战中升为大司马,成为著名的大将军。

今有华罗庚发现人才。陈景润是著名的数学家,曾在厦门大学数学系任教,然而他并不适合教书,甚至曾因口齿不清,被"停职回乡养病"。但他对数学的热爱并未停止,1957年因改进华罗庚先生在《堆垒素数论》中的结果,被华罗庚赏识,调入中国科学院数学研究所任研究实习员。陈景润勤奋攻关,在数学上做出了杰出的贡献,被认为是摘取"哥德巴赫猜想"这一数学皇冠上明珠的人才。假如当时任用不当,让他继续教书,他可能还是一名不称职的教师。

林肯敢用人才。在美国南北战争时期,林肯总统为选用一名军事总司令伤透脑筋。他先后选用了四位看上去没有什么缺点的将军,结果在1861—1864年战争中节节败退。林肯从血的教训中找出了失败的原因,他大胆地选用了格兰特将军为总司令。有人说格兰特贪酒、脾气大,难担重任。林肯却反驳说:如果我知道他最喜欢喝什么酒,我就亲自送他几大桶,请大家共饮。林肯深知酗酒会误大事,可他更清楚在所有的将领中,没有超过格兰特的指挥才能的。事实证明,林肯总统的用人决策是正确的。格兰特任统帅后,率领北方军打了一个又一个的胜仗。这一实例说明,选才用人,用其所长,避其所短,就能充分发挥他们的智慧和才能,调动他们的积极性和创造性,不断地创造出辉煌的业绩。

用什么人,怎么用人,如何实现人才的最优配置,是关系到事业成败、组织发展、国家兴衰的重大问题。邓小平指出:"善于发现人才,团结人才,使用人才,是领导者成熟的主要标志之一。"①判断一个领导者是否称职,在很大程度上取决于其是否能做到合理用人。

2. 不善使用人才,必将失败

正所谓,善用人者,运筹于帷幄之中,即可决胜于千里之外;而不善用人者,虽然身边人才济济,但因不懂得合理利用,使得人才被埋没,致使自己抱着"金饭碗"

---

① 《邓小平文选》第3卷,人民出版社1993年版,第109页。

要饭吃。

说到不善使用人才者，明朝崇祯皇帝就是一个很好的例子。崇祯即位之时，人才济济，贤臣良将数不胜数。但是，崇祯认为满朝没有一个好臣子能够辅佐他。崇祯把所有的过错都推在他的臣子和身边的人身上，认为全是他们误国误君，而自己则全无责任，他甚至说"朕非亡国之君，臣乃亡国之臣"。他在位十几年，光兵部尚书就换了十几个，平均不到一年一个，而且多数被杀。像熊廷弼、袁崇焕这样的忠臣良将也都被他"收拾"光了，"满朝文武再无可用之臣"也就不足为奇了。崇祯皇帝不善于使用人才，导致人才尽失，最终亡于自己的刚愎自用和猜忌。

除此之外，另有一位为众人熟知的人物便是诸葛亮。三国时期一代名相诸葛亮，被誉为智慧的化身，老谋深算的司马懿也盛赞他为"奇才天才"。但他一生善于"用计"却不善于"用人"。他误用马谡，痛失街亭；六出祁山，六次失败；弃新野，败当阳。虽然这些失败是由十分复杂的主客观原因造成的，但有些失败的确与他误用人才有关。从《三国演义》来看，诸葛亮用人之道并不高明，他自视清高甚至傲视天下、轻视他人；自持聪明，几乎对所有人都要用计谋。可是，他却不善于广揽人才，也不善于使用人才，故而屡屡失败，尽管他"鞠躬尽瘁，死而后已"，仍无法挽回败势。

当前，我们正在建设中国特色社会主义的现代化国家，要实现中华民族的伟大复兴，需要大批人才为之奋斗。各级领导者应以史为鉴，高度重视用人问题，把人才的开发和合理使用放到重要的战略地位，成为善于发现人才、团结人才、使用人才的成熟领导，切忌妒才、误才。这不但会使人才流失，更有可能给领导者本身带来不幸。从某种意义上说，没有大批的人才，组织的事业就不可能成功，而未能合理有效地使用人才可能导致更多失败。

第二节 领导用人原则

领导用人实质上就是领导用人才，涉及的是人才的配置和使用问题。要把人才配置好、使用好必须遵循以下原则：

一、配置人才的基本原则

(一) 要素有用原则

要素有用原则即任何要素都是有用的，换言之，任何人都是有用的。没有无用之人，只有没用好之人，而配置的根本目的是为所有人员找到或创造其发挥作用的条件。

(二) 能职匹配原则

能职匹配原则即人的能力与职位要求要相匹配。人与人之间不仅存在能力特点上的不同,而且在能力水平上也有不同。领导用人的根本任务是合理配置使用人才,把合适的人配置到合适的职位上,充分发挥人才的作用,提高人力资源投入产出比率。

(三) 互补增值原则

互补增值原则强调人各有所长也各有所短,以己之长补他人之短,从而使每个人的长处得到充分发挥,避免短处对工作的影响。领导者要善于发现人才的长处和短处,通过人才个体之间取长补短而形成整体优势,实现组织最优化的目标。

(四) 动态适应原则

动态适应原则说的是人与事的不适应是绝对的,适应是相对的,从不适应到适应是在运动中实现的。随着事业的发展、环境的变化,适应又会变为不适应,只有不断调整人与事的关系,才能达到重新适应。

(五) 弹性冗余原则

弹性冗余原则要求在人与事的配置过程中,既要达到工作的满负荷,又要符合人才的生理、心理要求,不能超越其身心的极限,保证对人对事的安排要留有一定的余地,既要带给人才一定的压力和不安感,又要保持所有人才的身心健康。

二、领导用人原则

(一) 德才兼备,以德为先

司马光说:"才者,德之资也;德者,才之帅也。"即才能是品德的辅助,品德是才能的统帅。德比才更重要,选人用人要以德为先。所谓德,是指一个人的政治立场、道德品质、奉献精神、思想作风等,是世界观、人生观、价值观的集中体现,是决定一个人的行为方向的内在要素。所谓才,是指一个人的知识水平、工作能力等,是一个人在实施领导和推动工作时表现出来的组织才能、创新意识、驾驭本领、协调艺术等。德才是领导干部取得工作实绩的前提,是能不能取得实绩和取得实绩大小的先决条件。在一般情况下,德才的优劣与取得实绩的大小应该是一致的。在干部的选拔任用上要防止重才轻德和以才补德的不正常现象,对于那些政治素质差、品性不端的人,不管他多么精明能干、才智过人,也不能放在领导岗位上。德与才是干部素质不可或缺的两个方面,有德无才,难以担当重任;有才无德,终究要败坏党的事业。现在一些干部出问题,主要不是出在"才"上,而是出在"德"上。坚持德才兼备,以德为先,是当前领导班子和干部队伍建设的关键。在干部的选拔任用上,必须坚持任人唯贤、德才兼备,只有坚持德才兼备的选人用人原则,才能使选拔出来的领导干部真正造福人民群众,真心为人民群众服务。

但是,领导者要特别注意,强调选用德才兼备人才,不是要求全责备,而是要做到用人所长、量才适用。德才兼备要求任人唯贤,把善于推进中国特色社会主义经济建设、政治建设、文化建设、社会建设的各类优秀人才选拔出来,输送到急需的岗位上去。求全责备则不允许人有任何缺点。所谓"有大略者不问其短,有厚德者不非小疵",知人善任,就必须全面、客观、发展地看人,而不能拘泥于一时一事。在选拔干部特别是优秀年轻干部时,既要用人之长,使人才的专长和优势得到最大限度的发挥,又要容人之短,恰当地做到扬长避短;既要给人才提供展示才华和特长的合适岗位,又要遵循人才成长规律,对有发展潜力的人才适时地给位子、压担子,加速优秀年轻人才锻炼成长。

(二)峰区年龄,用之其时

人才的成长具有周期性,一般分为萌芽期、发展期、创造期、成熟期、衰退期。其中,最佳年龄区域一般是 30—45 岁,但不同行业、不同层次、不同个体的人才,会有所区别。这一时期是人的精力最充沛的旺盛期。在这个时期启用人才,可以避免人才的浪费,使投入产出比达到最优化。人才使用最佳时期,还有一层意思,即人才使用不能错过他的知识及能力积累的丰富期。如果错过了这个时期,根据用进废退的原理,他的各方面才能就可能退化了。而当今时代是知识经济时代,各种知识呈现出爆发式的增长,知识的更新越来越快,即使个人已有的才能没有明显退化,但他所拥有的知识、技能可能已经过时了。所以,对人才的使用,不能错过其最佳年龄、最好的状态。

(三)量才任职,能职匹配

量才任职,是指领导者首先要对所在组织进行岗位分析和评价,把本单位、本机构各项工作的性质、责任、权限及任职者应具备什么条件等分析清楚。因事设岗,因岗设人,而不因人设岗,因岗设事,这是用人的前提。能职匹配,是指在了解下属人员的性格特征,分析下属人员的特长,确定其人才类型的基础上,根据岗位条件,对号入座,授予职权,做到大才大用,小才小用,各得其所。要防止大材小用,浪费人才,也要防止小材大用,虚占其位,贻误事业。真正做到人尽其才,才尽其用。

(四)明责授权,用人不疑

宋朝陈亮在《论开诚之道》中说:"臣愿陛下虚怀易盛,开心见诚,疑则勿用,用则勿疑。与其位,勿夺其职;任徽事,勿间以言。"[①]领导者对所认定的人才,要明责授权,大胆使用,切不可既用又疑,授职无权。这方面,刘备是榜样。他"三顾茅庐"

---

① 转引自朱仁健:《"用人不疑,疑人不用"的文化假设》,载《中外企业文化》2014 年第 7 期。

请出孔明后,不顾关羽、张飞的非难,将"实权"交于孔明。结果,孔明佐助他,成就了三国鼎立的伟业。面对千头万绪、复杂繁多的工作,领导者不可能包办一切,一定要大胆、充分地使用人才。"用人不疑,疑人不用"的核心是信任。要做到用人不疑,放手使用,首先,领导者要以德服人。领导者要有高尚的品德、宽广的胸怀,才能使人才服气,心甘情愿地为之效力。其次,领导者必须待人以诚。只有上下同心,才能事业有成。最后,领导者要能容人。能够容人之过,容人之短,容人之强,才能够成就事业。

(五)精心培养,教育监督

领导者对人才不仅要重在使用,更要培养教育。当今时代是一个飞速发展的时代,新观念、新知识、新技术不断涌现,为了适应新形势,迎接新挑战,就要不断提高现有人才的水平。这是领导用人的重要任务,也是爱护人才的具体体现。培养教育人才是为了更好地使用人才。对人才重使用、轻培养教育,或者只使用、不培养教育,是领导者缺乏战略眼光的表现,是领导者的失职。当前,领导者要特别注意加强对人才的教育培训,要构建终身化、网络化、开放化、自主化的终身教育体系。要开展创建学习型组织的活动,促进学习型社会的形成。要把人才的教育培训纳入单位发展规划,建立带薪学习制度和经费保障制度。要建立健全教育培训的激励约束机制。推行公开选拔、竞争上岗和职务聘任制度,增强人才的职业竞争意识和风险意识,激发终身学习需求。要注意在提高各类人才思想政治素质和履行岗位职责能力的基础上,重点培养人才的创新精神,开发人才的创新能力。要以人才的全面发展和可持续发展为目的,根据各类人才的不同特点,研究提出人才资源能力建设的标准框架,有针对性地进行教育培训。此外,要加强对人才的管理监督,加大对人才资源开发的投入,要鼓励和支持各种形式的人才开发事业。

(六)组合人才,聚放效应

当今时代,合作才能共赢,再有才华的人都需要与人合作。领导者要高度重视团队的组建与人员的配置。团队合作不仅是一个量才适用的问题,还有一个合理组合发挥其集聚效应的问题。人的意志性决定了人的组合不同于物的机械结合,由于目标的多样性和个体特征的差异性,聚集智慧相等的人,不一定能使工作顺利进行,往往只有"长""短"搭配、分工合作,依靠整体的力量才能有辉煌的成果。现实生活中常有这样的情况,就单个讲,都是人才,但如果把能力、经历、资历、性格、年龄相当的人放在一起,很容易"碰撞""不团结";但如果一柔一刚、一老一少、一男一女加以组合,结果可能就大不一样。因此,领导者使用人才,不仅要重视个体的素质,还要高度重视群体结构的合理化,使群体中的个体相互弥补,相得益彰,达到一加一大于二的效果。

第三节　领导用人的方法

作为领导者，不仅要遵循领导用人的原则，还要懂得用人的方法，根据人才的不同特点用不同的方法调动人才的工作积极性。当今社会，领导用人的方法有许多，最主要的是以激励为主。所谓激励，简单地说，就是激发人内在的行为动机并使之朝着既定目标前进的整个过程。激励是领导用人方法的核心，可以运用于整个领导过程的任何一个阶段，可分为精神激励与物质激励两大类。领导的激励，不仅可以满足下属的荣誉感和成就感，使其在精神上受到鼓励，物质上得到满足；同时，还能密切上下级关系，有利于团结。领导的激励不仅表明了领导对下属的肯定和赏识，还表明领导很关注下属，从而激发出员工的一股内在的工作动力和工作干劲，更有利于达到组织目标。除了通过激励的方法有效调动人才的工作积极性，领导者还可以通过制度约束的方法来用人管人。

一、精神激励方法

（一）内涵

精神激励，是指通过满足个人的尊重、成就、自由和自我实现等精神上的需求，来调动人的工作积极性。情感激励、荣誉激励、目标激励、参与激励、晋升激励等都于精神激励的范畴。精神激励具有多样性、稳定性和持久性的特点。领导者要对人才进行有效的精神激励，通常难度较大。那些掌握了用人艺术的成功领导者，往往是精神激励的典范。

（二）分类

1. 情感激励法

所谓情感激励，就是加强与人才的感情沟通，尊重人才，使人才始终保持良好的情绪，以激发人才的工作热情。情感激励体现了人与人之间的相互尊重、相互关心的人际关系。它以情感的疏导，达到尊重和信任；以亲似家人般的关心体贴，达到情感上的共鸣。它经常表现为归属感、认同感和支持感。美国管理学家、心理学家马斯洛提出要"自我实现"，意思是人都需要发挥自己的潜力，表现自己的才能，只有人的潜力充分发挥出来，人的才能表现出来，人才会感到满足。如果对人的这种情感需求给予有效的激励，就会使人在"自我实现"的行为中产生持久的干劲。而对情感的有效激励，也是领导者的重要领导艺术之一。

拿破仑在进军意大利的一次战斗中，夜间巡查岗哨，发现一名哨兵睡着了。他没有立即喊醒哨兵，而是拿起他的枪替这个哨兵站了半个多小时的岗。哨兵从沉睡中惊醒，认出了正在替他站岗的竟是司令官，十分惊恐绝望地跪倒在他跟前。拿破仑说:"不要这样,这是你的枪。你们艰苦作战,又走了那么多路,你打瞌睡是可以谅解的。但是,目前一时的疏忽就可能断送全军。我正好不困,就替你站了一会儿岗,下次可要小心啊!"哨兵在岗位上睡觉,完全可以处以军纪。但是,拿破仑对于长途跋涉、疲惫不堪而偶然失职的哨兵,却没有这样做。他以情感人,关心体恤下属,这就使官兵从内心深处拥护他、爱戴他,不折不扣地执行命令。这种情感激励带来的效果要比强迫命令好得多。

领导者通过对下属的关心爱护、尊重信任、体谅赞许等情感交流形式,加强领导者与职工之间的沟通与协调,在集体内部创造良好的工作环境,建立起亲密、融洽、和谐的气氛,以此调动士气,是情感激励的有效方式。

2. 荣誉激励法

荣誉激励法是一种较高层次的激励方法,一般以一定的名义或形式确定下来,如颁发奖状、证书,授予相应的头衔,以及嘉奖等。它是领导者根据人们希望得到的社会认可和他们的心理满足感,对为社会、为集体作出特别贡献者给予认定,并授予荣誉称号的一种奖励方式。

荣誉激励法还是一种终极的激励手段,是组织对于个体或群体的崇高评价。在一个社会团体中,大部分人比较在意自己在团体中的地位和影响力,也很在意他人对自己的评价。因此,对个体的荣誉激励不仅满足了荣誉获得者的自尊需要,也激发他们更多内在的驱动力。美国IBM公司有一个"百分之百俱乐部",当公司员工完成其年度任务时,就会被批准为该俱乐部会员,员工及其家人将被邀请参加隆重的聚会。结果,公司的员工都将获得"百分之百俱乐部"会员资格作为第一目标,以获得那份光荣。

荣誉获得者不仅自己拥有莫大的殊荣,而且为身边的人树立了良好的学习榜样和奋斗目标,以此产生更好的激励效应。海尔集团的荣誉激励是极具特色的,他们用员工的名字直接命名每一项技术革新成果,如工人李勇发明的冰柜,则命名为"李勇冰柜",李启明发明的焊枪被命名为"启明焊枪"等。这一举措激发了员工们巨大的创新激情,使员工的荣誉感得到了极大的满足。与此同时,其他员工看到了同事获得这样的荣誉,也会受到莫大的鼓舞。榜样的力量是无穷的,树立一个榜样往往可以带动一大片身边人为此努力,这样的荣誉激励时常比其他激励更能带动员工们的工作积极性,使企业更具有凝聚力和向心力。

荣誉激励法是一种成本低廉但效果极佳的方式,是精神激励中的一种重要方法。凡是具有高超领导艺术的领导者,都善于运用这种方法来激励员工的热情和斗志,从而提高工作绩效,实现工作目标。

3. 目标激励法

目标是个人、部门或整个组织所期望实现的成果,是组织对个体的一种心理牵引。所谓目标激励,就是组织通过设立能够激发人的动机和行为,使个体的目标能够与组织目标相联系,以达到调动人的积极性、创造性的目的。心理学上,目标被称为"诱因",由诱因激发动机,再由该动机达到目标的过程即为激励的过程。目标作为引导被管理者所追求的动力,具有指明方向、激励、凝聚的作用。因此,目标的设置一定要切实可行、合理,且能够将个人价值观与集体价值观结合起来,才具有实施的意义,目标的激励作用才能强大。

目标的设定应当遵循以下原则:第一,目标的设置要顾全大局,从整体来考虑。同时,根据整体目标,下设互相联系的分目标,把总目标分为若干阶段性目标,并一步步地加以实现。第二,设置的目标要有意义,要有一定的依据,并能够将个体利益与组织利益有机结合,而不是设置一些可望而不可即的空有名声的目标。只有合理且有意义的目标,才能激发个体奋发向上的内在动力,使个体在实现组织目标的同时,也能实现个人目标,从而增强组织目标的吸引力。第三,目标应当具体、明确,而不是模棱两可的。一个目标,什么时候要完成、具体怎么做、谁来负责、达到什么样的程度,作为领导者都应当十分清楚明白,并尽可能用数量表示,便于衡量。第四,设置的目标应当切实可行,又具有一定的挑战性。因此,目标的难易程度控制在中等偏上较为妥当,更有利于激发个体的创造性,难度过大的目标在个体多次尝试都不能成功的情况下,往往容易打击个体的积极性而失去信心,这样反而失去了激励的目的。第五,目标设置后应当保持相对稳定,而不是朝令夕改,但也要根据组织内部和外部环境的变化及时作出调整。

如今,目标激励法已被越来越广泛地运用到各个领域中。例如,为帮助官兵有计划、有步骤地成长成才,济南军区在各连局域网上为每名官兵建立了"目标计划图",引导官兵将个人目标"化整为零",分别对周目标、月目标、季度目标和年度目标进行了详细的规划。官兵们通过对照自己的阶段目标自查哪些目标实现了,有什么经验可取;哪些目标没有实现,有什么原因可寻。目标激励法催生了"精武热",在某次团组织的"创纪录"活动中,更创造了18人打破8个课目的纪录。[①]

新疆巴州铁通为更好地促进集客各项业务发展,也采用目标激励法将经营目标和责任目标相结合,根据分公司整体经营目标及奖励考核标准,分解任务,责任到人。在每一位集客业务经理的电脑前以便签的形式粘贴出"我的目标",时刻督促、激励自己,使员工在潜移默化中接受,在奋发向上的氛围中不断进步,形成"比、学、赶、帮、超"的良好氛围。通过一个月的试行,取得了良好的效果。[②]

通过目标激励法的运用,既保证了团队目标的完成,促进和稳定团队成员积极

---

① 张宁:《济南军区采用目标激励法 每周一评激励官兵》,载《解放军报》2013年10月29日。
② 《新疆巴州铁通"目标激励法"激励集客营销》,http://www.cctime.com/html/2014-11-13/201411131216588097.htm,2016年4月15日访问。

性、主动性和创造性的发挥,又能够促进个人目标的实现,让成员清晰地看到自己努力工作的方向、巨大意义和光明的前途,这样能够激发其强烈的事业心和使命感。因此,领导者应该充分利用目标激励法来激励员工,挖掘员工的潜力,进而使得组织目标得以更好更快的实现。

4. 参与激励法

管理大师德鲁克说:"知识是生产资料,它的所有者是知识工人,而且随时可以带走。这一特点同样适用于高级的知识工人,如科学家、理疗师、计算机专家和律师助理。知识工人提供资本与企业主提供钱是一样的,二者彼此依赖,这使得知识工人获得了与企业主平起平坐的地位。"[1]企业领导者把职工摆在主人的位置上,尊重他们、信任他们,让他们在不同层次和不同深度上参与决策,吸收他们中的正确意见,并依靠他们办好企业。

参与激励法是组织调动员工积极性的重要手段。现代人力资源管理的研究和实践经验表明,当今员工不同于以往员工,他们不会只是满足于把安排好的工作完成,他们更期待有机会能够参与到领导的决策过程中。在我国,最为常见的职工参与激励渠道是通过"职代会""企业管理委员会"中的代表参与企业的重大决策。通过参与,能够形成职工对企业的强烈归属感和认同感,也能够进一步提高员工的工作积极性,满足员工自我实现的需要。

通过参与激励,满足员工的愿望,实现组织和员工的共同目标。员工以主人翁的态度去参与工作和管理,使员工实现自己的价值,从而实现集体的利益;同时还可以留住优质员工;通过参与,可以从更广泛的角度来收集意见,更好地解决企业存在的问题。

5. 晋升激励法

所谓晋升激励,是指领导者将下属员工从低一级的岗位提升到更高一级的岗位,同时赋予其新的权力、义务的过程。晋升是精神激励中的又一重要激励制度,领导者通过对下属员工的晋升,一方面能够激励员工更加努力地工作,调动其积极性;另一方面,还能为领导者选拔人才、留住人才。因此,晋升激励法对于领导者或者员工本身而言都具有重要的意义。

相比较而言,情感激励、荣誉激励等其他精神激励一般都较容易实现,而晋升激励则要受到职位数量的限制。许多企业在初创期和发展期,由于企业发展的需要往往设置了大量的职位。随着企业的不断成熟达到稳定状态后,各岗位的人员、职位也渐渐饱和。此时,如果一位员工各方面的绩效都很优秀,他本应该晋升,但因为职位饱和的原因可能得不到晋升,只能从物质方面给予补偿。然而,现代社会

---

[1] 王强:《管理话题:工作的报酬就是工作本身》,载《粤港信息日报》2002年7月31日。

中,越来越多的员工对物质的奖励已不那么注重,而是更加重视自己的职业生涯规划,最直接的一点,就是通过晋升实现自己的价值。2005年某公司营业收入已达5亿元,市场占有率也达到了15%,公司正步入一个高速发展的阶段。然而,公司负责人却十分头疼。年终对员工满意度的调查显示,公司虽然发展越来越好,但是人才的流失率却高达40%!虽然公司制度中包含了很不错的激励制度,员工的福利待遇也相当不错,却仍没有降低公司员工的流失率,究其原因就是员工在职位工作若干年也得不到升迁,因而产生落败感,最后不得不另寻高就。这也是现代企业人才流失的一个重要原因。

因此,建立一个良好的晋升机制十分重要。良好的晋升机制能为员工实现其职业生涯指明方向,使员工的努力有据可依。通过对员工能力的考核、绩效的考核来晋升,不仅可以激活员工的活力,也能推动企业不断发展。众所周知,比尔·盖茨是一位电脑奇才,殊不知他在用人方面也有着高超的领导艺术。微软公司像其他企业一样,在人才管理方面也会碰到像晋升受限带来的问题,为此,盖茨提出了技术晋升方法,该方法对留住熟练的技术人员起了很大作用。首先,在职能部门里典型的晋职途径是从新员工升为指导教师、组长,然后再成为整个产品单位里某个功能领域的经理,在这些经理之上就是跨产品单位的高级职位。同时,微软既想让人们在部门内部升迁以产生激励作用,还想在不同的职能部门之间建立起某种可比性。微软通过在每个专业里设立"技术级别"来达到这个目的。这种级别用数字表示,大学毕业生为9或10级,一直到13、14、15级。这些级别既反映了人们在公司的成就和基本技能,也反映了经验阅历。这种制度能帮助经理们招收开发员并建立与之相匹配的工资方案。对于微软这样一个快速发展的公司而言,建立这样一个技术晋升制度来管理员工,是非常成功的。也正是建立了一套让优秀人才脱颖而出的良好机制,才使微软公司在这个竞争激烈的行业中能够始终保持领先地位。

总之,晋升激励对于企业的发展而言是十分重要的,也许在某些方面不够完善,但也是一种不可缺少的激励方式,对于提高员工工作积极性和企业的发展都有着重要作用。

除以上所述的几种方式外,尊重激励、许诺激励、关怀激励、沟通激励等也都属于精神激励的范畴,也都值得领导者学习和借鉴。当然,仅仅依靠精神激励的方法是远远不够的,倘若最简单的物质生存需求都得不到满足,那又如何能更好地为企业发展而尽心尽责呢?因此,精神激励十分重要,物质激励亦不可或缺。

二、物质激励方法

(一)内涵

物质是人们赖以生存的基础,对物质的需求是人们的基本需求。物质激励就是通过满足个人的物质利益需求,调动和激发人们积极性、主动性的一种基本方法。薪酬激励、期权激励都属于物质激励的范畴。领导者应该关心人们的切身利益,通过物质激励来调动人们的工作积极性,但物质激励的方法应当合理地、适度地使用。领导者在运用物质激励的方法时,应当注意以下几点:第一,物质激励要体现公平、公正、公开原则,对所有员工要一视同仁,不搞特权主义,按照统一标准,不偏不倚,否则会产生负面效应。同时,也要反对平均主义,如果领导者的物质奖励是平均分配的,那就失去了激励意义。第二,物质激励应与精神激励有机结合起来。如果单纯采取物质激励,则不仅会增加组织财政方面的支出,而且还会带来负面影响,减弱了激励效果。第三,物质激励必须有相应制度来保证。制度是实现目标的保障,因此,应当制定一套为大多数人认可并接受的物质激励制度,并严格执行,以保障激励制度的有效实施。

(二) 分类

1. 薪酬激励法

薪酬是指员工因向所在的组织提供劳务而获得的各种形式的报酬,包括工资、奖金等货币形式报酬及一些非货币形式的满足,如保险、实物福利等。组织通过薪酬激励,一方面可以调动员工工作的积极性,激发员工的工作潜能,提高组织的业绩;另一方面,还能够留住人才从而吸引更多的人才。

(1) 岗位工资激励。岗位工资是指以岗位劳动责任、劳动强度、劳动条件等评价要素确定的岗位系数为支付工资报酬的根据,工资多少以岗位为转移,岗位成为发放工资的唯一或主要标准的一种工资支付制度。一般是一个岗位一个工资标准,有技术业务熟练程度差别的岗位,则采用两个或两个以上的工资标准。一般来说,岗位工资的薪酬分配相对公平,且简明易懂,可操作性强,易于考核。

(2) 绩效工资激励。绩效工资是对员工超额工作部分或工作绩效突出部分所支付的奖励性报酬,旨在鼓励员工提高工作效率和工作质量。它是对员工过去工作行为和已取得成就的认可,通常随员工业绩的变化而调整,与基本工资相比它是可变的。实行绩效工资激励,不仅可以改善员工的工作绩效,从而提升组织的整体绩效,使员工对组织的满意度上升,更利于员工的目标与企业目标相一致。与此同时,也有利于帮助组织人力资源管理的决策更加合理化、科学化,为企业其他决策提供依据。绩效薪酬是对员工基本薪酬的补充,弥补了工资制度上存在的不足,使组织薪酬激励更加有效。

(3) 福利激励。福利是指组织为了保留和激励员工采用的非现金形式的报酬,是对工资或奖金等难以包含、准确反映情况的一种补充性报酬,可以不以货币形式直接支付。如带薪节假日、医疗、培训、保险等。福利是组织为满足员工物质文化生活,保证员工及其亲属的一定生活质量而提供的工资收入以外的津贴、设施和服务的社会福利项目。福利激励的主要作用包括：第一，为员工提供生活方便，减轻员工的生活负担，使员工更好地投入生产和工作，有利于提高劳动生产率。第二，为员工解决自己难以解决的困难。如对低工资收入者，通过补助，弥补他们基本生活的需要，解除他们的生活困难和精神上的负担，能使员工有良好的工作情绪和生活状态。第三，可以增强公司的凝聚力。

除以上三种薪酬激励方式外，还有许多其他的薪酬激励手段，它们共同的目的都是为了激励员工对工作的积极性、创造性和主动性，使组织能够更好、更快地运行。

2. 股权激励法

现如今，随着我国经济发展、社会进步，人们的生活特别是物质生活水平有了极大的提高，一般的物质激励对调动员工的工作积极性的作用有所减弱。面对这一新形势，领导者必须寻求新的激励方法，以期留住更多优秀人才。股权激励法就是近年来被企业领导者用于对员工的更为行之有效的一种激励方法。股权是指投资人（股东）对其所投资的股份公司享有的权益。股权激励，就是领导者有条件地给予激励对象部分股东权益，使其以股东身份享有经济权利，并同企业一同承担风险，从而能够全心全意投入到企业事业当中。股权激励不同于其他物质激励，这种激励是一种长期的激励，企业为了能够留住高端人才，大都采用股权激励的方法，使员工的利益与企业利益捆绑在一起，以更好地为企业发展服务。

股权激励制度中，又可分为股票期权、股票增值权、虚拟股票、账面价值股票、特定目标奖金、"影子股票"等几种形式。以虚拟股票为例，虚拟股票是指公司授予激励对象一种"虚拟"的股票，激励对象可以据此享受一定数量的分红权和股价升值收益。如果实现公司的业绩目标，则被授予者可以据此享受一定数量的分红，但没有所有权和表决权，不能转让和出售，在离开公司时自动失效。华为公司是中国员工收入较高的公司之一，高薪不但使得优秀人才聚集，也激励了人才的工作积极性。当然，更加吸引人才的应属华为推行全员持股的制度。一方面，华为公司在2002年实行虚拟股票政策，从根本上改变了华为股权激励中股票的性质，派发的"股票"不具有所有权，不影响企业实质的股权结构，避免了一些管理问题，也缓解了企业由于薪酬激励所带来的巨大资金压力。另一方面，华为的内部持股充分体现"权利智慧化、知识资本化"的原则，华为会按照员工的工作年限、职位、个人业绩、工作态度等指标，并且考虑才能、责任、贡献、工作态度、风险承诺等因素进行合理的调整，最终确定每位员工可以购买的股权数。员工根据股票数额享有股票分红。该制度的推行使得企业与员工的关系得到了根本的改变，员工与企业由原来的雇佣关系变成了伙伴式的合作关系，员工对公司的归属感进一步增强，将自己视为企业真正的主人。

应该说,不论采用何种激励方式,最终目的都是为了激励员工在实现自我价值的同时实现组织目标。精神激励与物质激励应当是相辅相成,缺一不可的。物质激励本身就体现着精神激励的作用,精神激励中也包含着物质激励的因素。然而,如果仅以激励的方法来用人管人,那是远远不够的,同时还应当有对应的约束制度加以保障。

三、制度约束方法

(一)内涵

生活中,处处都有各种各样的制度、准则约束着人们的行为,使得社会活动更加有序地进行。从广义上说,制度是指在特定社会环境下调节人与人之间社会关系的准则,包括习惯、道德、法律(包括宪法和各种具体的法律法规)、戒律等,由社会认可的非正式约束、国家规定的正式约束和实施机制三个部分构成。狭义而言,制度就是要求每个成员共同遵守的规章或准则。

在不同领域内,制度也有不同含义。从社会学的角度来说,传统社会学理论的"制度"概念侧重正式的规范。涂尔干认为社会学的研究对象是社会事实和集体表象,主要指公众意见、社会心理、思维模式和社会规范。这里的社会事实更多地是强调一种社会形式和存在方式,力图在客观的层面上把握社会制度。在方法论上,它是一种整体主义视角,假定社会制度等宏观现象不能简化为个体行动者的行动准则。从经济学上看,制度经济学家凡勃伦认为,制度实质上就是个人或社会有关某些关系或某些作用的一般思想习惯;在康芒斯眼中,制度无非是集体行动控制个人行动;霍奇森则认为,制度是通过传统、习惯或法律约束的作用力来创造出持久的、规范化的行为类型的社会组织。而新制度经济学家舒尔茨认为:"我将制度定义为一种行为规则,这些规则涉及社会、政治及经济行为。"[1]制度经济学家一般是从人性的角度来阐释制度的起源,把制度简单地规定为人之趋利避害的本性,这有一定的合理性。从管理学角度来说,制度是国家机关、社会团体、企事业单位为了维护正常的工作、学习、生活的秩序,保证国家各项政策的顺利执行和各项工作的正常开展,依照法律、政策而制定的具有法规性或指导性与约束力的应用文,是各种行政法规、章程、制度、公约的总称。纵然不同领域内制度表述的概念有所不同,所约束、规范的行为准则也略有不同,但其共同目的都是约束特定人群的行为,使计划、决策等更加井然有序地得以执行并达到预定目标。

制度对于人们的行为有着引导、规范的作用,所以,当今社会,领导者都应该学

---

[1] 〔美〕舒尔茨:《制度与人的经济价值的不断提高》,载〔美〕R.科斯、A.阿尔钦、D.诺斯等:《财产权利与制度变迁》,刘守英等译,上海三联书店、上海人民出版社1994年版,第253页。

会运用制度约束法来用人管人,同时也用制度规范自身的行为。必须指出的是,制度的设置,并不是只起制约行为的作用。相反,对于合乎组织利益的行为,领导者从制度上是给予褒奖的。只有那些不符合组织利益,对组织发展有所阻碍、牵制的行为才受到制度的约束,乃至惩处。

(二)制度约束的重要性

俗话说,没有规矩,不成方圆。也就是说,做任何事都应懂规矩并且守规矩。古时主将率兵打仗,向来是军令如山,以严明的军纪来管理士兵,以此建立一支纪律严明、军心统一的军队。清代曾国藩就很注重军队纪律,认为治军必须严明。许多江湖侠士前来投靠他,他考虑到大多江湖侠士以散漫、游走为习,难以受严明军纪的约束,担心他们加入军队影响了军中严明的风气,因此,即便此人有过人的才能,他也宁可不用。曾国藩这样的用人态度,是因为他将制度置于至高无上的地位,认为若规矩被破坏了,后果不堪设想。曾国藩对普通士兵严格要求,对于手下爱将亦是如此。进士出身的李鸿章初到曾国藩手下做幕僚时,认为自己是文人就不参加每日晨练,每天日上三竿才醒来。初到几日曾国藩碍于情面什么都没说,到第四天,天还未亮就派人转告李鸿章:每日晨练是统一军令,即使生病也得起来,军中士兵等你去了以后再用餐。李鸿章这才感到紧张,赶紧直奔餐厅。饭后,曾国藩对所有人说:"既然到我这里来了,就要遵守我的规矩。这里只崇尚统一的军令,任何人也不得例外。"自那天起,李鸿章改掉了文人习气,虚心学习,并且十分遵守军令,赢得了曾国藩的认可和重用。一支军队如果没有严格的规章制度的约束,就犹如一盘散沙,如何能打胜仗?军队如此,其他组织亦是如此。规章制度是所有组织运行的重要保障。在企业,如果没有规章制度来规范员工的行为,员工我行我素,那企业就会在同行业里失去竞争力,就不能够创造更大的价值。一套好的规章制度,往往比投入更多的人力管理来得有效。

(三)制度约束应具有的特性

规章制度对于组织管理非常重要,但是只有规章制度合乎组织所需,适合组织所用,才能发挥最大的作用。这样,领导者才能运用制度约束法来管人用人。一般而言,组织制定的规章制度应具备以下特性:

1. 规章制度的制定应当符合实际

组织制定的各项规章制度,是组织日常管理行为的重要依据和行为准则,其主要目的是要使人能够遵守。良好的规章制度可以使组织实现规范化管理,但若规章制度只是空有形式而不切实际,则如一纸空文,没有一点价值。

因此,领导者在制定规章制度时,一定要了解组织的动态,认真分析组织存在的各类问题,然后根据组织的实际情况来定制符合组织发展的规章制度,这样的制度才有意义。

2. 规章制度需要有相应的处罚规定

组织在制定规章制度时要明确相应的处罚规定，使组织的规章制度切实起到约束的作用。也就是说，在规章制度中，不仅要写明能做什么、应当做什么、可以怎么做这一类的规定，也应当注明什么是不能做、不可以做的，如果违反了规定，会受到什么样的处罚。例如，在许多商业类公司，如证券、银行，都设有公司保密制度，员工负有保守公司秘密的责任，不得私自复制和保存公司的秘密文件，不得将公司的重要机密泄露，否则将根据有关规定承担相应责任。轻则对公司造成的损害给予经济补偿，重则涉及法律层面上的问题，需承担相应的法律责任。

作为领导者，应当以有效的手段保障规章制度的贯彻和实施，对于违反规章制度造成重大过错的人，应当及时给予惩处，并且慎用他。领导者不能碍于情面而不追究，这样不仅会损害自己的威严，也会让其他员工不服而造成散漫的风气，给组织造成更大的损失。三国时期诸葛亮治军严谨，当马谡因违反军令，造成街亭失守，使整个蜀国处于危险之中时，为了严肃军纪，安抚朝野上下，最终不得不"挥泪斩马谡"，这一举措使全军将士都为之震惊，却也因此鼓舞了军心，教育了其他官兵。

规章制度的执行必须公正与严格，不能选择性地执行，不能因人而异地去执行，不得有偏袒。不论是谁违反了规定，都应当按照规定给予惩处，这样的规章制度才是有效的。

3. 规章制度不是一成不变的

规章制度是以条文形式固定下来的，相对稳定。规章制度若朝令夕改，则会使员工对组织的管理失去信心，致使规章制度无从遵守而影响了员工的积极性。但规章制度也不是一成不变的，一些在当时十分有效的制度，也会随着时间的推移、环境的变化而失去它原有的合理性。在组织发展过程中，作为组织的领导者应当认真考察外部环境的变化，并根据组织内部的情况，对原有的规章制度作出及时、适当的调整，使规章制度能更好地适应组织发展的需要。

综上所述，规章制度就是要求每个成员共同遵守的规章或准则，它对于人们的行为起着引导、规范的作用。制度约束法就是运用规章制度来规范、约束人的行为，它是组织管理的重要手段，也是领导者管人用人的基本方法。要充分发挥规章制度的约束作用，必须制定好科学合理的规章制度。

本章小结

领导用人主要是指领导者或者领导集体在实施领导活动的过程中，凭借自身的职权对人才进行的识别、选择、培养、激励、爱护、举荐等一系列组织行为过程。领导工作关键在于使用人才，掌握使用人才的原则和方法对领导者至关重要。因此，领导者在用人时应遵循德才兼备、用当其时、量才任职、明责授权、教育监督等原则。同时，领导者还要懂得用人的方法，通过激励、制度约束等方法有效调动人才的工作积极性。只有认真坚持领导用人的基本原则，科学合理地使用领导用人的方法，才能保证领导事业取得成功。

案例分析

允许失败将功抵过

日本田川公司的情报科科长川岛因提供了错误的市场信息，使公司蒙受了重大的损失。对于这样的严重错误，在总经理田川主持的会议上，经理们你一言我一语讨论开了。有的经理提出，为了避免再出现类似的错误，应马上撤换情报科科长；有的经理提出，要让川岛认真反省，公司应帮助他找出犯错误的原因，给他立功赎罪的机会，因为他以前的工作还是有成绩的。待到讨论平息下来时，一言不发的总经理田川宣布散会。

此时总经理田川有了自己的考虑，他想：正如大家所讲，情报科科长川岛可能是根本不称职的，不宜再担任现职；不过也可能是"好马失蹄"，判断错误，因为情报工作有"90%的信息，靠10%的判断"之说，如果把川岛马上撤职，就会毁掉一个人才；何况目前还找不到一个更合适的人选来接替川岛的职务，一旦撤职会影响工作。想到这里，田川把川岛找来，严肃地盯着这位三十多岁的青年男子，见他十分沮丧，田川只告诉他要对这次错误作处理，但没有具体讲怎样处理，就让他走了。

之后的一段时间里，川岛为挽回错误所造成的损失，一直兢兢业业工作，对情报科的工作和人员作了适当的调整，工作很有成绩，多次提供了很有价值的信息，为企业的决策作出了很重要的贡献。

一次，田川出访中国，计划向中国出口A产品。他带川岛同行，想让川岛了解一下这方面的信息。川岛利用半个月的时间，夜以继日地工作，走访各地，对中国政府有关贸易政策、投资环境、市场特点以及管理体制进行了调查，提出改变直接向中国出口的方案，而是与中国合资生产该产品，利用其廉价劳动力和原材料加工该产品，除了满足中国的部分需求外，大部分外销到欧美市场、东南亚及世界其他地区。田川看了川岛的报告之后，觉得很有道理。回国后，在总经理例会上，田川向经理们介绍了这一情况，得到了与会者的赞成，决定组织考察团就中日合作问题进行可行性研究。田川在会上说，川岛对这个职务是称职的，上次的错误只不过是个意外。大家表示赞同这个看法。

会后，田川把川岛找来，告诉他由于他的贡献，公司本来准备给予嘉奖，但因上次的失误还未处理，故功过相抵。总经理的一席话，使川岛心服口服，心情舒畅，干劲倍增，总经理的"冷处理"方法，使公司其他管理人员非常信服。

田川不因川岛的一次严重错误而认定其不称职,而是进行长期多次的考察。对于川岛的功过,田川进行了客观公正的处理:对于他的贡献,公司应该嘉奖,但对于上次的失误,也是必须处罚的,所以将功抵过,不嘉奖也不处罚,不升也不降。田川这种既允许失败,又赏罚分明的领导,使川岛和其他员工都心服口服,在公司营造了良好的工作环境,使人才的聪明才智得以充分发挥。

一个有事业心的人很看重的是发挥才能和个人发展的机会,领导应尽可能地提供这方面的条件。不仅是提供有吸引力的薪酬和完善的福利,更重要的是提供可以使人才充分施展才华的舞台,提供能够令其获得进一步发展的空间,而一个鼓励开拓创新,允许大胆尝试并允许失败的环境是其中必不可少的一环。

案例思考题:

1. 川岛因提供了错误的市场信息,使公司蒙受了重大的损失。但是,总经理田川没有听从其他经理的意见撤换他,而是给他立功赎罪的机会,体现出领导用人的哪些原则?

2. 田川不因情报科科长川岛的一次严重错误而认定其不称职,而是进行长期多次的考察,终使其将功补过,才能得以充分发挥,体现出领导用人的哪些方法?

拓展阅读

1. 王永生:《用人方略论》,人民出版社2011年版。
2. 李焱平编著:《毛泽东用人智慧和艺术》,中国书籍出版社2008年版。
3. 冯世斌:《用人的格局》,北京大学出版社2009年版。
4. 赵玉平:《选人用人定成败》,北京邮电大学出版社2013年版。
5. 〔美〕玛莎·I.芬尼:《用人的真理》,丁思檬译,机械工业出版社2015年版。
6. 王小宽:《海纳百川的领导者用人艺术》,红旗出版社2015年版。
7. 中国国学文化艺术中心组编,霍小娟译注:《用人之道》,中国人民大学出版社2015年版。
8. 苗枫林:《中国用人史》,中共党史出版社2015年版。

第七章　领导沟通

本章要点

1. 了解领导沟通的内涵及意义。
2. 了解领导沟通的过程、可能产生的障碍及克服障碍的一些方法。
3. 了解领导沟通的原则及基础。
4. 掌握不同情境下领导沟通的一些方法。

引例

在得知德国开始研制原子弹后,以爱因斯坦为首的一批美国科学家联名给罗斯福总统写了一封信,请求他批准研发核弹。这封信由亚历山大·萨克斯转交总统。萨克斯是总统的私人顾问,他明白自己使命重大,但心里有些不安:"总统对物理学是外行,看了信以后会不会支持?"萨克斯耐心地等着罗斯福看完科学家们的长信。"哦,这些科学家说得都很有趣,不过政府在现阶段干预此事,看来为时过早。"萨克斯正想说,罗斯福又打断他:"很抱歉,今天就到这吧,明天我请你吃早餐。"

第二天早上,萨克斯和总统面对面坐着,罗斯福好像看透了他,开口就说:"今天不谈爱因斯坦的信。"萨克斯知道这是最后的机会了,他微笑地望着总统,说:"我只想谈一点历史。英法战争期间,拿破仑在陆地上战无不胜,但在海上却屡战屡败。这时,有一位年轻的发明家富尔顿前去拜访拿破仑,建议法国把战舰上的桅杆砍掉,撤去风帆,装上蒸汽机,把木板换成钢板。拿破仑嘲笑道:'军舰不用帆?靠你设计的蒸汽机?哈哈,这简直是想入非非,不可思议!'结果富尔顿被轰了出来。后来历史学家评论这件事时认为,假如拿破仑当时采纳了这个建议,19世纪的历史可能就要重写……"萨克斯说完后,用深沉的目光盯着总统。罗斯福沉思了片刻,斟满一杯酒给萨克斯说:"你胜利了。"

沟通有着极其重要的作用,一个优秀的领导者,必须具备高超的沟通能力,才能更好地解决工作中遇到的各种问题。

第一节 领导沟通概述

一、领导沟通的内涵

从字面上理解,"沟"是沟渠,"通"是畅通,所谓沟通就是把阻塞的沟渠变得畅通无阻,让死水变成活水。在管理学领域,沟通一般是指信息在两个或两个以上人群中的传递或交换的过程,其目的是激励或影响人的思想或行为。沟通是人与人之间、人与群体之间思想与感情的传递和反馈的过程,以求思想达成一致和感情的通畅。根据以上的解释,所谓的领导沟通就可以理解为在组织的领导活动中,两个或两个以上不同主体之间通过信息的传递交换获得相互了解,达到团结一致、密切合作、共同实现组织目标的过程。

对于领导沟通内涵的理解,具体可以从以下几个方面进行:

第一,领导沟通是领导活动与沟通过程的有机结合。"沟通"是一个广泛而具有普遍意义的词汇,在不同的领域有着不同的解释。在管理学领域,将领导活动与沟通过程相结合,才是领导沟通内涵的真正体现。在领导沟通中,领导活动和沟通过程二者是内在和外在的关系,领导活动是内在,沟通过程是外在,通过沟通这个过程,维持领导活动的顺利进行。

第二,领导沟通存在各种各样的主体和形式。领导沟通作为管理中的一种过程性活动,可能涉及各种不同的参与主体与形式。就主体而言,领导沟通可能发生在组织与组织之间、组织与个人之间、个人与个人之间。就形式而言,领导沟通可以分为工具式沟通和情感式沟通、口头沟通和书面沟通、正式沟通和非正式沟通、单向沟通和双向沟通。

第三,领导沟通最本质的部分是信息的传递交换。整个领导沟通活动就是建立在信息的传递交换过程上的,正是通过不同主体之间信息的传递交换,才能获得相互的理解支持,最终团结一致、密切合作,为组织目标而共同奋斗。

第四,领导沟通的最终目的是实现组织的目标。组织目标是组织宗旨的载体,是组织的存在意义的具体表现。领导沟通作为一种组织管理的方式,本质上还是为实现组织目标而服务的。因此,在领导沟通的过程中,最终都要以实现组织目标为出发点和落脚点来进行活动。

二、领导沟通的意义

领导沟通对于组织领导活动的顺利进行,实现组织管理,具有极其重要的意义。

第一,领导沟通是组织实现正确决策的前提和基础。一个组织成功的关键在于对重大事件的正确决策。在决策的过程中,无论是问题的发现和界定,还是方案的拟订、选择和执行,都需要对组织内外的各种情况进行了解掌握。而掌握情况最快且最有效的方法就是进行沟通,这里面既有上下级之间的沟通,也有同级之间的沟通。通过有效的沟通,实现了信息之间的交流,就能很大程度上避免组织决策的失误。大量事实证明,许多失误的决策,其失败的主要原因就是沟通不畅。

第二,领导沟通是维持组织成员关系,尤其是领导者和被领导者关系,使领导活动顺利进行的有效方法。在组织运行的过程中,领导者与被领导者的关系就如一类对立统一的矛盾。如果领导者的领导职能行使不当,就可能使二者的关系走向对立面,导致领导活动无法顺利进行。此时,就有必要采用领导沟通的方法,进行信息的交流,增进组织成员间的相互理解,消除不必要的隔阂。

第三,领导沟通是统一成员思想,确保行动一致,实现组织目标的重要手段。组织运行的直接目的就是实现组织目标,组织内部的领导活动也是围绕着这个目标进行的。因此,领导沟通实际上也是实现组织目标的一种重要手段。通过领导沟通,向组织成员传递组织目标和组织文化,能有效地统一组织成员的思想,做到上下齐心,共同为实现组织目标而奋斗。

第四,领导沟通是联系组织与外界,使组织与外界进行交流的桥梁和纽带。领导沟通不仅仅局限于组织内部,同组织外部的沟通也是其中很重要的一个部分。现代社会,任何组织都难以做到不与外界联系而独立生存下去。只有通过与外界沟通,一个组织才能感受到外界形势的变化,从而做到顺应时势,进行组织内部的调整,避免被时代所淘汰。

三、领导沟通的过程

在组织领导工作中,当信息的发送者和接收者开始进行信息的传递时,领导沟通也就开始了。具体的沟通过程如图 7-1 所示。

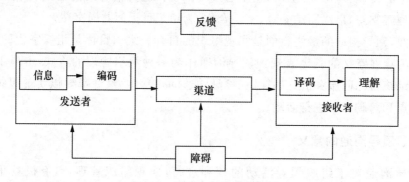

图 7-1　领导沟通过程示意图

从图 7-1 中可以看出,领导沟通的过程主要包括以下几个部分:

1. 发送者

发送者是沟通过程参与主体的一方。在进行沟通时,发送者会先将所要传递的信息进行编码,然后再通过某种渠道将编码后的信息传递给接收者。信息的编码就是将所要传递的信息转换成一种发送者和接收者双方都能理解的"信号",这是发送者必须要掌握的一种技能,信息只有经过正确编码,才能被接收者理解。比如,在和英国人进行沟通时,就需要先掌握英语,然后将所要表达的信息用英语表述出来,才能被对方所理解。

2. 接收者

接收者是沟通过程参与主体的另一方。在进行沟通时,接收者的主要任务是进行译码,理解发送者传递过来的信息。译码是指接收者在收到发送者传递过来经过编码的信息后,根据自己所掌握的知识,将信息转换为自己所能理解的内容。与编码一样,译码是作为接收者所必须掌握的技能,只有经过译码,信息才能被接收者理解。

3. 渠道

渠道是发送者和接收者之间的中介,只有通过一定的渠道,发送者编译后的信息才能传递到接收者处。信息传递的渠道有很多种,如口述、书信、电报、电话、网络等,都是信息传递的渠道,各种渠道各有利弊,在进行渠道选择时,应该根据具体情况,选择合适的沟通渠道,尽量保持信息传递的完整性和有效性,才算得上是一次成功的沟通。

4. 反馈

反馈是检验沟通效果的一个必要的过程。通过向发送者进行反馈,接收者就能了解到信息传递的效果如何,在传递的过程中还存在什么问题,以便及时根据情况进行相应的修改,确保沟通达到最好的效果。

5. 障碍

在沟通过程中,还有一个对沟通极为不利的因素,那就是沟通障碍。沟通障碍可能发生在沟通的各个环节中,在发送者对信息进行编码时,在信息经渠道进行传递时,在接收者对信息进行译码时,都有可能发生沟通障碍。沟通障碍是沟通失败的主要原因之一,在进行沟通时,要特别注意可能产生的沟通障碍,尽量将其影响降至最低。

四、领导沟通过程中可能产生的障碍

(一)发送者的障碍

1. 语言障碍

语言能力对于发送者来说是一项极其重要的能力,会直接影响到信息编码的效果。一方面,语言能力包括掌握世界上各种语言种类的多少,掌握的语言越多,自然能沟通的范围就越广。另一方面,语言能力还包括对所掌握语言的灵活运用程度。语言能力一般贵精不贵多,能够将一门语言应用自如,就具备了在一定圈子里活动的条件了。语言障碍是沟通过程中发送者可能面临的一种障碍,这种障碍既可能是语言的不会运用,也可能是语言的错误运用,无论是何种,对于沟通来说都会构成毁灭性的打击,需要发送者特别注意,对语言能力多加锻炼。

2. 文化障碍

文化障碍是发送者需要特别注意的又一种沟通障碍。不同地区、不同种族就可能有着不同的文化习俗。如果不能适应对方的文化习俗,就可能在沟通中产生文化障碍,影响沟通的效果。例如,回族人不吃猪肉,印度人崇拜牛,这些都是特有的文化习俗,需要发送者多加注意,避免在沟通时误踩"地雷"。

3. 心理障碍

心理障碍在发送者方也是比较常见的一种沟通障碍。这种障碍主要体现在上下级间的沟通中。上级在与下级沟通时,就有可能因为职位的差别产生心理上的优越感,从而在沟通中独断专行,说什么就是什么,丝毫不考虑下级的感受,这样的沟通显然是失败的。而下级在与上级沟通时,这样的问题也会存在。下级会因为与上级的职位差别,在心理上产生自卑感,在与上级沟通时唯唯诺诺,一味地迎合上级,丝毫没有自己的主张,这样的沟通显然也是不行的。

(二)接收者的障碍

1. 兴趣障碍

兴趣障碍是接收者方比较容易产生的一种沟通障碍。假如接收者对发送者所发出来的信息完全不感兴趣,那么无论发送者将信息发送得多么完美无缺,到接收者处都会被直接过滤掉,沟通也就失败了。"对牛弹琴"就是一个很好的例子,无论人将琴弹得多好,对牛来说都是没有意义的,这只能是一次失败的沟通。因此,在沟通时,还要特别注意避免接收者的兴趣障碍,尽量谈一些对方感兴趣的话题或是想办法提起对方在这个话题上的兴趣。

2. 情绪障碍

情绪障碍是接收者方又一种可能产生的沟通障碍。情绪是每个人都会有的本能反应,人与人在进行沟通时,或多或少都会受到情绪的影响。但是,当接收者的

情绪走向极端时,就有可能产生情绪障碍。亚里士多德曾说:问题不在情绪本身,而是情绪本身及其表现方法是否得当。当接收者处于极端的情绪中时,无论发送者向其传递什么信息,都有可能被直接忽略掉,沟通也就此失败了。因此,在进行沟通时,最好选择接收者情绪较为平稳的时刻,这样才能将情绪对于沟通的影响降至最低,让接收者作出理性的判断。

3. 经验障碍

经验障碍是接收者在译码过程中比较容易遇到的一种障碍。接收者往往会把以往的一些经历积累为经验,在进行信息译码的过程中,会不知不觉地运用过去的经验过滤所收到的信息。这种依靠经验的做法并非不可取,但在运用的过程中还是应该多加注意,毕竟经验有正确的也有错误的,有适用的也有不适用的。如果过度依靠经验,就很有可能产生经验障碍,导致沟通无效。

4. 偏见障碍

偏见障碍是接收者在沟通过程中很可能产生的又一种障碍。偏见如情绪一样,在沟通过程中,接收者或多或少都会受其影响,这与一个人的生活环境与生活经历有关。例如,一些男性会认为自己比女性的工作能力更强。带有这种偏见的男性在与女性进行工作沟通时,就可能看不起对方,认为对方必须要依靠自己,从而将自己置于高一等的位置,这样对于双方的沟通来说是极为不利的,带着偏见与人沟通最后必然难以得到共识,只会不欢而散。

(三)渠道的障碍

1. 时间障碍

时间障碍是信息在传递过程中比较容易遇到的一种障碍。在沟通的过程中,很可能会出现一种现象:当遇到很重要的大事的时候,信息的传递会特别快,几乎用不了多少时间就传递给对方了。而当遇到一些芝麻绿豆的小事的时候,信息的传递却会很没有效率。这就是所谓的"芝麻绿豆原理"。对此,在进行沟通时要特别注意不要让事情的大小左右步伐。一方面,在遇到重要的事情时,不要仓促地进行沟通,在没了解清楚的情况下,仓促地将信息传递给对方,很有可能造成信息传递的错误。另一方面,对于一些不重要的事情,传递也不要太不讲效率,很可能这件事在这个时间段是一件小事,但随着时间的推移,就发展成了一件大事,如果到了那个时候才发现因为没有及时传递信息而给组织造成了损失,那就悔之晚矣。总之,在进行沟通时,还是要注意保持一颗平常心,无论大事小事都事先了解清楚情况后,在合适的时间内传递给对方,这样就能较为有效地避免沟通过程中的时间障碍了。

2. 空间障碍

空间障碍是在沟通中比较常见的另一种障碍,尤其是在不能面对面进行沟通的情况下,空间障碍的影响会更为明显。虽然现代社会随着通信技术的进步,出现了诸如电话、网络等试图解决沟通空间障碍的新技术,但是在一些特殊的情况下,远距离沟通的效果仍然远不如面对面沟通。例如,现今不少学校都开设了网络课堂,但将学生聚集在一个教室里上课仍然是学校进行教育的主流形式,因为,在一个教室里,学生和老师才更容易通过面对面沟通加强相互的了解与知识的交流。可以说,面对面沟通仍然是沟通中必不可少的一种形式,即使有新技术的发展,空间障碍对沟通的影响依然较为严重。

3. 组织层级障碍

组织层级障碍是在组织中进行信息传递时较为容易产生的一种障碍,是指信息在传递的过程中,经历过多的组织层级,导致部分信息被过滤掉了,从而造成所传递信息的失真。信息如果没有传递正确,那么基于错误信息的沟通也就自然失败了,所以组织层级障碍是在组织中进行沟通时不可忽视的一种障碍。有些情况下,一个信息在高层管理者那里的时候正确性是100%,到了最终信息接收者那里正确性可能就只剩下20%了。这是因为各级主管部门可能会受到各种因素的影响,在信息传递过程中自觉或不自觉地过滤掉了一些内容。为了避免组织层级的障碍,一方面要建立起一种有效的组织沟通机制,尽量确保各层级间信息传递的真实性;另一方面,注意将组织机构往扁平化的方向发展,尽量减少信息传递所要经过的组织层级,这样就能有效地减少信息在组织层级间传递时的失真风险。

4. 环境障碍

环境障碍是进行沟通时可能遇到的又一种障碍。沟通一般是在一定的环境下进行的,尤其是面对面沟通时,更容易受到环境因素的影响。在面对面沟通时,如果周围的环境比较嘈杂,就会对沟通效果产生不利影响。因为噪音容易让人心烦意乱,难以集中注意力去倾听对方的言语,沟通效果也就自然下降了。因此,在进行沟通时,最好还是选择一个较为有利的舒适环境以便提高沟通的效率。

五、克服沟通障碍的方法

1. 目的明确

沟通一般是带有一定目的性的,可能是为了了解情况,可能是为了传递指示,还可能是为了加强交流……无论是出于何种目的,接下来的沟通都必定是围绕着这个目的在进行的。因此,在沟通时要特别注意目的的明确性,把握住了沟通的目的就等于抓住了问题的主线,而脱离了目的的沟通只会变成一堆无用的谈话。

2. 内容确切

在把握住沟通目的后,接下来就是关于沟通的内容的确定。沟通内容无疑是要根据沟通目的来确定的,沟通内容是表象,沟通目的是内在,二者相互结合才具备了沟通的一些基本要素。因此,沟通时内容一定要确切,围绕沟通目的所展开,为实现沟通目的而服务。

3. 平等尊重

在沟通过程中,沟通双方应该相互平等尊重,即使是组织中的上下级间的沟通也是如此。只有沟通双方相互平等尊重,才能有效地避免一些不必要的沟通障碍。例如,偏见障碍就需要双方相互平等尊重才能有效避免。

4. 保持理性

保持理性是沟通过程中避免情绪障碍的一个好方法。要顺利完成沟通,必须注意保持一定的理性。保持理性也是对信息接收方的要求,对于信息发送方来说,选择一个对方情绪较为平稳的时刻进行沟通也比较有利。

5. 重视技巧

沟通技巧在沟通中有着极其重要的作用,掌握一定的沟通技巧对于克服语言障碍有着很大的帮助。语言障碍不仅仅只体现在能够掌握几门语言上,会不会将语言灵活运用,才更为关键。要做到这点,沟通的一些技巧就必须要掌握好。对什么人该说什么话,在什么情况下又该说什么话,这些都需要好好进行琢磨,多加体会。

6. 换位思考

换位思考是在沟通过程中很实用的一个技巧。在沟通过程中如果能够从对方的角度来看问题,就有可能发现一些平时难以发现的东西。例如,换个角度思考,就能发现对方对现在谈论的这个话题其实完全不感兴趣,应该换个对方感兴趣的话题或者采用不同的沟通方式,这样就能有效地避免因兴趣不同产生的沟通障碍。此外,从对方的角度看问题,还可能发现一些文化习俗上的忌讳,这样也能避免不必要的文化障碍。

7. 及时沟通

沟通很注重时效性,一件小事如果没有及时通过沟通加以解决就可能发展到不可收拾的地步。因此,在沟通过程中,要注意及时沟通以避免出现沟通的时间障碍。及时沟通不仅仅只是发送者要及时将信息传递给接收者,接收者一方还要注意及时进行反馈。通过及时反馈,发送者才能了解到信息传递过程中存在的一些问题并及时加以改进。

8. 选择环境

环境对于沟通效果的影响是毋庸置疑的,选择一个好的环境是有效避免环境障碍的一个重要举措。在沟通进行前,沟通双方就应该注意事先选择一个较为安静舒适的环境以避免环境障碍对沟通效果产生不利的影响。

第二节 领导沟通的原则与基础

一、领导沟通的原则

1. 明确表达问题事件

在沟通的过程中,沟通内容很大程度上都是围绕问题事件而展开的,无论是上级向下级的任务传达,还是下级向上级的请示批准,都是以一些问题事件为中心。因此,在沟通过程中,要特别注意对这些问题事件的明确表达,让对方能听得懂你究竟想要说的是什么。明确表达问题事件并不等于长篇大论,相反,想要明确表达问题,必须抓住重点,把握关键。据调查,多数人注意力集中的平均时间只有十分钟左右,如果在十分钟内不能准确地将内容传递给对方,沟通的效果将会直线下降。因此,在沟通时长篇大论显然不是一种高效的方法,除非问题特别复杂。在平常的组织沟通中,还是要注意节约时间,在将问题的主干叙述完毕的同时,注意突出重点,这样才能提高沟通的效率。可以说,问题的明确表达,是顺利进行沟通的第一步,做好了这一步,便解决了沟通问题的一半了。

2. 注意倾听他人的意见

沟通本来就不是一个人的活动,它涉及信息的发送方和接收方,包括多个不同的利益主体,让大家在利益趋于一致的情况下,共同为组织目标而奋斗,才是沟通的精髓所在。因此,在沟通时,千万不能搞"一言堂",自己说什么就是什么,丝毫不考虑别人的感受。正确的做法是,多倾听他人的意见,这样既可以借他人的观察来验证自身想法的正确性,又容易获得他人的认同,使措施在推行时避免一些不必要的阻力。

3. 适当应用单向沟通和双向沟通

沟通按照是否进行反馈,可分为单向沟通和双向沟通。单向沟通是指发送者和接收者身份固定,发送者只负责发送信息,接收者只负责接收信息。双向沟通则是指发送者和接收者身份会不断交换,且发送者是以协商和讨论的姿态面对接收者,信息发出以后还需及时听取反馈意见,必要时双方可进行多次重复商谈,直到双方共同明确和满意为止,如交谈、协商等。单向沟通的优点在于速度快,发送者的工作量小。但缺点也较为明显,接收者没有发表自己意见的机会,很容易在二者之间产生不平等感和距离感,不利于营造良好的沟通氛围。双向沟通的优点则在于沟通信息的准确性较高,接收者有表达自己意见的机会,容易产生平等感和参与感,有助于营造良好的沟通氛围,加强双方感情的交流。从领导者角度看,如果新上任的领导经验不足,在下级面前想树立权威性,单向沟通会较为有用。但是,如果长期运用,单向沟通的缺点就会越来越明显。此外,如果是下级对上级或是同级之间的沟通,最好还是运用缺点较为不明显的双向沟通。

4. 强调激励的作用

在成功的领导沟通中,总是少不了激励的存在,强调激励是领导沟通又一个重要的原则。尤其是上级对下级,这种激励的作用将会更加重要。人作为组织中的一个个体,都希望自己的工作能得到组织的认同,上级领导作为组织的代表,在沟通过程中,注意对下属进行激励,就能极大地调动起下属工作的积极性,增强精神动力,从而更好地为实现组织的目标而奋斗。

5. 保持适当的距离

保持适当的距离也是领导沟通中的一个重要原则。隐私权是我国公民基本权利中很重要的一项,每个人的生活中总有一些不想被别人知道的东西。领导沟通不要打破砂锅问到底,对于一些涉及他人隐私的对组织影响又不是很大的内容,完全没有必要进行沟通。保持适当的距离是对他人的一种尊重,而相互尊重可以说是领导沟通得以顺利进行的一个很重要的基础。

二、领导沟通的基础

1. 具备一定的沟通能力

沟通能力在沟通过程中处于最基础性的地位。在组织中,无论是上级还是下级,如果连一定的沟通能力都不具备,那么他在与他人进行沟通时,肯定是事倍功半的。沟通能力有很多种,如表达的能力、察言观色的能力、回答问题的能力等,都可以算是沟通能力的一种。基本上,多数人都具备一定的沟通能力,但这并不意味着沟通能力就不需要再提升。沟通能力可以说是易学难精,想要在沟通能力上更进一步,就需要大量的理论学习和实践锻炼,而这也是将一个人的沟通行为提升到沟通艺术所必需的一个过程。

2. 沟通双方相互了解

领导沟通很重要的基础之一是双方要有一定的相互了解。这种相互了解不需要很深刻,但至少需要对对方的大致情况有所了解。只有沟通双方在一定程度上相互了解,才能较为容易地把握住沟通的关键,选择合适的沟通方式。比如,对脾气暴躁的人,就应该采用较为柔和的沟通方式;对不自信的人,就应该注意在沟通时多进行激励。

3. 沟通双方相互尊重

相互尊重是领导沟通得以顺利进行的另一个重要基础。在领导活动中,职位的差别很容易产生人格尊严上的不平等,尤其是直属上级在面对下级时,这种不平等更容易产生。人是生而平等的,尊重需要在需要层次中占了极其重要的地位。

如果沟通双方不能相互尊重,那么这种沟通最终只会引发一系列不良的后果。

4. 沟通双方相互信任

相互信任也是领导沟通的一个重要基础。领导沟通的本质还是信息的交流与传递,在沟通过程中,有些信息可能涉及私密性的内容,在沟通双方内部传递交流可以,但一旦泄露出去,就会给一方造成不必要的困扰。在这种情况下,就需要沟通双方相互信任,才能完成这部分信息的交流传递。在领导沟通中,如果没有一定程度上的相互信任,所谓的沟通很容易浮于表面、流于形式,原本应该交流传递的信息会由于不信任而有所隐瞒,沟通也就因此失败了。

5. 沟通双方有共同的利益

共同的利益可以说是领导沟通最重要的基础。领导沟通并不是领导以权势压迫下属进行工作,而是在共同利益的基础上实现"双赢"。领导与下属之间的关系是一种对立统一的关系,领导沟通就是要尽量避免对立面而扩大统一面,将这种统一面扩大最有效的方法就是找出共同的利益。"天下熙熙,皆为利来;天下攘攘,皆为利往。"这句话或许有些片面,但根据亚当·斯密的"经济人"假设理论,人都是有着利己的一面的,在利益的驱动下,人工作起来确实会更有效率。考虑到领导沟通最终要实现的是组织整体的目标,把握住个人利益与组织利益相符的共同利益,就能有效地促进领导沟通的顺利进行。

第三节　领导沟通方法

一、下级与上级的沟通方法

1. 主动了解上级

领导沟通的一个重要基础就是相互了解,只有在对对方有一定了解的基础上,才能有效地选择应对方式。下级作为领导沟通过程中较弱势的一方,对上级的了解更是必不可少的。下级要去了解上级的领导风格,根据上级的领导风格选择合适的沟通方式,多观察、多思考、多总结。一般来说,根据上级的领导风格可以将上级分为创新型、官僚型、整合型、实干型四类。创新型的上级喜欢着眼全局,做事讲究效率,想问题偏向于发散性思维模式。应对这种类型的上级,需要下级在与其沟通时,多找机会让上级发表意见,多询问上级的看法。官僚型的上级做事喜欢慢条斯理,多关注过程和细节,思维是直线型的。应对这种类型的上级,需要下级在与其沟通时,注重沟通形式,讲究沟通的方法,尽量放慢沟通速度,控制住自己的情绪。整合型的上级处事圆滑,会根据不同的情形采取相应的沟通方式,习惯于考虑他人的想法,而不愿意去主动做某事。应对这种类型的上级,需要下级在与其沟通时,事先作好相关的准备,多发表自己的想法,多承担工作的责任,减轻上级的负担。实干型的上级习惯于直线型的思维方式,做事动作快,讲究过程,却不喜欢考虑事情的结果。应对这种类型的上级,需要下级在与其沟通时,多从问题结果出发来沟通,这样才能弥补上级的不足,避免一些不必要的错误。总之,应对不同领导风格的上级,下级需要多加注意,尽量适应上级的领导风格采取行动,不要误踩"雷区"。

2. 注意请示汇报

上级与下级最大的不同在于权力的不同。下级在组织中的权力多是由上级授予的。因此,在组织内工作时,下级一定要先把权力的规划弄清楚,看看自己有没有权力去做这些事。在上级吩咐做事时,对上级的授权要不断试探,如果工作中遇到一些对授权没有规定的"灰色地带",一定要先请示上级,得到首肯后再执行,注意做到不越位、不越权。此外,还要注意对工作情况进行主动汇报,让上级知道自己做了什么,这样既可以使上级认识到自己工作的积极性,让上级更好地接纳自己,也可以使上级感到安心。

3. 做好上级交代的任务

下级实际上就是上级工作中的帮手,主要任务就是帮助上级完成组织中的工作。因此,下级的工作能力才是多数上级最为看重的能力。尽全力做好上级交代的任务,这是向上级展示自己工作能力最好的方法。长期尽职尽责地工作,上级都会看在眼里,记在心里,一旦有什么重要的事情,首先想到的也就是工作能力最强的下属。这样,上级就会对下级形成依赖,在上级的心中,这个工作能力强大的下级有了不可替代的作用,这也是作为一个下级最为成功的表现。

4. 适当向上级诉苦

在注意做好上级交代的任务的同时,也要注意在适当的时候向上级诉下苦。一般来讲,上级更体谅那些积极向自己诉苦的下级,更看重那种不诉苦默默承受工作压力的下级。因为知道诉苦的下级,上级会更容易知道他实力有限,从而安排一些简单的工作,而不诉苦的下级,上级会认为他是能者多劳,从而把一些更不容易解决的事情交给他。得到上级的看重固然是好事,但一味地默默承受工作的压力,却也不是明智之举。在适当的时候,向上级诉下苦是非常必要的,把自己面临的困难和压力适当时向上级作下汇报,这绝对不是你能力不够的表现。人无完人,一味地承受工作的压力固然能把个人的才能发挥到极限,但体力和精神上的压力也将达到极点,一旦超过承受能力,最后可能造成自身的崩溃。这种不知诉苦一味承受工作压力的方式绝对不是持续性的职业之道。

5. 掌握一定的沟通技巧

沟通技巧在下级与上级的沟通中会发挥出极其重要的作用,下级千万不要忽视它的力量。沟通技巧是一门艺术，想要完全掌握需要大量的学习与锻炼。在下级与上级沟通时，在沟通技巧方面有以下几点需要注意：

（1）尽量给上级出选择题而不是问答题，千万不要随意替上级作答。在遇到一些问题，需要上级的首肯才能解决时，最好先给上级列出一些解决方案让其选择或修改，而不是毫无准备地就去问上级该如何解决。作为下级，职责就是在工作中出现问题时，为上级分忧解难。遇到问题时，如果下级自己都不能有一些解决的想法，而是一味地依靠上级，那就是无能和失职的表现，这样的下级在组织中必定得不到上级的赏识。此外，还要注意不要随意替上级作决定。在与上级进行沟通解决问题时，"我决定……"是最犯忌讳的。作为下级，如果上级没有让你来决定，那么决定权就只是在上级的手中，下级随意作决定那就是赤裸裸的夺权。这样显然会激发上级与下级之间的矛盾冲突，对下级来说是极为不明智的。

（2）注意语言表达，表达要清楚，语音要洪亮，语句要通俗易懂。在向上司作汇报时，要先有所准备，理清思路，明白自己想要说的是什么，注意全面的同时做到突出重点，言简意赅，切忌重复啰嗦，毕竟上级的时间不是下级可以随意浪费的。在接受上级交代的工作任务时，尽量不要找借口推辞拒绝，接受上级交代的任务也是下级的本职工作。如果工作实在超出了自己的能力范围，也不要在大庭广众下拒绝上级，可以找机会和上级说明原因，希望获得上级的谅解。如果出现了在上级面前说错话的情况，察觉到之后，应该立即就此打住，并马上道歉，切勿认为可以糊弄过去，那样只会给上级留下更差的印象。

6. 不要随意地站队

在多数组织中，往往不会只有一个领导。在进入组织后，作为一个下级，可能会遇到多个上级。如果组织中上级之间关系和睦，亲密无间，那么下级自然就不用为"站队问题"而苦恼。但是，组织作为一个利益的集合体，上级间的关系往往是错综复杂的，有合作，也会有竞争。如果上级之间相互竞争比较严重，就有可能在组织内部分化出多个小群体，而作为组织中的一员，同时又是个下级，就不可避免地会遇到"站队问题"。遇见这种情况，最好的办法是能避则避，不要轻易地"站队"。经济学家詹姆斯·托宾说过："不要把所有的鸡蛋放到一个篮子里。"这句名言在职场上同样适用。上级之间的竞争是上级的事，作为一个下级，只要做好自己的本职工作，不给上级找麻烦，那么上级也自然不会随意为难你。但是，在"站队"成为某一位上级的嫡系之后，自然会被其他上级打上"敌对"的标签，这样虽然能够得到某一位上级的帮助，但面对其他上级时，就有可能被为难。如果"站队"的上级最后能够从竞争中胜出，那固然是好事，而一旦失败，作为嫡系下级，结果也必然会很凄惨。一个理智的职场人，最好不要这么做。持之以恒，兢兢业业地工作，慢慢在组织中积累起足够的业绩与人望,总会有出头之日的。

7. 正确把握与上级的关系

下级与上级的关系是一种对立统一的关系。一方面,这种关系有着统一的一面,但又不能太过统一。如果关系太过统一,那么上下级之间的界限就会变得模糊,组织运行过程中,就很容易出现职权的混乱。因此,下级就要注意与上级保持适当的距离,在面对上级时,必须摆正心态,上级就是上级,下级就是下级,不要去随意僭越,触碰上级的底线。另一方面,这种关系也有着对立的一面,虽然在组织运行的过程中,极力强调要尽量避免上下级之间的对立,但在实际生活中,这种对立却仍是存在的。在遇到这种情况时,下级要做的就是尽量避免使这种对立走向极端。如果上级在吩咐做事时,这种事情会给自己造成一些困扰,但还没到不可忍受的地步,那么先不妨承担下来,毕竟上下级的对立如果走向极端,吃亏的多半是下级。当然,如果这件事已经超出了承受范围,触及自己的底线,那么下级就要学会如何拒绝上级。是做不到?还是不能做?注意在不至于产生误解的情况下,及时阐明情况并坚定地加以拒绝,在这个过程中,可以多用一些委婉含蓄的表达技巧,避免情况恶化。

二、上级与下级的沟通方法

1. 了解下级的情况

上级对下级有着一个很重要的领导职能,要领导好自己的下级,上级就必须对自己的下级有较为深入的了解。第一,上级对下级的思想情况要有所了解。思想在一定程度上可以支配一个人的行为,如果上级对下级的思想变化情况不闻不问,长久之后,下级就可能变成一个上级已经完全不了解也无法把握的人,甚至在关键的时候下级采取一些危害组织的行动,上级都还未知未觉,这显然是上级的失职。第二,上级还要对下级的工作情况有所了解。领导下级做好工作是上级最重要的职能之一。通过对下级工作情况的了解,上级才能更好地给下级安排合适的工作,提高工作效率。第三,上级还要对下级的生活情况有所了解。多数人参与工作的一个目的就是为了改善生活,生活可以说与工作息息相关。如果没有好的生活情况,下级的工作积极性无疑会受到严重的影响。因此,上级还有必要对下级的生活情况进行了解,这样才能更好地加强双方的沟通,促进上下级关系的和谐。

2. 准确表达

上级与下级之间的沟通很大一部分内容就是指令的传达,在这个过程中,信息传递的准确性就显得非常重要。如果上级不能准确表达自己的指令,那么下级就可能短时间内无法理解上级所要表达的内容,轻则导致大量的时间被浪费于不必要的沟通,重则导致下级错误理解上级的指令后造成工作上的失误,给组织带来不必要的损失。

3. 善于倾听

上级对下级的沟通除了向下传达信息外,接收来自下级的信息也是很重要的一个部分。因此,除了要准确表达外,上级在与下级沟通时还要善于倾听。通过倾听,上级才能准确把握下级想要传递的信息,从而采取合适的方式正确应对。上级除了被动倾听来自下级的信息外,更要注意主动挖掘倾听的机会。有时下级会出于一些顾虑而不愿意向上级吐露心迹,长久以往,就可能导致上下级间的距离过远。因此,上级在平时就应该体贴下级,对下级以礼相待,及时解决下级工作生活上的问题,这样就能在下级的心中树立一个良好的形象,下级也更愿意与这样的上级进行沟通。

4. 善于赞扬激励

赞扬激励是上级在与下级沟通时必不可少的一个重要手段。通过赞扬,能对下级起到一个有效的激励作用,从而提高下级工作的积极性。下级如果对某项工作没有信心,上级需要通过赞扬来激励下级;下级如果在某些方面表现出色,上级更应该通过赞扬来对下级的工作表示肯定。

5. 恰当批评惩罚

下级在长期工作的过程中,总难免会犯一些错误,上级对这点应该要有所了解,注意不要对下级的错误过于苛责,即使下级真地犯了一些较为严重的错误,上级也应该注意恰当地批评惩罚。无规矩不成方圆,组织运行有其相应的规章制度。下级如果犯了错误,不批评惩罚显然是不合适的,但批评惩罚下级并不是目的,关键是要通过批评惩罚使下级认识到自己的错误,从而改正错误。在这种情况下,组织如果有相应明确的规定自然是再好不过,上级就能够依此照章办事。但是,如果这部分的规定较为模糊,上级就要注意把握批评惩罚的尺度,时刻牢记教育改正才是批评惩罚的真正目的,千万不要对下级进行过度的批评惩罚。此外,如果下级犯错的责任在于上级的错误领导,上级就要注意勇于承担相应责任,这样既能在下级心中树立一种公正无私的形象,也能给下级一种被上级保护的安全感。千万注意不要把责任都推给下级,这样只会失去人心,再也得不到下级的拥护。

6. 注意阐明前景

下级之所以真心愿意跟随某个上级,是因为他心中认为这样会更有前途。而要让下级心中能产生这种想法,阐明前景就是较为有效的一个方法。因此,上级在与下级沟通时,就要特别注意为下级阐明前景。例如,企业管理中的员工职业生涯规划,其实就是为下级阐明前景的一种方式。通过一步步明确的规划,让下级在上级的领导下,找到前进的方向,就能极大地调动下级工作的热情。此外,要注意的是,这种阐明前景不能是望梅止渴、画饼充饥,在恰当的时候,上级要注意给下级更多的机会。例如,尽才的机会,给下级安排合适对口的工作及便利的工作条件;复起的机会,能容忍下级工作的失败,给其东山再起的机会;进修的机会,提供学习的时间、条件、费用等;进取的机会,给下级升职,让其实现更大抱负。

三、同级之间的沟通方法

1. 转变错误观念

同级之间进行沟通时,转变错误观念是很重要的一点。在组织中,尤其是内部竞争比较激烈的组织中,组织成员之间比较容易产生一种错误观念,即其他同级只是自己的竞争对手,在与同级沟通时,不需要给他们好脸色。这种观念显然是不正确的。组织运行是在成员合作的基础上得以进行的,如果组织成员之间只看中竞争,整日忙于勾心斗角,组织目标的实现也就无从谈起了。不可否认,同级之间确实会有竞争的矛盾,但不应该将这种竞争放大到平日的成员沟通中,这是不正确看待竞争的方式。平日里同级之间在进行沟通时,应该以和为贵,在工作中注重共同合作,共同完成组织的目标,共同进步。

2. 积极进行沟通

同级之间进行沟通时,还要注意积极进行沟通,尤其是新入组织的年轻人,更应如此。现代社会中,新一代的年轻人个人独立性都比较强,多是生活在自己的小世界中,平时与外界较少沟通。这种生活方式在过去的学习生活中,或许还不会产生过多的严重的问题,但在加入一个组织进行工作后,这种生活方式的弊端就会越来越明显。如果还是像原来一样,不重视与外界积极沟通,长久以后,就很有可能被其他组织成员孤立,没有自己的交流圈,对组织中的一些信息也会因此后知后觉,最终给自己造成不必要的损失。因此,在组织同级之间,尤其是一些新进组织的成员,要特别注意积极进行沟通。通过这种方式,能快速增进自己对组织情况的了解,形成自己的朋友圈,加强与同级之间的交流合作,提高工作的效率。

3. 正确处理矛盾冲突

在与同级进行沟通时,还要注意正确处理矛盾冲突。虽然在同级沟通的过程中,一般组织成员的主张都是以和为贵,大家是共同为组织目标而奋斗的伙伴,但是在实际工作中,同级之间在沟通时仍然难免会遇到一些矛盾冲突。在这种情况下,能否正确处理矛盾冲突就成为同级间和睦关系能否维持的关键。当与同级之间发生矛盾冲突时,切记要先冷静下来,不要采取过激的方式将问题严重化。接下来要对沟通中出现的问题进行客观思考,如果问题的症结在于己方,那么就要勇于承认错误,以便及时得到对方的谅解,继续合作。如果问题的症结在于对方,也不要急于指责对方的错误,可以先待对方冷静下来之后,再以一些较为柔和的方式说明问题症结的所在,同时向对方表达和解的意愿,就此小事化了。当然,在实际工作中,还是可能会遇到一些极其不冷静、喜欢抓住问题不放并以此打压对方的同级。在这种情况下,原先处理矛盾冲突的方式可能就不适用了。此时最好还是敬而远之,如果实在发生了矛盾冲突,可以请上级出面进行协调,切莫忍气吞声,使得自己的权益受损。

4. 掌握必要的沟通技巧

同级之间的沟通,也是要掌握一些必要的沟通技巧的。有些人会认为,与上级沟通,稍有不慎,就可能触怒上级,影响自己的前途。因此,这里面需要注意的问题有很多。而与同级沟通,毕竟等级相同,从组织权力上,对方难以给自己造成太大的影响,因此,在与同级沟通时,可以不用太在意,没必要考虑太多技巧性的问题,大可以随意沟通。这种想法其实是不合适的。虽然同级之间的沟通,确实不像同上级沟通那样,需要注意的地方特别多,但这并不意味着同级之间的沟通就可以随意进行,不用讲究丝毫的沟通技巧,一些必要的沟通技巧在同级沟通中其实还是很重要的。掌握必要的沟通技巧,不仅可以促进同级之间的和谐沟通,加速协调与同级之间的关系,而且可以对于与上级和谐沟通也有一定的促进作用,将一些沟通技巧应用到与同级沟通之中,可以说就是在为与上级沟通积累经验。

四、与男女领导的沟通方法

在与上级领导沟通时,还有一种较为特殊的情况,那就是与男女领导之间的沟通。因为性别的差异,男女领导在对待下级时会有着一些明显的不同。因此,下级在与男女领导进行沟通时,还有一些其他方面的问题要多加注意。

1. 换位思考

在与男女领导进行沟通时,要特别注意换位思考,尤其是下级与领导性别不同时,更是要注意掌握这种方法。在组织生活中,因为性别的差异,男女在工作问题上可能会有些不同的看法。比如,男性可能会要求工作要迅速、有激情、讨厌瞻前顾后;而女性则可能会要求工作要严谨、要冷静、讨厌激进冒失。可以说,这两种观念在一定程度上是相互冲突的。因此,下级在与领导性别不同时,千万要注意去换位思考,自己的领导是否会因为与自己的性别不同,在工作问题上有着不同的看法,自己这么做是否符合领导的想法,切莫依照自己的喜好随意行事,那样只会在不明所以的情况下触及上级的底线。

2. 发挥自己的优势

与男女领导沟通,在讲究换位思考的同时,还要注意发挥自己的优势。换位思考并不是要求下级抹灭自己的个性去迎合上级领导,正相反,这是要求下级在对上级有一定了解、不触及上级底线的基础上,更好地发挥自己的优势。所谓"男女搭配,干活不累",这讲的是男女因为性别不同,对于工作中的问题会存在不同的看法,二者如果能相互配合,弥补对方的不足,就能很好地解决工作中的问题,起到事半功倍的效果。在上下级之间也一样,优秀的上级都是希望下级能够弥补自己的不足,帮助自己更好地完成工作任务,下级如果能够发挥自己的性别优势,更好地帮助上级发现并解决一些工作中的问题,那么必然会得到上级领导的器重。

本章小结

本章主要介绍了领导沟通的一些相关知识,主要包括领导沟通的内涵及意义、领导沟通的过程、可能产生的障碍及克服障碍的一些方法、领导沟通的原则及基础、不同情境下领导沟通的一些方法等。

领导沟通在组织生活中的重要性是不言而喻的,作为组织中的一员,必须要注意掌握这种技能。一方面,要注意掌握理论知识,了解领导沟通的内涵、方法等;另一方面,还要注意将理论联系实际,在实际工作中将所学的知识用于实践,多加锻炼,经过实践的不断打磨,摸索出一条适合自己的沟通方式。

案例分析

魏徵独特的沟通艺术

封建帝制下的大臣,最难协调的就是与最高统治者皇帝之间的关系。古代皇帝地位至高无上,往往自以为是,臣子上疏规劝或批评皇帝的,稍有不慎,就会引来杀身之祸,所以历来就有"伴君如伴虎"的古训。在这样的环境中,要想陈述不合皇帝口味和心思的不同意见,让皇上牺牲一点局部利益以协调君臣、君民关系,不但要有大勇,而且要有大智。在这方面,作为辅佐朝政的重臣,魏徵是一个很懂皇帝心理和讲究沟通艺术的"良臣"。

唐太宗李世民是在发动玄武门政变杀掉其兄太子李建成和其弟李元吉后登上皇位的。太子虽被杀,但其追随者散亡在民间,虽有朝廷赦令仍不免心存疑虑。魏徵曾任太子洗马,与李建成部下比较熟悉,唐太宗就派他为特使,去河北一带安抚李建成和李元吉的旧部,并授予他遇事可以酌情处理的权力。魏徵在途中遇到两辆去长安的囚车,车中押着李建成的护卫将军李志安和李元吉的护军李思行,他们都是在玄武门之变后从长安逃到河北后被捕的。魏徵看到这种情形,就同副使商量说:"朝廷已下了诏令,对李建成和李元吉的部下一律赦免,不再追究,现在又把李志安和李思行押送长安治罪,其他人谁还敢再相信皇帝的诏令呢?我们奉旨安抚,谁还会相信我们呢?现在把他们放了,不再问罪,在朝廷宽大政策的感召下,其他人就会归降。"于是他利用唐太宗授予的"便宜行事"的权力,当即释放了李志安和李思行。在唐太宗的支持下,魏徵圆满地完成了安抚河北的任务,协调好了唐太宗与太子旧部之间的复杂矛盾，为形成稳定的政治环境立下了汗马功劳。

贞观六年，唐太宗坐稳了皇位，他的开明政策已初见成效。这时许多大臣请其去泰山封禅，以炫耀功德和国家富强，只有魏徵坚决反对。唐太宗不解，便问道："你是认为朕功劳不高、德行不尊、中国未安、四夷未服、年谷未丰、祥瑞未至吗？"魏徵答道："陛下虽有以上六德，但户口并未恢复到隋末大乱之前的水平，国库还很空虚；如果千骑万乘浩浩荡荡千里东巡，耗费会很大，沿途百姓承受不了。再说封禅这件大事必然引来各国使者，远夷君长也会扈从，现在中原一带人烟稀少，灌木丛生，让他们看到中国如此虚弱，对我大唐怎么会不产生轻视之心？这种只图虚名而深受实害的事，陛下为什么要干呢？"自古以来，泰山封禅是君王最热衷的事，唐太宗也心向往之。但当时贞观之治刚刚实施，国力稍有起色，老百姓才从连年战乱中刚缓过一口气，要承担这样大型的全国性礼仪活动，国力和民力确实均难以承受。魏徵的直言陈词延宕了太宗的行期，后因中原数州洪水暴发，封禅之事再也没有提上日程。

贞观七年，中牟县丞皇甫德参上疏对三件事提出尖锐批评："在洛阳修建东宫是劳民伤财；地租过重让老百姓无法忍受；妇女喜欢梳高发髻的风气都是受宫中女子的影响。"唐太宗接书大怒道："德参这家伙是要国家不役使一个人，不收取一斗租，让宫里的女子都剃光头，他才会心满意足吧"，并要治皇甫德参的罪。魏徵谏道："自古以来，提意见的上疏如果不偏激就不能触动人主之心，这就是人们常说的'狂夫之言'，圣明的人君会择其善者而从之。请陛下想想，这个说法是不是有道理呢？"最后魏徵还补充说："陛下最近不大爱听直言了，虽能勉强包涵，但已不像从前那样豁达自然了。"唐太宗觉得魏徵说得在理，不但没有治皇甫德参的罪，还让他担任了监察御史。魏徵一番合情合理的谏言，不但免除了一位臣子的罪，而且有效地协调了君臣之间的关系。

案例思考题：

1. 上述案例中，谈谈如何做好与上级还有部属之间的沟通？
2. 如何理解沟通是协作的关键？
3. "合作的前提是信任，信任的前提是了解，而了解最直接、最有效的手段就是沟通"，谈谈你是怎么理解这句话的。

拓展阅读

1. 林颖编：《领导沟通案例》，人民出版社2015年版。
2. 〔美〕博伊德·克拉克、罗恩·克罗斯兰：《领导就是沟通》，胡书东、孙立明译，中信出版社、辽宁教育出版社2004年版。
3. 〔美〕巴瑞特：《领导力沟通》，邓天白等译，复旦大学出版社2013年版。

4. 刘明辉、林修果主编:《现代领导沟通协调方略》,团结出版社2002年版。
5. 王建民主编:《管理沟通理论与实务》,中国人民大学出版社2005年版。
6. 张丽娜、张凤梅编著:《沟通协调能力》,人民出版社2005年版。
7. 〔美〕斯蒂芬·P.罗宾斯、菲利普·L.亨塞克:《管人的艺术:团队沟通的方法与技巧》,樊登、马思韬译,机械工业出版社2014年版。
8. 强月霞、唐邈芳、陈伟莲编著:《人际沟通概论》,华东师范大学出版社2015年版。
9. 张昊民、李倩倩编著:《管理沟通》,格致出版社、上海人民出版社2015年版。
10. 郑日昌:《沟通心理学》,北京师范大学出版社2015年版。

第八章 领导心理调适

本章要点

1. 了解领导心理调适的内涵。
2. 了解领导心理调适的必要性。
3. 了解领导心理病的类型。
4. 了解领导心理调适方法。

引例

周瑜是一名卓越的将领,但因其性急易怒导致英年早逝。关羽,过五关,斩六将,英勇无敌,但因其刚愎自用,最终败走麦城而死。以上两位领导者之所以没有取得成功,主要原因是他们患有心理上的疾病,不能很好地进行自我心理调适。据专家调查,有90%的领导者没有察觉到自己患有心理疾病,有53%的企业家已经患有不同程度的心理障碍,有90%以上的人不知道如何去调适。[1] 这里所涉及的问题正是我们本章所要探讨的领导心理调适问题。

英国著名作家狄更斯说过,一个健全的心态,比一百种智慧都更有力量。在各行各业的工作实践中,许多领导者凭借其过人的领导能力取得了卓越的成就,但是由于其无法逾越的心理困境,有时候也会作出错误的决策甚至导致其事业一败涂地。因此,提高心理调适能力对领导者而言至关重要。本章重点介绍新时期领导者可能出现的各种心理疾病以及改善领导者心理调适的方法,旨在提升领导者心理调适能力,使领导者以积极快乐的心态面对工作、面对生活、面对日益变化的外部环境,从而顺利完成领导的使命,实现人生价值和社会价值。

---

[1] 谭刚强:《中国企业家心灵的迷乱与疗治——对"经济脊梁"群体"心理疲劳与塌陷"现象的健康心理学考评》,载《企业文明》2012年第1期。

第一节 领导心理调适的内涵与必要性

一、内涵

心理调适主要是指领导干部以积极的态度进行自我调节,形成新的认知结构,消除心理不平衡,以达到对社会环境的适应。① 心理调适能力是指能够准确地观察、理解、表达自身的心理状态,并采取相应措施调适心理状态至健康水平,从而有效管理自己的情绪,使之能够更有效率地工作的一种能力和力量。②

二、必要性

明朝的开国皇帝朱元璋出生在贫苦的农民家庭,参加起义后成就霸业。在国基初定之后,朱元璋生性猜忌的心理日益显露出来,为了使朱姓王朝绵延流长,皇权的膨胀达到了登峰造极的地步。在朱元璋执政后期,很多功臣遭遇灭顶之灾,包括最受重用的宋濂。宋濂告老还乡后,每年都要来觐见朱元璋。只有一年,他没有来,朱元璋就将他的儿子杀掉,并将他谪居茂州。文学家高启被推荐去修《明史》,成书之后,朱元璋授予其户部侍郎的高位,然而高启坚决推迟,朱元璋认为他不肯合作,就将他腰斩于南京。朱元璋的这种猜忌心理致使满朝文武人心惶惶,唯恐遭殃。当时的京官去见皇上之前,都要和妻子儿女诀别,直到下午回家时,全家人才高兴起来。其实朱元璋在早年和中年时并非如此。早年的朱元璋渴望生活安稳,眷恋亲情,投入郭子兴的红巾军,完全是为自保性命,混碗饭吃。中年的朱元璋处事公平,善待书生,虽疾恶如仇但善待敌手,特别是其对龙虎山道观的保护,使朱元璋首次对自我有了使命感。晚年的朱元璋性情之所以变得猜忌重重,完全是其不能进行有效的心理调适所导致的。因此,领导者心理调适对领导者的心理健康非常重要,提高领导者心理调适能力对一位领导者来说至关重要。

2005年上半年,国家人事部公务员管理司司长刘嘉林在一次谈话中提出,公务员的能力建设非常重要,公务员的能力代表一个国家的能力,公务员的作风代表了国家的形象,公务员的综合能力也代表了一个国家的综合实力,因此必须注重对公务员能力素质的培养。作为一名合格的公务员,必须具备通用能力、学习能力、沟通协调能力、创新能力、应对突发事件能力和心理调适能力。③ 2006年安徽省社科院和黄山市委党校调查了黄山市三区四县一百多名领导干部,结果发现干部中普

---

① 王信琳:《社会转型期领导干部的心理调适》,载《岭南学刊》1999年第6期。
② 吴刚:《领导干部心理调适能力建设探析》,载《领导科学论坛》2012年第12期。
③ 刘余莉编著:《领导干部心理调适》,中国水利水电出版社2012版,第87页。

遍存在"心理压力""心理不平衡""心理疲劳",并有"浮躁""压抑""焦虑"和"忧郁"的情绪。2005、2006、2007年四川、江西、北京、江苏等地也分别对本地领导干部心理进行调查或测试,结果大同小异,发现约65％以上的领导干部有心理紧张状态,46％的领导干部有不适应的感觉。① 由此可以看出,心理调适能力已经成为公务员特别是领导干部能力素质培养的重要内容。领导心理调适的必要性具体可表现为以下几个方面:

（一）领导心理调适是心理健康的必然要求

心理健康已成为当代人越来越关心的问题,尤其对于领导干部,他们身处组织核心地位,其繁重的工作任务与肩负的重大责任都要求其心理健康,而领导干部进行心理调适是其心理健康的必然要求。关于心理健康的重要性具体可以分为以下几个方面:

1. 心理健康是健康的重要组成部分

根据世界卫生组织的定义,人的全面健康包括身体健康和心理健康两个方面。这两个方面密切相关,互相依存,身体健康是心理健康的前提和基础,心理健康是身体健康的动力和保证。领导干部只有具备心理健康的基本条件,才能保证人体的全面健康,才能维护身体功能的协调稳定,免除各种情绪压力。如果一个领导者心理不健康,那么他很容易出现身体不健康甚至有生命危险。希特勒从一个平凡的小人物到登上德国政坛的巅峰——国家元首的宝座,可算得上是一个杰出的领导者,但希特勒是一个有着严重心理障碍的人,性格的分裂使其心理状态变得扭曲、变形,其身体状况也出现了极端的恶化。1944年7月,希特勒身体状况进一步恶化,只有借助放大镜才能看清东西。在发生针对希特勒的谋杀案之后,他常常处于高度的精神紧张之中,每天只睡三四个小时,有时甚至更少,身体状况达到了即将崩溃的状态,只能靠药物来维持。在心理和身体的健康状况极端恶劣的情况下,希特勒万念俱灰,选择了自杀。二战时期,美国正是掌握了希特勒有心理障碍这一弱点,才使战争提前结束。因此,我们不能忽视心理健康的重要性,必须把心理健康作为人体健康的重要组成部分。

2. 只有心理健康,才能适应领导环境

今天领导干部所面对的领导环境相当严峻,国内外各种错综复杂的矛盾给领导者工作带来了巨大的困难。心理不健康的人往往会在这样的压力下惊慌失措,一筹莫展。然而,心理健康的领导者却表现出一种积极的人生态度,不逃避、不退缩。他们能够较好地适应现实环境的变迁,并且对周围发生的事情有一个清醒和客观的认识,进而对出现的问题进行妥善处理。2008年,沃伦·巴菲特身家达620

---

① 张庆满:《领导干部心理调适初探》,载《中国井冈山干部学院学报》2009年第3期。

亿美元,超过微软公司创始人比尔·盖茨,成为全球首富。然而,巴菲特所拥有的并没有使其有任何的焦躁与傲慢。华尔街的繁华没能诱惑他,媒体的嘲笑也没能对他产生任何影响,他依然生活在平凡而普通的小城市——奥马哈,平静而简单地经营着他的股票。巴菲特之所以能够适应这种复杂的外部环境,与他健康的心境是分不开的,其镇定自若的心理素质无疑就是人生的一笔重大财富,正是因为如此才能使其在极其复杂的股市环境下立于不败之地,成为众人仰慕的股神。因此,只有心理健康才能适应领导环境。

3. 只有心理健康,才能胜任领导工作

心理健康的领导者,视工作为快乐,对工作充满热情,能把自己的聪明才智在学习和工作中发挥出来,并能从中得到满足感。对他们来说,工作并不是负担,而是实现自我价值的方式。他们会用积极进取的精神感染和影响着身边的每一个人,给大家带来激情。曼德拉曾经身陷囹圄,然而沉重的苦役、闭塞的环境并没有摧毁他的斗志。正是因为曼德拉拥有不怕艰难困苦的精神和百折不挠的强大内心,才使他成为一位闻名世界的黑人运动领袖。正如他在种菜哲学里讲的那样:作为领导人,必须认真照料他们自己的菜园。他们要播种、观察、耕耘,然后才能收获。就像园丁一样,他们必须对他们耕耘的事业负责,就必须悉心呵护他们的工作,以全力击退敌人并竭尽全力挽救他们所能够争取的一切,进而清除影响成功的一切障碍。曼德拉是用耐心去对待他所领导的人民,而不是把他们作为一种负担,正是因为曼德拉这种领导特质才使其有能力胜任黑人运动的领导,并取得胜利。因此,心理健康对于领导者的工作至关重要。

4. 只有心理健康,才能拥有更大的发展潜力

心理健康是领导者素质的前提和载体,是领导者对环境、现实、意外情况作出反应的心理基础。领导者要想走得更高、更远,需要有一个健康的心理作为支撑,否则就无法担负更加艰巨的重任。曾国藩是一位极其复杂、颇受争议且具备多元影响的人物,他一生历尽周折,最终成为中兴之臣,这一系列的成功与其健康的心理是分不开的。当曾国藩平定太平军后,可谓位列三公、权倾朝野。然而,此时曾国藩并没有任何狂妄之举,而是镇定自若,经过深思熟虑后,削藩裁军。正是因为此举使其稳居相位,得到了一个汉族官吏前所未有的名利和权势。他能够得心应手地驾驭各种权力,并且深藏不漏,随机应变,这种领导的潜质与其不贪图名利的健康心理品质是分不开的。

(二)心理调适是现代社会对领导者提出的新要求

1. 现代社会对领导者心理状态的影响

进入21世纪,人类社会正在发生着翻天覆地的变化,尤其是我国改革开放以来,经济领域里发生了重大转变,与之相关联的政治、思想、文化、道德等意识形态

也发生了巨大的变化。所有的这些变化在领导者身上产生了巨大的影响：一是工作与生活节奏的加快，使领导者有一种态势逼人的紧张感；二是竞争危机感的不断增强常常使领导者惊慌失措；三是日益变化的外部环境与外部事物常常使领导者难以适应、难以理解，思想上经常会产生一种茫然感；四是对于不断变换的工作，领导者经常会感到力不从心、精神上感到焦虑等等。所有这些影响可以归结为一点，即快速发展的社会增加了领导者的心理压力，这可以说是一种现代病。

2. 领导工作对现代领导者心理状态的要求

现代领导者在领导活动中需要接触大量纷繁复杂的人和事，必然会表现出比常人更多的心理活动，诸如愉快、满意、紧张、消沉等等。实践证明，领导者积极的心理状态会对工作产生促进作用，在心情好、情绪高涨的情况下，他们思维敏捷、乐观自信、富有创造力、解决问题迅速而有效。领导者消极的心理状态则会妨碍他们工作水平的正常发挥，常常会情绪低落、反应迟钝、操作缓慢、缺乏锐气、工作效率相当低，甚至会把事情搞糟，可见领导者的心理状态直接影响着领导工作本身。

应当指出，心理状态一般会通过情绪表现出来。领导的这种情绪与其工作成效的关系是显而易见的，适度的紧张情绪和心理压力在某种程度上有利于领导者进入最佳工作状态；而过于松弛的情绪则可能导致其工作马虎与拖沓。但是，如果情绪过度紧张或心理压力过大，就有可能产生过重的心理负担，从而造成工作失误。

总之，领导者在社会生活中占据着重要的位置，他们的心理状态对组织、对群体、对工作都会产生重要影响，加之新时期的领导工作发生了很大的变化，新事、难事、急事多，部门和人与人之间利益关系及公关活动错综复杂，这些新的情况都对领导者的心理状态提出了新的要求。

3. 领导者的心理状态对其身心健康的影响

现代医学证明，情绪往往与身心健康有着直接的关系。若经常处于紧张、焦虑、痛苦、愤怒等不良情绪状态中，就会破坏心理平衡而诱发身心疾病。在领导者群体中，心脑血管系统疾病发病率明显高于普通人群，这往往与领导者工作压力大，情绪工作紧张，而又不善于调节有关。不良情绪还会使内脏活动和内分泌失调，比如紧张的情绪会刺激肾上腺素分泌，使心跳加快、呼吸短促、手脚冰凉；愁苦郁闷时，胃液大量分泌而肠道蠕动受抑，过量胃液中的胃酸和胃蛋白酶会引发胃病、胃溃疡、十二指肠溃疡；愤怒时，血压增高、血糖增加；心理压力过大时，会引起神经性头痛、背和颈部及肩部的疼痛等等。临床上由于生气、忧愁、发怒等不良情绪影响而加重多种疾病已成为常见的现象。因此，领导者要保持身心健康，不仅要保持一张一弛的工作方法，也要学会调节自己的情绪，特别要注意保持愉快健康的心理状态。

另外,不良的情绪会导致失眠症状。失眠是个什么滋味,恐怕越来越多的领导干部都有自己的切身感受。在多数情况下,失眠是我们心理负担过重引起的。具体来说,短时间失眠,常是因刺激性事件引发,一旦这种刺激逐渐消退,就可恢复正常睡眠;而长期失眠者,最常见的病因是忧虑。有学者研究发现,在 300 例失眠患者中,85%的人是由于心理因素引起的,占慢性失眠患者的 50% 左右。忧郁症、神经衰弱、恐惧症、焦虑症、疑病症、强迫症、精神分裂症的病人大多失眠。心理因素对失眠有着重要的影响,反过来失眠又会影响到人的心理。失眠使人精力不足、精神萎靡、注意力不集中、情绪低沉,使人急躁、紧张、易发脾气,降低人的学习效率与工作效率。长期失眠有可能使人的感受能力降低,记忆力减退,思维的灵活性降低,计算能力下降,还会使人的情绪状态发生一些改变。失眠对人的心理影响程度不仅取决于失眠的长短和严重程度,而且在相当大的程度上取决于失眠患者的心理状态和对失眠的认识。有人虽患有严重的失眠,但精神状态仍很正常;而有人即使偶尔失眠,情绪也一落千丈,严重影响工作与学习。因此,领导干部如果要保持健康的睡眠,除了要有合适的环境外,个人心态是非常重要的。环境通常很难改变,但心态却可以作一定的调节,以有利于更好地休息。

(三)领导干部提升心理调适能力势在必行

1. 提升心理调适能力是领导干部保持身心和谐健康的需要

在当前社会转型时期,领导干部的压力越来越大,他们承受着来自社会、工作、家庭以及自身人格特质等各方面的压力。良好的心理调适能力不仅能使领导干部更好更快地处理各种矛盾,提高心理承受能力,而且能够在压力和挫折面前有足够的心理准备,及时采取有效措施抵制各种不良诱因,能够使领导者始终保持乐观向上的精神面貌和良好的社会适应性。另外,良好的心理调适能力、积极乐观的心态,可以有效降低生理疾病的产生,使领导干部以充沛的精力和活力面对各种挑战和困境。

2. 提升心理调适能力是领导干部获取事业成功的基本保障

现实中部分领导干部才华出众、勤奋上进,但他们却因受挫一次就心理失衡、萎靡不振,或因情绪易失控而人缘较差,最终难有作为。与此相反,具备良好心理调适能力的领导干部,能始终保持清醒的自我意识、稳定的情绪状态、健全的人格和强烈的社会责任感,有效履行领导职责,不断提高工作业绩,最终获得职业生涯发展的成功。

3. 提升心理调适能力是领导干部拥有良好生活品质的前提

拥有良好的生活品质,是包括领导干部在内的每个社会成员的期望。然而,部分领导干部虽然表面上仕途得意,家庭美满,但由于心理调适能力的缺失决定了他们不能坦然地应对社会生活中的压力和挫折,不懂得珍惜已拥有的,这种情况会使其生活质量、自我感觉都很差,有的甚至会出现自杀的情况。所以,对于领导干部来说,只有具备良好的心理调适能力才能在逆境中保持乐观,在困境中感受快乐,才能在追求事业成功的同时拥有高品质的生活。

第二节　领导心理病类型

2004年北京市率先在干部选拔中引入了心理健康测试,2005年四川省在大规模的干部选拔中引入了心理素质测试。2006年时任中组部部长贺国强明确表示要对一些省部级领导或重要岗位的领导进行考核评价,并进行心理素质考核。这些表明了决策层对领导干部心理健康问题的重视,但毋庸置疑也从另一个方面说明了当下领导干部心理健康问题不容乐观。2010年以来,媒体已公开报道的官员"非正常死亡"事件涉及陕西、河南、安徽、广东等多个省市的干部。

近年来,领导干部心理疾病的加剧离不开一个大背景,21世纪人类进入心理疾病时代。现代社会中,工作与生活压力越来越大,人们的心理变得越来越脆弱,一些领导干部出现焦虑、抑郁等状态,个别干部由于心理压力过大甚至精神崩溃。关于领导干部常见的心理疾病主要体现在以下几个方面:

一、紧张心理

当前我国处于改革的关键时期、利益调整的攻坚期,人民群众对我们党提出了更多更高的期望和要求,各级领导干部普遍存在一种紧迫感、危机感,心理压力非常大,精神高度紧张。

领导干部面临的心理压力性事件也是非常广泛的,常见的一些外部事件如工作紧张、工作考评、知识更新、工作方式或环境改变、竞争上岗、孩子升学就业等。对于主要领导干部来说,行业间的竞争、发展经济的竞争、工作政绩的考核、个人仕途的升迁、"领导问责制"和"一票否决制"的实施以及对一些群体性、突发性事件的防御和应对等,常常会使领导干部产生一种压力感。有些领导干部"两眼一睁,忙到熄灯",有时候甚至没有休息天和节假日,这些繁重的事务使得他们常常在工作上处于超负荷状态。"忙""累"已经成为他们最直接的心理感受。因此,领导工作的复杂性和特殊性是造成领导干部紧张心理的主要原因。当然,毫无实质内容的"文山会海"、各种名目的检查评比、频繁的迎来送往、不切实际的攀比竞争以及复杂的人际关系等也都会给领导干部增添很多不必要的心理负担。

例如,一个群众上访较多的县的县委书记,虽然上任后花费很长时间、用了很大的精力去接待群众和处理上访,但是他仍然不能摆脱心中的焦虑。他无可奈何地说:"常常夜里睡不好觉,担心哪里的群众又上访去了。"又如,某市对200多名中青年领导干部的心理素质进行专项调查,其中有50%以上的领导干部感觉心理压力太大。再如,有些地方主要领导干部经常讲:"今天我们在第一把手位子上,明天还在不在就很难说了。"由此可见,领导干部精神紧张程度是非常高的,特别是在我们推进科学发展讲求效率和效益的现代社会里,领导干部不仅要在工作中承受这种高效率所带来的巨大压力,而且还要承受一个高度发达的社会环境给人们的生活所带来的压力。在压力日益增大的社会环境中,许多领导干部已不知不觉地成为工作和生活压力的奴隶,他们长期处于超负荷的工作状态中,甚至忘记了吃饭、睡觉等休息时间,导致其身体常常会有不适的反应。

当然,和压力下的其他情绪一样,精神紧张也具有强弱之分,适度的紧张是领导干部解决问题、做好工作的必要条件,但过度的紧张却会妨碍大脑的正常活动,不利于问题的解决和工作的推进。因此,我们的领导干部应该了解压力下的紧张情绪,学会有效地调适,这不仅对适应激烈的竞争环境、提高工作和学习效率具有很大的益处,而且对于领导干部个人的身体健康也大有好处。

有科学研究报告表明,长期处于紧张状态会对人体健康产生致命的危害。当一个人受工作和生活压力所迫长期处于紧张状态时,其体内有一种叫作IL-6的免疫蛋白的浓度就会超过正常值。存在于血液之中的IL-6免疫蛋白是一种能够引发炎症的物质。研究证明,这种免疫蛋白与一些中年人易患的疾病如心脏病、糖尿病、骨质疏松症、虚弱和某些癌症有关。研究结果还表明,紧张对人体健康产生的影响与人的年龄增长成正比,岁数越大的人,紧张状态对其健康所产生的损害也越大。此外,研究人员还发现,那些工作或生活在紧张环境中的人容易作出一些会使IL-6浓度升高的事情,如抽烟或猛吃猛喝,而吸烟和发胖都会使IL-6浓度上升。同时,研究人员告诫说,那些身处紧张环境中但尚未出现严重疾病的人千万不要以为自己的"抗压能力"很好,因为紧张对人体健康的影响有个累积的过程。

在这项长达6年的跟踪研究里,科学家发现,让人紧张的不仅是工作,还存在与生活相关的方方面面。研究表明,那些需要长期照顾家中重疾患者的被调查者的心理紧张程度与孤独感会持续很久。研究还发现,当久病的配偶去世后,这些人的体内还会出现高量IL-6。甚至在几年之后,他们身上IL-6的浓度还下不来。因此,研究人员指出,那些上有老下有小且自己年龄已进入中年的人不但要注意工作中的压力,同时更应注意缓解生活环境的压力对自己身体所产生的影响,因为IL-6居高不下,会诱发许多疾病。

当领导干部步入中年后,工作上的压力通常表现为所担负的责任变多变重,生活上的压力则表现为对膝下儿女要操心的事情越来越多,家中老人的健康问题也越来越多。在这种情况下,专家建议,这些中年人应学会"举重若轻",自己给自己减压。对单位赋予自己工作的重任应以乐观的心态去对待,千万不要自己给自己增加压力。人们常说的"工作是永远做不完的",并非没有道理。实际上,领导干部时时刻刻都挂念着工作并非是一种理性对待工作的态度。因为从客观上讲,人所能承受的压力毕竟是有一定限度的。因此,光敬业还不行,还应讲究如何在保持自己身心健康的情况下更好地敬业。此外,在对待家庭问题方面,领导干部对儿女的事情也应多放手,不要总是放不下心,管得太多。从某种意义上讲,当儿女成人后,你放手得越早,他们也能越早获益。

适当地学会"诉苦",减轻心中的郁闷,未尝不是一种进行心理调适的好方式。我们的领导干部不要误以为作为一名领导干部,尽管自己内心的苦闷和压力比别人多很多,也不能向他人诉苦,总认为这有失体面。其实,领导干部也是一个普通人,有普通人的烦恼,也可以像普通人那样,向人诉说自己心中的烦恼和忧愁。无论在工作中还是在生活中,不管我们所遇到的压力如何,减轻这些压力的方式都可以通过"诉苦"来缓解。每当自己感到有压力时,不妨找自己的亲朋好友倾诉一下。如果一时找不到合适的朋友倾诉,自己对自己倾诉对减轻所遇到的压力也是有帮助的。有不少人认为向别人倾诉自己的苦处是一种懦弱的表现,实际上,倾诉内心的郁闷是一种科学的心理排遣方式,与勇敢与否、体面与否没有任何必然的联系。[①]

二、焦虑心理

焦虑是当个体意识到自己的完美情况将处于危险中或受到威胁时产生的一种焦急、忧虑的情绪。[②]领导干部发生焦虑的原因多种多样,大到面临危险或重大事件的考验、快节奏转型期的社会环境、职位升降、事业发展、名誉地位等,小到会议上表态、领导接见、上级的批评等,但最主要的原因是在思想上总是追求完美,总希望人生一帆风顺。追求完美表现为在事业、生活、健康等方面追求尽善尽美,稍不如意就显得十分遗憾,惶惶不可终日,老担心会出现什么问题,为自己设置精神枷锁,生命之弦绷得太紧。特别是那些一心想在事业上有所成就者,心理方面常常要承受巨大的压力,造成其心神不宁、焦躁不安、忧虑重重,严重影响到工作和生活。希望一帆风顺表现为一遇到困难和矛盾或稍大一点的困难和矛盾时,没有做好充分的思想准备,就惊慌失措,怨天尤人,而不是去努力解决问题,适应环境。

我们的传统观念总是引导人们追求十全十美,实际上这是一个温柔美丽的"陷阱"。人群本身是极其多样性和多元化的,正像大象、兔子、犀牛和长颈鹿不能相互比较一样,每个人都有自己的"自我意象",每个人的个性、能力、社会作用等都是他人不可替代的。所以,要排除来自社会的压力所造成的焦虑,就必须改变自己的想法、看法和活法。

[①] 刘余莉编著:《领导干部心理调适》,中国水利水电出版社 2012 年版,第 87 页。
[②] 叶兴艺编著:《领导干部压力缓解与心理健康调适》,研究出版社 2010 年版,第 10—15 页。

当我们对领导干部的焦虑情绪进行剖析时,不难发现出现焦虑的状况主要是因为没有对自己的心理状态进行合理的调适。例如,有的领导干部做事急于求成,一旦措施不能立竿见影地取得所谓的成功,就气急败坏,这种行为就从精神上"打败"了自己,这是焦虑陷阱之一;认为自己的领导能力表现得不够出色,与自己当初的承诺存在一定的距离,被别人"比了下去",丢了面子,于是就自责内疚,产生羞耻感,这是焦虑陷阱之二;缺乏多元化的观念,把做不好事情的原因都归结到自己身上,认为都是自己能力欠缺所致,却不知一个问题的产生,其实和很多因素有关,当努力与回报不平衡时,便会埋怨社会不公平,这是焦虑陷阱之三;事物具有多侧面的特征,各有其特色,无法只用同一标准去衡量,使用绝对化的评价方式,会导致自己总是否定自己,这是焦虑陷阱之四。

此外,外在的原因——意外的极端事件和个人的内在素质方面的原因——神经质人格也会引起焦虑。前者如失去亲人,自己突患重病,误以为从此一切都完了。后者是由于本人的内在心理素质不佳,对任何刺激都非常敏感,作出过强的反应。在这些人的眼中,处处都是陷阱,处处都是危险,从而整日提心吊胆,疑神疑鬼。

国外有专家曾做过这样一个实验,让一组被试每天看几万张不同的照片,没过几天,这些被试都患上了偏头痛。科学研究表明,人的大脑接受信息的能力异常惊人,在 1/10 秒的时间里,大脑可接受 1000 个信息单元,但人如果在短时间内接受过多繁杂信息,大脑中枢会来不及分析处理、分解消化,从而导致一系列的自我强迫和紧张现象,如头昏脑胀、心悸恍惚、胸闷气短、精神抑郁或烦躁不安等。这种由于吸收过多信息给大脑造成过重负担而出现的不良现象,被称为"信息焦虑症"。

信息时代的到来使任何信息都快速流通,改变着领导干部的生活节奏。有的领导干部只要手机不在身边就会感到坐立不安,就连睡觉、上厕所都要携带手机,并不停地看手机。他们一方面期望得到更多更全的信息,害怕遗漏任何一个信息,另一方面又因为信息的过于繁杂而烦恼与无奈,由此而导致的心理压力不言而喻。

专家认为,"信息爆炸"不可避免地会对人脑造成很大的冲击,在这种情况下,领导干部要防止"信息焦虑症"的发生,就要提高自己识别、处理信息的能力,尽可能使繁杂的信息条理化、程序化,转化成为我们所用的宝贵资源。同时,生活的有张有弛、大脑的及时休息、适度的饮食营养和体育锻炼、规律而充足的睡眠,都是极好的预防手段。

三、厌倦心理

压力会产生厌倦的情绪,特别是对以下三类领导干部来说,表现得尤为明显:第一类是工作狂。表面上这种领导干部沉浸在工作中乐此不疲,不会感到厌倦。

而事实上，这类人只知道拼命工作，工作成了他们的全部。除了工作，他们几乎没有自己的任何社交时间，时间长了，就开始对自己的工作产生反感和厌倦情绪。第二类是做自己不喜欢的事情。每天面对自己不喜欢的工作，还得拼命完成它，就算地位待遇不错，时间长了，也会厌倦。第三类是人际关系不良。当与周围同事相处不好时，会产生一种人际关系的压力，导致每天早上一想到上班就害怕，想到"看着别人的脸色就烦"。

一位名叫约翰逊的医生，在《读者文摘》上写到，现今世界的文明和优越的物质生活乃是前所未有的，然而现今一代人却愈来愈厌倦生活。我们寻求娱乐却常常觉得索然无味，甚至在剧院上演一幕精彩的戏剧时，也常常会出现帷幕还没拉上观众就已经走了很多的现象。我们坐在电视机前，看看一出又一出的电视剧、电影，但脑子里却不太清楚自己看了些什么。我们看报章、杂志的时候也总是心不在焉，大多数人在说"我累了"的时候，实际上是他们对自己所做的事情厌倦了。

各个行业、各个阶层的人都会患厌倦病；无论你有什么或是没有什么，都不能防止你患上厌倦病。领导干部也不例外，只不过表现方式不同罢了。领导干部的厌倦病可能表现为对日复一日、按部就班、毫无挑战性的工作所产生的厌倦感。

作为领导干部，拥有令人羡慕的职位，同时可能拥有美满的家庭，然而这些非但不能让自己感到幸福和满足，反而使自己感到厌倦。为什么会出现这种现象呢？这还是和心理习惯有关。这个世界上，可以说没有人能随时感到快乐。对于日常生活中那些使我们不快乐的琐事与环境，我们可以通过思考使自己感到快乐，比如大部分时间想着光明的目标与未来。另外，还可以多读一点书。读书时我们会发现，有追求的人较容易摆脱厌倦情绪，只有无目的的人才身陷其中。当我们读一些名人的自传时能够发现，那些名人有时也会精疲力竭，但他们从来不觉得厌倦，也从未觉得生活没有目标。这些人所共同拥有的"目标感"，与现今许多拥有大量物质财富但心灵贫乏、对生活厌倦冷漠的人形成了鲜明的对比。

四、疲劳心理

心理压力虽然本质上是心理的疲惫而非身体上的劳累，但心理与生理是相互作用、相互影响的。领导干部严重的心理压力会对生理健康产生消极的影响。压力对身体健康的影响最常见的就是疲劳，包括病理疲劳、体力疲劳、脑力疲劳。病理疲劳是指由于压力导致身体病变而产生的疲劳，其特点是持续疲乏，且不易恢复，多数情况下需借助药物治疗；体力疲劳表现为工作压力下全身或局部的酸、软、痛、疲乏无力和力不从心；脑力疲劳是指长时间伏案工作，过多的脑力劳动使血液里的葡萄糖、多种氨基酸消耗量过大，引起脑部供血、氧气及营养不足，脑细胞兴奋与抑制失去平衡而产生的疲惫感，表现为头昏、头痛、记忆力下降、思维混乱、注意力不集中等。

在现代社会,领导们会经常抱怨"累"。有的领导虽然在外面表现得精力充沛、劲头饱满,但一回到家里,连话都不愿说,只想休息。身心疲乏是一种综合状态,也是一种危急状态,它是健康的主要杀手。有这种危机感的人感觉不到生活中有趣和有意义的地方,经常会表现出冷漠、无聊、沮丧、乏力、身体不适等症状,在心理上表现为刻板僵化、态度消极等状态。另外,疲劳的人也没有好情绪。

就一些领导干部的日常工作状态来说,当要开始一项重要的工作时,可能一会儿电话响了,一会儿又有人托他办事。这些都不可能完全放在一边不去管,但重要的工作被打断后,心里却又总是挂念着。在一天的时间里,领导干部很忙,下班回家的时候会感到精疲力竭,但似乎又觉得什么也没做,是工作令领导太累了吗?不是,那是因为紧张而造成的疲倦。

哥伦比亚大学的桑戴克博士为研究厌烦与疲劳的关系进行了一系列实验。他找了一组学生,用不断改变他们兴趣的方法,使他们几乎一个星期不睡觉。桑戴克最后在总结他的实验时说:"厌烦是引起疲劳的真正原因。"这并不是说,如果你对你所做的事情非常感兴趣,你就可以整夜不睡,不吃不喝。但要明白,厌烦引起疲劳,疲劳使你更厌烦。久而久之,你就处于亚健康状态了。

五、挫折心理

心理学上的挫折是指一个人在从事有目的的活动中,遇到障碍和干扰,致使工作目标不能顺利实现、个人需要不能满足时的紧张状态或失意的情绪反应。领导干部所面对的挫折很多,如升迁不顺畅、工作不顺心、生活不如意等等。面对挫折,领导干部如果能正确对待,并保持一种乐观积极的态度,困难很快就会迎刃而解。领导干部如果抗挫力低的,可能会产生以下几种行为反应:(1)妥协,即会采取妥协性措施以减轻挫折感。如有的把责任推诿于别人。(2)倒退,即表现出一种与自己年龄、身份很不相称的幼稚行为。例如,过度地吸烟、酗酒、神情冷漠、无缘无故地发脾气、放纵自己的情感等等。(3)攻击,即对自认为造成自己挫折的人或物进行攻击。如果认为是由于自己的不足或失误造成的,有时还会发生自虐甚至是自杀行为。

六、嫉妒心理

所谓嫉妒,是一种对别人的才能怨恨、对别人的成就恐惧和对别人超越自己而忧虑的思想情绪。[①] 有这种情绪,不但会影响自己的身心健康,而且对他人也会造

---

① 刘余莉编著:《领导干部心理调适》,中国水利水电出版社2012年版,第87页。

成一定程度的影响和危害。嫉妒在领导干部中有着特殊的表现：(1)嫉妒他人的才华，主要指对同级或下属才能的嫉妒。如对同级领导工作指指点点，故意贬低他人，甚至散布流言蜚语，无中生有攻击他人；对下级特别是对正职或对有才能的副职，则采取压制和打击手段。(2)嫉妒别人的权力，这主要表现在对同级或上级的嫉妒。因同级部门职能不同，权限也不一样，有大有小，所以就对同级部门的权限大小斤斤计较，或者各自为政，甚至明争暗斗，互相拆台。另外，对上级特别是副职嫉妒正职的权力，对正职工作不支持、不配合，要么越权代办，要么消极怠慢，甚至阳奉阴违，背后拆台。(3)嫉妒别人的财富，主要表现在对下属工作对象或人民群众的嫉妒。看到别人口袋里有点钱，就想方设法"吃拿卡要"或者傍大款搞不正当的权钱交易。

综上所述，领导干部不良的心理表现众多，除了上面所介绍的，还包括诸如腐败心理、傲慢心理、虚伪心理和迷信心理等等。如果让这些不良心理任意发展，不但会对领导干部自身及其家庭产生不良的影响，还可能给党和国家以及人民群众带来不必要的危害。以往经验证明，不良心理大多可以通过自我调适得以消除。因此，领导干部必须充分重视和认识自己的心理健康情况，并及时调适不良心理，进而以一种良好的健康的心理状态投入到工作中去。

第三节　领导心理调适的方法

一、影响领导干部心理健康的因素

在领导活动中影响领导干部心理健康的因素有很多，具体说来主要存在以下几种情况：

(一)工作本身因素的影响

1. 工作任务重、责任大

领导干部往往承担的工作量大，其工作节奏之快是一般人不能比的。领导干部的工作责任与权力是相对应的，权力越大，承担的责任就越多，更容易在责任的潜意识下自我加压产生心理压力，从而诱发心理疾病。在日常性的管理活动之外领导干部需要进行大量的决策，决策活动特有的高风险使得领导工作具有很强的风险性。由于领导工作不同于其他工作的内容与特点，领导干部承受着远远高出一般社会成员的压力，容易产生心理问题。另外，领导干部升迁与实绩相挂钩，增大了领导干部发展担子的压力，而问责制、一票否决制、生产安全、群众上访等等，只要一个方面出现问题，就要承担责任。因此，许多领导干部感到工作压力非常大，心理素质不好的，自然身心不安，容易患心理方面的疾患。

2. 晋升渠道竞争激烈

由于干部队伍结构呈金字塔形,干部晋升的渠道越往上越窄,对于领导干部来说,其发展机会和价值往往是通过职务的提升来实现的,但升迁职位有限,权力资源稀缺,通往成功道路上千军万马,多数人会沦为失败者,因竞争失败而产生的挫折感会使领导干部内心痛苦、情绪低落。同时,我国领导干部选拔任用工作的科学化、规范化、制度化还有待完善,难以保证优秀人才都能够得到合理的任用。在此竞争过程中有时会出现不公平现象,这会加剧负面情绪的增长,使得领导干部忧心忡忡。

(二)社会因素的影响

1. 公众监督和舆论压力

随着我国民主法治进程的深化,群众的民主意识、维权意识、监督意识不断增强,也越来越敢于挑战领导干部的权威。同时,由于信息传播途径日益多样,领导干部在正常工作状态下的一言一行均被置于公众的视线监督之下,稍有不慎,便可能招致麻烦。当前,网络舆论监督已成为行政监督中非常有效的一种方式,具有放大作用强、监督范围广、传播速度快等特点,对一些领导干部贪污腐败、公款吃喝等起到了曝光和警示的作用。但是,由于我国对网络的监管还不规范,缺乏必要的法律制度保障,网络信息真假难辨,网络谣言容易滋生,加之很多领导干部还不能正确对待网络监督,缺乏应对网络监督的能力,从而使他们渐渐患上网络恐惧症,谨小慎微,如履薄冰。

2. 社会转型期各方面诱惑增多

现代社会多元化发展的机会增多,有人原来可能一文不名,如今却因经商、买彩票中大奖而暴富;有人本来水平一般,可机会来了或因关系迅速升迁。机关干部工资固定,收入有限,少数干部自认为水平能力不比别人低,贡献不比别人少,可却享受不到奢侈的生活,因此心理不平衡,甚至想伸手捞好处,但又担惊受怕,长此以往自然会出现心理问题。

3. 心理健康教育缺失

我国的心理健康教育起步较晚,大多数领导干部在学生时代和工作后都很少有机会接受系统的心理健康教育和专业培训。同时,整个社会还没有建立起完整的心理健康教育系统,不能给生活在高速发展社会中的领导干部以强有力的心理支持。对于领导干部,往往从政治上、思想上考虑较多,不太重视对其进行心理上的教育和疏导。有些干部缺乏心理方面的知识,对工作、生活中的一些矛盾"看不开""想不通",不注意化解和释放自己的不良情绪,长期超负荷的心理压力日积月累后,容易导致心理严重失调或身体健康出现问题,最终对身心造成较大的损害,影响到工作和事业。

4. 严重的失意和挫折

领导干部遭受失意所带来的负面感受,如果得不到缓解就会产生紧张和焦虑情绪,严重地甚至能导致心理疾病。可以说,领导干部遭受失意所带来的后果要比一般人失意的后果严重得多。

动机冲突和趋向目标的行为受阻,需要不能满足,领导干部便会体验到挫折。领导干部受挫后会出现血压升高、心悸、植物神经功能紊乱、头晕、头疼等生理反应,也会出现焦虑、冷漠、抑郁、攻击、退化等行为。攻击行为一般指向造成挫折的人或物,甚至指向自身,引起自伤或自杀。对于那些生理或心理不健全的领导干部来说,他们对挫折的承受能力低,挫折带给他们的打击较重,引起生理、心理反应相对也较强烈和持久,所以更易产生心理障碍。

5. 紧张的人际关系

有心理学家指出,人类的心理适应最主要的是对人际关系的适应。在领导活动中,一些领导干部之所以看重与人交往,注重他人对自己的印象与评价,珍惜他人对自己的接纳与帮助,就是希望能够尽快与他人建立起良好的人际关系,以获得积极的心理体验。这种真诚、亲密的人际关系一旦确定下来,不仅会增强开拓工作新局面的信心,而且会极大地满足社会安全感的基本需要,使心理得到健康发展。实践中,有的领导干部接受了一些消极的"处世哲学",以虚伪、圆滑的态度与人交往,如"拜把子",以求世俗化的情感效应;还有的领导干部故意在群体内制造事端,导致人与人之间形成相互猜忌、嫉妒、敌视局面,这些只能使人际关系扭曲化。这种紧张的人际关系使人心理失调,心情压抑、苦闷,长期下去会直接影响人的心理健康,导致各种生理和心理疾病。

(三)家庭因素的影响

领导干部身上负载着事业和家庭,承载着种种责任和义务。由于领导干部事务繁忙,他们必须把大量的时间和精力投入到工作中,较少顾及家庭事务,缺乏与家庭成员的沟通交流,常会因伺候老人、教育孩子以及一些亲友关系、夫妻关系等问题与家人发生矛盾或产生不快,其中,夫妻关系问题是让领导干部们最为头疼的事情。由于领导干部社交范围广,接触人员多,特别是与异性的交往如果处理得不好,常会引起配偶的猜疑、误会,影响夫妻感情。遇到这样的问题,当事人往往又不愿对其他人倾诉,只好压抑在内心,成为一种无形的压力。

(四)自身因素的影响

1. 对心理健康的认识不足、重视不够

很多领导干部缺乏对心理健康相关知识的了解,有的认为心理问题就是精神疾病,就是精神不正常,导致其刻意回避和隐瞒其本身存在的心理问题,更不要说进行积极心理调适或寻求专业人士的救助了。即便有的领导干部意识到了心理健康的重要性,但还是由于严重缺乏解决心理问题的专业技能,在工作和生活中不会自我减压、自我调适。有调查发现,仅有3%的人寻求过专业人士的心理帮助。因此,对心理健康的重视和认识不够是当前领导干部产生心理疾病的一个重要原因。

2. 自身性格特征

作为领导干部,有些人的自我人格特质相对健全,表现出宽容、积极、乐观、仁爱、进取等良好的人格特征;有些人的自我人格特质则存在不足,表现出忧愁善感、郁郁寡欢、过于内向、淡漠、孤独、一味忍让、缺乏自信、压抑情感、苛求自我等等。那些自我人格特质存在明显不足的领导干部面对日常工作生活中的困扰时,更容易产生焦虑、抑郁、强迫、恐惧等心理问题。现代医学和心理学研究表明,个性与心理健康有着密切的关系。

首先,领导的个性特点决定着自身对社会的紧张刺激的应付能力。一个外向豁达、情绪稳定的领导干部,遇到紧张刺激的事情后,一般能理智地对待,在短时间内平息消极情绪;而内向神经质的领导干部,通常难以摆脱紧张刺激的影响,会使身心受到伤害。

其次,个性偏离可使领导干部受较大的心理刺激。一个孤傲、敌视、以自我为中心的领导干部很难与他人和睦相处,常常处于心理紧张状态,久而久之就会导致心理障碍。

最后,领导干部的一些个性特征是某种心理疾病的心理基础。例如,美国心理学家弗里德曼和罗森曼将易患心病的个性特点称为"A型人格",即好竞争,事业心强,有时间紧迫感,做事匆忙,过分勤勉,好急躁,易激惹,忍耐性差等,后来A型人格被学者们称为"冠心病人格"。因此,领导干部需要培养良好的个性,这样才能保持身心健康发展。

3. 自己定位目标过高

综合素质比较高、社会认知和自我觉察能力比较强的领导干部对自己的要求往往比一般人要高得多。在竞争比较激烈的情况下,一旦遭遇挫折,他们会容易出现比较严重的负面情绪。这主要表现在四个方面:一是把自己看得太高;二是把荣辱看得太重;三是把过去看得太辉煌;四是把上级看得太神秘。

4. 过重的心理压力

在工作和生活中,领导干部总要面临一定的心理压力。适度的心理压力会使人产生一种紧迫感,有助于调动人的智力因素和非智力因素,提高工作效率。而持续过重的心理压力,会使人的大脑神经长期处于高度紧张的状态,容易导致高级神经活动功能失调,进一步演变成为心理生理障碍或身心疾病。

从心理压力的不断"侵袭"到机体不能承受而患病,这期间又是一个怎样的过程?医学心理学家汉斯·塞莱通过多年研究,认为这期间显现了三个阶段,并把它们总的称为"适应性综合征":第一,惊恐阶段。机体对外界的心理压力作出最初的反应,如心率加快、呼吸加速、心肌收缩力增强、血压升高等交感神经兴奋性增强。第二,抗衡性阶段。心理压力已经持续了一段时间,前一段机体的生理变化已减少甚至全部消失,此时机体对各种刺激的抵抗力增强,故这一阶段又叫"适应阶段"。其实,这是一种有"代价"的适应,即机体因能量在不断消耗而较前虚弱得多。第三,衰竭阶段。持久的心理压力最终冲垮了机体防线,机体免疫力减弱而患身心疾病。

5. 不正确的思想方法

正确的思想方法能很好地支配领导干部的行为,达到预定目标。而一些机械的、僵死的、片面的思想方法往往会使领导干部陷入误区,走上歧途,甚至形成偏执状态,无法摆脱,久而久之便会引起某些心理疾病。从有抑郁症的领导干部患病的过程,我们不难看出不正确的认知对身心健康的影响。他们往往把失败感人为地扩大,视为不可逆的、长久不变的,并认为会扩散到生活的其他方面。他们往往把失败归结为自己的能力和身心方面的缺陷,从而对自我持一种否定态度,认为自己毫无价值,这种态度会影响到其对未来的看法,致使自己对生活和前途失去信心,并可能因此而失去行为动机。这种否定性的经验,最终可能会导致自杀。

6. 消极的情绪

愤怒、憎恨、忧愁、悲伤、恐惧、焦虑、痛苦等消极情绪,一方面是作为领导干部适应环境的一种必要反应;另一方面又会使领导干部失去心理上的平衡,或造成生理机能的失调。如果这种情绪非常强烈或持续出现,将会导致领导干部生理机能和心理机能的病变。因此,领导干部应保持愉快而稳定的心境,防止不良情绪的侵蚀,这是领导干部身心健康的保障。

二、领导心理自我调适的方法

领导干部健康的心理状态的培养,固然需要组织上的关怀与外界的帮助,但更重要的是依靠本人努力、内心修炼和自我调适。医学心理学的研究与应用发展至今,已经提出了许多心理调适的方法。然而,对于现代领导者来说,切实可行的是控制不良情绪的方法。这里所说的情绪自控,是指领导者通过自省与提高修养对自己的情绪进行自我审视与把握,调动其积极的增力情绪,抑制消极的减力情绪,进而改善自己的心理状态。领导者情绪自控的具体方法因情绪性质和着眼点的不同而各有区别。具体来说,可以从以下几个方面进行心理调适:

(一)情绪的自我评价

常言道"人贵有自知之明",现代领导者如果想要对自己的情绪进行良好的调节与控制,首先要正确认识自己。"知人者智,自知者明",不自知者不能自持。自知就是自我评价,即对自己的性格所制约的情绪特征与自己在领导活动中所承担的职责是否适应作出冷静客观的自我认定。一方面,自我评价要有"吾日三省吾身"和严于解剖自己的态度,运用反向思维、换位思考、适当自责、冷处理的方法发现自己的性格弱点,对自己的情绪及性格进行客观的自我评价,改掉那些与自己的身份和职责不相称的不良情绪。另一方面,要多看到自己的优点、长处和能力,多看到成功的方面,多作正面的评价,建立起做人的自信心。学会接纳自己、欣赏自己,人必自信然后人信之,人必自爱然后人爱之,人必自助然后人助之。

(二)情绪的自我调整

领导者通过自我评价,找到自己存在的情绪问题,便应采取积极的措施进行自我调整。

1. 自我鼓励法

领导者要善于进行自我化解、自我激励。人在工作、家庭及社会生活中难免会遇到不公正的待遇和评价,会遇到烦心事情甚至灾难,这时需要自我化解、自我激励。不要长久陷入痛苦和牢骚中,不要纠缠于过去的不快,要尽快走出阴影。因此,领导者可以选用一些伟人的教诲、生活中的至理名言以及具有典型意义的事例,借以鼓励自己与不良情绪做斗争。自我鼓励可为领导者的情绪调整提供心理动力,使他们获取新的心理能量,化解各种消极的情绪

2. 语言暗示法

这种方法是借助语言进行思维,大脑里闪过的语言会袭击中枢神经,进而对生理运动和行为产生自我意识不到的指令作用。哲学家艾庇克素德说:"人受困扰,不是由于发生的事实,而是由于对事实的观念。"所以,决定情绪的是人的认知。当领导者受消极情绪困扰时,要善于运用语言暗示法来排解不良情绪。比如,盛怒时对自己说"不要发火,发火是解决不了问题的";烦恼时对自己说"静下心来,想一想,别着急";冲动时对自己说"忍一忍,忍一时风平浪静,退一步海阔天空"等等。如果确实遇到极其烦恼之事,切不可陷入困扰之中而不能自拔,而应该面对现实,正确对待,积极寻求解决问题的办法。如果事先预料到某人某事会引起极大的不快,但又不能解决问题,就暂时放一放、缓一缓、躲一躲,回避一下,有时问题会自行解决。

3. 疏导法

心理专家认为,心里处于郁闷、烦躁、沮丧等压抑状态时,领导者可以主动进行合理的发泄以释放不良情绪的能量。一般情况下,通过向他人倾诉,可以得到他人的安慰,心理压力就会得到明显缓解。如果倾诉时能够有人在旁点拨,更会使人茅塞顿开,豁然开朗。

4. 环境调节法

环境对人的情绪会产生重大影响,如果领导者被不良情绪困扰、控制,难以摆脱,可以改换一下自己所处的环境,比如走进大自然,或参加一些新的人际圈子,转移下自己的注意力,往往会收到调整自己不良情绪的效果。在工作之余,读一本好书,欣赏一幅好画,听一首好歌,看一场好电影,参加一场有意义的体育活动,到向往已久的风景名胜地旅行一趟等等,未尝不是一种改变自己心情的方式。

(三)自我监督

领导者的情绪调控并非一劳永逸。领导者应该经常给自己提出新的情绪自控目标,并在以后的领导活动中随时收集外界反馈信息,自觉进行评价和再调整。经过这样的多次反复,领导者在心理调适方面的修养就会收到明显的效果。

(四)恰当定位心理需求

心理需求是人的行为的内在驱动力。心理需求定位过低会减弱动机的强度,使人的行为缺乏力度、难以持久;心理需求定位过高,会使动机脱离实际,难以得到满足,产生心理困扰。因此,现代领导者必须善于审时度势,正确分析主客观条件,正确认识自己,确定合适的心理需求。在这个问题上要特别注意以下三点:一是境界崇高,淡泊名利,正确行使职权,努力做人民的好公仆;二是志向远大,心胸开阔,淡化物质享受;三是求真务实,踏实勤奋,尽职尽责,树立积极的人生价值观。

(五)培养良好的性格品质

性格是人们对现实的态度和习惯化了的行为方式,是人的个性和独特风格的体现。良好的性格是健康心理品质的重要因素,也可以有效地预防心理疾病。良好的性格对领导者的发展至关重要,所以领导者要重视良好性格品质的塑造。首先,要对自己的性格有正确的评估,再根据自身特点进行有意识的性格培养。比如,有的领导者性格急躁,可以有针对地设置一些警句格言的条幅,以便经常提醒自己;有的领导者粗心大意,可以强迫自己写日记或经常进行工作小结。其次,注意收集周围群众对自己性格的反馈信息,也能发现自己的性格缺陷,以便对症下药。另外,人的性格不是固定不变的,外部环境和个人主观情况的变化都可引发性格的变化。因此,领导者要从大目标着手,小事情入手,反复修炼,持之以恒,以塑造良好的性格品质。

(六)培养兴趣爱好

有心理专家曾指出:"当你的全部世界仅仅是你的工作而无其他事情可做时,那么当你的工作出现问题的时候,你的整个世界就有可能会彻底地陷落。"那些只知道工作而无任何兴趣爱好的人更容易感到烦恼、紧张和压力,更容易出现心理健康问题。所以,我们的领导干部要在工作的同时培养多种兴趣爱好,通过兴趣爱好来丰富自己的感情,调节自己的不良情绪,进而培养自己积极的人生态度。首先,要学会与自然打交道,大自然是最好的心理治疗师,有机会的话,可以去游泳、登山、郊游,多到外面看一看,欣赏大自然的风光,用心感受人与自然的和谐及生活的美好,让紧绷的神经得到暂时的放松。其次,可以学学收藏、书法、谱曲、种花、养鱼等等,尽量使自己的生活充实和丰富多彩,这样也会有一个不错的心情。因此,在工作之余领导干部积极培养自己的兴趣爱好,参与一些涉外活动可谓是调适心理和培养健康的心理品质的一种好方法。

(七)进行合理的宣泄

压抑不是从根本上解决负面情绪的好方法,我们必须让情绪有适当的宣泄机会。人生之路并非都是一帆风顺的,生活中每个人都会遇到这样或那样的麻烦,每个深陷困境的人都希望得到别人的帮助,这就要求我们的领导干部要善于向亲朋好友倾诉自己的难过和困惑,把心中不愉快的感受都说出来。即便倾诉并不能从根本上解决问题,但是至少可以大大降低由此而带来的负面效应。所以,当领导者感到压抑和痛苦时,他们完全可以运用宣泄的方式,通过向自己的亲朋好友倾诉,重新调整心态。

(八)坦然面对挫折

每个人的生活都会遭遇到挫折,领导干部当然也不例外。工作上的困难、生活上的困扰、人际关系上的烦恼等随时会找上门来。领导者在领导活动中遇到挫折,感到失意是难免的,但最重要的是自己作出积极的情绪反应,善于控制自己的情绪,防止或减轻挫折对自身的伤害以及对下属情绪的影响。同时要努力激发自己的意志潜能,把挫折转化为对意志力的一种磨炼。对于现代领导者来说,能够经受住挫折才是心理健康的表现。如果一个人没有调整挫折的正确心理反应,就容易怨天尤人,给工作和生活带来很多不必要的麻烦,甚至会危机到个人的职位升迁。

人生的奇迹多是在厄运当中出现的,英国诗人拜伦说过:"逆境是达到真理的一条通路。"在生活中,很多伟人都遇到过不幸,但他们最后战胜了挫折,走向了事业的顶峰。美国总统罗斯福在三十几岁时患上了小儿麻痹症,从一个身强力壮的硬汉一下子变成一个卧床不起、完全需要别人帮助的年轻人。这对于他来说可谓是晴天霹雳的打击,内心无比的痛苦。后来他又经历多次竞选议员的失败,还有妻子和情人的背叛,但是他却从未放弃过,最终凭借自己的努力和坚强意志当上美国总统。因此,当厄运降临在我们身上时,自暴自弃、精神萎靡对解决问题是没有任何帮助的。此时,我们的领导者当沉着冷静,坦然面对,调整心态,迎接挑战,才能扭转危机,摆脱困境。

(九)增强人际关系的适应能力

哈佛大学商学院曾做过一个调查,在事业有成的人士中,26%靠工作能力,5%

靠家庭背景,而人际关系则占69%,可见人际关系的重要性。一个人不管有多聪明、多能干,如果他不懂得与人相处好,那他的结局肯定是失败。汉初杰出的政治家贾谊,22岁被召为博士,几年后又升为太中大夫,深受汉文帝赏识,提出了许多政治改革的建议。但是,在改革的过程中,贾谊不善于处理同保守旧臣的关系,原则性有余而灵活性不足,后来贾谊不但无法扳倒他们,反而被他们所排挤,最终被贬为长沙王太傅,远离京都,最后抑郁而死。如果说贾谊能够晓以大义,对反对者予以足够的耐心并协调好与他们的关系,那么假以时日,大部分人都会逐步支持利国利民的改革。因此,提高人际关系的适应能力对领导者来说是至关重要的。增强人际关系的适应能力可以使领导者更好地应对外界的各种变化,从而防止不利的事情发生,进而减少或缓解心理疾病的产生。

具体来说,协调人际关系的内容包括以下四个方面:一是相互理解;二是相互尊重;三是相互关心;四是相互激励。所以,领导者积极参加社会活动与人际交往是非常必要的,领导者与同事、朋友、亲属的交往能在心理上体验到归属感,同时个人的苦恼、烦恼也有地方倾诉,不易积存郁结。另外,经常参加一些职业性或学术性团体的活动不但能密切与他人的关系,调节情绪,还可以获得学习与发展的机会。

三、现代领导干部心理健康的培养

领导干部的健康心理不会自发形成,必须是在科学理论指导之下,经过主观努力,逐步培养起来。

(一)加强学习

英国哲学家培根说过:"知识能塑造人的性格。"中国古语也有:"三日不读书,面目可憎"。勤读书、读好书,是培养健康心理的良方。书读多了,知识渊博,心胸自然会开阔,见解就会深刻,人会变得理性,意志就会坚强,就能跳出狭窄的小圈子,人的性格也会变得稳健。在学习中,尤其要认真学习马克思主义理论,因为这能使我们学会用辩证唯物主义观点观察、分析问题,培养实事求是的态度,把"理想的自我"和"现实的自我"区别开来,对自己有正确的认知,从而避免过高估计自己,避免造成人格上的扭曲。

(二)躬身自省

由于领导干部身处组织的高层,对组织有很大的影响,其周围的人往往不能直言领导心理和性格的缺陷,更不能排除心术不正者的吹捧,天长日久,领导干部会对自身的心理问题缺乏准确的认识,甚至当作长处去经营,最终使自己遭受挫折。所以,领导干部要养成"吾日三省吾身"的习惯,检查反省自己,勇于剖析自己,发现问题,并及时纠正。

（三）不断改造主观世界

健康心理的形成离不开主观的努力，领导干部在改造客观世界的同时，应不断改造主观世界，树立起崇高的精神境界，以完善自己的心理品质，树立起正确的世界观和人生观。近几年来，一些领导干部心理扭曲，欲望无节，究其原因，都是忽视了思想改造，追求浮华的生活方式所造成的。因此，我们领导干部要加强思想品德教育，确立健康的追求目标，正确运用手中的权力，廉洁自律，用共产主义道德约束行为，从而使心理品质逐渐完善。

（四）改进领导作风

领导干部的心理健康，很大程度上来自于良好的领导作风。领导作风是指领导干部在领导实践中形成的风格，包括态度、行为、精神风貌。凡在工作中，作风民主、乐于倾听、勇于正视问题与不足、慎用权力的领导干部，必是一个心理健康、人格高尚的人。改进领导作风，应着重抓好以下问题：第一，继承和发扬党的优良传统和作风。要坚持理论联系实际，树立起人民至上的观点，坚持人民利益高于一切；充分认识人民群众创造历史的伟大作用，从而正确评估自己，不当救世主；勇于解剖自己，多看自己的短处，学会欣赏别人。第二，要克服官僚主义。强化公仆意识，不压制民主，反对大话空话，增强工作的自觉性；深入基层，狠抓落实，以群众的满意为自己最大的快乐。第三，要提高工作效率。适应新形势的变化，努力培养和树立科学、精干、雷厉风行的新作风；摒弃人浮于事、推诿扯皮、办事拖拉等不良作风；通过高效率的工作，培养自己的职业素质，以形成规范的领导心理。

（五）加强训练

20世纪90年代前后，美国一些著名的领导学培训专家研发出大量培训领导的方法，有许多对我们都相当有益。例如，对不同层次和行业的领导，设立不同的培训科目，如生存训练、跳海实验等，有针对性地培养领导干部的心理素质；还有情景模拟，再现现场，培养领导干部的心理承受力，在较短的时间，提高和训练领导干部的领导水平与技能。国内在训练领导行为上也作了许多探索，在训练方法上也有许多新见解，一改传统的说教，使领导干部耳目一新，受益良多。训练除学习培训外，还有一层含义，就是在实践工作中的锻炼，通过实践，使心理品质逐渐成熟。

总之，优质心灵的钥匙归根结底掌握在自己手中，作为领导干部，一定要主动学习心理健康方面的知识，正确认识自身可能存在的这样或那样的心理问题，不断提高自己调适心理的能力，使自己的人生更加富有激情、更加健康、更加快乐。对领导者来说，情绪调适得好，就可获得一笔宝贵的精神财富，获得自身不断发展的潜在心理动力；如果调适不好，则会成为束缚其自身发展的沉重精神枷锁。因此，领导者一定要注意对情绪的自控，恰当运用适宜自己的方法进行心理调适，保持健康良好的心态。

本章小结

领导者心理调适的能力是其做好工作的首要前提。领导者要成功引领他人，需要通过乐观积极的心态、不畏困难的勇气与信念，不断累积领导能量。乐观的态度、稳定的情绪和坚强的意志是卓越的领导者必须具备的心理品质。

领导者与普通人的区别，关键在于是否能不断适应环境变化，超越自我，扩展"心理品质的面积"，所以，领导者面临的最大挑战是对自我的超越。拥有从容、开放、健康的心灵是伟大人物应有的心理特征。领导者要想成就一番事业，就必须探索内心的自我力量感，给自己的心灵松绑，从而实现自我超越。

工作压力、人际关系、重大挫折容易导致严重的心理问题，应引起领导者的关注。领导者不调整好精神状态，不仅影响自己的身心健康，也会对周围的人和事带来负面的影响。拥有健康的心理状态、健全的人格特征应是为官的前提，也是所有事业有成者的重要标志。

案例分析

在得失与荣辱之间

温斯顿·丘吉尔出身于声名显赫的贵族家庭。他的祖先马尔巴罗公爵是英国历史上著名的军事统帅，是安妮女王统治时期英国政坛权倾一时的风云人物；他的父亲伦道夫勋爵是19世纪英国杰出的政治家，曾任索尔兹伯里内阁的财政大臣。然而，他的父亲是一位政坛失败者。丘吉尔从年轻的时候就下定决心，要在他父亲失败的地方获得成功。

1904年，丘吉尔"越过"下院，从保守党转向自由党。生意上冒风险是伤脑筋的，但是，在政治上冒风险却要依靠魄力、直觉和适时地作出决定的能力。1922年是丘吉尔经历几次低潮时期的最低点，当时急性阑尾炎使他无法参加竞选活动。由于他无法施展自己卓越的演说才能，他被击败了。这是他22年来第一次不是下院的成员。他略带讽刺地说："一瞬间，我发现自己没有职务，没有席位，没有一个党派，甚至没有阑尾。"他的情绪非常低落。

塔里兰德曾经说过："在战场上一个人的死亡只有一次，在政治上，一个人的死亡是为了东山再起。"丘吉尔的生涯显然证实了这一说法。他重新为报纸撰写文章以获得收入并两次试图重返议会，但都未成功。1924年，他终于回到了议会。由于一个偶然的机会，他被任命为财政大臣。

第二次世界大战给丘吉尔提供了一个与他非凡的能力和个性相称的舞台。1939年夏天，当纳粹摧毁波兰这一突如其来的悲剧发生时，丘吉尔事前的警告得到了证实。张伯伦立刻召回丘吉尔，任命他为海军大臣。当丘吉尔作为首相第一次发表演说时,他说:"我没有什么可以奉献出来的,只有鲜血、辛勤、眼泪和汗水。"

二战期间,丘吉尔领导英国人民坚决抗战,挽救民族危亡,为争取世界反法西斯战争的胜利做出了不可磨灭的贡献。连他政治上的对手也说:"丘吉尔是大家一致认为永远不能成为首相的人,可是他同样也是在危急关头获得大家一致欢迎,认为是唯一可能出任领袖的人。""人们不能不喜欢他,他的才能与朝气是无与伦比的。"

然而,日益认识到战争结束将给英国带来一系列新的重大问题这一点,使得丘吉尔感到极大痛苦,但是最大的打击还未到来。1945年7月25日,丘吉尔离开了一起参加波茨坦会议的斯大林和杜鲁门,飞到伦敦计算战后第一次大选票数。选举结果令人大为惊讶:工党赢得了压倒优势的胜利,保守党被赶下了台。

这是怎么回事呢?当丘吉尔默默地坐在那里承受结果时,他问自己:这难道是对他不仅承诺而且已经交付了的胜利的应得的酬谢吗?他像往常一样用嘲弄来掩盖他的痛苦。具有讽刺意味的是,这一切正如丘吉尔十年前在他的《伟大的同龄人》一书中所写的:"最辉煌的时刻消逝的最快!"

大选带来的耻辱、美国取代英国成为世界上最强大的国家以及发起冷战时期英美联合的难以维持,所有这些肯定会使丘吉尔感到非常不愉快。有人认为他可能会利用这个机会退休,躺倒在战功簿上。

但是,真正理解丘吉尔的人中没有一个人认为他会在耻辱的环境下屈服。他坚持在下院作为反对党的领袖达六年之久,直到1951年10月保守党重新执政,77岁的丘吉尔再次出任保守党政府首相。

莎士比亚说:"有人生来伟大,有人变得伟大,有人的伟大是强加的。"温斯顿·丘吉尔漫长的一生和他的事业给上述三种类型作了很好的注脚。丘吉尔不像那些为权力而谋求权力,或是拥有权力以便自行其是的领袖人物,他谋求权力是因为他真正意识到自己能够比别人更好地运用它。他相信自己是他那个时代唯一有能力、有资格和有勇气去处理某些重大危机的人。

案例思考题:

1. 根据丘吉尔的经历,在遇到困难时,你认为领导者如何才能战胜自我、挑战自我,走出心灵的困圄?

2. 很多领导者因为无法走出心理困境导致失败甚至付出生命,那么良好的心理调适对当代有何意义?

3. 工作压力、人际困惑、家庭问题、感情问题……压力重重的领导生涯,如果是你,你该采用何种方法进行心理调适?

拓展阅读

1. 郑日昌编:《领导心理调适案例》,人民出版社2015年版。
2. 胡月星、许晓平主编:《领导干部心理健康读本》,中国人民大学出版社2005年版。
3. 霍团英:《领导干部心理健康问题研究》,浙江大学出版社2015年版。
4. 林泉、王春虹:《中青年领导者心理健康与人格特征研究》,红旗出版社2013年版。

第九章　领导用权

本章要点

1. 了解权力的含义、领导权力的含义、领导权力观。
2. 了解权力的特征与类型、领导权力的特征与类型。
3. 了解领导用权的原则、领导用权的方式、领导用权的监督制约。

引例

2014年11月12日,秦皇岛市北戴河区供水总公司总经理马超群接受调查。有关机关在马超群家中搜出现金上亿元,黄金37公斤,在北京和秦皇岛等地房产68套,贪腐程度令人触目惊心。据当地一些干部和群众反映,马超群作为当地供水公司领导,相当"贪婪跋扈"。他在当地人中的名声很差。"谁的钱他都要收,哪儿的钱都敢要。"一位熟悉马超群的当地干部反映,"不给钱就不给你通水,给钱少了就给你断水。"

马超群利用手中掌握的权力和资源疯狂敛财,完全把权力当作谋取私利的工具。作为领导干部,究竟应该如何认识权力,运用权力?对这个问题的回答将直接影响到整个组织或系统的健康度和发展力。

第一节　领导用权概述

权,在古代的主要释义是衡量、平衡,如《汉书·律历志》记载:"权者,铢、两、斤、钧、石,也";又如《周礼》称:"九和之弓,角与杆权。"所以,仅仅从文字解释上,权力就是权位、势力。

一、权力的含义

在社会中的每个人都会与别人发生联系和依赖。在参与政治、经济、文化等社会生活过程中,作为社会的主体既享受权利、履行义务,又不可避免会受到权力的影响与制约。权力似乎是看不见摸不着的东西。那么,权力到底是什么?

黑格尔认为,熟知的东西并非真知的东西。谁都见过权力,或许谁都渴望权力,也似乎谁都拥有权力。但要说出权力的具体形式,甚至于权力的本质,可能不是一件容易的事情。权力是社会科学尤其是政治、法律科学中最基本的概念之一,其重要程度正如英国哲学家罗素所说:"社会科学的基本概念是权力,它的涵义与物理学的基本概念是能量相同。"[1]由于论述的角度和方向的不同,对权力的定义也大相径庭。国内外学者对权力概念的理解大致有以下几种:

一是强制说。这是最为普遍的理解,认为权力是迫使他人服从于自身意志的一种控制与支配的力量。相当多的学者倾向该观点。例如,中国学者王光忠指出,权力是"具备一定资格的主体基于一定的利益通过带有一定强制力的方式左右客体态度或行为的能力"[2]。马克斯·韦伯也认为:"在权力的十分一般的意义上,亦即在把自己的意志强加给他人行为的可能性的意义上,统治可能以形形色色的、十分不同的形式出现。"[3]

二是力量说。这种观点把权力视为一种强制和迫使他人服从的力量。例如,《现代汉语词典》对"权力"这一词条的解释有:(1)政治上的强制力量;(2)职责范围内的支配力量。[4] 其中第二种解释即力量说。此外,美国学者亨廷顿认为,权力是"影响或控制他人行为的力量"[5];法国著名管理学家法约尔指出:"权力是下达命令的权利和强迫别人服从的力量";J.马里顿在《民主与权威》中将权力看作支配力量,支配的主体拥有这一力量去强迫受支配的客体服从,而权威是支配和命令的权力。[6]

三是控制说。控制说强调权力是对他人的控制。美国管理学家弗兰奇和雷文将权力定义为"一个人所具有并施加于人的控制力"[7]。国际政治学家斯巴曼克也认为,权力是一切文明生活最终赖以生存的基础,是说服、收买、交换和胁迫的手段,在国际政治中就是一个国家对其他国家的控制。

四是关系说。在《不列颠百科全书》中权力被界定为一个人或许多人的行为使另一个人或其他许多人的行为发生改变的一种关系。美国国际政治学大师汉斯·摩根索以国际政治关系权力论享誉世界,他对权力的定义是:所谓政治权力,我们

---

[1] 〔英〕罗素:《权力论》,吴友三译,东方出版社1988年版,第4页。
[2] 王光忠:《论公共权力的历史变迁》,载《求实》2001年第11期。
[3] 〔德〕马克斯·韦伯:《经济与社会》下卷,林荣远译,商务印书馆2004年版,第264页。
[4] 《现代汉语词典(第6版)》,商务印书馆2012年版,第1075页。
[5] 〔美〕亨廷顿:《变革社会中的政治秩序》,李盛平等译,华夏出版社1988年版,第107页。
[6] 王爱冬:《政治权力论》,河北大学出版社2003年版,第5页。
[7] 倪世雄等:《当代国际西方关系理论》,复旦大学出版社2006年版,第263页。

指的是掌握政府权威的人之间以及他们与一般公众之间的相互制约关系。政治权力是权力行使者与权力行使对象之间的心理的关系。①

五是能力说。权力的英文是"power",含义就包含有能力。持能力说的学者很多。例如,亨利·艾伯认为:"某一人或团体有能力影响另一人或团体的活动,这就是权力,权力使某一行为出现,要不然是发生另一种不同的行为"②;美国的罗伯特·达尔指出:"权力是A影响B在某些方面改变自己的行为或倾向的能力"③;美国社会学家彼得·布劳认为:"权力是指一个人或一群人按照他所愿意的方式去改变其他人或群体的行为以防止他自己的行为按照一种他不愿意的方式被改变的能力。"④

六是选择说。这种观点认为权力是一种选择。这在中国哲学思想中体现得较为明显,以墨子、韩非子为代表人物。《墨子·大取》中说:"于所体之中,而权轻重之谓权。权,非为是也,非非为非也。权,正也。断指以存腕,利之中取大,害之中取小也。"但墨家与法家对权力的理解略有不同。前者以为权力是"获取",是对利益的选择;而后者则视权力是"决策",是在选择之后的决策。

七是手段说。该观点把权力当作获得利益或实现目标的一种手段。例如,英国哲学家托马斯·霍布斯在《利维坦》中界定权力为"获得未来明显利益的当前手段"⑤;塔尔科特·帕森斯认为"权力是达到人们想要实现的任何目标的'一般化手段'"⑥。

对上述权力的界定进行仔细分析可以发现,它们无不是从某一个维度去反映权力。强制说突出了权力的基本特征,但忽视了个人在行使权力时要以有组织的团体为中介。力量说主要突出了权力的强制性特征,与人们的常识感受比较接近,但是缺乏对权力内容、价值、存在场域等内涵的揭示,无法成为学术探讨的起点。控制说侧重对权力的秩序整合功能,但是忽略了公共权力的内在矛盾,也没有提示权力用益性、不确定性特征,难以成为研究权力制约与监督的概念前提。关系说揭示了权力的存在场域,阐明了权力是主体之间的一种互动关系,为权力的制约和监督提供了理论支撑。不过,关系说对于权力的用益性、不确定性等重要特征没有作出阐述,还需要结合其他学说加以完善。能力说既指明了权力存在于主体之间,也描述了权力的强制性特征,同时也表达了权力作为一种手段的工具性特点,兼具关

---

① 倪世雄等:《当代国际西方关系理论》,复旦大学出版社2006年版,第262页。
② 〔美〕亨利·艾伯斯:《现代管理原理》,杨文士译,商务印书馆1980年版,第169页。
③ 〔美〕罗伯特·达尔:《现代政治分析》,王沪宁等译,上海译文出版社1987年版,第36页。
④ 〔美〕彼得·布劳:《社会生活中的交换与权力》,孙非等译,华夏出版社1988年版,第135页。
⑤ 〔英〕托马斯·霍布斯:《利维坦》,黎思复等译,商务印书馆1985年版,第47页。
⑥ 〔英〕迈克尔·曼:《社会权力的来源(第一卷)》,刘北成、李少军译,上海人民出版社2002年版,第8页。

系说、力量说和控制说的某些特点，但依然有自身的不足。与关系说相比，缺少一种对主体互动的阐述，不利于进行权力监督与制约的研究；与控制说相比，忽略了秩序整合的功能，有利于权力的微观分析，但不利于针对公共权力的研究。除此之外，对于权力的用益性、不确定性等重要特征也没有作概括，不利于研究权力的制约与监督。选择说指明了权力的选择与权力的行使往往以利益的最大化为前提。手段说则易使权力学说走向偏颇，仅仅探讨统治技巧的问题。

综上可见，我们认为，权力存在于人类社会主体之间，能够满足权力主体一定利益需求，是权力主体凭借财产、组织等方面的优势可以违背其他主体意志实现自身意志的一种特殊的控制力、支配力或者影响力的总称。① 这个定义包括四层含义：一是权力现象存在于人类的各种各样关系之中，脱离了这种关系范畴无法形成权力。因此，对权力的研究应该摆脱单向度线性模式，注意到社会主体之间的互动关系、网络关系，进而意识到对权力进行制约与监督具有天然的逻辑性。二是权力的运行能够满足社会主体的利益需求。至于这种满足究竟仅符合权力行使者个人的利益，还是符合其所代表的组织或集体的公共利益，则成为判断权力是否滥用的重要标志。三是权力以强制力为后盾，带有明显的强制性。这是权力区别于诸如教育、宣传、说服等其他影响力、控制力的本质特征。权力的这种强制性，决定了权力一旦失控所造成的危害将难以估量，这就要求人们必须构建良好的控权机制，制约和监督权力。四是权力主要是权力主体凭借某些特定的优势获得的一种特殊的控制力、支配力或者影响力。

二、领导权力的含义

学界对领导权力的界定呈现出纷繁复杂的状况，其中涉及诸多阶级、阶层和集团的切身利益，因此对领导权力本质的揭示并不容易。不同的学者从不同的维度、政治目的或需要出发，形成的理解主要有以下几种：

一是能力论。该观点以能力为核心，认为领导权力是把个人意志强加于其他人行为之上的一种能力。

二是关系论。该观点将领导权力界定为领导过程中的关系，是由个人或多人的行为使其他个人或多人的行为发生改变的一种关系。

三是参与论。该观点以参与为核心，认为领导权力重在决策参与，区别于一般性的影响力。

四是控制论。该观点将领导权力界定为领导过程中的控制行为。领导权力要通过肯定性评价或否定性的制裁来施加控制。

---

① 谢佑平、江涌：《论权力及其制约》，载《东方法学》2010年第2期。

五是支配论。该观点认为领导权力是一种支配力量,能起到控制作用或强制作用。支配主体在领导权力之下对支配客体进行强迫、控制和支配。

以上观点都从一定程度上揭示了领导权力的某种特性,但从某种意义上说又有失偏颇。能力论对领导个人强调过多,忽视了权力本身的特性;关系论看到了领导过程中的主体与客体的联系,但对领导权力的强制性等基本特征重视不足;参与论则对"参与"情有独钟,将领导决策与领导权力混为一谈,自然是不合适的;控制论和支配论都在强化领导权力的形式特征,但对领导权力的本质着力不足。我们认为,对领导权力的界定应着眼于实质,它是领导主体在其职能职责的相应范围内强制影响客体向预期方向运行,以贯彻领导主张与意图、执行领导意志和决定、达成领导的目标和效果的最高组织力量。[1]

具体把握领导权力的含义,要考虑到:

第一,前提因素。领导权力必须在一定的范围和条件下发生影响力和作用力。也就是说,领导权力是需要与领导的职能、职责、职位挂钩对应,同时受到它们严格限制的。权力来自于人们社会生产和社会生活的天然需要,服务于人民、造福于人民是其原初价值。制约、监督权力,防止权力滥用、权力腐败就是保持权力本色、还原权力价值的必由之路。以目标、方向和责任对领导权力进行的严格约束和限制,恰恰是为了还原其本质,真正实现其价值。没有严格监督和管理控制的领导权力是可怕的,也是不被允许的。

第二,内容因素。领导权力是一个核心力量的系统,它是由组织或社会系统中带有强制性的控制力、支配力、调节力和影响力构成的总和。在这里需要一再强调的是权力的强制性,正如马克思·韦伯最为直接的表达——权力是把一个人的意志强加在其他人的行为之上的能力。要想将自己的意志强加给别人,没有强制力是不可想象的。强制力是权力特性的集中体现,是使权力区别于一般影响力的外观特征。恩格斯曾经指出:"构成这种权力的,不仅有武装的人,而且还有物质的附属物,如监狱和各种强制设施"[2]。也只有这种强制性,才能使领导主体在一定的组织系统中处于强势地位或核心地位,进而确保这种领导地位的维系与巩固,能始终对其领导的组织或系统产生主导性的影响力和决定性的控制力,使领导主体预期要实现的目标成为可能。

第三,形式因素。领导权力在运用中通常表现为具体的统治工具和管理手段。作为领导主体在实施领导与管理过程中的最有效工具,它体现了整个领导体系的核心,所有的相关要素都围绕其展开和进行。具体地说,它组织、发动、推进、总结并改进领导目标和整个组织的目标,对所领导的客体以自身强大的优势来左右和

---

[1] 邱霈恩:《领导学原理》,清华大学出版社 2012 年版,第 50 页。
[2] 《马克思恩格斯选集》第 4 卷,人民出版社 2012 年版,第 187 页。

影响,最终使得具体的个体、群体、组织或社会系统发生深远的变化。

第四,构成要素。领导权力的运作离不开相关的参与者,其中至少包括了领导权力的主体、领导权力的客体、领导权力的主体作用于领导权力的客体的中介要素。领导权力的主体可能是个人、机构或者集团,其以拥有权力和行使权力为基本特征,且必然以寻求和追逐权力为目标,并在此过程中同时实现对权力的真正掌握和行使。领导权力的客体是领导权力的作用对象。一方面,它是领导权力的主体影响和改变的对象,在领导权力的主体行使领导权力的过程中被权力作用所控制或支配;另一方面,它又是领导权力的根本来源,包含了广大人民群众的领导权力的客体是领导权力最主要的基础,是领导权力的真正主人。主体与客体的关系是相对的。个人或团体在某个范围或行动中表现得强有力,而在另一个范围或行动中就可能相对软弱。随着时间的推移,主体与客体的位置也是可能会互换的。在领导权力的主体作用于领导权力的客体的过程中还需要一些中介因素,包括作用的格局、方式、方法等。

领导权力作为一种重要的组织资源、特殊的公共资源,是在所有领导权力的客体让渡出来的意志、自由、权利之下形成的制度化结晶。它支撑领导权力的主体居于正统和核心地位,影响和主导所在组织或系统的意志方向,调节组织群体或社会的行为,最终实现组织或系统的目标和任务。

三、领导权力观

权力观,是人们对权力总的看法,包括对权力的来源、掌握权力的目的、行使权力的方式、为谁掌权、为谁服务等等问题的认识和态度。不同的社会、不同的政党,对权力观有着不同的认识。领导作为组织或系统的核心力量,他对权力的认识和态度将直接影响到整个组织或系统的健康度和发展力,提高领导的决策、执行与管理能力同树立正确权力观之间存在密切的内在联系。有少数领导干部不能正确看待自己手中的权力,有的把权力当作获得金钱、美色的工具;有的把权力当作个人飞黄腾达、光宗耀祖的途径;有的把权力视为个人"私恩"的产物,甚至把权力作为对个别人效忠的工具;还有的把权力当儿戏,对人民赋予的权力极不负责,敷衍塞责,甚至胡作非为,给人民群众的生命财产造成难以弥补的损失。这些权力"错位"现象,虽然发生在少数领导干部身上,却引起了群众的强烈不满,这些问题的存在,更加突出了树立正确权力观的重要性。

对领导来说,只有树立正确的权力观才能明确行使权力的行为准则,才能提高领导的综合能力,搞好组织的管理与建设。高素质的领导干部队伍,必须以正确的权力观为基础。

什么是正确的权力观呢?

首先,树立权力就是责任的观念。正确的权力观认为,权力是人民赋予的重托,是全心全意为人民服务的责任。领导没有自己的特殊利益,其唯一反映、表达、体现的利益就是人民的利益。因此,领导干部手中的权力只是用来为人民服务的,绝不能利用职权和职务之便谋取私利。习近平指出:权力的行使与责任的担当紧密相连,有权必有责。看一个领导干部,很重要的是看有没有责任感,有没有担当精神。各级领导干部要珍惜使命、不负重托,在难题面前敢于开拓,在矛盾面前敢抓敢管,在风险面前敢担责任,全心全意为人民服务。① 领导干部是组织或社会系统高效运作的骨干力量,能否用好领导手中的权力,与领导在人民群众中的形象、巩固领导的核心地位、确保组织或社会系统的长远发展息息相关。因此,每一个领导干部都应把实现人民群众的利益作为工作的根本目的,把实现组织或社会系统的可持续发展作为创造业绩的重要内容,把人民的要求作为评价业绩的重要尺度。

其次,树立权力就是奉献的观念。习近平提出,马克思主义权力观概括起来是两句话:权为民所赋,权为民所用。② 如果只是为自己、为家庭而活着,意义是很有限的。只有为国家、为社会、为民族的利益奋不顾身地工作,毫无保留地贡献出自己的聪明才智,这样的人生才有真正意义。领导干部要正确处理索取与奉献的关系。无论从个人的生存、发展来说,还是从社会的进步来说,索取与奉献是密切联系在一起的。索取与奉献除了有统一的一面外,彼此还有矛盾、对立的一面,大家都只是索取,不作奉献,索取就无法实现;如果只讲奉献,不保证生存的必要索取,奉献也不可能持续下去。领导作为组织或社会系统的核心力量,"立志做大事",为社会多做贡献更应成为自己的人生追求。不论在什么岗位,都要把人民群众利益放在行使权力的最高位置,把人民群众满意作为行使权力的根本标准,做到公道用人、公正处事,有权必有责。只有如此才能引领人民、感染群众,从而形成认识和改造世界的巨大精神力量和物质力量。

最后,树立权力就是廉洁的观念。正确对待和行使权力,体现在领导干部的思想道德行为上,一要廉洁,二要勤政。权力观问题,始终与权力的廉洁与否有着密切的内在联系。腐败问题的发生,无不是权力腐败的表现,而权力腐败的出现,又在很大程度上由错误的权力观所致。大量事实证明,一个领导干部如果在权力观上出现偏差,把权力视为谋取个人私利的工具,就必然在行使权力的过程中出现失误,把权力变成中饱私囊的手段。干部廉洁勤政,抓工作就有说服力和号召力,"其身正,不令而行;其身不正,虽令不行"。权力从根本上说是人民赋予的,正确看待手中的权力,切实解决好"为谁服务"这个根本问题,时刻牢记全心全意为人民服务

---

① 《习近平:领导干部要牢固树立正确世界观权力观事业观》,http://news.xinhuanet.com/politics/2010-09/01/c_12508694.htm,2016 年 5 月 16 日访问。

② 同上。

的根本宗旨，就必须始终保持秉公用权、审慎用权，堂堂正正做人、踏踏实实干事。

树立正确的权力观，是解决领导干部队伍中突出问题的迫切需要，是保证权力廉洁、预防腐败的迫切需要，但如何树立正确的权力观？从党员领导干部的角度，我们认为树立正确的权力观需要：

第一，加强理论学习，提高思想境界。加强理论学习，主要是深入认真学习马列主义、毛泽东思想、邓小平理论、"三个代表"重要思想、科学发展观，以及习近平提出的党员干部为官做事"三严三实""把权力关进制度的笼子里"等，加强思想政治修养，提高精神境界，保持高尚的道德情操。树立正确的权力观，重点要学习辩证唯物主义和历史唯物主义，真正懂得人民群众是历史的创造者和社会的主人，真正懂得手中的权力是人民赋予的，必须用来为人民服务。这是树立正确权力观的理论基础。在这个基础上，坚持按照人民的利益和意愿行使权力。党员干部无论职务高低，都是人民的"公仆"，要摆正"主人"与"公仆"的关系，切不可将其颠倒。针对权力观中存在的突出问题，当前要特别重视教育领导干部坚持艰苦奋斗，反对享乐主义，磨炼意志，提高境界，保持情操，坚持权为民所用、情为民所系、利为民所谋。

第二，加强党性修养，坚持立党为公、执政为民的本质。加强党性修养，重要的是要时刻牢记我们党立党为公、执政为民的本质，把树立正确的权力观与坚持立党为公、执政为民紧密结合起来，使立党为公、执政为民的本质，牢牢贯穿于权力观建设的全过程，并在领导干部的权力观中得到充分体现。为此，就要像习近平所要求的那样，广大党员、干部要心系群众、扎实苦干、奋发作为、无私奉献，自觉为人民服务、为人民造福，努力作出无愧于时代的业绩。

第三，注重社会实践，建立健全正确权力观的生成机制。权力观作为一种观念形态，说到底是社会实践的反映。与权力观密切相关的社会存在或社会实践，又往往表现为一系列体制、机制和制度，它们往往对领导干部的权力观具有决定性的影响。例如，要教育领导干部懂得手中的权力是人民赋予的，那么我们的相关体制、机制和制度就要确保领导干部的权力确确实实是人民赋予的。这种社会存在反映到领导干部的头脑中，就会潜移默化为正确的权力观。如果相关的体制、机制、制度不健全，尤其是领导干部制度不健全，"由少数人在少数人中选人用人"，选拔领导干部由上级领导甚至是个别人说了算，在这样的氛围里，领导干部要真正树立正确的权力观，就难上加难。因此，教育领导干部树立正确的权力观，必须注重社会实践，注重健全相关的体制、机制和制度。十八大报告提出："健全权力运行制约和监督体系。……要确保决策权、执行权、监督权既相互制约又相互协调，确保国家机关按照法定权限和程序行使权力。坚持科学决策、民主决策、依法决策，健全决策机制和程序，……让人民监督权力，让权力在阳光下运行。"对权力结构和运行机制认识的进一步深化,是对依法治国、依法行政,走中国特色社会主义政治发展道路的进一步确认和发展。正确看待决策权、执行权、监督权三者之间制约与协调的关系,必须以权力运行制约和监督体系为基础和保障,在健全的机制和程序的基础上,确立决策的权威性。同时,坚持和完善社会主义民主制度,丰富民主形式,扩大公民有序的政治参与,保证人民依法实行民主选举、民主决策、民主管理和民主监督。与权力观问题更为密切的是,要不折不扣地落实《党政领导干部选拔任用工作条例》,落实党员和群众对领导干部选拔任用的知情权、选择权和监督权,防止和克服用人上的不正之风。这对领导干部从内心深处真正树立正确的权力观,将起到至关重要的作用。

第二节　领导权力的特征与类型

一、权力的特征与类型

（一）权力的特征

权力的特征是权力的本质表现,它反映出权力的实质,同时反映了权力的价值和效用。对权力特征的理解随着政治条件、社会经济的发展变化而变化。具体而言,关于权力特征的阐释主要有:

1. 权力具有强制性

在权力运用中,强制性显然是必不可少的。为了整体利益和长远利益,个人必须服从组织,下级必须服从上级,地方必须服从中央。在家庭、各种社会组织以及国家层面上都存在着强制性权力,都有以这种或那种形式存在着的迫使他人服从的力量。国家拥有警察、军队、监狱等合法的暴力机关,其权力的强制性特点最为明显。从组织的角度来讲,如果上级领导能使下属停职、降级,并且下属很在乎他的工作,那么上级对下属就拥有了强制性权力。这种权力是建立在惧怕的基础之上的。也就是说,作为下属,如果不服从领导,领导就可以惩罚、处分、批评下属。权力在特定的组织或系统所规定的职权范围内有决策权和命令权。被领导者只能服从或执行。服从或执行不仅是为了维护领导者的威信,更重要的原因是保证组织顺利达成特定目标的必要要求。

2. 权力具有责任性

权力是一种责任,责任体现着权力。权力的责任性要求贯穿权力运行的始终。具体表现在权力向权力的来源负责,权力向权力的职责负责,权力向权力的过程与结果负责。没有责任的权力是空泛的,没有权力的责任是空虚的。同时,必须让权力的责任性落到实处,切忌放责不放权、放权不干事。该管的事不管、该担的责不担,敷衍塞责,推诿扯皮等,这些都是权力的责任意识不强的表现。只有以长远目光和全局意识,把心思和精力真正花在落实责任上,才是权力的真谛。

3. 权力具有排他性

权力是排他的,即具有单一性。在一个权力范围内,对同一事项的最终决定权,不允许有从同一角度用同一种形式、同一标的指向的权力存在。权力的指向,也叫职权范围,无论权力大小,都有自己的职权范围和相应的位置。任何一个权力都同其他权力相联系,从上至下依次控制。两个平行的权力除有约定以外,彼此不发生支配关系。

此外,权力的排他性还体现为打击可能威胁权位的力量,不允许有潜在对手的存在。在这方面专制权力体现得尤其明显。中国的封建社会,有专司排查"龙脉"的官员,如发现山水间有所谓"龙"象,则坚决予以摧毁——把山炸断,把水填涸。汉高祖刘邦于公元前202年得天下,名将韩信于公元前196年身首异处,韩信在临刑之前发出了"狡兔死,走狗烹;飞鸟尽,良弓藏;敌国破,谋臣亡"的浩叹,正是权力排他性的写照。

排他性决定了权力自古深陷于潜在威胁之中,"高处不胜寒"常常令当权者唏嘘不已。即使在利益公共化、普遍化的情况下,权力的责任性也要求权力的单一、排他。

4. 权力具有逐利性

"天下熙熙,皆为利来;天下攘攘,皆为利往。"没有不追求利益的权力,也没有不要求权力的利益。权力是利益的集中,利益是权力的实现。人性是有弱点的,当私人利益不能获得充分满足或者私欲过于强烈时,就会出现利用权力满足个人利益的现象。正是由于权力的意义与作用以及人们的原始欲望与弱点,在强烈的利益要求驱动下,掌握权力的人会寻找机会利用权力满足个人利益的需要,腐败现象也就随之产生并不断滋生蔓延。权力逐利性的典型表现:一是"权力寻租",它是权力拥有者用各种方式,把公权作为资产出租,为他人谋取利益,自己收取"租金"——不正当利益,或故意不作为而索取到的收益。在这里公权演变为私权,"权力寻租"而导致的腐败成为必然。二是依托权力而又追求更大的权力,并且是常常不同程度地凌驾于法律之上。与此同时,在权力任命制的条件下,权力的流转、移动与更替又是常态。追求更大的权力或远离约束既是权力升迁性的体现,又是以权力的逐利性为根源。

5. 权力具有扩张性

权力的行使离不开权力主体的意志,而意志的最大特征是自由。这种意志的自由决定了权力在内容上、在现实转化上具有不确定性。这种不确定性是权力扩张、滥用、异化等问题的根源,是权力需要制约和监督的根本原因。在一般情况下,权力所管辖的范围是相对固定的,而权力的扩张性是指权力越过了自己的边界,在组织中与组织间不断地自我复制、传递与扩展。社会发展一刻都不停止,组织的发展也就在不间断地进行;权力在一定时期内完成相应的使命虽然会被其他种权力所替代,但是权力通过其他权力的更替与传递不断地实现自我留存,不断地延续自身,并且不断地向权力空白延伸以及向弱项权力进行扩展。权力的扩张与权力的占有欲紧密相关。权力能满足个体对生存资料、对异性等的占有,所以权力成为实现欲望的最基本形态,而扩张是放大了的占有欲。权力的扩张以权力争夺为主要形式。扩张性体现了权力意志的内涵,总想多管一些事情,总希望世界按照自己的意志运行。权力把自己做大做强的冲动与实践,既给世界带来了统一与繁荣,又带来了战争与灾难。在现代社会,权力的扩张一般是以和平方式实现的,即通过选举,权力系统实现更替。在非法治国家,也有运用暴力的方式实现权力扩张,但已不多见。

此外,学者对权力特征的阐释还有时效性、延展性、两重性、法定性、依附性、有效性、弹性、储存性、准市场性等,这里就不一一赘述了。

(二) 权力的类型

"权力是社会体制中职位的标志,而不是某个人的标志。当人们在社会机构中占据权势地位和支配地位时,他们就有了权力。"[①]从不同的观察角度,可以对权力进行不同的分类:从社会领域的角度来看,可分为经济权力、政治权力(含军事权力)和文化权力(含宗教权力);从国家政治的角度来看,可分为立法权力、行政权力和司法权力;从经济运行的角度来看,可分为生产权力、(流通)销售权力和消费权力;从组织结构的角度来看,可分为人事任免权、工作安排权、责权利分配权;从执行流程的角度来看,可分为目标方案决策权、行为执行权、监督评价权;从作用对象的角度来看,可分为作为集体成员在集体中的权力、作为社会成员在社会中所享有的基本权力、作为社会关系对于他人的权力等等。下面简单介绍几位学者对权力类型的分析。

美国政治学家加尔布雷斯在《权力的分析》一书中根据不同资源的性质与使用手段的差异,将权力分为应得权力、报偿权力和制约权力三种。应得权力就是惩罚权,是通过实施惩罚或以惩罚为威胁来换取服从;报偿权力是通过提供利益或利益许诺来赢得服从;制约权力也叫信仰权力,是指通过说服教育进行有意识的培养形成某种信仰,从而导致权力客体心甘情愿地服从。[②] 随着文明的进步,公共权力早已从简单粗暴的应得权力为主发展为应得权力、报偿权力和制约权力协同运作的

---

① 〔美〕托马斯·戴伊:《谁掌管美国》,梅士等译,世界知识出版社1980年版,第10—12页。
② 〔美〕加尔布雷斯:《权力的分析》,陶远华等译,河北人民出版社1988年版,第35页。

样态。从权力制约与监督的角度出发，加尔布雷斯的划分方法同样颇有启发性。首先，由于应得权力的强制性、粗暴性，人们必须对其加强制约和监督，防止公共权力这样的"利维坦"出来伤人。军队、警察、法庭、监狱、税务等国家权力机构是应得权力的标志性符号，因此，对于军事活动、司法活动、征税活动必须加强制约和监督。其次，对于报偿权力，不应忘记它同样暗藏了扩张、滥用的巨大潜能，对那些表面看没有什么强制力倾向的权力部门，如市政规划、环境保护、银行金融，也不能放松制约与监督的警惕。最后，制约权力由于其内在强大的约束力，作为一种策略可以为我们所用。通过反复、长期的宣传教化，让人们包括政府官员、司法官员、公用事业单位员工等公共权力拥有者养成以接受制约与监督为荣，以不受监督与制约为耻的廉政守法的社会主流意识形态，真正将权力滥用、权力腐败的念头扼杀在襁褓之中。雷蒙德·杜瓦尔和迈克尔·巴内特提出了"四种权力"观[①]，它是从国际政治的视角对权力类型的较新阐释。他们把权力分为强制性权力、制度性权力、结构性权力和生产性权力四种。强制性权力是指权力主体能对其他行为者进行直接控制，关注的是权力主体直接塑造其他行为者环境的一系列关系。马克斯·韦伯等人对权力的定义与这一定义相似。但是，雷蒙德·杜瓦尔和迈克尔·巴内特所说的强制性权力又有一定的新意，即无意的强制性权力依然存在；强制性权力也不仅仅限于物质性资源，可以包含象征性或规范性的资源。制度性权力是指权力通过社会分散控制其他行为者，是一种间接控制的方式。它需要通过制度所规定的规则和秩序，指导、操纵和限制行为者的行为。结构性权力是与权力主体的能力直接相互建构。它关注权力结构位置的内在关系，这种结构限定了社会行为者的类型。它与制度性权力的区别是：制度性权力关注的是对行为的不同限制，而结构性权力关注的是社会能力和利益的决定。主仆关系和劳资关系是最典型的结构性权力的例子。生产性权力是一种扩散性社会关系的产物。它是所有社会主体的建构，这些社会主体拥有通过知识体系和广泛的一般社会范围的扩散性实践所产生的各种社会权力。因此，生产性权力关注话语、社会过程和知识体系，通过这些，有意义的事物得以产生、确定、生存、实践和转换。

套着神秘光环的权力，愈加彰显对人们的精神和行为广泛和深刻的影响力。对权力类型的不同理解，同时反映了权力不断发生演变的事实，社会系统中组成成员的意志、自由、资源等因素在集中、整合、凝结之后造就了权力类型的内涵发展。

二、领导权力的特征

简单地说，领导权力就是领导主体所掌握和运作的权力，是直接影响领导客体

[①] Michael Barnett, Raymond Duvall, Power in International Politics, International Organization, 2005, Vol. 59, Iss. 1.

的实质性力量。领导权力与权力的区别就在于是否加入了领导主体这一要素,通常情况下,这两个概念甚至是能通用的。因为领导主体是最重要的权力主体,虽然领导主体的身份可能多种多样,不仅仅政府官员有领导权力,一个组织、企业、团队都有领导权力的存在,即只要有分工,就必须有组织者,就必须有上下级的区别,都存在着领导和被领导的关系问题,但我们谈到领导权力的特征时,除了要反映领导权力的实质及领导权力背后的价值、作用,更要关注作为领导者与被领导者之间的关系。因此,为了区别一般意义上的权力特征,需要在领导主体与领导客体的关系中,从领导权力在现实社会中的高度地位与重大作用上准确地理解领导权力的特征。具体地说,领导权力的特征主要有以下几个方面:

1. 领导权力的职位性

领导权力是与特定的领导职位和担当的职务相一致的。有了领导职务才有权力,没有职务的人是没有领导权力的。例如,社会上某些德高望重的人,尽管他们受到人们的尊重和敬佩,甚至人们自觉接受他们的指点,但是这种支配力量不属于领导活动范畴。因为他们没有领导职务和领导责任,所以,他们并没有领导者的权力,不能行使对他人的指挥权。具体地看,首先,权力的职位性要求领导权力经过一定的授权,可能是法律赋予,受宪法和法律的保护,又可能是特定组织或集团的规章制度的规定或约定。这是领导主体行使权力的前提。只有在上述授权或委托认定了职位权力之后,才赋予了领导者一定的权力,同时也明确了领导者的相应责任,领导者才能进行领导活动,被领导者才会服从领导权力。在这个权限范围内,领导主体的权力不得被质疑或随意剥夺。其次,领导主体有职才有权,去职则去权。一旦发生领导主体被罢免、退休或离职,领导权力同时被收回。最后,领导权力与领导的职位高低有紧密的联系。有多高的职位,才有多大的权力。它既不能支配职权范围以外的人的行为,也不能超越法律、制度等规定对职责范围内的下属实施支配。这种必然要受到各种因素的制约反映出它是有限的。

领导权力的职位性有时也被表述为代表性、受托性等。

2. 领导权力的组织性与层次性

领导权力是一个组织或社会系统中有资格和能力对整个系统及相关成员进行操纵和资源分配的特殊力量,其本身是一种高度组织化、制度化甚至是社会化的产物。在领导权力的运作过程中,组织的意愿、制度的规定、社会的需要通常是其潜在的基础因素。在领导权力的形成、运作上,组织、制度和社会为其提供直接的前提,同时更重要的是为领导权力的内在实质与构成提出了相应的公共要求、标准、价值和依据,对领导权力的最终定性起到了决定性的作用。在领导权力的组织性上相应地派生出阶级性、公共性、政治性等重要特质,从领导权力的组织性立场和价值取向上加强了领导权力的正统所在。可以说,领导权力的基础和渊源无不是以其组织性为根据的,作为组织或社会系统的核心力量,没有对应的组织为依托是难以想象的。领导权力的层次性,是指一个组织系统按纵向划分为若干个层次,各个层次都有相应的领导权力。在特定的组织或社会系统中,领导权力的层次性要求上级对下级有指挥、控制和监督的权力,同时要注意不干涉下级职权范围内的事。下级要对上级负责,依据上级的指示、决定和命令办事,及时请示汇报工作,在自己管辖的范围内,有权自主地决定问题。

3. 领导权力的服务性

从根本利益上说,领导者与被领导者的关系是公仆和主人的关系。领导者的权力必须用于维护被领导者的根本利益,要把群众利益与组织目标结合起来,如果领导者不能保护被领导者的根本利益,或是滥用权力侵犯被领导者的根本利益,那就丧失了人民公仆的资格。当然,在现实社会中,确实存在着"倒服务"现象,这种"倒服务"是没有真正认清领导的含义,这样的领导者也是当不好领导的。领导权力高度关联被领导者的所有利益,这就需要领导者在各方利益的维护、分配和获得上反复权衡,仔细分析,如此才能实现巩固自身权力和团结所有可以团结的力量。只有整个组织或社会系统在价值观、价值标准、价值取向等问题上紧密关联,组织或系统才能凝结成强大的合力。领导权力的责任性事实上谈的也是同一个意思。领导者使用权力,就必须对被领导者负责,使用权力的过程不是为自我谋私利,而是服务于被领导者,对得起被领导者委托的过程。同时,领导权力在行使中还要充分注意其作为资源的稀缺性,避免滥用和误用。所谓牵一发而动全身,领导权力的运作在引起领导客体利益增减,或者组织、社会系统内部结构运动时,领导者都要勇于对此结果承担责任。这个责任不仅是一种态度上的勇气,更意味着一定代价的付出,问责制的设计初衷正在于此。

4. 领导权力的强制性

领导者获得权力之后,就要实施对被领导者的指挥或支配,包括控制、驾驭、监督、规范、限制和引导被领导者为实现已经确立的目标而努力。领导者可以要求被领导者必须服从自己,对违背组织目标的行为可以通过命令、纪律警示或者批评、惩罚等措施迫使该行为扭转。领导权力的强制性是维持一个组织的统一所必需的,但同时也能造成被领导者与领导者之间的对立情绪,甚至对抗的关系,所以领导者使用权力必须讲究方式方法。领导权力的强制性还派生出其他特性。其一,权力拂逆性特征,即领导权力作为自上而下单向运行的权力,它不可逆转,在领导活动中绝不允许下级支配上级,只能是上级对下级进行控制、支配。下级服从支配的地位,决定其没有反支配的权力。当然,领导权力自上而下的单向运行依然要建立在领导权力的服务性和责任性的前提之上,以为被领导者谋利益为导向。其二,权威性特征,即领导权力作为一种强力或强权,它在整个社会中具有最大强势或优势。无论被领导者是否愿意或者是否有理,都只能首先选择接受领导权力的强制约束。哪怕领导权力尚未使用,这种威慑力量依然存在,不容挑战,不容置疑。

5. 领导权力的双向性

双向性指的是领导权力的运用可能导致有利或有害两种结果。领导者通过权力,可以聚合更多人的才智,去完成单个人无法完成的事情。在领导者的正确引导下,可以创造出移山填海般的壮举。领导权力作为一种支配力,在不受制约的情况下,常常会无限地扩张。一旦超出既定的界限和范围,就会侵犯他人的合法权益,领导者的身份也就从权力的代表者变成特权者,腐败接踵而来。从某种程度上说,领导权力是一种重要的源泉。倘若领导者醉心于权力背后的地位、荣誉和财富,那么权力就会成为一种腐蚀剂,领导者最终将沉溺其中,不能自拔。权力是否导致腐败关键在于它为公还是为私,所以防止腐败的主要途径就是对权力进行有效制约,以减少它对满足个人私欲所提供的机会,另外就是端正领导者的用权价值观。

作为一种复杂的社会存在,领导权力的特征也愈加多样化。领导权力的上述特征不是人为从外部强加给它的,而是由权力本身的本质力量决定的,同时在各个特征之间又存在高度的内部相关性。它们或者互为基础,或者互为条件,可以使得领导权力与其他的权力形态相区别,也可以为领导主体在行使权力过程中提出特别的要求和建议。因此,有必要全面和系统地把握、理解领导权力的特征。

三、领导权力的类型

对领导权力的类型从不同的角度可以有不同的划分,其中较有代表性的有马克斯·韦伯的"三分法"、亨利·法约尔的"两分法"、约翰·弗伦奇的"六分法"等。

马克斯·韦伯是从权力合法性的角度出发,把权力分为三种:一是法定权力。权力的行使者也就是领导者具有法定地位或相应统治章程制度之上的影响力,因此是合法授命之后进行统治的权力。二是传统权力。一般是建立在相信历来使用的传统的神圣性和由传统授命实施权威的统治者的合法性之上的权力。三是魅力型权力。它是建立在非凡地献身于一个人以及由他所默示和创立的制度的神圣基础或楷模榜样之上的权力。韦伯还提出了三种正式的政治支配和权威的形式:魅力型支配(家族和宗教)、传统型支配(宗主、父权、封建制度)以及官僚型支配(现代的法律和国家、官僚)。韦伯认为,魅力型权威的不稳定性必然导致其转变为"常规的"权威形式,也就是传统或者官僚型支配。同时,他也注意到在纯粹的传统型支配里,对于支配者的抵抗到达一定程度时便会产生"传统的革命"。因此,韦伯也暗示了社会会逐渐朝向一个理性合法的权威架构发展,并且利用官僚的架构制度。

亨利·法约尔的权力"两分法"得到了更多人的认可。他认为,在领导者身上存在两种权力:一是属于职务规定的权力,即在领导者履行自己职责,发号施令时所具有的强制性权力；二是基于个人经验、智慧、道德素养、才能等的个人权力。两类权力的区别是明显的。第一，职务权力具有来源于外部的社会性，是由特定的组织或社会系统赋予的；而个人权力具有来源于内部的个人性，是个人自身的内外因决定和形成的。第二，从持续时间上看，职务权力只有在一定的任期中发挥作用，产生影响；而个人权力几乎不受时空的影响。第三，职务权力一般存在于正式的组织中；而个人权力既存在于正式组织中，也存在于非正式组织中。从作用对象上说，职务权力对组织中的被领导者有较强影响力，这主要是因为职权本身的强制性和控制性；而个人权力更多依靠被领导者心甘情愿的服从和尊重，主动追随的意愿更强烈。第四，职务权力多通过制度、命令的方式，从外部发挥作用，比如通过说服、权威、操纵、武力等；而个人权力则是通过情感力量促使被领导者在触动和感召下，发自内心地接受领导者的领导。

约翰·弗伦奇从权力来源的角度把领导权力分为六种。一是强制性权力，也称"惩罚权"，源于被领导者的恐惧，是指通过精神、感情或物质上的威胁，强迫下属服从的一种权力。二是奖励性权力，简称"奖赏权"，源于被领导者期望奖励的心理，是指在被领导者能执行命令或完成工作要求时给予奖励的权力。三是法定权力，实际上是组织内部各管理职位所固有的法定的、正式的权力。四是崇拜性权力，也称"感召权"，它来自于领导者个人的魅力。五是专家性权力，也称"专家权"，是以知识和能力使人信服的权力。六是代表性权力，简称"代表权"，是经过民主程序产生的领导者在代表群体的利益上而产生的相应权力。

权力的构成是综合性的，权力在使用过程中也是综合性的。如果从贴近领导学原理的立场出发，从领导过程和领导活动方式来看，领导权力可以分为：

（1）决策权。这是各种权力中最重要和最基本的权力。从某种意义上说，领导的过程也就是制定和实施决策的过程，或者说"领导就是决策"。决策的优劣和正确与否，直接关系着组织目标的实现或事业的成败、兴衰，必须十分严肃认真、全力以赴地对待，切不可掉以轻心。有效的决策应建立在数据和信息分析的基础上，数据和信息分析是对事实的高度提炼。以事实为依据作出决策，可防止决策失误。为此领导应重视数据和信息的收集、汇总和分析，以便为决策提供依据。

（2）组织权。根据事业或工作的需要，对机构设置、权力分配、岗位分工和人员安排等作出安排的权力即组织权。它主要包括：设计科学合理的组织编制、规定必要的组织纪律和配备恰当的人员安排等。这是领导者意图得以实现的组织保证。所谓合理的组织编制，就是把总体任务划分为若干层次和方面，设置相应的若干单位和部门，规定相应的职责，授予相应的权力。这样，管理的指挥、调控等职能，才能顺利地得到发挥。组织编制是否合理和有效，关键在于形成一个最佳的有机整体系统，其中既有合理的专业分工，又有便利的协调配合，服从统一的目标和指挥。

（3）指挥权。它是指领导者（或领导机关）为实现其决策或规划中的总目标或总任务，对其下属（人员或机构）下达命令或指示的权力，这是领导者实施决策或规划的基本保证，否则他们便无法履行其应有的职责和使命。指挥权又可分为命令、说服和示范等方式。采用何种方式为好，要根据具体情况和事物性质而定。正确掌握和运用指挥方式，可以取得事半功倍之效果，这是领导者的一项基本功。同时指挥权是建立在规章、制度之上的权力，以服从或被迫为前提。下属不服从上级的意志，就会导致惩罚。

（4）人事权。领导者对其下属人员，有选拔、录用、教育、培养、升降、调配、使用、任免等权力，即人事权，简称"人权"。从心理学的角度看，每个被领导者都希望遇上一个理解自己，关心自己成长和发展的"开明上司"，这也是领导者的领导职权充分发挥作用的客观基础。实践证明，如果人事权与主管领导没有关系，就可能削弱其权力基础。人事权是领导者强化自己威严的重要手段，相反，如果滥用人事权，会损害自己的形象。用人问题关系到国家的治乱兴衰，制约着各组织或社会系统的发展，影响着人才及领导者自身的前程。能不能秉公用好人事权，是检验领导者是否真正树立正确权力观的"试金石"。

（5）奖惩权。它是指领导者根据下属的功过表现，对其进行奖励或惩罚的权力。与指挥权相对应，奖赏提供或给予某种利益或令人愉悦的权力。奖赏可以是经济的，也可以是非经济的。下属认识到服从上级的意志会带来奖励与赏识，便会积极工作，努力完成上级布置的任务。惩罚则是剥夺下属的某种利益或加诸某种不利负担的权力。没有惩罚，下属容易肆无忌惮，最终可能行为失范，破坏组织或社会系统的整体利益。奖惩权这种正反相辅相成的权力，是领导者对其下属进行统辖和控制的重要手段。运用得当，可发挥很大的作用，尤其能非常有效地调动广大下层的积极性，发挥扬善压邪的作用；但如果运用不当，或者有关领导者的思想、态度不端正，其作用也可能相反。当然，奖惩的关键还在于奖惩公平和适度，并且以奖为主。

（6）调控权。它是指领导者根据实际情况的需要，对其所属的机构、人员、工作等进行及时的调整、控制等，使全局的工作能更好地相互配合、协调一致，以便更好地完成预定任务或达到既定目标的权力。任何社会事物的发展，都是由不平衡到平衡，平衡是暂时的、相对的，再由不平衡到平衡，如此循环往复不断发展、前进和提高的。领导者的主要责任，就在于运用这种调控权力和手段，不断地使不平衡达到新的平衡，以保证整体事业不断地顺利向前发展。

（7）其他权。领导者的权力是多方面、多层次、多类型的，其他诸如对下属工作的检查监督权、对各种意见的集中统一权、对是非争执的裁决权、对组织财产的支配权等等，均属领导者的权力范围。

总之,领导权力是一个极端复杂的社会事物,对它的分类标准和尺度也是多种多样的。这些不同的分类不仅表明社会在进步与发展,而且也是对领导权力思考深入,领导学发展深化的体现。不同标准之下的领导权力在多层面组织成各自独立的权力体系,同时与其他标准、层面下的权力发生紧密的联系,共同为具体的领导实践提供独特的效力,发挥出广泛和长远的作用。

第三节 领导用权方略

一、领导用权的原则

领导者是权力的拥有者,不论其职位高低都有其相应的、特定的权力。而领导者权力的运用,从某种意义上说,主要取决于权力运用艺术水平的高低。领导用权也是非常复杂和灵活的问题,没有所谓的标准答案或是固定不变的模式。当然,领导者在权力运用上要想取得比较理想的效果,还是必须掌握一定的权力运用原则。

1. 使用权力的谨慎原则

领导者虽然拥有一定的权力,但一定要谨慎使用。首先,不要轻易动用权力;其次,不要轻易炫耀自己的权力;最后,更不可滥用权力。同时,领导者在运用权力时,要做到:戒以权谋私;戒以权衔私;戒义气用权。2004年,习近平在《求是》上发表了《用权讲官德,交往有原则》的文章,其中对领导干部严格自律,谨慎用权有深入的阐述。习近平强调,要自强不息慎始终。一方面,要牢记"千里之行,始于足下",从小事做起,善于"积善成德",做到"于细微处见精神";另一方面,要防止"千里之堤,溃于蚁穴",如果不防微杜渐,小节不保终累大德,最终必将发展到不可收拾的地步。具体说来就是慎初、慎独、慎微。慎者,谨慎,小心也。慎初,就是要走好第一步,特别是在手握大权、身居要职时,面对不安好心的"心意"和裹着糖衣炮弹的"意思",要高度警觉,莫轻易笑纳,勿"下不为例"。慎独,就是要在独处时谨慎不苟。独处时的行为,实际上是对一个人党性修养的最有效考验。只有做到了慎独,才能真正做到心中无愧。慎微,就是警惕于事物细微之处,"勿以善小而不为,勿以恶小而为之",防止小过酿成大错,避免"温水效应"。此外,使用权力时要强化责任,领导权力的行使是与一定的责任相联系的,权责不可分离。一方面,领导者要自觉从责任出发约束自身的用权行为,使权力服从于责任;另一方面,要由独立的第三方机构或制度来判定领导责任的标准和程度,一旦权力越界就迅速启动问责程序,只有如此才能形成权力慎用和用权担责的有效机制。

2. 使用权力的适度原则

在一定的质与量平衡中,事物往往存在特定的度。所谓真理只要再走一小步,仿佛是向同一方向的小步,也会变成谬误。权力运用的适度性要求在领导运用权力时,必须把权力限制在可适用的范围和程度之内,超过了就是滥用。首先,领导者在运用权力时,一定要熟知相关法律,强化法治观念。坚持法律面前人人平等的原则,带头遵纪守法,如果领导者置法纪于不顾,以权代法,以权代纪,那只能失去自己的尊严,失掉自己的威信,最终失去自己的领导权力。其次,领导者职权来源于领导者在组织中的地位和明确的相关授权,领导者的权威是组织制度和法规所定的,无须自己去建立或获得。领导者主要是考虑如何正确、有效地使用职权,明确权力的界限。行使职权的方式,通常是领导者向下属提出正式的要求或发布指令。这些要求和指令通过口头和文字进行传输,如通知、法令、规章、指示等。最后,领导者的指令和要求的频率和数量是否适度,会直接影响其法定权力的使用效果。领导者过度频繁和过量的指令和要求常常会给下属一种压迫感,引起下属的不满和消极的工作态度。而领导者过少或放弃使用法定权力,不下达正式而严厉的命令,也会逐步丧失领导者的权威,造成下属工作的懈怠。因此,有效的领导者应根据任务的性质、下属特征和组织类型,以适度的频率下达适量的指令。

3. 使用权力讲求实效原则

首先,领导者用权不等于强硬地下命令、发批示来强制执行,主要是应用事先诱导、警告、请示的方法,使下级从敬畏感出发,自觉服从领导,同领导者保持一致的行动。一般来说,强制权力发挥效能的最好时机,不一定是在实际执行之时,而往往是在强制权力行使之前。因此,领导者要让下属知道哪些是自己提倡的,哪些是自己反对的,什么情况下能获得表扬与奖励,什么情况下可能会受到批评或惩罚,从而把下级的服从建立在自觉自愿的基础上,合理、合法地运用组织赋予的权力。权力是领导的象征,拥有了权力就拥有了一定的影响力。但领导者若不能做到为大家的共同利益使用权力,那么其影响力就很难建立起来,其原有的影响力也会打折扣。其次,领导者应学会尊重人,尊重下属的人格、劳动和意见。有效的领导者从不傲慢地炫耀自己的学识和经验,无礼地批评和训斥下属,或是把下属当傻瓜。他们通常以谦逊的口吻、协商的方式,礼貌地指挥或支配自己的下属。即便是批评,也是晓之以理、动之以情,循循善诱,以诚相见。领导者应懂得,即使自己的知识、经验可能比下属多,但熟悉第一线具体工作情况的下属仍然可能为领导者的决策和计划提供一些有价值的信息和建议。若一个领导者尊重并能够在决策和计划中反映下属的意见和利益,那么,下属将更加尊重领导者且更加努力地工作。

4. 使用权力果断坚决的原则

在原则问题上或遇到紧急情况时,领导者运用权力必须果断坚决。下属一旦违反纪律,领导者要不徇私情,不因人而异,坚决进行惩处。当然,惩罚违反者时,领导者必须弄清事实真相,不论是冷处理还是热处理都不要优柔寡断,行事拖沓,要快刀斩乱麻,坚决果断进行处理,不留后患。在危机和紧急的情况下,下属总希望组织里有一个沉稳、坚定和自信的领导者,能够采取果断的措施迅速地解决问题。下属对领导者的这种行为预期,直接决定下属对领导行为的评价和态度。若领导者一遇到紧急情况就惊慌失措,甚至临阵脱逃,那么,他将迅速失去威信和专长权。有效的领导者即使在自己不能确定解决危机的最好方式和没有必胜的把握时,仍应表现出镇定自若,做到临危不惧、处变不惊。在紧要或危急的关头,要表现出高度的自信心和非常果敢的作风,指挥若定,有条不紊地做好工作。若领导者能够稳定下属的情绪和工作,他们将获得更多的支持和专长权,并可能顺利地渡过危机。

5. 使用权力时强制与非强制相结合的原则

领导职权的强制性是领导者行使权力的重要特征。没有强制性,下属难以统一认识,统一步调,高效地进行和完成相应的任务安排。而对下属的错误和违规也需要领导者的强制性权力加以有效制止。非强制性权力是领导者在权力行使过程中以思想政治教育、躬身示范等非权力性手段实现组织或社会系统的目标安排。非强制性权力依凭的往往是领导者的个人影响力。这种个人影响力的形成通常需要较长的时间。只有经过长期的人际交往,才能培养下属对自己的感情和忠诚。正确对待下属,对于领导者获得个人影响力至关重要。若一个领导者能常常关心下属的需要,公平地对待他们,尊重他们的感情,保护他们的利益,他就会获得下属的拥护和崇敬。改善与下属的关系,这是领导者获得更多的个人影响力的关键。领导者越是关心、帮助、信任、依靠下属,虚心听取下属的意见,他的威望就越高,越是受到下属的尊敬。如果领导者在用权过程中对下属表现出冷淡、傲慢、怀疑、对立、敌意,则会破坏彼此的关系,下属将会畏惧、疏远甚至对抗和抵制领导者。在领导活动中强制性与非强制性手段要相互结合,相互辅佐,相互补充。

每一种权力在使用中都有一定的局限性,以奖励权为例。即使领导者具备有效使用奖励权的各种条件,但是,由于奖励权的影响方式自身固有的弱点,在使用时可能遇到各种问题。例如,单纯的奖励只能使下属服从领导者的指令和要求,而不能激发下属的积极性、主动性和创造性;或是下属往往把工作或完成任务视为获得奖酬的手段,因而只追求工作指标的数量,而不顾任务质量,投机取巧,尽快完成任务,以便获得奖励或报酬;经常使用奖励权还容易使领导者与下属之间的关系庸俗化,变成一种纯粹的商品交换关系。

因此,在具体的权力运用过程中,需要把不同的权力结合起来,把不同的用权原则结合起来,灵活综合地安排使用。领导用权是一门权力运用的艺术,是领导者个人综合素质的重要体现,也是领导者能让下属和群众敬佩、信服的一种能力。善于运用权力要建立在被领导者自愿接受的基础上,领导者只有形成了深孚众望的影响力,才能充分发挥权力运用的效能,才能取得显著的领导绩效。

二、领导用权的基本方式

领导权力是领导活动的基础,也是贯穿领导活动始终的力量。领导用权是旨在通过使用权力来达到领导目标、实现领导使命的过程。从不同的角度看,领导权力的行使和运用有着不同的特质。从领导的本质上说,领导权力的行使和运用就是领导过程本身。从领导的目的和过程上说,领导权力的行使和运用是为了严格履行特定的领导职责、全面完成领导任务、实现组织或社会系统的奋斗目标的过程。从领导的结果上说,领导权力的行使和运用是领导权力充分发挥作用和影响力,对被领导者加以改变,彰显领导地位和价值的过程。

从传统的意义上说,权力意味着你可以主宰其他人。事实的确如此,许多在组织当中身居要职的领导者都会用手中的权力来控制别人。但在很多情况下,他们都低估了自己对其他人的影响力,并且没有意识到自己的强势领导,以及过于滥用权力的做法会影响其他人的积极性。这种类型的领导者根本不懂得下属为什么没有发挥出最佳水平,以及为什么整个组织没有取得理想的业绩。因此,领导用权的方式对发挥权力的影响力以及实现组织或社会系统的目标意义重大。

从不同的角度对领导用权方式可以有不同的界定。比如,从领导者用权时强制性程度上看,指令型领导用权强制性较高;参与型领导用权会让被领导者参与到组织的决策中来,并在这个过程中说服别人接受自己的决定,强制性低于前者;而教练型领导者会不断向被领导者提供建议,帮助他们想清楚很多问题,改进他们的作业方式,并最终获得影响力,强制性程度最低。

从领导本身的特长上看,专家型领导主要通过专业水平来赢得别人的尊重,用权方式多为说服、咨询、赢得同意等,这些往往比直接利用职位来控制对方更加有效;非专家型领导则更多使用职权进行命令式安排、指挥,在职位和规章制度范围内规范地使用权力以进行日常的领导职能履行活动。

尽管在权力实际运作中的方式多种多样,但领导无论如何用权,最基本的方式不外乎亲自用权和委托授权两种。

1. 亲自用权

这是领导者直接运用权力,在权力的实际操控和各种事务的亲自处理中承担和履行领导职责的用权方式。作为一种最常见和最主要的用权方式,这种方式要求领导者把规范用权和灵活用权结合起来,适时、恰当地运用权力。下面我们以决策权和用人权为例展开分析。

首先,决策权的运用。决策理论的创始人西蒙说:领导就是决策。所以,决策权的运用必须领导亲力亲为。决策是履行领导职能的核心和基础。尽管领导工作所涉及的内容范围很广,诸如制定战略、编制规划、组建机构、管理人才、开展思想教育等,但从一定意义上说,这一切领导活动都是围绕着领导决策展开的。譬如,制定战略,从本质上说就是一项重大的领导决策;其他如组建机构的层次和部门的纵横网络关系等等,都离不开领导决策这个核心,都必须在领导决策的基础上进行。领导决策是为事业的发展制定战略目标,本身就是一项决定事业兴衰成败的重大决策,所以,决策的失败是最大的失误。决策是决定领导行为方向的重要基础。决策是行为的选择,而行为是决策的执行,两者谁也离不开谁。归根到底,一切领导行为产生于对一定领导目标的追求,不追求任何目标的领导行为是不存在的,而要达到它所追求的领导目标,一方面取决于领导行为的调节功能,另一方面也取决于领导者对领导行为的合理选择。所以,领导决策是决定领导行为方向的重要基础。决策作为各级领导者最基本的职能,制定决策和实施决策是一切领导工作最基本的内容。从决策目标的提出到方案的制定和择优,再到贯彻实施的全过程,领导者都必须参与过问并负责到底。

其次,用人权的运用。组织或社会系统的重要资源是人,领导者就是充分开发人力资源以做好工作,选人用人是领导者最重要的职责。即使领导者自身的才干平平,但是他可以用比自己更强的人,通过他人去完成工作,通过用人来弥补自己的弱项。杰克·韦尔奇提出了著名的"活力曲线":一个组织中,必有20%的人是最好的,70%的人是中间状态的,10%的人是最差的。这是一个动态的曲线,即每个部分所包含的具体人一定是不断变化的。一个合格的领导者,必须随时掌握那20%的动向,并制定相应的机制在70%的"中间者"中发掘出有特长的人才,从而使20%的优秀者不断地得以补充与更新。可见,韦尔奇在择人艺术方面更为注重在制度的保证下,从公司内部发现优秀的员工。

用人之道是一门复杂精细的领导艺术,需要领导者在实践中不断地探索和总结。它保证了组织有才可用,进而人尽其才,这两个方面互为前提、互为保证,缺一不可。在社会竞争日益激烈的今天,用人艺术已经成为领导者磨炼内功、改善经营、不断增强内部活力和外部竞争力的重要课题。

2. 委托授权

所谓授权,是指领导者按照一定的原则把一定的权力交给下属以及有关人员,让他们去完成某些工作。这样既可以使下属更好、更多地为上级领导者分担一部分工作,减轻上级领导者的工作负担和压力,提高领导效能,又可提高有关下属的工作积极性并使其工作能力得到锻炼。这里强调的授权必须是科学授权或者说是有效授权。首先,要"科学"。这不同于"权力下放",绝不是放弃或削弱领导,"放"下去就不管了。科学授权实际是一种"委托",决不是因为自己忙不过来就把权力随便往下乱放。科学授权是一种重要的领导艺术,搞好了可以事半功倍甚至出现奇异效果,搞不好则事倍功半甚至"弄巧成拙",所以不能随心所欲。其次,"权力下放"具有相应法定性质,而科学授权则是"授"则有"不授"则无,这不是法定职权,既可授予,也可收回,完全由有关领导者自行决定。科学授权并不是任何权力都可以授权的,比如关系全局的决策、规划、战略、法规、方针、原则等的制定权,以及对下属人员的选拔、任免、升降、奖惩、考察、使用等权力,一般都不宜随便授权。

毛泽东说:"领导者的责任,归结起来,主要地是出主意、用干部两件事。"[①]身为领导者,如果既不能出主意(作决策),又不善于使用干部(人才),长年累月都只是陷在事务堆里,事必躬亲,那同下属还有什么区别?因此,充分地运用科学授权是一门很重要的领导用权艺术。它不是放弃和削弱领导,恰恰相反,只能更加强领导,是使领导工作走向成功超脱的重要途径之一。

在科学授权的具体要求上,要讲究授权原则。

首先,要求视能授权的原则。不仅授什么权要有选择,而且对被授权的下属也要有选择,并不是任何下属均可作为授权对象。所谓"视能授权",就是授权之前,授权者对被授权者的水平能力和思想品质等要心里有数,才能决定此权可授还是不可授、授到什么程度,至少要有不出"乱子"、没有负面影响的把握,否则宁可不授。尤其要注意防止心术不正的小人,利用授权去干不正当的勾当,有关授权的领导者应该知道,对由此而产生的一切不良后果,自己是要承担完全责任的,而不能把责任推给被授权的下属。

其次,要求单一隶属的原则。授权者对被授权者必须保持直接的指挥、检查和监督等单一隶属关系,被授权者对授权者也必须直接负责,准备随时向授权者请示汇报,接受其指挥、检查和监督。否则会造成隶属关系和责任关系的混乱,反而给事业带来损害。

再次,要求秉公负责的原则。科学授权必须突出一个"公"字,根据事业和工作的需要,并在条件具备的情况下秉公进行,做到科学、合理、有效,有利于提高领导效能,而不是为有关领导者找清闲、甩包袱。

又次,要求有效控制的原则。科学授权不是"权力下放","放"下去就不管了。所谓"授权",就是"授"则有"不授"则无,也可视情况或需要收回或调整,并不像法定的职权那样是固定不变的。授权之后对被授权者要有一套切实有效的检查、监督、控制的办法,不能失控,且不可过于放任,以免造成更大损失。

最后,要求信任支持的原则。按照"用人不疑,疑人不用"的原则精神,授权之后,只要情况正常,对被授权者一般都要充分信任、尊重和支持,鼓励其充分运用授予的权力施展才能,创造优异的业绩。授权本身就是信任的标志,监督控制是出于

---

① 《毛泽东选集》第 2 卷,人民出版社 1991 年版,第 527 页。

责任、关心和爱护,而不能成为对被授权者的束缚。

从授权模式上讲,科学授权还可以分为充分授权、有限授权、弹性授权、制约授权等等。通过种种有效的科学授权,领导者将整体的组织目标分解到不同人身上,同时将责任过渡给更多的人共同承担,让团队每一个成员更加有目标、更加负责任、更加投入、更有创造性地工作,产生"四两拨千斤"的巨大力量和"九牛爬坡,个个出力"的协作精神。

当然,有效授权不同于委派,委派是以命令和说服为主,只是委派任务和目标,对方的责任不强,也缺乏主动性。有效授权的核心是授予对方责任和主动权,让被授权者有创造的空间,能采用自己的方法去完成目标。授权是有效地将一部分工作转交给他人,是一个双向过程,需要信赖与沟通,最重要的还是心态,要有伯乐之心、相马之术,授权才能最有效。

三、领导用权的监督制约

权力是把"双刃剑",一方面,权力运用得当,可以实现有效领导,进而实现组织目标;另一方面,如果权力没有约束或约束不严,就极易走向扩张和滥用。孟德斯鸠指出:"一切有权力的人都容易滥用权力,这是条万古不易的经验"①。无数经验教训证明,监督权力的必要性不容置疑。只有领导权力被有效监控和制约,才能使权力真正为它的奋斗目标服务,也才能防止领导权力失控、膨胀、蜕化、变质。

党的十八届三中全会强调,必须构建监督有力的权力运行体系,形成科学有效的权力制约和协调机制。它对于深化政治体制改革,着力规范权力行使,从源头上防治腐败,保证人民赋予的权力真正用来为人民谋利益将起到十分重要的作用。我国在封建社会就有了监察、弹劾等方面的制度,这些制度有不少在历代反腐倡廉中发挥了重要作用。在21世纪的今天,经济十分发达,科学技术十分先进,社会财富十分丰富,权力所面对的诱惑更多,而权力能造成的危害也比古代成倍地放大。因此,借鉴历史上的成功经验,结合当前的实际,努力推进权力的监督制约制度建设十分必要。

以我国的政治权力结构和运行机制为例,在领导权力的监督和制约上必须立足于最广大人民的根本利益,着眼于长远发展,集中力量办大事。在党和国家各项领导制度和工作制度日益完备,权力结构和运行机制也日益健全和成熟的同时,必须看到目前在领导权力运行方面还存在不相适应、不够完善之处,其突出表现在以下几个方面:

第一,权力的配置和结构还未达科学化的程度。在决策权、执行权和监督权

---

① 〔法〕孟德斯鸠:《论法的精神(上册)》,张雁深译,商务印书馆1961年版,第154页。

"三权"之间还没有进行必要的分离以形成相互制约的机制。有的政府部门的某些岗位权力过大,一个处(室)就掌管着几千万元乃至几亿元资金,但监督力度却很弱,在民主决策制度不健全的情况下,资金的分配权被处长一人牢牢控制,很容易出现钱权交易,产生腐败。

第二,权力集中于主要领导个人手中又缺乏法制的约束。目前,政府的民主决策和权力运行机制落后于民营企业的管理机制。一些民营企业的大股东、小股东都享有相应的权利并承担相应的风险,因此,决策和管理的民主化是很自然的事。在监督制约制度体系不健全的情况下,少数主要领导干部凌驾于组织之上,大搞"一言堂",谁有异议就与谁过不去,极易走上从揽权到揽钱的犯罪道路。

第三,对权力的监督乏力,各种监督体系也未形成合力。目前,党内的民主监督制度,特别是党的纪律检查体制还不够完善,其监督的权威性和实效性也有待于进一步增强。民主监督、法律监督和舆论监督机制和体系也还不完善,更没有形成合力,人民群众参与决策和监督的渠道近些年也没有拓宽。

第四,权力边界不清晰,用权职责不明确。我国在一些地方存在着政企不分、政事不分的问题,一些行业的管理部门还有"既当裁判员又当运动员"的现象。有的部门之间职责交叉,有好处时大家都抢,有责任时个个都推。有的领导干部什么事都管,什么权力都敢用,随意插手工程建设、人事招聘甚至司法审判,为自己或亲属谋取私利,出了问题又不担责,损失最后却由国家和人民来承担。

第五,权力运行过程未达公开透明的要求。目前,我国一些政府部门的有关政策和政务事项还没有按规定的要求完全公开,有的只是"犹抱琵琶半遮面"地应付政务公开的政策规定,有些公开了的却有意缩短了公开的时长,使大部分人因无法知情而不能享有公平的政策。特别是在权力行使的过程中"潜规则"依然存在,还有暗箱操作现象,监督工作难以有效开展。

第六,制度本身不够健全,障碍和漏洞较多。一些制度如"空中楼阁",好看不好用,可操作性不强,对领导干部的监督管理不能发挥实质性的作用,使权力没有受到有力的监督和制约,以致腐败现象时有发生,人民群众的意见很大。

正是由于存在上述权力运行的种种问题,才使得实现对领导用权的监督和制约更为迫切。党的十八大以来,党中央对监督和制约权力进行了新的探索,采取了一些新举措。具体包括制定实施改进工作作风、密切联系群众的八项规定,开展党的群众路线教育实践活动,着力扫除形式主义、官僚主义、享乐主义和奢靡之风。特别是中央领导同志以身作则、率先垂范,形成强大的示范效应;深入推进行政管理体制改革,进一步转变政府职能,简政放权,取消和下放一大批行政审批事项,对防治腐败作出了新的战略部署。当然,这些还只是开始,真正要做到对领导干部的权力进行监督和制约,还须建立健全权力的监督制约机制,构筑一些必要的系统性

工程。同样以我国政治权力结构和运行机制中对领导用权的监督和制约为例,具体的行动路径有:

第一,建立民主集中制的科学决策执行制度,逐步达到科学执政、民主执政、依法执政的要求。理顺和规范各级有权机关和部门之间的关系,严格按照集体领导、民主集中、个别酝酿、会议决定的原则,更好地发挥领导者对相关重大问题的决策权、执行权和一般问题决定权。真正做到民主基础上的集中和集中指导下的民主相结合,既保证上下级团结统一和行动一致,广泛凝聚系统整体的力量,又尊重被领导者的主体地位,充分发挥他们的积极性、主动性和创造性,保证其能有效履行自己的职能。

第二,构建决策、执行、监督的权力运行体系。按照决策、执行、监督的功能来区分不同性质的权力,实现既相互制约又相互协调的工作职能要求。健全重大决策制度,完善重大决策的机制和程序,健全决策后的评估和纠错机制,不断提高决策的水平和质量。做到凡是重大问题的决策、重要人事的任免、重大项目的安排和大额资金的使用都必须实行集体的民主决策;凡是涉及被领导者切身利益的决策都要充分听取意见,凡是损害被领导者利益的做法都要坚决防止和纠正。特别是决定了的事情,要做到言必信、行必果,有始有终。同时,做好督促检查、绩效考核和问责工作,既不允许"上有政策、下有对策",也不允许有令不行、有禁不止。确保权力行使到何处,监督工作就跟进到何处。

第三,明确各级领导干部个人的职责权限,明晰部门及内设机构的职能职责。按照职能科学、结构优化、廉洁高效的原则,明确各级领导个人的职责权限,合理划分、科学配置部门及其内设机构的权力和职能,加大机构和职责整合力度,健全部门职责和人员编制体系,做到定位准确、边界清晰、权责一致、人事相符,各司其职、各负其责,依照法定权限和程序行使权力。遵循减少层次、优化流程、提高效能、方便办事的原则,全面规范并公开权力的运行流程,促使显性权力的规范化、隐性权力的公开化。

第四,健全民主、法律、舆论监督机制,重视各方面的监督作用。要创造条件、拓宽渠道方便监督,坚决消除各种人为的障碍,严肃惩处打击报复行为。法律监督是促使领导干部依法行使权力的重要保证。目前随着互联网的快速发展以及微博、微信等通讯形式的广泛应用,网络舆论监督在社会生活中发挥着越来越重要的作用,成为大众传递信息、参与社会事务的重要渠道。要高度重视运用和规范网络监督,建立健全网络舆情收集、研判、处置机制,对反映领导干部违纪违法的问题要及时调查处理,对反映失实的要及时澄清,对诬告陷害的要追究责任,推动网络监督的法治化、规范化。

第五,加强对主要领导干部行使权力的监督和制约。各级政府及其各部门的

"一把手"权力相对比较集中,如果出现问题,会对一个班子、一个单位、一个地区事业造成更大的负面影响和损失,因而更需要受到监督和制约,做到位高不擅权、权重不谋私。

第六,完善公开制度,做到决策、管理、服务及其结果全公开。民主的基础是公开,公开是最好的监督,暗箱操作是滋生腐败的条件。凡是重大事项、组织成员普遍关注的事项、涉及成员切身利益的事项、容易发生腐败问题的领域和环节的事项,都要做到及时公开,提高权力运行的透明度。同时,公开内容必须突出重点,挤干水分、拎出干货,让组织的成员听到最想听到的,了解到最想了解的,不断提高满意度。

总之,领导的权力监督,首先是自我监督,也就是时刻慎独、慎微,牢记为组织或社会系统的长远利益谋发展的宗旨。领导的权力监督也是互相监督,就是同级班子成员之间的相互监督。领导的权力监督还需要上下级之间的监督。这种种的监督方式都是事关领导队伍建设和事业成败的大事。通过对领导用权的监督,能及时发现和纠正与组织目标相背离的行为,制止可能发生的权力异化,防止领导行为失误甚至是错误可能带来的损害;推进管理的民主化,维护被领导者的利益;确保领导者规范地履行领导职能,确保领导者严格信守职业道德和领导伦理,克服官僚主义,抵制腐败。

本章小结

领导权力是领导主体在其职能职责的相应范围内强制影响客体向预期方向运行,以贯彻领导主张与意图、执行领导意志和决定、达成领导的目标和效果的最高组织力量。树立正确的权力观对领导明确行使权力的行为准则,提高领导的综合能力,搞好组织的管理与建设的意义重大。对于领导权力特征的准确理解,需要从领导主体与领导客体的关系中、从领导权力在现实社会中的高度地位与重大作用上进行。职位性、组织性与层次性、服务性、强制性、双向性是我们在权力一般特征之外强调的领导权力特征。这些不是人为从外部强加给领导者的,而是由权力本身的本质力量决定的,同时在各个特征之间又存在高度的内部相关性。对领导权力的类型从不同的角度可以有不同的划分,比如马克斯·韦伯的"三分法"、亨利·法约尔的"两分法"、约翰·弗伦奇的"六分法"。从领导过程和领导活动方式来看,领导权力可以分为决策权、组织权、指挥权、人事权、奖惩权、调控权以及其他权。

领导用权是非常复杂和灵活的问题,没有所谓的标准答案或是固定不变的模式。领导者在权力运用上要想取得比较理想的效果,必须掌握一定的权力运用原则。如谨慎、适度、讲求实效、果断坚决、强制与非强制相结合原则等等。领导用权的方式对发挥权力的影响力以及实现组织或社会系统的目标定位意义重大。用权最基本的方式不外乎亲自用权和委托授权两种。无数经验教训证明,对领导权力监督的必要性不容置疑。只有领导权力被有效监控和制约，才能使权力真正为它的奋斗目标服务，也才能防止领导权力不失控膨胀、不蜕化变质。

案例分析

2014年10月31日，最高人民检察院举行新闻发布会，通报检察机关当年查办和预防职务犯罪工作的有关情况。最高人民检察院反贪污贿赂总局局长徐进辉说，2014年以来检察机关依法立案查办了一批国家发改委工作人员利用职权受贿犯罪案件，共立案查办11案11人。其中，国家发改委能源局煤炭司副司长魏鹏远家中搜查发现现金折合人民币2亿余元，成为新中国成立以来检察机关一次起获赃款现金数额最大的案件。而此前报道称，魏鹏远在被带走时，家中发现上亿元的现金，当场烧坏了4台点钞机。

煤炭司是国家能源局负责煤炭、煤层气开发管理的业务部门。能源局的三定方案界定，煤炭司的职责是：拟订煤炭开发、煤层气、煤炭加工转化为清洁能源产品的发展规划、计划和政策并组织实施，承担煤炭体制改革有关工作，协调有关方面开展煤层气开发、淘汰煤炭落后产能、煤矿瓦斯治理和利用工作。这意味着，涉及煤矿开发、淘汰落后产能、煤层气发展规划、煤炭清洁利用的审批权，都要经过能源局煤炭司，而审批权往往会滋生"权力寻租"。

魏鹏远长期在国家发改委煤炭处工作，2008年国家能源局成立，其由煤炭处处长升任国家能源局煤炭司副司长，级别为正处级。魏鹏远在能源局煤炭司主要负责煤矿项目改造、煤矿基建的审批和核准。煤炭领域审批和核准的项目有很多。2014年以来，国家发改委网站公布的核准就包括内蒙古、山西、陕西等6个煤矿项目；国家能源局网站显示，2014年以来有11个煤矿项目审批和核准；国家能源局网站项目审批和核准栏目下，显示的14条消息中有13条是煤矿项目核准。大权在握，如若没有有效的监督机制，必然会为腐败制造"温床"。

在2014年最高人民检察院立案查办的国家发改委11案11人中价格司就占5人，偌大的价格司领导层仅剩下一名巡视员和一名副巡视员两名司局级领导。这种"审批崩塌式腐败"的背后，暴露了目前某些部门审批权过大、过于集中，缺少监督的问题。

案例思考题：

1. 原国家能源局煤炭司副司长魏鹏远作为煤炭司主要领导，他的领导权力主要是何种类型？具有什么特征？
2. 本案例中反映出绝对的权力被人滥用，会导致怎样的后果？
3. 针对本案，你认为对领导权力的监督和制约的必要性在哪里？如何进行监督？

拓展阅读

1. 〔美〕詹姆斯·克劳森:《权力与领导》,马昕译,世界图书出版公司 2015 年版。
2. 〔美〕约翰·P.科特:《权力与影响力》,李亚、王璐、赵伟等译,机械工业出版社 2013 年版。
3. 肖元:《政治文明视野中的权力与权利》,辽宁大学出版社 2006 年版。
4. 周挺:《领导权力的异化及其防治》,载《公共行政与人力资源》2013 年第 6 期。
5. 谢仲文:《论领导和领导权力的运用》,载《现代经济信息》2013 年第 10 期。
6. 谢佑平、江涌:《论权力及其制约》,载《东方法学》2010 年第 2 期。
7. 臧乃康:《预防权力腐败的价值和路径创新:防止利益冲突》,载《北京行政学院学报》2011 年第 5 期。
8. 宫杰:《关于完善领导干部权力运行机制的思考》,载《理论前沿》2002 年第 5 期。

第十章　领　导　变　革

本章要点

1. 了解领导变革的含义、类型。
2. 了解领导变革的动力与阻力。
3. 了解领导变革的途径。
4. 了解领导变革的能力。

引例

　　作为最高领导人,邓小平并不认为自己的任务是提出新思想。他认为自己要负责的是设计和建立新体制这一颠覆性的过程。他要承担最后责任,作出正确判断。他要挑选一个与他共事的核心班子,在引导这个体制的过程中能够与他分担责任;他必须迅速建立起一套组织,使他们能够一起有效地开展工作。他要得到有关国内真实情况和国际形势的最佳信息。他要给人们希望,但又不能像毛泽东在1958年那样使人产生不切实际的预期。他要向干部群众说明国情,也要调整变革的步伐,使之能够被人民接受,使国家不至于分裂。虽然他掌握着很大的权力,但他知道必须敏于观察他的同事间的政治气氛,毕竟他要依靠他们去贯彻他的指示。即使制度在发生着根本改变,他仍要在就业和日常生活方面维持一定程度的稳定。简言之,邓小平面对的是一项苛刻的、史无前例的任务:当时还没有哪个共产党国家成功完成了经济体制改革,走上持续发展的道路,更不用说这个有着十亿人口、处于混乱状态的国家。[①]

　　众所周知,邓小平被誉为中国改革开放的总设计师,在他看来,改革就是第二次革命。正是邓小平,领导了中国这个大而复杂的国家进行了一场中国历史上乃至世界历史上前所未有的大变局。邓小平可谓是领导变革的典范。本章关注变革世界中的领导力,集中阐述变革型领导的重要作用。

---

① 〔美〕傅高义:《邓小平时代》,冯克利译,生活·读书·新知三联书店2013年版,第19页。

第一节　领导变革概述

美国通用电气前 CEO 杰克·韦尔奇被《福布斯》《财富》等杂志誉为"全球第一CEO""美国当代最伟大的企业家",他的一生伴随着通用电气公司多次重大变革。曾有人问他:"您对通用电气的变革何时结束?""不,变革刚刚开始!"他果断回答。世界唯一不变的是变化,应对变化需要变革(change)。在当今日新月异的世界中,作为组织的掌舵人,领导者应该将变革视为机遇而非仅仅是挑战。

一、领导变革的含义与类型

领导变革(leading change)可以被理解为领导者在面对组织外部环境与内部环境变化时,为了回应环境挑战,改变组织战略、组织结构、运行机制等各方面的过程。它既可以是重大变革,也可以是渐进改良,但往往涉及组织的重大变化;既可以是主动变革,也可以是被动变革,但往往是领导者主动为之。正如前述,当今时代各种各样的组织无不处于变动的环境之中,组织变革有越来越变成常态的趋势,而领导组织进行主动的变革正是变革时代领导者最主要的任务之一,这也是领导者区别于管理者的关键所在。这里主要把领导变革广义地理解为领导者对组织变革的领导过程,当然也可以狭义地理解为领导者面对环境的变化主动调整自身领导方式和增强自身领导素质的过程,前者自然地包含了后者。本书主要是在广义上使用领导变革的概念。

从领导的本质来说,变革是领导的本质属性之一。领导者驱动变革,他们总是根据周围环境的变化不断创新。领导者需要根据情境的变化承担起变革的重担,为整个组织提供使命感、凝聚力和共同努力的方向,带领大家开创新局面。管理者则追求组织的稳定,相对而言比较缺乏风险意识,出众的执行力对他们来说或许是优先追求的。

变革类型因环境而异,不同类型的变革处于不同的情境,有不同的效果,需要不同风格的领导,常见的几种变革方式分别为计划内变革、计划外变革、渐进式变革、激进式变革。

(一)计划内变革

当人们试图分析组织变革过程中环境和组织内部动因时,领导者作出主动尝试而形成的变革称为"计划内变革"。这种变革方式是通过对组织结构的系统研究,制定出理想的改革方案,然后结合组织不同阶段的工作重点,有步骤、有计划地实施的变革。计划内变革的优点是:有战略规划,组织变革可控性强;考虑到组织长期发展的需求;组织结构的变革可以同人员培训、组织流程再造、管理方法的改进同步进行。另外,要使计划内变革的实施取得理想的效果,制定正确的变革战略是重中之重,领导者不仅要结合自身对组织环境与组织战略的认识,同时也要适时地咨询专家,并让中高层管理者也参与进来。显然,计划内变革属于领导者主动实施的变革。

(二) 计划外变革

虽然计划内变革的优点突出,符合人们普遍的期望值,然而,现实情况下,组织大部分变革都是人们未曾预期的。所谓的计划外变革,或者叫无计划变革,是在没有针对性处理问题预案的前提下,随机并且突然发生的变革。当组织的外部环境发生大的变化时,组织为了更好地适应环境,必须迅速对外部环境的变化作出反应,实施无计划变革。这一过程涉及组织内部的资源分配、人事政策、激励模式等各方面的改变,需要在尽可能短的时间内找到应对措施。显然,计划外变革往往是领导者意料之外、被动实施的变革。

(三) 渐进式变革

所谓渐进式变革,是指领导者对变革有着比较清晰、稳定的规划,按照预期逐步实施的、缓慢的变革。显然,渐进式变革与计划内变革有着明显的共同点,就在于它们都是可控的、主动的、有计划的变革。但它们也有着明显的不同,渐进式变革与计划内变革的主要区别在于变革之前是否制订了战略计划,即渐进式变革通常是在组织尚没有明确的目标时推行的改良措施,这种变革一般不会涉及组织结构重组等大的方面;计划内变革处于稳定的组织环境中,领导者对于组织本身和组织外部环境具有高度的掌控性,渐进式变革则不一定,它也可以是领导者面对突发性、随机性环境变革而展开的变革,当环境变动不是很激烈,组织面临的挑战在可控范围内时,领导者就有条件实施渐进式而非激进式变革。渐进式变革的优点在于变革阻力较小,易于实施,领导者在渐进式变革中需要承受的压力强度低。

(四) 激进式变革

顾名思义,激进式变革与渐进式变革相反,它强调快速而全面的变革。我们经常提到的两个典型就是俄罗斯与中国的改革。苏联解体后,叶利钦领导俄罗斯实施"休克式疗法",全面进行改革,即所谓的激进式变革;邓小平领导中国实施改革开放,"摸着石头过河",渐进式变革的意味强烈。激进式变革与渐进式变革最显著的区别是速度上的不同,前者如暴风骤雨,后者如和风细雨。然而,二者之间更重要的区别在于变革涉及的程度不同。激进式变革追求整体性、结构性的变革,强调变革的彻底性,而渐进式变革更偏重对组织架构的修补与完善,强调变革的改良性。一般而言,激进式变革只会在组织面临突发的、极端的变化下才采用。激进式变革存在一定的风险,它会带来非常大的冲击,失败的概率也明显高于其他形式的变革。

不同类型的变革需要领导者采取不同的行动,在计划内变革和渐进式变革中,领导者安排工作的能力很重要,下文中所谓的交易型领导更被看重;当面对计划外变革和激进式变革时,魅力型和威权型领导会显得非常重要。

二、领导类型与领导变革

在领导变革的过程中,为了分析不同的领导者面对变革的不同态度和行为方式,有必要对领导者进行区分。1978 年,美国政治学家伯恩斯在其《领导学》一书中,提出了著名的交易型领导与变革型领导的区分,为我们研究领导类型与领导变革提供了经典的解释框架。

(一)交易型领导

对于一位朝九晚五的普通上班族来说,工作的激情迟早会被消磨得所剩无几,更遑论时不时地加班熬夜。对他而言,工作越发变得只是谋生的手段,而非值得花费一生、投入激情奋斗的事业。而对于他的主管来说,只需要"配合"地提供相应报酬、奖金或是晋职机会等,大家各取所需。这样的领导者和下属是现实中的常态,交易型领导就是用来描述这一领导类型的概念。

在上述情境中,人们可以感到一种利益博弈的气息:没有过多的情感交流,领导者与下属通过某种交换关系来各取所需,在公事公办的氛围中不动声色地完成一场场"交易"。这一类的领导者被统称为"交易型领导"。所谓交易型领导,强调的是领导者与下属之间的交换关系。交易型的领导者通过明确角色和任务要求来指导或激励下属向着既定的目标活动,他把为下属提供资源和报酬作为对下属积极性、生产效率和工作成就的交换。

与下述魅力型领导不同,交易型领导看上去更像是"人间的领导者"。相比创设未来愿景,他们更看重执行力,并将大部分精力投入到眼前的事务中,如团队的绩效水平、组织的运作效率、组织的现行秩序等。尽管在为下属设置了富有激励性的目标之后,交易型领导也将充分地展现其对于下属工作能力的信心及期待,并通过提供支持与认可来帮助他们建立自信、激发士气。但在这一过程中,大部分的激励效应来源于互惠式交易本身。

交易型领导最大的优势在于,他们拥有强大的调控能力。尽管在当今的"创新""超越"管理思潮中,过多地强调"计划""控制"等传统职能显得多少有些跟不上时代潮流,但事实上,它们从未淡出过时代舞台。事实上,越是在复杂多变、危机四伏的环境里,由它们所维持的秩序越显宝贵,而这也是帮助组织戒骄戒躁,平稳渡过"动乱时期"的重要手段。

维持一定的秩序固然有助于提高内部业务流程的效率,但物极必反,一旦交易型领导过分地强调秩序,则难免有"粉饰太平"的嫌疑,严重的话甚至导致组织与世隔绝,无法顺利实现变革而被淘汰。

综上所述,可以将交易型领导的特征概括为如下四点:

(1) 立足当下。交易型领导更像是一个管理者,而非领导者。他们更精通于程序性的管理事务,对于组织的战略与变革不太关心。相对于变革型领导者经常高瞻远瞩地为组织成员描绘出一幅幅动人的愿景,他们宁愿按部就班、实实在在地做好每天的工作。他们也会领导变革,但多采取审慎的策略,偏好计划内变革与渐进式变革。

(2) 维持秩序。任何变革都会不可避免地引发组织内部一段时期的动荡,挑战原有的组织秩序,扰乱组织业已形成的氛围,造成组织成员的心理波动,尤其是计划外变革和激进式变革。当然,有破才有立,任何重大的变革总是建立在新旧秩序大规模更替的基础上。交易型领导显然偏好守成多于创新。

(3) 以利益为导向。顾名思义,交易型领导的本质是在于利益的交易。这种利益的交易发生在组织内部,与其说是外显的交易,不如说是内隐的交易。与组织间发生的种种契约式交易不同,组织内部交易大多没有明文规定,更遑论法律契约。组织内部交易可以视为组织成员之间特别是领导者与下属之间的心理契约或心理默契——"我完成一件任务,你给我兑现承诺"。

(4) 重视效率与执行力。巴斯在 1985 年出版的《领导与走出期望的绩效》一书中认为,交易型领导主要采用两种方式,一种是"有条件奖赏"(contingent reward),另一种是"例外管理"(management by exeption)。所谓有条件奖赏,就是领导者确定目标,提出根据绩效所给予的奖赏,获得必需的资源,以及当达到绩效目标时提供奖赏;所谓例外管理,就是指只有当没有达到绩效标准时,领导者才会与下属产生互动,互动只出现在下属实现目标的过程中,而领导者的干预经常采取负面反馈和惩罚的方式。

(二) 变革型领导

事实上,在信息爆炸的今天,层出不穷的需求、日新月异的技术、日趋激烈的竞争等,无一不在预示着安于现状的潜在威胁。强烈的忧患意识促使越来越多的领导者身先士卒地引领着一场场高潮迭起的创新变革。百度 CEO 李彦宏总是带着一种"不努力就会被淘汰"的危机感,并一再声称"百度离破产只有 30 天"。类似地,当华为公司在 2000 年荣登全国电子百强首位时,总裁任正非却在其著名的《华为的冬天》一文中大谈危机感和失败感,倡导全体同仁居安思危,"在春天与夏天念着冬天的问题"。在他们看来,历史上的辉煌成就转瞬即逝,唯有当下的"危险处境"是永恒的;一旦不及时打破现状,寻求出路,就会使企业困于陈规墨守之中,再无出头之日。其实,所谓的企业家精神,本质就是冒险、变革与创新。自从 20 世纪 80 年代兴起的"新公共管理运动"以来,"以企业家精神改造公营部门"已然成为世界性的共识。这样一来,当今世界,无论是私营部门还是公营部门,对于变革型领导的需求日益紧迫。

与交易型领导不同,变革型领导是通过勾勒组织愿景并热情洋溢地进行宣传,帮助组织成员开阔眼界,从只关注自己的工作或部门的狭隘考虑中解放出来,鼓励他们为了组织的利益而超越个人利益,从而对下属产生深远而不同寻常的影响。如果说交易型领导带有更多的理性色彩,是在交换中谋求一种平衡,那么变革型领导则带有更多的理想色彩,试图为组织提供一种希望和发展动力。

对于变革型领导来说,变革不仅仅是在日趋激烈的竞争中谋取生存的手段;更重要的是,唯有历久弥新的变革方可为组织奔赴理想未来注入源源不断的动力,而这也正是领导者获得魅力的来源之一。

圣雄甘地曾经说过:变革者想要获得成功,就要先成为变革的一部分。因此,在引领团队创造变革的过程中,变革型领导需身先士卒、为人表率,并通过对组织愿景的共同创造和宣扬营造出积极的变革氛围;同时,对下属成员的需求保持着密切关注,借助真诚的鼓舞激励团队众志成城地推动组织中的适应性变革。

根据阿沃利奥与巴斯等人的研究,变革型领导总体上体现出了如下四项特征:

(1) 领导魅力(idealized influence)。变革型领导通常具有较强的人格魅力,他们恪守高尚的价值理念,始终乐于伸开双臂迎接冲突,他们身上体现出的自我牺牲精神将为他们赢得众多追随者的崇敬与信任,并进一步激励成员为顾全大局而把一己私利置之度外,坚定不移地拥护变革。

(2) 鼓舞性激励(inspirational motivation)。放眼未来的变革型领导将充分运用团队精神与情感诉求为成员勾勒美好蓝图,并向下属表达自己的殷切期望,真诚地邀请他们加入追梦团队,继而激励众人为实现共同的理想而倾力协作。

(3) 智力激发(intellectual stimulation)。引领变革的是领导者,但推动变革绝非"翻手为云,覆手为雨"的个人权力秀。变革型领导深知,上下同心的全员参与才是组织变革的原动力。因此,他们时常借助授权、参与等形式激发下属创新思维理念,并鼓励他们不断地挑战自我,从而最大限度地激发员工的潜力。

(4) 个性化关怀(individualized consideration)。作为指点迷津的良师益友,变革型领导对于组织成员的成长有着莫大的帮助。他们耐心、细致地聆听每一位员工的个性化需求,并根据各人的实际情况提供针对性的指导,帮助他们沉着应对变革和挑战。

(三) 魅力型领导

"魅力型领导"的概念与"魅力型统治"的概念紧密相关。魅力型统治是由德国著名的社会科学家马克斯·韦伯提出来的。他将合法性统治区分为魅力型统治、传统型统治和法理型统治。他认为,"充满魅力的领袖"的影响力来自超凡脱俗的洞察力和想象力,受到他们的感染与激励,人们将心甘情愿地投其麾下,追随左右。"他们展示了一项卓越的使命或行为过程;但如果仅限于此,那些潜在的追随者根本不会为之所动;而正是因为人们坚信他们的领导者具有特殊的天赋,所以该项使命或行为才得以进行。"

伯恩斯强调领导者和追随者的联系,将领导分为交易型领导和变革型领导。在伯恩斯的《领导学》出版的同时,豪斯出版了关于魅力型领导理论的著作,该理论常被认为与变革型领导理论相同或相近。巴斯的理论拓展了伯恩斯的研究成果,更关注员工的需要而非领导者的需要,认为变革型领导可用于结果不佳的情境,并宣称交易型领导和变革型领导是一个连续体上的不同端点,而非彼此独立。巴斯也拓展了豪斯的研究成果,认为在变革型领导中,魅力是必要而非充分的条件。

魅力是一种无形的感知,也是一种自然的流露,人们总是能够从领导者的一言一行中捕捉到"蛛丝马迹"。领导者的魅力大体有如下三种类型:

(1)超越的魅力。具有超凡魅力的领导者能够营造变革的氛围,他们勾勒出引人入胜的未来图景,并向追随者灌输一种持久的信念,激励大众不断突破现有桎梏,超越自我。

(2)风险的魅力。为了获得人们的信任,魅力型领导者甘愿以个人安危为"筹码",以此打动人心、增强情绪共鸣。在历史上,从毛泽东到邓小平、从圣雄甘地到马丁·路德·金,他们受命于危难,置生死于度外,超凡的领导魅力展露无余。

(3)个人的魅力。追随者尊崇魅力型领导并不是臣服于权威头衔,而是因深受其道德、知识、经验乃至决策魄力等个人特质的感召——人性中最美好的部分,总是能够扶持一个人卓然立世。

魅力型领导对组织和组织成员都具有相当程度的影响力。如果对这个具体的影响过程进行分析和归纳的话,可以总结为以下四步:第一步,清晰陈述一个有吸引力的愿景(关于如何达到一个或多个目标的长期战略);第二步,传达高绩效期望,并对下属达到这些期望表现出充分的信心;第三步,通过言语和活动向下属传递一套新的价值观系统,并且通过自己的行为为下属树立效仿榜样;第四步,通过情绪诱导和经常性的反传统行为,来表明他们的勇气和对未来前景的坚定信念。

通过上述影响过程,魅力型领导可以将积极的氛围在组织中散播开来,传导到整个组织并成为实现组织目标的推动力。同时,魅力型领导对于组织寻求外界帮助也可能具有一定的效果,他们使得组织更有吸引力并获得外界利益相关者的支持。对下属而言,魅力型领导所产生的效果之一,就是令下属学习和模仿领导者的价值理念和行为。同时,魅力型领导能够影响下属的风险倾向,使下属更倾向于承担比寻常更多的风险。魅力型领导对下属产生的另一种效果就是令他们设立和接受更高的目标,并更有自信地为达成这些目标而努力。理想化的影响力源于人们真正渴望的事物,人们甘心追随魅力领袖左右并非出于畏惧或是金钱利诱,而是出于爱、出于热烈的献身精神。正如《孙子兵法》所说,"上下同欲,士可为之死,为之生"。魅力型领导身上所展现出的强烈使命感与高涨热情铺就了信任的基石,并将感染团队全体成员倾情投入、忘我奉献,进而辅佐他们成为能够引发深远影响的卓越领袖。

豪斯的魅力型领导理论指出,当下属观察到某些特定的行为时,会把它们归因为英雄主义的或者超乎寻常的领导能力。这种归因成为人们认为领导者是否具有魅力型特质的认知基础。一般来说,魅力型领导具有以下杰出品质。

(1)提出愿景。愿景能令人振奋,具有吸引力。魅力型领导通过综合看似无关的问题、价值观和来自组织的问题,刻画引人入胜的图景并对它充满热情。

(2)坚定的道德观。不变的信仰、强烈的道德观念和乐观的精神使得领导者更容易与下属建立互信。

(3)杰出的沟通技能。魅力型领导通过其巧妙的言辞、想象力和激情鼓舞下属的情绪,并引导他们理解、接受并坚信其提出的愿景。

(4)向别人授权的能力。魅力型领导在给下属分派任务的同时提供辅导、反馈相鼓励,以增进下属的自我效能感。

三、领导变革的动力与阻力

(一)领导变革的动力

正如前述,广义的领导变革其实就是指领导者对于组织变革的领导过程,组织变革的动力也正是推动领导者进行变革的力量。它是一个综合范畴,即推动组织变革的动力或动因是非常复杂的,归纳起来主要有以下几种:

1. 环境的动因

组织作为一个开放性的生态系统,必然要受到外部环境的深刻影响。事实上,所谓领导变革,就是领导者变革组织以适应环境变化的过程。环境的改变无疑是组织变革的主要动因。无论是一般社会环境,还是国际环境,抑或组织内部环境,都会不同程度地直接或间接影响到组织结构和功能的变化,推动着组织变革。特别是当今世界环境变化的速度越来越快,环境的这种变化对组织产生着持续的冲击和影响,要求组织及时变革自身,以对环境作出适时的回应。

2. 目标和价值的动因

组织的目标反映组织的价值观和对客观环境的判断,是组织战略的凝聚点。组织战略则是组织的内外因素,如环境和机会、内部的能力和资源、管理部门的兴趣、愿望以及社会责任等的一种交集。因此,组织目标的重新制定或修正,都将引起组织的变革。美国战略思想家柯林斯说:"我们必须了解这一点,即使利益丝毫未变,组织像目标一样,也可能在一夜之间发生变化。"①组织价值观念的变化也具有同等重要的意义。因为组织价值是组织的灵魂要件以及组织活动的动力源泉和理性后盾,目标的制定或修正本身是组织价值观念体系平衡的结果,价值观念方面的变化必将引起目标的变化,并通过组织目标的变化对组织变革产生强烈的推动作用。值得强调的是,价值观念在许多条件下构成组织变革的原动力,它往往为组织变革提供长期和持久的推动力。

3. 人事的动因

组织与人事密切相关,人事变动会影响到组织上的变动。这里所说的人事变动及影响包括两种情况:一是高级管理层的变动对组织的影响。不同的领导人总要采用不同的施政策略或领导对策,因此他总要对组织提出自己的特殊要求。比如在西方国家,随着政府首脑的更换,常会发生政府机构的增减裁并。二是中下层组织成员的变动也会对变革提出要求。当组织人员大规模更新时,组织文化与氛围必然发生改变,要求领导者重新构建合适的新组织结构和组织文化,同时也为领导者尝试新的领导方式提供了可能。

4. 专家的动因

专家不一定是组织的固定成员,也不一定拥有正式的职务,但他们丰富和先进的知识、理论和方法,有助于他们对组织的弊端以及组织变革的意义、步骤和前景作出科学的分析和论证,从而大大提高组织变革的前瞻性、合理性、可行性和可操作性。正是从这个意义上说,专家是推动组织变革的特殊动力。众所周知,当前商业界存在着大量专业的管理咨询公司,它们受到很多有志于高远目标的企业的聘任,对企业的变革提出专业的建议。同样,政府等公共部门也日益强调智库的作用,广泛存在于政府内外的专家团对于政府的改革往往能提出专业性很强的建议。特别是日趋发达的网络社会中的"电子政府",更强调以知识和人才为中心的管理,更强调发挥行政组织内外有关专家学者在组织变革中的智囊作用。

5. 科学技术进步的动因

随着科学技术的突飞猛进,特别是电子信息技术如网络技术在各种组织的广泛普及与应用,促使组织作出相应的变革:(1)组织结构形态趋于扁平网络化,即组织结构从金字塔形向扁平化发展,并且更加具有有机性、灵活性和适应性;(2)组织规模趋于小型化;(3)组织权力结构走向分权化;(4)组织信息结构走向网络化、交互化;(5)组织管理方式趋于民主化;(6)组织办公趋于虚拟化;(7)组织内部技术和专家系统的功能更为突出;(8)组织文化日趋包容与开放。

---

① 〔美〕柯林斯:《大战略》,中国人民解放军军事科学院译,中国人民解放军战士出版社1978年版,第22,27页。

(二) 领导变革的阻力

变革意味着破旧立新,必然会同组织内部人员不同的思想观念相矛盾,变革也不免会带来组织资源和利益的重新分配,对组织成员产生压力。当组织中的人们习惯原有的一套思考方式或行为准则时,改变会导致个人抵触情绪,严重时整个组织都会反对变革,形成组织层面的阻力。变革阻力的表现可以是公开的,也可以是潜在的;可以是暂时的,也可以是长期的。阻碍变革的因素从其来源可分为组织层面的阻力和个体层面的阻力两类。

1. 组织层面

(1) 组织惯性

组织惯性是阻碍组织变革的主要因素,在组织的发展历程中,经过时间的沉淀,组织文化和组织结构都已完善并被成员广泛接受,群体已形成固定的行为模式(这种现象也称为"结构惰性")。惯性起着稳定组织的作用,一旦变革就会产生风险。守旧的组织文化不利于组织变革,成员多倾向于安全、稳定的组织环境;相反,开放的组织文化有利于员工接受新思想,激发员工的创新精神,有利于组织变革。

(2) 利益威胁

威胁主要体现在三个方面:第一个是专业知识的威胁。变革可能意味着技术的更新和变化,这会威胁到专业群体,使一个专业群体失去原有的作用,部分专业人士担心变革之后会丢掉"饭碗"。第二个是对已有权力关系的威胁。变革往往涉及原有组织结构重组和人员变动的问题,组织"大换血"会出现职位上的变化,这本身是对他们已有权力的一种威胁。这种威胁会引起各级管理者的普遍抵制。第三个是资源分配的威胁。变革后,组织资源分配的标准会改变,当组织资源是一块固定的蛋糕时,根据零和博弈的观念,变革之前的资源分配受益者的优势会受到威胁,而之前的资源分配劣势者则可能借此机会"翻身"。例如,新中国建立初期,全国各个组织都遵循着"平均主义"原则,改革后"按劳分配"的原则就对一些人占有的资源构成威胁,形成了改革的阻力。

(3) 错误时机

顾名思义,错误的时机指的是在不恰当的时机实施变革。这分为两种情况,一是前一次的变革还没稳定下来,领导者又推行新一轮的变革,这使得组织成员的不安全感得以持续,员工对于变革的抵制情绪越来越强烈。二是组织目前的发展状况良好,组织成员普遍感受不到现实的威胁,此时领导者实施变革的阻力显然更大。一种可能的解释是,领导者的前瞻性和对行业的深入理解使得其能够看得更远,提前实施变革,而组织中绝大部分成员并不具备这种长远思维,他们更倾向于享受眼下的"美好时光"。

（4）缺乏奖励

组织不奖励参与变革的人员会阻碍变革。在推行变革的过程中，领导者对参与变革人员的奖励被看作一种有效的管理方式，有利于及时削弱变革阻力，吸引更多成员参与和支持变革，将变革阻力巧妙地转化为变革动力，促进组织成长。

2. 个体层面

（1）个体惰性

每个人都有惰性，安于现状，心里充满了安全感和满足感。个体会习惯原有的组织氛围，并坚信"传承下来的是最好的"。

（2）对未知的恐惧

变革决定通常是由组织高层领导作出的，普通成员并不了解变革的目的和意义，对未来状况未知的恐惧感便由此产生。个体感到变革会威胁到自己的既有利益，当未来充满风险时，安全感高的人更容易抵制变革。管理大师德鲁克认为，组织成长的主要障碍在于，人们认为没有能力按照组织的需要，快速地改变自己的态度和行为。这种变革能力的缺乏，正是一种对未来未知恐惧的表现。即使人们认识到了改变的必要性，他们在情感上有时还是无法接受，觉得自己无法学会新技能和新的行为方式。有必要指出的是，现代心理学的广泛研究已经表明，面对未知，人们总是更看重现实损失而非预期收益。组织的变革势必引发组织内部利益的重新分配，大多数成员面临着非常现实的利益损失，而收益只是变革成功以后才有可能获得。这种情况下，即使领导者费尽心思描绘灿烂的未来，也未必会得到大多数人的认同。

（3）官僚主义

官僚主义文化包括层叠的等级制度、自上而下的改革传统、缺乏理想并安于现状。官僚认为改革是危险的，如果失败还会遭受惩罚，即使成功了，还会因为提高了工作效率而被迫增加额外的工作，受到同事的嫉妒并被孤立。所以，官僚会认为变革之后组织的整体利益提升了，而自己的个人利益会受到不同程度的削弱。相应地，在行为上他们会扩大变革成功的代价，抵制变革。

（4）变革成本

任何组织的变革都要付出一定的成本，如果成本大于收效，改革与发展就难以继续进行。这里所说的成本主要指所需用的改革时间、改革中所造成的各种损失，以及所需用的财政经费。美国利特尔咨询公司曾提出一个公式：$C=(abd)>X$。式中，C 指变革；a 指对现状的不满程度；b 指变革后可能到达情况的概率；d 指现实的起步措施；X 指变革所花的成本。① 此公式说明，是否进行组织变革还取决于需

---

① 金太军：《行政组织变革的动力和阻力分析》，载《学海》2001 年第 4 期。

要变革的各种因素的乘积,要大于变革所花的成本,否则进行变革就得不偿失。

3. 辨识变革的阻力现象

变革会遇到阻力,那么,组织领导者凭借什么去判别他们在推行变革的过程中遇到了阻力呢?即组织成员表现出哪些行为时,能认为他们在进行抵制和反对呢?以下列举了一些常见现象:

(1)员工抵制变革的最直接体现是消极怠工。消极怠工意味着生产率的下降。如果同一时间内,在排除非人为因素和偶然性因素干扰的情况下,组织整体的劳动效率水平显著下降,并且劳动效率的下降并非局限于少数几个部门,而是在各职能部门中广泛存在,此时可以认为,组织的变革受到了员工的普遍抵制。

(2)组织出现极端行为。当领导者对于变革过程中员工的抵制视而不见时,一段时间后,那些对组织失去耐心和信心的员工的行为将会变得更为极端,可以表现为公开反对、部分罢工、对人事政策的变动不予执行等。

(3)变革的中间环节,抵制情绪最为严重,组织成员的缺勤率显著上升,组织公民行为多半会消失,一些员工不惜丢掉"饭碗",以自动离职来表示对变革的反对。

总之,在变革过程中,员工的抵制行为各种各样,但有一点是相同的,即这些抵制措施都在一定程度上损害了组织利益和经营效益。员工想要借这些方式引起领导者的注意,延缓或阻止变革,维护自身的利益。

四、领导变革的过程

社会心理学家勒温提出了组织变革的三步骤模型,包括解冻(unfreezing)、变革(changing)、再冻结(refreezing)三个步骤。该模型解释了变革过程,指明了领导者在每个变革阶段的领导方向,这种变革模型也是计划内变革的一种。

在勒温的模型中,现状可以视为一种平衡状态,要打破这种平衡状态,领导者必须克服个体阻力和群体的从众压力,因此就需要进行第一步——解冻。解冻可以通过增加推动力(driving forces)、减少抑制力(restraining forces),以及两种力量的结合来实现。任何一种行为都是"努力维持组织状态"和"积极推动变革"相协调的结果,当两种力量势均力敌时,就达到了平衡状态。为了实现解冻,领导者需要减弱组织当前状态的力量,使推动力大于抑制力,让员工看到实际行为和期望行为间的差异,动摇原有的思想观念,激励成员参与变革。

第二个步骤是变革,这是整个过程的核心阶段。领导者实施变革方案,转变部门或个人的行为,在组织成员中发展新的行为、价值观及态度,通常要通过组织结构变革、人力资源变革和组织技术变革来实现。变革是一个认知的过程,所以领导者需要给员工提供充分的信息,指明变革方向,使员工理解变革目的,促使其形成新的行为和态度。需要指出的是,因为组织成员存在一种"回弹"的思想,即他们倾向于抵制组织变革,具有使组织回到原有状态的行为意向,所以变革过程不能太拖拉,或者过于追求让所有人都满意,必要的时候,领导者可以通过给员工提供变革培训、心理辅导、增加工资等方式加快变革速度。

最后一步是再冻结。勒温认为,组织很容易回复到变革前的状态,除非经历再冻结的步骤。领导者可通过对组织文化、规范和政策的再次确定,将组织重新固定在一个新状态的平衡位置,在此过程中不断地给予积极强化,使员工接受并习惯新的组织环境,巩固员工新的行为模式。

第二节 领导变革的途径

20世纪80年代以来,随着全球化的进程,企业组织和公共组织都面临全球化和知识经济的新情境,组织需要快速的发展,而组织间的竞争也日趋激烈。原有的组织结构和组织传统已经显现出它的不适应性,越来越多的组织不得不变革其文化,重新设计其业务,重组组织机构,采用或创造新技术,向组织成员授予权力,消除组织障碍,寻求可持续发展的方法,创造高度参与的组织和管理制度。在这种急剧变革的组织环境中,原有的领导方式也面临挑战。如何领导组织变革,成为领导研究中的一个重要课题。

一、掌舵而非划桨

我们经常将领导者比喻为组织的掌舵人。作为掌舵人,领导者最重要的任务无疑是设计和执行组织战略,除此之外,应抓大放小,把大量的日常管理事务放手给中下层管理人员。也就是说,领导者只需掌舵,无须亲自划桨。领导者如果事必躬亲,势必消耗过多的时间精力,不利于集中精力于战略问题。这点在领导变革的过程中显得特别重要。其实,这里涉及的核心问题就是领导者的授权问题。所谓授权,就是上级将处理用人、用钱、做事、协调等决策权移转给部属,并且赋予其完成该项工作的必要责任。很多管理实践和研究都表明,让奋斗在组织前线的员工自主决策,不仅能够实现内部激励,更能灵活地应对环境的变化,在第一时间发现和解决问题。

(一) 授权赋能型领导

在传统的领导关系中,员工似乎总是处于"弱势":受制于权威,服从派遣,尽职尽责,本分地当好追随者……但逐渐地,人们开始意识到领导者尽管"强势",却难免受到个人能力的限制;而数量众多、精通各领域知识技能的团队成员则能够较好地弥补这一缺陷。因此,蕴藏在广大组织成员中的潜能逐渐吸引了人们的目光,并进一步将领导学的关注焦点由"全能、全知"的英雄式领导力转向团队整体的潜力。

这其实并非一件新鲜事，早在人们热捧民主型及参与型领导风格时这一点就有所体现。在信息大爆炸的今天，不断涌现的非正式团队、虚拟组织等对组织成员的综合素养提出了更高的要求，这无一不是在提醒人们：团队的潜能亟待开发，且觉醒后的力量不可小觑。民主型领导或者参与型领导无疑顺应了当今时代人们个性张扬、追求自主的潮流，然而，无论是民主还是参与，并非是放任自流的同义词。任何时代都需要领导者的独特作用，关键是领导者在追求变革的过程中如何把握好收权与放权的度。结合以往对参与型领导的相关研究可以看到，褒贬不一的争议多集中于授权参与的时机与对象。实现形式上的民主并不难，但关键是在这一表象之下，能否如愿地实现内部激励并运用集体智慧优化决策。在这一过程中，不仅需要上下级之间的协调与沟通，参与成员的能力素养也将起到极为重要的作用。因此，真正意义上的授权既是指领导者在主观上的授予决策权，同时也意味着员工要具备一定的"受权"能力，即具备积极的意愿以及自主决策的能力来接受权力、承担职责，进而将员工授权从以激励、集智为初衷的管理手段提升为开发员工领导潜能的赋能型领导艺术。而这也正是近年来方兴未艾的授权赋能型领导所关注的焦点。国内有学者提出，授权的重点不仅仅是在形式上的授权，更重要的是如何在这一过程中提高下属员工的自我效能感，使之具备较强的工作能力来接受授权，因而授权赋能型领导的表述，扩展了领导授权的内涵，并与参与型领导相区别。

在延续参与型领导风格的基础之上，授权赋能型领导主要体现出如下行为特征：

第一，将员工视为具有自主意愿的独立个体。

第二，善于倾听，尊重团队成员的不同意见。

第三，营造积极的授权氛围，引导员工进行自我激励以更好地完成组织承诺。

第四，关注员工个人能力、道德规范等综合素养的提升。

（二）授权的原则

授权的艺术性就在于领导者是否有能力判断哪些是不能授权的工作，而哪些是可以授权的工作。成功的授权行为的基础通常是选择可供授权的对象和任务。首先，应确定哪些任务是可以授权的，如员工自己的问题，类似准备报告、备忘录的文字工作，类似订购物品、安排行程的常规工作，领导者自己不必亲自参与的技术工作，以及能够培养员工的工作；而被指派亲自负责的任务、机密任务、危机任务则是不能轻易授权的。其次，应针对特定的任务选择授权对象，此时要充分考虑对象的能力、兴趣以及任务的时间期限，通过询问相关人员等办法考察对象和任务之间是否匹配。

总之，授权赋能型领导始于授权，却又不止于授权。在他们看来，通过鼓励参与、共享决策权的形式进行内部激励、完成眼下的任务目标固然重要，但同时更应密切关注成员的胜任力问题,因为后者关乎组织的长远发展,并将为后继有人的领导力培养计划奠定坚实的根基。

不过,一厢情愿地授权有时可能也会带来问题。对于原本惯于听从主管指令,甚至无条件接受派遣的员工,突然间对他放开"强权压迫",鼓励他自行决定工作方式、独立应对工作中出现的问题,他可能并不会按理论预期的那样从中受到极大的内部激励,而是面对突发状况手足无措,并将一切过失归罪于"推诿责任"的领导者。领导者必须在实践中拿捏好授权与收权的平衡,不能偏颇。领导者的授权完全没有一成不变的模式,在变革的过程中尤为如此。虽然我们强调领导者不能事必躬亲,但变革刚刚开始时,在战略已经确定下来后最初的执行阶段,往往需要领导者身先士卒,盯紧大小事务,否则容易导致组织成员的观望与懈怠。而当变革进入预定轨道,领导者则要更多授权,赋予组织成员以积极性和创造性。

虽然具体的领导情境差异万千,但领导授权既不是权力的任意下放,也不是指领导者可以撒手不管。授权有以下几条需要遵循的原则:

第一,信任原则。领导者要么不授权,一旦授权,就要表现出对下属能力的充分信任,切勿中途干涉下属的工作。信任是授权过程需要遵循的最基本的原则,失去了信任,下属的工作动力和积极性会大打折扣。

第二,可控原则。授权是将权力下放给下属,这个过程要讲求"度"的原则,领导者要把握对工作任务的可控性。从领导者授权的目的来看,授权是领导者在减少自己任务量的同时能够全面观察和把握组织整体运营状况的一种有效方式。在层级清晰的组织中,授权不需要越级,权力由高层管理者开始,逐级下放,既能保持沟通的有效性,又明确了每一层级的职责权限。

第三,权责统一原则。权责统一又称"权责对等",指的是在授权过程中,上级给下属赋予多大的权力和自由度,下属就需要承担相应的责任,被赋予的权力越大,下属承担的责任就越大。

第四,动态原则。动态授权讲求灵活性。对于同一个下属,在不同的情境下,领导者的授权存在差异;对于不同的下属,在同一项任务中,由于其担任的角色不同,授权同样存在差异。因此,授权要因时、因地、因情境而异。当前,组织所处的外部环境瞬息万变,工作任务和工作内容经常会中途变更,这也对授权的灵活性提出了高要求。

(三)授权的方法

第一,阐述清晰的愿景和目标。为实现合理授权,增强员工的胜任感、价值感和安全感,领导者首先要阐述清晰的愿景和目标,特定的行为目标能强化授权,指导个体执行任务。当下属了解组织的愿景,看到自己的价值,并明确能完成愿景的特定行为时,其就感知到了授权。

第二,确定授权内容和授权对象。确定目标后,领导者要确定授权内容和授权对象。领导者应该从自己的工作经验中估计任务的难易程度,得出哪些任务只能由领导者完成,哪些任务可以由员工来完成。同时,领导者在合理分配任务时还要因人而异,既不能让下属感到负担太重,也给予员工充分的成长条件和发展机会。

第三,领导者对员工的培养和资源支持。这对达到授权的预期结果至关重要。下属是在授权中不断学习和成长的,领导者可以通过示范特定行为提供支持,为员工执行权力扫除障碍。在心理作用层面,当下属感知到并且得到资源支持时,这本身就会增加员工的信心。

第四,自主权和树立信心。授权作为提高下属能力的途径之一,主要是通过目标管理过程中的自我控制、自主管理实现的。这就涉及自主权的问题,领导者要信任员工,给员工发展的空间,允许员工有自主权,帮助员工树立信心,营造民主氛围,给下属赞许而不是责备,把犯错当成员工成长的必需。当员工被授予新的权力时,会有一段适应期,出现错误是正常的,领导者无须责备,应多鼓励员工在失败中吸取经验和教训,实现自我能力的提升。

二、服务而非控制

传统上对于领导者的观念都是认为领导者是高高在上的,但我们在现实中发现不乏这样一类领导者:他们不会凭借领导权威妄自尊大,而是将组织成员的成就置于个人利益得失之上,并以此作为长期行为准则。颠倒的领导方式似乎掩盖了他们的领导头衔,使之更类似于在幕后运筹帷幄,为员工的能力培养推波助澜的组织"公仆"。

(一)服务型领导及其特征

最早提出服务型领导或公仆型领导(servant leadership)理念的是麻省理工学院的格林里夫教授。该理论发展到后来,类似的领导形式还包括催化型领导(facilitative leadership)、生成型领导(generative leadership)以及伙伴型领导(fellowship leadership)等。从总体上而言,它们都将服务员工、成就他人作为首要目标,以倾听替代臆断,用真诚培养信任,关注并极力满足员工在成长过程中的多样化需求。

中国语境中所倡导的服务型领导强调"为人民服务",往往把这个理念仅仅应用于党政干部。但从西方的企业实践来看,服务型领导可以适用于任何类型的组织。服务型领导具有哪些特征?西方学者在这方面的研究成果和西方企业的实践经验是否能直接运用到中国?

国内在这方面的研究还很少,目前孙健敏和王碧英的研究比较具有代表性,揭示了服务型领导的构成要素。他们发现,在中国背景下的服务型领导是一个五因素的多维概念,包括利他主义、情绪抚慰、智慧、说服引导、社会责任感。①

(1) 利他主义。服务型领导不以一己私利作为追求目标,而是尽己所能为下属提供服务,甚至不惜牺牲自身利益来满足下属的需要。

(2) 情绪抚慰。服务型领导在帮助下属克服情绪问题方面具有天赋,能够帮助下属从不良的情绪中转变过来,使他们快乐工作。

(3) 智慧。服务型领导十分关注正在发生的事情,往往善于通过自己的分析能力和洞察能力预测决策的一系列后果。

(4) 说服引导。服务型领导非常具有说服力,往往能够提供强有力的理由来说服下属做事,并通过言语和非言语等手段鼓励下属对组织的发展前景充满希望。

(5) 社会责任感。服务型领导鼓励下属在工作场所中发扬集体主义精神,为大局着想。他们能看到组织为社会做出贡献的潜力,并且时刻准备着让组织为社会发展发挥更加积极的作用。

(二) 服务型领导的影响

服务型领导的奉献和自我牺牲的精神具有强大的感召力和榜样作用,不仅对追随者有影响,而且在团队层面和组织层面也具有积极的作用。

从下属的角度来看,服务型领导以下属为中心,以促进下属的自我实现和个人成长为目的,对下属的影响主要有三个方面。首先,服务型领导对下属的工作态度有影响。服务型领导能够建立起高质量的"领导—下属"关系,并通过信任与公平的心理感知,影响下属的工作态度,如工作满意度和组织承诺。其次,服务型领导对下属的生产行为有影响。国内学者指出,在控制人口统计学变量的情况下,服务型领导对员工的周边绩效、异常行为以及任务绩效均有显著的单独预测效果。② 最后,服务型领导对下属的组织公民行为有影响。西方学者纽伯特、卡克马尔和罗伯茨的研究证实了服务型领导的下属表现出更多对组织有益的组织公民行为。此时,下属将有更多的助人行为、更强的个人首创精神,以及更自觉的公民道德和自我发展。

从团队的角度来看,服务型领导通过树立正确的榜样,刺激他人朝着共同的利益努力,从而更有利于团队合作。领导者有较强的接纳能力,能够在组织内创造信任、公平的工作氛围,使员工有集体归属感。从团队的角度来看,服务型领导通过树立正确的榜样,刺激他人朝着共同的利益努力,从而更有利于团队合作。领导者有较强的接纳能力,能够在组织内创造信任、公平的工作氛围,使员工有集体归属感。从组织的角度来看,服务型领导行为对组织的服务氛围有较大影响。服务氛

---

① 孙健敏、王碧英:《公仆型领导:概念的界定与量表的修订》,载《商业经济与管理》2010年第5期。
② 同上。

围是指员工对组织要求、奖励、支持服务工作和服务行为的政策、管理措施和程序的共同看法。服务型领导为人正直、思想开放、行为道德、关爱他人，并且勇于承担组织外的责任。这些做法能够在组织内部营造良好的服务氛围，增强员工的服务导向意识，激励员工为顾客提供优质的服务。

致力于为他人在物质与情感上的收获提供机会，服务型领导相信自己的一番苦心不会白费；通过这种方式培养出的员工不仅独立自主，善于自我管理；更重要的是，受到领导者的感染，他们也能将心比心地把这一份关怀传递下去，对伙伴施以诚挚援手，向顾客提供贴心服务，从而共同营造出互惠、共赢的整体氛围。

三、权威而非权力

从一般意义上说，权力是人们拥有的能够通过影响他人实现自身目的的能力。更通俗地说，所谓的权力可以理解为一个人使另一个人做自己想让他做的事情的能力。这种能力对于领导者而言，首先来自于正式的职位头衔，并将为领导者带来一种居高临下的强势地位，下属员工无条件服从。另外，权力也有可能来源于非职位的影响，比如个体娴熟的技能、广博的知识或是高尚的道德。权威实际上等于广义的权力，是泛指上述职位和非职位两种来源的影响力。狭义的权力则仅仅指来源于正式职位的权力。在本书中，权力大多是广义的界定，与权威同义。

权力是一种施加影响的潜在能力，并不是必须使用这种权力来对他人施加影响。一般来说，对他人的影响是基于他人对权力的感知，而并不需要去真正行使权力。如果说权力代表的是促成改变的能力，领导力则着眼于实际改变的成效。领导力关注的不仅仅是服从以及过往的经验成就，而是如何借助权力这一有力工具突破现状、推动变革，进而引领团队逐步实现目标和理想。可以断定的是，领导者需要权力来完成任务，权力对于领导力的有效性是至关重要的。但在领导者中，最大的不同之一就是如何使用他们的权力。一些领导者用权力来威胁和压制下属，另一些领导者则把权力看作他们说服力的助手，用它来营造一个团队合作和共同努力的氛围。

人们对于权力的服从往往是口服心不服，是慑于领导权威而被强制的服从；对于源自领导者魅力的权威的服从，则经常能够达到口服心服的状态。因此，领导学更加强调权威而非权力。可以用以下公式来表达：

$$真正的领导 = 20\%权力 + 80\%权威$$

（一）权力的来源

权力在很多时候是由正式的职权体系赋予领导者的一种工具——他们以此来衬托并维持其权威地位。但在组织中拥有权力的不一定都是主管，普通员工也有可能凭借自身的道德修养、专业技能水平等个人特质，从"非正式渠道"获得权力。

从这个视角出发,弗伦奇和雷文分别从职位与个人两个角度追溯了权力的来源,并进一步将其划分为如下五种形式:

1. 职位权力

(1) 法定权(legitimate power)。顾名思义,法定权伴随着组织正式授予的权威头衔而产生。身处其位的领导者为谋其政,上至战略调控下至资源调配,以及相关政策的制定与实施,都需要凭借法定权。层级分明的权力体系能够清晰地界定不同成员的职责范畴。

(2) 奖赏权(reward power)。"胡萝卜加大棒"是一种古老而经典的激励手段,以众人垂涎的"胡萝卜"作为成员完成绩效目标的嘉奖,领导者便拥有了奖赏权。奖励的具体形式从加薪、授权到职位晋升等不一而足,但关键在于对员工内心需求的把握——是满足于物质激励,还是寻求更高层面的自我发展。

(3) 强制权(coercive power)。与奖赏权相对,强制权就像是一根予以威慑、恐吓的"狼牙棒",代表领导者拥有的惩罚权。对于上级训斥指责、撤销奖金甚至解雇的畏惧,往往能从反面警醒员工规范言行,恪尽职守。职位权力凭借组织正式制度体系为强大的后盾,尽管能够为掌权者带来令人敬畏的影响力,却不能保证下属心悦诚服地追随。在一个团队中,真正的领导者无论是否拥有正式的职权,都具有强大的影响力。这种"气场"在很大程度上来源于成员的个人特质,并将进一步决定领导权的实际影响力。

2. 个人权力

(1) 专家权(expert power)。"知识就是力量"可以很好地诠释这种专家型权力。在团队中知识渊博、技能高超或是在某一特定领域具有丰富经验的成员通常为众人敬仰并信服,从而得以对他人施加影响。

(2) 参照权(referent power)。卓越领袖作为团队的灵魂人物,接受着来自下属的认可、尊敬和羡慕,这种钦佩的力量为领导者带来了参照权,使他们以表率的姿态激发他人由衷的仿效甚至膜拜,这一影响力也将随着上下级关系的加深而逐渐扩大。

一般而言,领导者并不需要具备所有五种形式的权力,只要令人信服地拥有了其中的一到两种就可以成为真正意义上的领导者。比如,网络上热捧的某些公共知识分子的微博拥有巨大的访问量和引用率,他们的言论不论对错都对于其拥护者有着不容置疑的影响力,专家权本身就足以支持其领导力的发挥。

(二) 领导变革中的权力实施策略

在领导组织变革过程中,评判一位领导者是否成功,关键是看他能否对自身的权力体系进行合理规划,进而在不同的情境下采取最合乎时宜的影响策略。艾森豪威尔曾用拉动桌上一根细绳对领导力进行了形象的阐述:正如你能够拉动这条绳子，但却无法推动它；军官的职责在于引领并带动将士，一厢情愿地推动只能是徒劳。"这也就意味着，领导是由双方共同成就的。此外，个人权力的出现打破了传统意义上领导权的垄断，因而组织的领导者能够在多大程度上影响、改变追随者，取决于双方的力量博弈。只不过，这不应该是一场旨在争权夺利的零和博弈；相反，正是领导者与追随者之间存在这种交互影响激活了团队，使之高效运作。在这场博弈中，不同的领导者对于权力的认识及偏好各异，而为了巩固或维护自身的权威地位，他们也将相应地采取多样化的策略手段。在领导变革的过程中，以下策略是领导者特别需要注意的：

1. 发展权力联系

当确认了谁是有权力的人之后，就必须建立起与他的联盟。同有权力的组织成员和组织外的人培植起友好和合作的关系，会使领导者的变革事业更顺利地推进。发展这种联系的一种方式就是开展更多的社交活动，邀请有权力的人作为客人。需要注意的是，这些有权力的人不一定是组织的高层管理人员，极有可能是下属中的非正式领导者或意见领袖。对于组织变革而言，争取后者的支持一点不比前者来得不重要。

2. 掌握至关重要的信息

那些控制至关重要信息的人，其权力会增长。在美国，许多先前在政府和军队任职的高官，离职后在业界为自己找到了称心的职位。这种人通常被那些与政府做生意的公司雇用，作为公司驻华盛顿的代表。他们掌握了有关宏观政策变动的重要信息，对于组织的变革尤为重要。同样，对于组织内部的关键信息掌握者，比如下属中的意见领袖、一线员工、关键部门领导人等，也是领导变革中的重中之重。

3. 保持消息灵通

消息灵通在变革中具有重要意义。管理顾问施穆克勒认为：尽管消息不是很确切，但能够接触到组织的小道消息，也是一种权力的提升。变革过程中，因为一切都处于变动不居中，正式的信息渠道往往会失真，甚至堵塞，非正式信息渠道由此显得尤为重要，它们往往能够比正式信息更真实地反映组织氛围和组织成员的态度。

4. 引入外来专家

许多领导者为了使自己的立场合法化，经常会雇用顾问来进行研究或调查民意。中立第三方的介入无疑会增加变革的合法性与合理性，也可以为变革提供更多的智力支持。然而，我们也要注意到，许多顾问有意或无意地不愿以相反的观点来"回报"领导者的盛情邀请，因此会经常支持这些领导者的立场。而领导者反过来会用顾问的发现来证明他是正确的。虽然这样一来难免损坏专家的中立性与专业性，但从减少变革阻力、凝聚共识的角度来看，这仍然起着重要的作用。

5. 迅速展示成果

根据威廉·纽曼的研究,迅速展示变革的成果有助于使个人或团体的努力获得承认。[①] 正如前述,组织变革的过程中,人们往往更看重现实的损失,而非预期的收益,两相衡量的结果导致了他们对于变革的抵制。因此,迅速展示变革的成果特别重要。一旦领导者能够在变革初期就给大家带来现实的好处,就会留下深刻的印象,也就可以期望进一步推动变革,解决更大的问题。

四、激励而非强制

许多研究者更多地强调领导的感情激励作用。例如,科特就将激励、鼓舞作为领导的基本功能和职责之一,约翰·加德纳也将激励行动作为领导者的八大重要职责之一。

朱迪思·巴德韦克认为,领导者是领导变革的。当生活井然有序时,任务是可以预测的,同时大多数事情都在很好地进行,人们生活得很舒适并且安全,他们只想让这种情况继续下去。在这种情况下,人们既不想也不需要太多的领导者,因为他们并不寻求变革。但在全球化的时代,安逸的领导正日益被无止境的危险代替。当世界处于惊慌状态时,当未来难以确定时,当人们正在经历担心、恐惧、不祥之兆和极度疲劳时,人们就在感情上需要领导者,即需要他们能够信任、能够在感情上寄托的人。从根本上说,领导并不是智力或感觉的产物,而是情感的产物。领导是一种情感的结合物,有时甚至是追随者与领导者及他的目标之间的一种充满热情的许诺。领导关系不同于其他关系,在领导关系中,领导者在追随者当中产生希望与信心,他们是那些被认为能把事情做得更好的人。在情感层次,领导者能吸引追随者,是因为他们能在受惊吓的人当中产生自信;在优柔寡断的人当中产生果断;在存在犹豫不决的地方产生行动;在存在弱点的地方产生力量;在存在失败的地方产生专家;在存在导弹的地方产生勇气;在存在犬儒主义的地方产生乐观主义;在不顺利的时候产生"明天会更好"的信心。巴德韦克指出,领导者之所以处在领先地位,是因为他们在人们心中产生了充满热情的许诺,许诺他们的战略将取得成功。[②]

领导变革中领导者面临的任务,通常是要使组织业绩由低水平提高到可接受的水平,或由可接受的水平提高到更高的水平,或是将组织从危机状态带入到安全地带。要完成这些重大的目标,就要进行组织变革,对组织文化或亚文化进行彻底

---

① William H. Newman, Administrative Action: The Techniques of Organization and Management, Englewood Cliffs, NJ: Prentice-Hall, 1963, p. 90.
② 〔美〕巴德韦克:《和平时代的管理与战争时代的领导》,载〔美〕F.赫塞尔本等主编:《未来的领导:新时代的新视野、新策略与新措施》,吕一凡等译,四川人民出版社1998年版,第183—194页。

的"检修"。领导者如何促使这种变革发生和成功呢？

（一）提高人们变革的意识

领导者促使团体成员意识到某种奖赏的重要性和价值，以及获得这种奖赏的途径。例如，他会指出如果公司成为该领域的首强，员工们将会感受到的骄傲，也会指出实现这一成功将会得到的经济上的奖励。

（二）帮助人们超越自我利益的眼界

领导者会帮助团体成员从团队和组织发展的大局出发去考虑问题，如为了不增加更多的人手，领导者会一方面对员工从事繁重工作的情况表示体谅，觉得很愿意再增加人手来减轻人们的工作；但另一方面又会向员工解释，如果增加了更多的员工，公司就会出现亏损，就会被其他更大的公司吞并等。

（三）帮助人们寻求自我实现

领导者帮助人们超越对较小满足的关注，去寻求自我实现。例如，为了鼓励员工牺牲一些休息时间，领导者一方面会表示自己能体会到每一个假日的休息对员工都是非常重要的；但另一方面，如果能如期完成某一工作，就能取得这份让业内同行都羡慕的合同。在这里，让"业内同行都羡慕"满足的是自我实现的需要。

（四）帮助人们理解变革的需要

领导者必须帮助团体成员从情感和理智两方面都理解变革的需要。通常来说，变革会带来人员的变动和不适应的感觉。有效的领导者会意识到，这种情绪因素会抵制变革，并且以公开的方式处理这一问题。组织变革很类似于生命中的转折，必须成功地结束才能使新的开始成为可能。人们必须超越他们的过去，摆脱对过去的依恋。

处理大量员工的对立情绪无疑是一件巨大的任务。成功的领导者处理这一问题的一种方式，是召开座谈会，在会上，管理者与员工无拘束地畅谈他们对变革的感受。这种方式在公司缩减规模时是非常有效的。许多幸存下来的员工都会有一种难受的感觉，因为许多能干的同事失去了他们的工作，而他们还能被继续雇用。显然，组织这种座谈会，领导者需要有相当高的倾听技巧。

（五）使管理者具有紧迫感

要创造一种变革，领导者要将主要的管理者凝聚在一起，使他们理解变革的紧迫性。管理者必须在要达到和可能会达到的愿景这两方面与最高领导者具有一致的看法。为了"推销"改善组织的愿景，领导者必须利用各种可能的机会，向下层管理者反复解释自己的愿景，使他们接受自己的愿景。

（六）宣传变革的重大意义

要将变革事业看作个人和组织表现其价值和活力的机会。通过对这种重大意义的承认，领导者提高了员工的精神境界，加强了与社会的联系。重大的意义不仅包括努力实现诸如利润和高股票价值这样的商业效益，而且还包括从善如流的道德感。领导者要向员工灌输为客户服务和保证质量的愿望，还要促进他们的主人翁精神和参与的感觉。

第三节 领导变革的能力

一、促成共识

冲突是组织的内在属性，特别是在变革的时期，组织面临着频繁而激烈的内部冲突与外部冲突，外部冲突归根到底会内化为内部冲突。变革能否成功最关键也是最困难的就在于能否化解组织冲突，凝聚共识。统一而坚定的组织共识是成功变革的必要条件。

当两个主体的利益和目标不一致且很难协调时就会产生冲突。冲突的主体多种多样，可以是个人、团体、组织甚至是国家。冲突是能被对方感知的，且至少是两者及两者以上的相互作用。如果只有单方面的感知就无法构成冲突。相应地，人们若以自己为中心来界定问题会阻碍冲突的顺利解决，此时往往会陷入"有你没我，有我没你"的极端情境，严重时会导致两败俱伤。

关于冲突的作用，有些人认为冲突是消极的，所以应该避免；而有些人认为冲突的影响是多样的，它在某些情况下能成为积极的动力，这些人鼓励维持组织内部最低水平的冲突。一些积极的冲突可以在组织内部形成良好的竞争氛围，人们可以公开表达个人感觉，更好地理解他人，激发创新思想，产生变革动力，有利于领导者更好地制定决策。可以这样说，积极的冲突对有效的群体工作来说是不可缺少的。

美国行为科学家托马斯把冲突行为按两个维度划分为五类，这两个维度分别为：一是合作性，即一方愿意满足另一方愿望的程度；二是自我肯定性，即愿意满足自身愿望的程度。托马斯根据这两个维度确定了五种处理冲突的行为意向。

（1）竞争(competing)：自我肯定但不合作。即一个人在冲突中寻求自我利益的满足，而不顾及冲突对另一方的影响。

（2）协作(collaborating)：自我肯定且合作。即冲突双方相互合作，寻求共赢的解决办法，以使双方利益均得到满足。协作不是迁就不同的观点，而是澄清差异与分歧，找到解决问题的办法。

（3）回避(avoiding)：自我肯定且不合作。即个体意识到了冲突的存在，但希望逃避它或抑制它。

(4) 迁就(accommodating):不自我肯定但合作。即个体为了维持相互关系,一方愿意作出自我牺牲,尽管自己有所保留,但可能还是愿意把对方的利益放在自己的利益之上,支持他人的意见。

(5) 折中(compromising):合作性与自我肯定性均处于中等程度。即冲突各方都寻求放弃某些东西,愿意共同承担冲突损失,并接受一种双方都达不到彻底满足的解决办法,折中最终是为了能共同分享利益。

据此,托马斯提出了以下冲突的解决策略。[1]

表 10-1 冲突行为解决策略

冲突管理方式	什么时候用	什么时候不用
竞争	当时间很重要时 当问题微不足道时 当任何办法都不好用时 当对方缺乏专业技术时 当对你来说问题非常重要时	当问题复杂并且需要他方的参与并提供信息时 当与有权力的对手共事时 当需要长期解决方案和做出贡献时
协作	当问题复杂并且需要他方的参与并提供信息时 当需要做出贡献时 当处理战略性问题时 当需要长期的解决方案时	当时间紧迫时 当他方不感兴趣或不具备技能时 当由于不同价值观念产生冲突时
回避	当问题微不足道时 当冲突激化且双方需要冷静时	当需要长期的解决方案时 当你负责解决冲突时
迁就	当问题对你来说不重要时 当你的知识有限时 当存在长期的业务往来时 当你没有权力时	当他方缺乏道德时 当你确定自己正确时
折中	当目标明显对立时 当双方势均力敌时 当需要快速解决时	当力量明显不均衡时 当问题复杂时 当需要长期的解决方案时 当冲突根源于不同价值体系时

在冲突中寻求共识是领导者的职责,造成冲突的原因多种多样,可能是资源问题,也可能是组织结构的问题,或者是人员配置的问题等。相应地,领导者可以采用多种方法解决冲突。领导者可以提出一个共同的、更高的目标,而且这个目标不经冲突双方的协作努力是不可能达到的,这能促进双方的团队合作,利于在工作中

---

[1] M. A. Rahim, A Measure of Styles of Handling Interpersonal Conflict, Academy of Management Journal, 1983, Vol. 26, No. 2; M. A. Rahim, Managing Conflict in Organizations, 2nd ed., Westport, CT: Praeger, 1992.

达成共识。如果冲突是由于资源缺乏造成的,那么领导者可以开发新资源,或改变短期任务目标,实现双赢,或者通过强调冲突双方的共同利益弱化对资源的争夺,让双方各自放弃一些有价值的东西,实现利益上的折中。领导者还可以通过改变个人因素或结构因素的方式来解决冲突,对于个人,通过行为改变,转变其对待冲突的态度;对于组织,可通过重新设计工作、工作调动、建立合作等方式,改变冲突双方均相互作用模式。

二、战略构建

有效的战略构建是战略领导过程的第一阶段,是战略领导的核心,也是战略领导者最有难度的职责之一。认清形势和行业发展规律,正确地构建战略往往能扭转组织面临的困境。具体的战略构建步骤可以分为以下六步:

(一)基于组织的使命和愿景决定长期目标

这是构建战略的第一步,也是构建有效战略的先决条件。当组织中存在许多目标时,领导者应确定每个目标的相对重要性,进行排序,或是对某些相通的目标进行整合,归结为少数几个目标。组织的长期目标并非越多越好、越细致越好。相反,过多、过细的目标划分反而会使下属认不清工作的侧重点,常常造成战略执行上的失误,即所谓的战略信息失真。战略领导制定的长期目标应与关键绩效考核指标(KPI)相挂钩,当组织的战略在关键绩效考核指标上有所体现时,下属会因为绩效考核与薪酬、奖励、晋升等因素相关而给予更多的关注,更易于接受。

(二)全面考察组织现状

组织战略目标的制定不是凭空想象的,需要以组织目前的绩效、人力资源存量、竞争力现状等为依据。对与战略目标和竞争者相关的绩效进行客观评价,从长处中明确自身的核心竞争力,从短处中发现问题并进行改进。

(三)识别和培育组织的核心竞争力

组织的核心竞争力又称为"组织的核心能力",具有价值性、独特性、难模仿性和组织化四大特征。价值性指的是组织拥有并维持核心能力的收益与成本之比必须大于一,只有组织从中获益,才是有意义的;独特性指的是组织拥有的核心能力是竞争对手所不具备的,至少短期内不具备,这涉及人力资源、组织管理等方面;难模仿性指的是组织的核心能力是在组织长期发展过程中逐渐形成的,刻着组织特殊经历的烙印,不是其他组织从表面可以模仿的;组织化指的是核心能力并非组织哪一个职能部门或流程所独有,而是在各个流程和职能部门相互整合和协调之下培养形成的。战略领导者应该尽量识别和培育组织的核心竞争力,充分发挥它的优势。

（四）细致拟订变革的战略方案

在明确核心竞争力后，领导者据此制订渐进的改进方案和重大的改进方案。重大的改进方案需要大幅改变战略，战略制定者需要特别谨慎，多探讨一些可能的情况，制订多个备选方案。重大变革是整个战略的中心，领导者往往期望借此扭转局势，虽然效果显著，但风险极大，稍有不慎就可能使情况更糟。因此，面对重大变革，领导者一定要确认战略方案的可行性。

（五）对战略的可行性进行评估

减少战略方案的种类和范围，使战略的实施更具针对性。此时可采用德尔菲法，让每个人预见出一个变化的结果，并把结果分给所有团队成员，反复讨论，直到小组成员得出一致的预见结果。同时，让其他高层管理团队成员充分参与，协商改进，最终确定最合理的方案。

（六）牢记组织使命，坚定执行变革战略

很多战略领导者没有很好地处理组织前后发展的关系。比如，有的企业领导者在创业初期展现出了企业家的创业热情和能力，很好地担当了战略领导的角色，而当他们向成功之路迈进一些后，就不由自主地变成了行政专家、政治家。在企业取得成功后，资本积累和利益攫取成了多数领导者的唯一目标，他们对企业未来的利润前景着迷，却忘记了企业的使命，过于依赖以前的成功因素。由于不自觉地强调个人荣誉和个人成就感，致使企业没有获得进一步发展，反而走向了衰退。"人无远虑，必有近忧"，应该说，战略领导者缺少的绝不是热情、能力，而是成功后的使命感。由此可见，仅仅构建出优秀的战略还远远不够，战略领导者还需要牢记组织的使命，理性分析内外环境要素，牢记自己的职责，用发展的眼光引导战略实施，向着目标前行。

三、组建团队

高绩效团队的影响因素是多种多样的，通过分析这些影响因素，可以为领导者塑造高绩效团队提供参考。

（一）培养团队成员的组织使命感

领导者要为团队制定高成就目标，培养团队成员的组织使命感。每个人都有获得成就的愿望，这种成就动机可以极大地发挥他们的创造力，尤其在知识型员工占主导地位的现代企业中，工作的挑战性和成就感本身就成了关键驱动因素。因此，制定一个高成就目标，不仅可以提高员工冒险和接受挑战的勇气，也会激发团队成员的自豪感，激发成员愿意为团队奉献的精神动力。另外，团队的目标应该与组织整体目标保持一致，团队任务理应成为组织"拼图"中的模块。领导者需要培

养团队成员的组织使命感,驱动其他具体行为。

(二)确定团队准则

团队成员应该有共同的行为准则或规范,这决定着团队成员能否认同并参与组织的各项决定,实现团队目标与个人价值观的匹配。领导者应该鼓励大家参与团队准则的制定,确保这些行为准则不会让团队感到困惑,同时团队成员要定期评估现有的准则,确保准则能支持总体目标。有了共同的目标和行为准则,才能保证团队顺利地从震荡阶段过渡到正常运作阶段。

(三)构建团队成员的互补结构

这种互补指技能、年龄、经验、团队角色等因素的互补。团队整体是否具备完成团队任务的知识和技能,是否有足够的技巧化解冲突,实现有效沟通,将直接影响每一项团队任务的完成效率。在团队的形成阶段和震荡阶段,团队的结构要加以完善。

(四)灵活运用激励机制

一个团队要想保持持久的动力与活力,就必须引入竞争性的激励机制,打造优胜劣汰的评估和奖励体系,奖励不仅是单纯的奖赏,更是对成员优秀绩效的认可和表扬。

(五)明晰团队成员的职责划分

"一个和尚挑水喝,两个和尚抬水喝,三个和尚没水喝。"当团队成员没有职责上的区别,谁也不服谁的领导,你推我、我靠他、他怨你时,只会造成角色混乱和扯皮推诿的现象,导致员工之间的冲突,降低团队绩效。

(六)面向未来培养员工能力

应该引导员工学习未来工作中关键的技能,为员工提供发展空间。领导者要有长远眼光,让团队成员意识到自己是有发展机会的,通过辅导、培训项目、资源支持等开发个人技能和团队技能,为员工提供发展平台,帮助员工在岗位上获得发展,引导员工学习未来工作中所需的关键技能。

四、高效执行

变革对组织可持续发展的重要性不言而喻,推行变革难免会遇到阻碍,面对变革的阻力,领导者必须具备一往无前的坚韧精神和"九牛不回"的魄力,锲而不舍。科特和罗宾斯总结出以下克服阻力的对策:

(一)教育和沟通

在组织变革前与员工充分做好沟通,把变革的详细信息如实传达给每一个人,如变革的目的、方法、时间、措施等。在燕京啤酒的发展过程中,面临国家产品流通渠道体制的改变及外国啤酒公司"大兵压境"的困境,李福成始终坚信"变革是发展民族工业的硬道理",他把这种思想传递给企业员工,激发了员工的热情。组织中的每个成员都有权利了解变革的内容。组织应加大对变革的教育和宣传,可以采用分发书面文件的方式来实现。该措施适用于变革过程的所有阶段。

（二）参与和投入

让每个人参与变革过程可以有效地建立承诺,当员工参与变革并付出投入时,他们会对变革本身有更深入的了解,也更易于接受变革,以使自己的投入没有白费。比如,当学校要求学生学习党的新思想时,常常号召大家开展活动,通过看电影、写观后感的方式让每位同学都参与进来,同时学校会提供场地和设施促使大家接受党的新思想。该措施适用于变革过程的所有阶段。

（三）促进和支持

领导者应提供各种促进措施来支持变革,必要时可以给员工适当的激励,以减少其对变革的恐惧。如采用新技术的企业给员工提供免费的培训课程,聘请外部心理咨询师对怀有不安全感的员工进行心理辅导,以支持员工接受变革。该措施适用于变革和再冻结阶段。

（四）协商和协定

变革者与个体之间的协商可以有力地降低阻碍者的数量,满足阻碍者的需求。当变革的阻力很大时,谈判是最好的方法,但成本会相应较高。西方国家政府在进行工资方面的变革时,必须首先与工会协商一致。该措施适用于变革和再冻结阶段。

（五）操纵和收买

当其他变革方案都无效或成本太高时,应该采取收买策略,封锁歪曲变革目的的信息,制造员工易于接受的言论。操纵过程中会出现收买某个组织重要人物的情形（可能是某位正式或非正式领导者,也可能是抵制变革群体的头目）,这样做是为了取得他们的承诺,以制造积极的变革信息。该措施适用于变革过程的所有阶段。

（六）明确或隐晦的强制

当变革时间紧迫或其他方案都无效时,通过威胁,用使个体害怕的方式来保证变革(如失去工作、丧失晋升机会等),这种强制性措施往往能够很快奏效。同时,这样做要注意避免个体公开反对或抵制,是风险较高的一项措施。该措施适用于变革和再冻结阶段。

如果变革是一颗钻石,这些要点就犹如钻石的六个构面,忽略任何一点都会影响其熠熠生辉。类似地,放松任何一个领导要项都会妨碍变革取得优异成效。由于变革的代价太高,人们很少接受挑战,逃避的结果就是选择慢性死亡。变革能带给人们开创未来的新发现,通过经历惊心动魄的事件所积累的经验和体会,员工会把这种恐惧变成信心,进而满怀激情地走向未来。在变革过程中,领导者要与员工分享变革信息,采取相应的沟通措施,合理的投入和支持也能促使变革的成功。

本章小结

当今时代是一个变革的时代,领导变革是领导者必然的使命与必备的能力。领导变革是组织领导者在面对组织外部环境与内部环境变化时,为了回应环境挑战,改变组织战略、组织结构、运行机制等各方面的过程。它可以区分为计划内变革和计划外变革、渐进式变革和激进式变革。领导类型与领导变革具有紧密的联系,与领导变革密切相关的三种领导类型分别是交易型领导、变革型领导和魅力型领导,不同类型的领导变革与不同类型的领导类型相适应。在领导变革的过程中,领导者可以努力争取变革的动力,主要来源于环境、组织目标与价值、人事变动、专家、科技。相应地,领导者也面临一系列的阻力,组织层面上,面临着组织惯性、利益威胁、错误时机和缺乏奖励的阻力;个体层面上,面临着个体惰性、对未知的恐惧和官僚主义的阻力。按照勒温的划分,领导变革的过程可以划分为解冻、变革、再冻结三个阶段。领导变革的途径主要包括掌舵而非划桨、服务而非控制、权威而非权力、激励而非控制四个方面。领导变革的能力主要包括促成共识、构建战略、组建团队和高效执行四个方面。

案例分析

柳传志:出众源于"折腾"[①]

在很多人眼里,柳传志是一个喜欢折腾的人,他相信折腾会使联想更加出色。在这种指导思想下,联想动流程、改组织结构等都没有遇到什么大的阻碍,联想内部也流传着"两年大折腾,一年小折腾"的说法。

联想历史上曾有过几次重大的变革,第一次是1994年,将"小船结构"改成"大船结构";第二次是1997年京港大整合;第三次是将神舟数码从联想分拆出去;第四次则是并购IBM个人电脑部门正式开始国际化。虽然也曾遭遇逆境,但是这几次大的整合基本都取得了预想的效果,这与柳传志提倡的在变革中的学习适应能力是分不开的。

柳传志不喜欢别人称他为"赌徒",但媒体上经常出现类似"联想赌命""柳传志

---

① 资料来源:林军、华夏:《柳传志的领导智慧》,浙江大学出版社2011年版。

赌未来"的标题,理由无他,联想的多次战略抉择都被视为赌博式的举动。

柳传志一生中最大的赌博是在其60岁之际宣布收购IBM个人电脑部门,尽管柳传志谦虚地声称这更多是杨元庆所推动的,但很显然,打动这位花甲老人将最后的声名全部赌上去的是其内心向上走的渴望。

对于联想收购IBM个人电脑部门会否成功,美国市场的成败占一个巨大的权重。不过,柳传志深知美国市场的水有多深,因此采取先强化本土市场然后局部突破的策略。所谓局部突破,是指准备先进入德国等几个西欧国家,由于2006年冬奥会在意大利都灵举办,因此联想国际化的名单上又加上了意大利。目前,联想在欧洲只有几个驻外办事处,还没有成立海外子公司。联想准备向国际市场推出的产品将以个人电脑和外设等为主;同时联想也可以借此完成从一个本土公司朝国际化公司的逐步转变。

拿下欧洲市场,然后再大举进军美国市场,这符合柳传志循序渐进、不求毕其功于一役的做事原则。实际上这也是领导学中的一个重要法则:当企业面临变革时,领导者既要大胆迎接新形势的挑战,也要以一种循序渐进、不断制造小私利的方式来化解并承担风险。正如库泽斯和波斯纳所指出的,一方面,小胜可积累成大胜;另一方面,小胜还可以带来信心,这对于赢得那些仍心存疑虑的追随者来说是至关重要的。

案例思考题:

1. 柳传志的行为如何体现了变革型领导的特质?
2. 柳传志领导联想变革的过程给了我们什么样的启发?

拓展阅读

1. 〔美〕约翰·P.科特:《领导变革》,徐中译,机械工业出版社2014年版。
2. 〔美〕吉尔·罗宾逊·海克曼:《领导变革》,王芳译,上海社会科学院出版社2012年版。
3. 周永亮:《变革领导(第二版)》,经济管理出版社2012年版。
4. 〔美〕丹·S.科恩:《领导变革实务》,山风译,商务印书馆2008年版。

第十一章 领导体制

本章要点

1. 了解领导体制的含义、特征、内容、作用和类型。
2. 了解我国领导体制的特征和传统领导体制的不足。
3. 了解我国领导体制改革的必然性。
4. 了解我国领导体制改革的原则与内容。

引例

1783年,在华盛顿的领导下,美国摧毁了英国的殖民枷锁,赢得了国家的独立,同时华盛顿也赢得了全国人民的信任和至高无上的权力。当他处于权力顶峰时,部下中有一批人怂恿他利用手中的军权与声望来称王,搞君主专制,华盛顿对此坚决拒绝并严厉斥责。1787年,在费城制宪会议上,他毫不犹豫地拒绝了以汉密尔顿为首的资产阶级保守派所提倡的封建独裁、君主专制的宪法草案,制定了以孟德斯鸠"三权分立"为依据的《美利坚合众国宪法》,既避免了权力过于集中,又避免形成专制独裁的封建统治。不仅如此,他还以身作则,规定美国总统必须经过选举产生,每届任期四年,连任不超过两届。这从根本上制止了任何形式的独裁者的终身制。

华盛顿虽然大权在握,却谨慎谦卑地行使权力。为了确保立法权、行政权和司法权之间的相互制约,他特意将政治主张相左的大资产阶级政治家、联邦党的创始人之一的汉密尔顿和美国资产阶级民主主义理论家、民主派的领袖杰斐逊纳入内阁形成"左膀右臂",利用他们之间的相互制约,维护了"三权分立"和政策的平稳。华盛顿坚持权力分立、相互制衡的领导体制,为美国建立民主和谐政治环境做出了重要贡献。[①]

---

① 资料来源:林修果、陈宜安编著:《领导话题》,吉林人民出版社2010年版,第156页。

第一节 领导体制概述

一、领导体制的含义

体制,就是指某类组织的机构设置与管理权限划分所形成的制度和体系的总称。领导体制是指组织内部基于权限划分所设置的机构及其相互关系的制度和规范。领导体制具体规定了领导的程序和方法、领导者产生的方式、领导者的权限划分和活动原则,是领导关系的制度化和体系化。理解领导体制应把握以下几点:

(一)领导体制是一种权力划分机制

领导体制的核心问题就是如何划分领导权。实际上,领导权的合理、科学分配是领导学所要研究的核心问题之一。领导权的科学分配需要遵循以下四个方面的原则:

一是职权一致、权责对等的原则。权力分配是为了更好地实现领导目标而借助他人或集体的力量。为了保证被分配权力的下级的工作积极性和主动性,在进行权力分配时,必须遵循职权一致原则。与职务相称的权力是领导开展工作的基础。有职则名正言顺,有权则水到渠成。权力分配不但要使被分配权力的领导有职有权、职权相称,更要有权有责、权责对等。职权是执行任务时的自决权,职责是完成这项任务的义务。责任是中心,权力是条件、手段。权责对等原则要求在进行权力分配时,既不能让下级只承担义务和责任而不提供权力保证,又不能只分配权力而不使其承担一定的义务和担负起一定的责任。

二是层级分明、权责明确的原则。权力系统,从静态结构看,是自上而下的一系列权力关系。在进行权力分配时,必须注意这一系列权力关系,必须注意权力的层级性、权责明确性。权力分配要逐级逐层进行,以使每一个被分配权力的人都知道是谁分配给自己权力的,知道自己属于哪个层级,知道自己的权力和责任范围有多大,知道哪些事应由自己决策,哪些事需要请示、向谁请示。另外,这个原则严格要求不能越级授权,越级授权最容易造成权力和责任的混乱。

三是分配适度、系统优化的原则。系统的整体功能原理告诉我们,要想使领导活动实现高效运转和整体功能最优,在进行权力分配时就一定要遵循分配适度、系统优化的原则。分配过度,就会权在下面,就会令不易行、禁不易止。若分配过少,权力过于集中在上面,就会一方面下级权轻无法负起应负的责任;另一方面上级也会被琐事缠身,无法处理主要事务。因此,在进行权力分配时,要把单一的一种权力的分配放到权力的整体系统中,既要发挥和调动下级的积极性,又要保证整体的效能,要追求权力整体系统运行的优化。

四是择人任事、量才授贤的原则。这项原则就是要求在进行权力分配时,必须是因事设人,择人任事。设人是因为有事要做,有任务等待完成,即分配权力必须是因为工作的需要,绝不能因人设事,不能因要安排某人而没事找事。另外,择人要举贤任能。择人是为了成事,而要成事,贤能自是其基础条件。择人若为"不肖",轻则成事不足,重则败事有余。择人更不能任人唯亲,任人唯亲则小人趋至,蒙蔽视听,贤能远避,良谋不纳,这不但会降低威信,更会给事业造成严重损害,于己于公都是有害无利的。

(二)领导体制是一种组织结构

领导体制与一般的组织体系的不同之处在于它在整个组织单位中的地位和作用。领导体制的组织体系在工作中起着核心和灵魂的作用。个人能力的大小依赖于个人心理特征健全与否和基本素质是否全面的状况,而领导的成功则在于组织的领导体制是否健全。要取得领导的成功,除了领导者素质要优秀、领导班子或领导集团结构要合理外,还要有一个科学的领导组织体系。领导者个体和群体作用的发挥,要受到一定条件的制约,其中一个关键性的因素就在于领导组织体系的科学性。

(三)领导体制是一种制度安排

领导体制是领导功能的制度化表现形式,是以领导权为中心内容,以实现特定组织的管理目标为主要职能的一系列制度安排或制度设置。从现在社会管理形态来看,无论制度性质如何,都有一个组织机构设计与管理效率的关系问题。领导体制采取什么样的组织机构形态,在很大程度上在于它所处的社会生产力水平。在历史发展进程中,相同的组织形态可以为不同的社会制度服务,在同一社会制度下,也可采取不同的组织机构形态。因此,领导体制的工作状态,既与组织机构形态有关,也与社会制度有关。

二、领导体制的特征

行政领导体制具备以下几种基本特征:

(一)系统性

领导体制作为一个系统,是包括各级各类领导机关职责与权限的划分、各级各类领导机构的设置、领导者的领导层次与幅度,以及领导者的管理制度在内的有机整体。

(二)根本性

领导体制是一定的领导集团及其所代表的阶级的意志和利益的体现。它一经形成,就具有强制性,不仅在领导集团中,而且在全社会范围内影响人的思想和行为,支配着整个领导活动和组织活动。因此,领导体制较领导者的思想作风和作用而言,更具有根本性。

（三）全局性

为了在领导工作中起到很关键的作用,领导者要统揽全局,掌管各项事务。但是,领导者仅仅是一个个体,个体的素质千差万别,作用也是大同小异,总的来讲其作用的存在还具有相对的局限性。而领导体制则是覆盖全局的,严格规范着所有的领导者,制约着领导活动的全过程。从宏观的角度看,领导体制还制约着不同地区、不同行业乃至全国方方面面的工作,有全面性、整体性的作用。因此,领导体制具有全局性。

（四）稳定性

领导者或领导集团会根据具体的事态发展而随时可能发生变化,领导者的思想作风当然也会跟着事态发展,在面对不同的人、不同的时间段、不同的地点而发生变化,但领导体制不是这样,它不会因为领导者或领导者的思想作风的变化而发生变化,一旦形成,就会在很长的时期内基本不变,长时间制约领导行为和规范领导过程。

（五）协调性

领导体制中,决策权、执行权、监督权既相互制约又相互协调。通过合理配置和运用决策权、执行权、监督权,可增强决策的科学性和责任感,解决权力过于集中且缺乏有效监督以及执行不力等弊端,以形成合理的领导组织结构和权力运行机制,实现决策科学民主、执行坚决有力、监督公正透明。

三、领导体制的内容

领导体制主要包括以下四个方面的内容：

（一）领导的组织结构

领导的组织结构主要是指领导组织内部各个部门之间的相互关系。其中有两种最基本的关系:纵的关系,即隶属的领导关系。这种纵的关系又分为直线关系和职能关系。直线关系指在一切领导问题上的必然隶属关系,职能关系则是指在某一类问题上的隶属关系。例如,国务院对省政府、省政府对地市政府、地市政府对县政府是一种直线型领导关系;国务院各部对省政府、省厅局对地市政府、市委办局对县政府等是一种职能领导关系。横的关系,即平行的各部门之间的协作关系。

（二）领导层次与领导跨度

所谓领导层次,是指纵向组织结构的等级层次。有多少等级层次,就有多少领导层次。领导跨度亦称"领导控制跨度",指一个领导者能直接有效地指挥下级的幅度。现代领导工作,由于专业性强、涉及面广、工作量大,一个领导者能够直接有效地领导与指挥下级的人数是有一定限度的。因此,领导体制结构如何设置在客观上也有一种限度,这就是领导体制的跨度。领导体制的跨度是客观存在的,它具有普遍性。但是,这种跨度需要根据一定部门的具体情况加以确定,绝不能千篇一律。一般来说,确定领导体制的跨度必须考虑以下标准:(1)上下级知识的多少和能力的大小。知识愈多,能力愈大,则领导跨度可大些;反之,其跨度应小些。(2)上下级关系的复杂程度。关系越复杂,则领导体制的跨度应小些;反之,其跨度应大些。(3)下级活动同类性的大小。同类性越大,则领导体制的跨度应大些;反之,其跨度应小些。(4)下级工作分散性的大小。工作分散于各地,则跨度应小些;反之,跨度可大些。此外,在当代,确定领导体制的跨度,还必须考虑下级工作的技术性和专业化程度。

(三)领导权限和责任的划分

领导权限和责任的划分,要求建立严格的自上而下的领导行政法则和岗位责任制,对各个领导部门或领导干部的职责权限作出严格而明确的规定。这是领导体制的核心问题。这种权限和职责的划分有以下几种方法:(1)按数量划分部门。这种办法就是抽取一定数量的人,在领导者的指挥下去执行一定的任务。这是一种原始的划分方法。(2)按时间划分部门。根据时间来安排工作、划分部门是最古老的方法之一,通常适用于基层组织。(3)按职能划分部门。这是一种被广泛采用的方法。如在国家和地方机构中,按照财政、劳动人事等职能分别设置财政部门、人力资源和社会保障部门等。这种方法的优点在于遵循专业化原则,有利于在人才利用上提高效率,有利于提高领导或领导部门的整体效应。其缺点是容易形成"部门所有制"。(4)对于地理上分散的单位来说,按地区划分部门是一个较为普遍的方法。其原则是把某个地区或单位的业务工作集中起来加以引导和管理。如税务部门就是采用这种划分方法。(5)按产品划分部门。这种划分方法主要用于企业中。现代化生产使企业领导者的工作变得极为复杂,而领导体制的跨度又限制了领导者直接指挥的下属机构和下级人员的数目,这就需要按照某一系列产品的制造划分部门。

(四)领导干部的管理制度

即狭义的人事制度,包括选举、招考、任免、考核、弹劾、轮换、回避等方面的制度。它是国家政治制度的重要组成部分。

四、领导体制的作用

领导体制同领导者个人思想、作风相比,对领导活动的成败更具有根本性的影响。正如邓小平指出的:"制度好可以使坏人无法任意横行,制度不好可以使好人

无法充分做好事,甚至会走向反面"①。领导体制对领导及其活动的影响可以从以下几个方面来理解:

（一）领导体制是领导者与被领导者之间建立关系、发生作用的桥梁和纽带

任何领导活动都是领导者对被领导者的思想、行为进行引导、规范和约束,和被领导者进行双向互动的过程,在这个过程中,只有依凭领导体制,才能将每个成员组合编织在一起,形成层次分明、行动统一、目标明确的有机整体。也只有依靠领导体制,才能将领导者的意图、指示、任务等层层下达,并将执行情况通过体制的渠道层层上报,形成一个上传下达的渠道,及时把握情势,保证组织目标的顺利实施。如果没有组织,各行其道,是无法实施领导的。

（二）领导体制是领导正常活动的制度保证,是领导活动藉以贯彻进行的实体

领导是一个复杂的社会活动过程,光靠领导者个人和领导班子若干人是难以进行的。只有建立一定的领导体制,把众多的人整合到一个组织中,形成一个有机的领导工作系统,才能保证领导活动的正常进行。一个合理而稳定的领导体制,就能使领导者、被领导者都按领导体制的轨道和规范进行活动,形成合力。领导体制还是领导者行使职能,实施领导的主要凭借和基本工具。领导体制作为领导活动中领导权限划分的制度体系,从根本上决定着领导活动的整体结构和活动方式,是领导手段的核心部分。

（三）领导体制是领导者获取职权的制度保证

在正式组织中,领导者的权力是在领导体制中实现的,是借助领导体制对其权力予以确认,获得合法性证明,并代表组织进行对外联系交往的。

（四）领导体制的优劣对领导效能有直接影响

领导体制中的机构设置是否健全、职责权限的划分是否合理、领导层次和幅度是否得当、管理制度是否能调动工作的积极性、领导方法是否科学,都将直接影响到领导效能。

（五）领导体制对领导活动具有根本性的、全局的、深远的影响

个体的生命是有限的,而一种领导体制一旦建立,就具有相对稳定性,组织中的每一个人都要进入领导体制的轨道进行活动,即使是领导者也要受制于领导体制,要按领导体制规定的程序与方法进行活动。领导体制对事业的成败,比领导者个体来得更为根本和重要。

---

① 《十六大以来重要文献选编(上)》,中央文献出版社2011年版,第26页。

五、领导体制的类型

一般地说,领导体制同领导的基本方式或模式有内在联系。依据不同的标准,可以把领导体制划分为以下四种基本类型:

(一)一体制和分离制

按同一层级的各单位接受上级机关的指挥、控制程度的不同来划分,可以将领导体制分为一体制和分离制。

一体制是指同一层级的各类机关或同一机关的各组成单位,权力结构上统一由一个领导机关或一个领导者指挥控制。一体制又称"完整制""集约制""一元统属制",俗称"一元化领导"。一体制的优点是权力集中、便于协调、责任明确、政令统一、行动迅速、工作效率高。但一体制如果发挥不好,容易导致权力过分集中,滋生官僚主义作风,酿成领导者独断专行,不利于发挥下属各单位的自主性和积极性。同时,还会造成下级依赖上级,应变能力差,行动迟缓,效率低下,不利于监督制约,而且大权一旦落在品质恶劣人手里,则会产生严重的恶果。

分离制是指同一层级的各类机关或同一机关的各组成单位,根据其不同职能,权力结构上分属两个或两个以上的领导机关或领导者来领导、指挥和控制。分离制又称"独立制",即多元化领导。分离制的优点是:权力比较分散,既能充分发挥各类机关或各组成单位的主动性、积极性和创造性,也有利于防止专断和滥用权力,有利于对权力的监督制约。但是,如果运用不好,则容易出现各自为政,政出多门,工作推诿等现象,造成人力、物力的浪费。

由此可见,一体制和分离制各有优势,亦有劣势,应视具体情况分别采用。例如,我国在革命战争时期实行党的一元化领导,现在实行党政分开、政企分开,就是适应不同历史时期分别采用一体制和分离制。领导者只有不断地研究新情况、解决新问题,在体制结构上表现出动态性管理,把一体制和分离制有机地统一起来,才能使一体制、分离制两方面的功能在有机结合中发挥得更好,使两者的负效应减少到最小限度。

(二)集权制和分权制

按照领导系统中各层次领导机关和领导者职权的集中与分散来划分,领导体制可分为集权制和分权制。

集权制是一切重大问题的决策权集中在上级领导机关或上级领导者,下级机关或下级领导者没有或很少有自主权,只能按照上级机关的决定和指示办事。集权制的优点是能够集中意志、集中力量、政令统一、指挥灵便,能够统筹全局,兼顾各方利益,计谋长远。其缺点是把决策权集中于上级,下级没有自主权,容易挫伤下级的积极性、主动性、创造性,不能因地、因时制宜,适应能力不强,且容易造成官僚主义、个人专断等弊端。

分权制是指下级机关或下级领导者在自己管辖的范围内,有独立自主地作出决定的权力,上级对下级在法定权限内决定处理的事情不得进行干涉。分权制的优点是分级治事,分层负责,下级能较好地发挥主动性和积极性,且易于适应环境变化的要求,行动灵活,应变能力强。其缺点是容易产生政令不统一,各自为政,不顾大局和整体利益的本位主义。

集权制与分权制各有千秋,各有长短。正确处理集权与分权的关系,是当代领导体制中一个至关重要的问题。集权过多不好,分权过分也不好,在处理集权和分权的问题上,应考虑以下原则:一是可能损失原则。当下级采取的某种决策容易失误,决策后可能会造成严重损失或不良后果时,这种决策一般应由上级来决定。二是责任范围原则。如果一项重大决策必须由上级承担法律责任,就应由上级来决定。三是决策范围原则。凡是需要做出一致规定的行为,应由上级来决定。四是监督考核原则。凡属考核内容的工作,如监督某一领导层次的工作,应当由上级来决定。五是业务性质原则。各地、各部门业务性质相同的工作,一般应由上级来决定。对于业务性质不同、具有强烈地方性特点的工作,则应由下级自行决定。六是地域规模原则。凡是大规模的发展计划和战略规划工作,应由上级来决定。与上述情况相反的,则由下级来决定。

(三) 首长负责制和委员会制

按领导机关最高决策人的人数来划分,可将领导体制划分为首长负责制和委员会制。

首长负责制就是一个组织的领导机构中,法定最高决策权完全集中在一位行政首长身上,由他个人对有关上级和监督机关负责,用下级服从上级而不是少数服从多数的原则解决问题。这种领导体制又称"一长制"或"独任制"。首长负责制可以有效地防止推诿和扯皮,消除或减少不负责任的现象。其缺点是:由于一个人的知识、智慧和才能毕竟有限,加上监督机制不可能十分完备,容易产生专断指挥或者对问题处置欠周详的现象,一旦决策失误,就会因为权力集中而产生严重后果。

委员会制就是把决策权力交给两位以上的负责人,并按少数服从多数原则解决问题。委员会制又称"合议制"。委员会制的优点是:能够集思广益、虑事周密、分工负责、减少决策失误,委员来自不同方面,有代表性,有利于系统内部的协调,能够互相监督,不易舞弊。其缺点是权力分散,责任不易明确,行动迟缓,效率低下。如果委员会制不认真贯彻民主集中制原则,还容易产生口头上集体负责,实际上无人负责的现象。

比较而言,这两种领导体制并无绝对的优劣之分,而只能在社会事务的处理过程中灵活运用。一般地说,军事、行政、技术、事务等机关所作的速决性的、执行性的、技术性的、纪律性的、突发性的一类领导活动，宜采用首长负责制，这样可以达到迅速果断、效率高的效果。而立法、咨询、协调等工作机关所实施的方针政策、规划制定以及立法性、协调性、综合平衡等一类领导活动，宜采用委员会制，这样可以反映各方面的利益和要求，避免个人专断。

在实际的领导活动中，这两种体制正以各种方式相互联系和相互渗透着。首长负责制在运用中要给首长完整的权力，设立咨询参谋机构，把重大问题交给专门委员会去处理，或交给咨询会提出决策分析报告后再由首长作最后的决策，以保证决策的科学性。委员会制在运用中要坚持集体领导和个人分工负责相结合的原则，向责任主体明确化的方向发展，如减少委员人数、减少虚职，以提高办事效率。

（四）层级制和职能制

根据一个系统或单位的指挥、监督和控制方式来划分，可将领导体制划分为层级制和职能制。

层级制就是指一个组织从纵向上划分为若干层级，每一个下属层次对上一个层次负责。组织呈下大上小的金字塔结构，权力分配呈上宽下窄的格局。例如，行政组织中的国务院到省、县、乡的各级人民政府就是一种层级制，部队中的军、师、团、营、连、排也是一种层级制。这种体制又称"层次制""分级制"或"系统制"。层级制的优点是：指挥统一，权力集中，层级分明，责任明确。各级领导者业务性质大体相同，干部升迁或调动，均能很快胜任。同时，由于这种体制强调掌握和熟悉各方面业务，有利于培养具有统筹安排、综合平衡能力的"能才"。其缺点是：在大型组织中，如不兼用职能制，会造成领导者管事太多，陷在事务堆里不能自拔，难免滥用权力，且中间层次太多，领导者难以指挥。

职能制是指同一级组织依业务性质、任务不同平行设定若干职能部门，它们对领导机关起辅助作用。例如，国务院下属各部委，省市的各厅局，部队中的司令部、政治部、后勤部等，都是一种职能制的体制。这种体制又称"分职制"或"功能型组织"。职能制的优点是：分工精细，各部门领导者可以各司其职，各负其责，摆脱繁琐事务，工作效率可以提高，业务上容易熟悉，有利于培养精通各门业务的专家和提高干部的专业化水平。其缺点是：由于专业性强，分工精细，容易造成机构臃肿、部门林立、人浮于事、互相扯皮的现象，还可能造成割据状况，加剧本位主义，不利于领导者的协调工作，还由于各部门不了解全局，办事容易违反经济原则和效率原则。

层级制是一种传统的领导方式和领导体制。在现代经济、科技、社会高度地综合协调发展的条件下，大政府、大型组织成为不可避免的现象，使职能制不断发展起来。现代大型组织实施领导方式都是把层级制和职能制两种制度混合使用。在实际领导活动中，应按以下原则来处置两者的关系：一是目标原则。即以有利于目标的实施为前提,根据目标和使命来设置层级和职能部门。二是效率原则。组织系统层级、职能部门的设置和调整必须有利于办事效率的提高。三是工作任务原则。即根据目标系统的具体任务设立机构的层级和部门,任务完成后及时取消这些机构。四是尊重民众原则。组织系统层级和职能部门的设置与调整,要有利于民众,为民着想。

第二节　中国特色的领导体制

一、我国领导体制的特点

(一) 人民群众的主人翁地位

我国是工人阶级领导的,以工农联盟为基础的人民民主专政的社会主义国家,国家的一切权力属于人民。人民群众的主人翁地位,要求我国各级领导机构的设置、各种规章制度的制定,都要以体现广大人民群众的利益和意志为宗旨,以便在组织制度上保证和支持人民群众当家作主,满腔热情地投入社会主义事业的建设中。这一特征一方面体现在人民代表大会是我国的最高权力机关上;另一方面体现在制度设计上要充分发扬民主,保证全体人民真正享有通过各种有效形式管理国家,特别是管理基层地方政权和各项企业事业的权力。

人民代表大会制度是我国根本的政治制度。它和资本主义国家的议会制度有质的区别,也不同于其他社会主义国家的政权组织形式。我国采取人民代表大会制度是由我国的具体国情决定的,是符合中国国情和民族特点的最好的政治形式,是使各族人民实现当家作主,真正成为国家主人的最好的国家政权形式。《宪法》第2条明确规定:"中华人民共和国的一切权力属于人民。人民行使国家权力的机关是全国人民代表大会和地方各级人民代表大会。人民依照法律规定,通过各种途径和形式,管理国家事务,管理经济和文化事业,管理社会事务。"

(二) 中国共产党的核心领导作用

政党制度是当今世界上多数国家领导制度的普遍现象。在我国的领导体制中,中国共产党起着核心领导作用。这种领导地位是在长期的中国革命和建设事业中形成的,是中国人民的历史选择。党的核心领导作用,同人民群众的主人翁地位之间有着内在的必然联系。中国共产党是为民族、为人民谋利益的政党,除了工人阶级和最广大人民群众的利益之外,它本身决无私利可图,而是把全心全意为人民服务作为根本宗旨。党的领导是通过政治领导、思想领导和组织领导来实现的。政治领导是最根本的,它要解决的是方向和道路问题,是党在当代中国领导体系中发挥核心作用的首要条件。思想领导是政治领导和组织领导的基础，没有思想上的统一，就没有政治上的一致和组织上、行动上的统一。组织领导是实现政治领导和思想领导的物质保证，是为政治路线服务的，没有强有力的组织领导，政治领导和思想领导就会落空。三者缺一不可。

当前中国正处于全面深化改革的重大历史时期。回顾三十多年来波澜壮阔的历史进程，改革之所以能够顺利推进并取得历史性成就，根本原因在于我们党团结带领人民群众始终坚持正确的改革方向和改革立场，排除各种困难干扰，抵御各种风险挑战，确保改革不变质、不走样。当前，改革已经进入攻坚期和深水区，各种思想文化互相激荡，各种矛盾相互交织，各种诉求相互碰撞，各种力量竞相发声，推进改革的敏感程度、复杂程度前所未有。在新的历史起点上全面深化改革，责任重大，使命崇高，任务艰巨。只有深刻认识加强和改善党对全面深化改革领导的极端重要性，充分发挥党总揽全局、协调各方的领导核心作用，努力建设学习型、服务型、创新型的马克思主义执政党，不断提高党的领导水平和执政能力，才能确保改革取得成功。

（三）中国共产党领导的多党合作制度和政治协商制度是我国的基本政治制度

中国共产党领导的多党合作制度，是在中国共产党领导中国人民进行反帝、反封建、反官僚资本主义的革命和社会主义建设的长期过程中形成和发展起来的。在民主革命时期，各民主党派同中国共产党长期合作、共同奋斗，为争取新民主主义革命胜利和建立中华人民共和国做出了重要贡献。新中国成立后，各民主党派参加了人民政权和人民政协的工作，为巩固人民民主专政，顺利实现社会主义改造和促进社会主义事业的发展，推进改革开放，进行社会主义现代化建设发挥了重要作用。不同于资本主义国家的政党制度，中国共产党领导的多党合作制度，在本质上体现的是人民民主专政。它是一种新型的具有中国特色的社会主义政党制度，是我国政治制度的一个特点和优点。

2005年2月18日下发的《中共中央关于进一步加强中国共产党领导的多党合作和政治协商制度建设的意见》，进一步规范了人民政协的"政治协商、民主监督、参政议政"这三大职能。政治协商主要是对国家和地方的大政方针以及政治、经济、文化和社会生活中的重要问题，对各民主党派参加人民政协工作的共同性事务、政协内部的重要事务以及有关爱国统一战线的其他重要问题，进行协商讨论。人民政协的民主监督是人民行使监督权力的重要形式。"它是参加人民政协的各党派团体和各族各界人士通过政协组织对国家机关及其工作人员的工作进行的监督，也是中国共产党在政协中与各民主党派和无党派人士之间进行的互相监督。"[①]

---

① 《十六大以来重要文献选编（下）》，中央文献出版社2011年版，第262页。

参政议政作为人民政协的三大职能之一,虽然比政治协商和民主监督提出的时间晚,但却是这两大职能的整合和升华。随着我国社会主义市场经济体制改革的进一步加深,在民主政治建设领域出现了多种多样的利益诉求,人民政协的参政议政职能已成为党和政府了解社会动态的重要渠道。通过专题调研和反映社情民意这两种形式,人民政协把来自各方面的意见直接反映到决策部门,既有利于帮助党政领导机关在重大问题的决策上更加民主和科学,又有利于化解各种矛盾,消除社会不稳定因素。

(四)中央高度集权式的领导和管理

我国领导体制的另一个重要特点,就是对社会经济、政治、文化实行中央高度集权的领导和管理。首先,从纵向领导关系上看,我国长期实行中央高度集权的领导体制,形成自上而下的领导系统。虽然中央以下各级机关也有一定的权力,但主要的领导决策权集中在中央。这种领导体制的形成有着长久的历史原因。加强中央集权,是我国自古以来能够抵御外来侵略,完成统一中国这样一个多民族国家大业的重要因素。同时,我国没有经过完整的资本主义过程,缺乏资产阶级民主思想的根基,长期的封建自然经济的影响,国民文化水平不高,也增加了对中央集权的依赖。另外,长期的武装斗争,新中国成立初期向苏联模式的学习,对于我国中央集权式领导体制的形成的影响也是很大的。其次,从横向领导关系上看,我国实行的是统一的一元化的领导体制。在政治、思想和组织上,一切工作部门都要服从共产党的统一领导。在权力机关上,我国各级人民代表大会构成了从地方基层到中央的领导体系。这种权力机关体系是其他一切国家机关的基础,其他国家机关都向它负责,受它监督。这种国家领导体制,同资产阶级国家所实行的"三权分立"的领导体制有着本质的区别。

这种中央集权占主导地位的领导体制是社会主义性质的。首先,它是建立在广泛民主基础上的。其次,这种体制也不是集中权力于个人。我们党历来坚持集体领导和个人分工负责相结合的原则。因此,这种中央集权式的领导体制,同封建主义集权制是根本不同的。由此,这种以中央集权占主导地位的领导体制,是适合我国国情的。

二、我国传统领导体制的弊端

(一)权力过于集中

邓小平指出:"权力过分集中的现象,就是在加强党的一元化领导的口号下,不适当地、不加分析地把一切权力集中于党委,党委的权力又往往集中于几个书记,特别是集中于第一书记,什么事都要第一书记挂帅、拍板。党的一元化领导,往往因此而变成了个人领导。"①这一针见血地指出了改革前党和国家领导制度存在的弊端、产生的根源及其严重的危害性,显然,如不认真解决权力过于集中的问题,就有可能导致"文化大革命"那样的悲剧重演。就权力过于集中现象而言,它主要表现在以下两个方面:

(1) 从集权和分权问题上看,我国虽不同程度地注意了强调中央集权的问题,但地方的适度分权和自主权问题还没有很好地解决。邓小平曾指出:"我们的各级领导机关,都管了很多不该管、管不好、管不了的事,这些事只要有一定的规章,放在下面,放在企业、事业、社会单位,让他们真正按民主集中制自行处理,本来可以很好办,但是统统拿到党政领导机关、拿到中央部门来,就很难办。"②

(2) 从统一领导和分工负责的问题上看,我国虽然注意到了过去那种过分强调统一和集中的问题,但还没有科学地解决地方各层级的分工问题。加强党的一元化领导,就是要体现党的统一领导的核心地位。但是,不应不适当地、不加分析地把一切权力集中于党委,甚至完全集中于"一把手"。"一元化"领导不等于"一员化"领导,不能个人领导一切,更不能个人凌驾于组织之上。它必须合理分工,发扬民主;必须发挥各层次集体领导的作用,必须走群众路线,这是加强党的领导的基础。

党的集体领导与个人分工负责相结合的领导体制,在运行过程中也存在着一些问题,主要表现为:一是集体领导与个人分工负责的内容不容易分得很清,常常是"难事""坏事"就集体领导,"易事""好事"就个人负责;二是由于个人分工负责,委员会成员就只研究自己分管的工作,对其他委员分管的工作并不熟悉;三是由于个人分工负责,集体决策时会出现委员之间怕影响相互之间的关系问题,对非本人分管的事项不便提出相反的意见;四是领导个人讲话与党委决议具有等同的效力。在现实中,有些领导干部会把下级组织服从上级组织理解为下级服从上级,这缺了"组织"两字意思可就差远了,组织是以会议决议与文件为准,而上级却是领导个人的意见。这些现实问题是需要不断改革解决的。另外,部门垂直领导体制也存在一些缺陷:一是部门代表不了委员会,然而部门的文件却代表了委员会的意见,这本身就存在办事机构具有领导机构的职能,因而是不妥的;二是即使部门文件是经过分管领导签发的,但分管领导也是个人行为,因而也违背了集体领导的制度精神。

(二) 党政不分,政企不分

党政不分,政企不分,同权力过于集中有着内在的联系,是领导体制的一个大

---

① 《邓小平文选》第2卷,人民出版社1993年版,第328—329页。
② 同上书,第328页。

问题。改革前,事无巨细都由党委来包办代替,结果,以党代政、政企不分的现象严重影响了社会主义制度优越性的发挥。党的十一届三中全会以来,通过深入进行政治体制改革,这一问题的解决取得了重大突破。但是,在实际工作中,这一问题仍然存在,主要表现是:

(1) 从党对政府和企业的领导上看,党委往往过多地干涉和代替了应该由政府部门独立负责进行的工作。在企业,自从实行了厂长(经理)负责制以后,一举改变了企业的一切权力都归党委的紊乱状况,从而结束了实质上是党委书记"一员化"的局面。因此,企业出现了活力,生机益然。但是,在当前有必要强调在建立和完善社会主义市场经济的新形势下,针对各种不同性质的工作部门,具体解决党委应该做什么、不应该做什么和怎样做好的问题,以便加强和改善党的领导,这是我国领导体制改革的一项基本任务。

(2) 从政府和企业的关系上看,当前企业既然实行了厂长(经理)负责制,政府必须改变过去那种政企不分,条块分割,对企业统得过多管得过死的现象和做法,但这并不是说政府就不领导和不管企业了。政府和企业毕竟是性质不同的两类部门,一方面企业的经营目标是追求尽可能大的经济效益,另一方面政府的行政目标主要是推行并管理社会公共事务,以及谋求社会的公共利益。企业的发展不仅要靠协作,而且要靠竞争,特别是在社会化大生产的情况下,社会需求十分复杂,而且经营处于急速变动之中,企业之间的经济联系错综复杂,这就决定了企业必须有权选择灵活多样的经营方式。依照严格的法律制度所建立起来的政府机构,不但自己必须保持相对稳定性,而且也不可能代替各个企业去了解复杂变化的经济信息和经营状况,不可能代替企业作出灵活多变的决策。因此,保证政府对企业的有效领导,是我国领导体制改革的又一重要任务。

(三) 领导体制不健全

领导体制不健全主要表现在:

(1) 在机构设置方面,机构臃肿重叠和残缺不全的现象同时存在。执行系统庞大臃肿,人浮于事,机构重叠,互相扯皮,而监督系统和反馈系统则不太健全,有的甚至是空白。领导体制结构是人类社会处于经常性运转中的一种稳定性组织实体,领导组织机构臃肿、残缺,会使领导系统运转发生故障,使领导工作受到阻碍。因此,如何科学地、合理地设置机构,彻底解决机构臃肿和残缺的问题是我国领导体制改革中亟待解决的一个重要问题。

(2) 在制度建设方面,缺少严格的、必要的相关法规和领导者个人负责制。一个领导组织设置了职位,选定了机构,如果没有相应的规章制度,各级党政机关和企事业单位不但不能正常开展活动,反而会滋生官僚主义。尽管近些年我国先后制定了《行政诉讼法》《国家赔偿法》《行政处罚法》《行政复议法》等,但是与健全领导体制的客观需要还有一定的差距。

（3）在干部管理方面，缺乏领导干部的科学管理办法。这严重影响到领导干部的"优升劣汰"。近年来，我国在这方面作了很多有益的探索，例如，一些地方在一定范围内试行委任干部任期制、聘任制、试用制，以及公开推荐与考试考核相结合选拔领导干部等。但是，今后改革的任务还很重，彻底根除弊端是一个很长的历史过程。

第三节　中国领导体制的改革

一、领导体制改革的必然性

我国领导体制确立了党的核心领导地位，这是人类历史上最为先进和优越的领导体制，这是我们应当坚持的一条坚定不移的原则。但是，作为社会主义上层建筑的领导体制，必然要随着经济基础的变化而变革。否则，它就会失去生机和活力，就会走向僵化，阻碍生产力发展。因此，领导体制的改革，在我国的社会主义现代化建设事业中具有十分重要的意义。要进行经济体制改革，不能没有政治体制改革的配合，政治与经济是无法分开的，必须要紧密地联系在一起。同时，作为社会主义的上层建筑，社会主义的政治体制必须要为巩固和发展社会主义的经济基础服务。离开了政治体制的改革，经济体制改革和精神文明建设就不能顺利进行。新中国成立以后，我国的领导体制还很不完善，党和国家的一些具体制度还存在不少弊端。毛泽东曾指出："人民民主专政的国家制度和法律，以马克思列宁主义为指导的社会主义意识形态，这些上层建筑对于我国社会主义改造的胜利和社会主义劳动组织的建立起了积极的推动作用，它是和社会主义的经济基础即社会主义的生产关系相适应的；但是，资产阶级意识的存在，国家机构中某些官僚主义作风的存在，国家制度中某些环节上的缺陷的存在，又是和社会主义的经济基础相矛盾的。我们今后必须按照具体的情况，继续解决上述的各种矛盾。"① 邓小平也指出："改革并完善党和国家各方面的制度，是一项艰巨的长期的任务，改革并完善党和国家的领导制度，是实现这个任务的关键。对此，我们必须有足够的重视。毛泽东同志和其他已经去世的老一辈革命家，没有能够完成这个任务。这个担子已经落在我们的肩上。全党同志，特别是老同志，要为此付出自己的全部精力。"② 因此，改革领导体制是一场深刻的革命，它直接关系到社会主义建设事业的成败，关系到党和国家的命运与前途。

---

① 《毛泽东文集》第7卷，人民出版社1999年版，第215页。
② 《邓小平文选》第2卷，人民出版社1993年版，第342页。

党的十一届三中全会以来,我国的领导体制改革稳步前进,废除了干部领导职务实际存在的终身制。人民代表大会制度、共产党领导的多党合作和政治协商制度逐步走上制度化,领导决策的科学化、民主化的程度大大增强,并朝着建立一套民主科学的决策制度前进。但是,我们在肯定领导体制改革取得重大成就时,不能不看到我国领导体制改革和领导关系优化问题上还存在诸如官僚主义、权力过于集中、家长制、以权谋私、权钱交易、消极腐败现象等问题。上述弊端的存在给社会主义现代化建设事业带来了极大的威胁。这就需要我们加大力度深化对领导体制的改革,使领导体制更加适应已经变化了的社会生活。只有对这些弊端进行有计划、有步骤而又坚决彻底的改革,人民才会信任我们的领导,才会信任党和社会主义,我们的事业才有无限的希望。改革党和国家领导制度及其他制度,是为了充分发挥社会主义制度的优越性,加速现代化建设事业的发展。所以,领导体制的改革势在必行。早在 1986 年,邓小平就针对我国领导体制存在的弊端,指出政治体制改革的重要性和必要性。他说:"现在经济体制改革每前进一步,都深深感到政治体制改革的必要性。不改革政治体制,就不能保障经济体制改革的成果,不能使经济体制改革继续前进,就会阻碍生产力的发展,阻碍四个现代化的实现。"[①]所以,领导体制的改革关系着能否促进生产力发展,建设富强、民主、文明的社会主义,发挥社会主义优越性的原则问题。

二、领导体制改革的原则

党的十八大报告第一次明确阐述了政治体制改革的基本内涵和导向。报告明确指出,政治体制改革是我国全面改革的重要组成部分,必须继续积极稳妥推进政治体制改革。政治体制改革的基本内容,就是要坚持党的领导、人民当家作主、依法治国有机统一,以保障人民当家作主为根本,以增强党和国家活力、调动人民积极性为目标,扩大社会主义民主,加快建设社会主义法治国家,发展社会主义政治文明。政治体制改革的基本导向是"三个更加注重",即更加注重改进党的领导方式和执政方式,更加注重健全民主制度、丰富民主形式,更加注重发挥法治在国家治理和社会管理中的作用。作为政治体制改革的一部分,领导体制改革应以坚持中国共产党的领导、坚持人民民主和坚持依法治国为改革原则。

(一)坚持中国共产党的领导

任何国家的现代化和民主化发展都需要一个核心力量。邓小平指出:"在中国这样的大国,要把几亿人口的思想和力量统一起来建设社会主义,没有一个具有高度觉悟性、纪律性和自我牺牲精神的党员组成的能够真正代表和团结人民群众的

---

① 《邓小平文选》第 3 卷,人民出版社 1993 年版,第 176 页。

党,没有这样一个党的统一领导,是不可能设想的,那就只会四分五裂,一事无成。这是全国各族人民在长期的奋斗实践中深刻认识到的真理。"①坚持中国共产党的领导是中国特色社会主义建设的首要内容和突出特色,是人民当家作主和依法治国的根本保证。中国共产党是我国社会主义现代化建设的设计者、领导者和组织者。中国特色社会主义建设是一项前无古人的全新事业,无论在理论还是在实践上,都具有极强的探索性。只有在中国共产党的统一领导下,才能高屋建瓴,审时度势,统筹全局,把握方向,积极稳妥地推进。在我们这样一个多民族的发展中大国,要把十三亿多人的力量凝聚起来向着社会主义现代化的目标迈进,必须有中国共产党的坚强领导。

中国共产党领导与多党合作有机统一是中国政党制度的突出特点。它是马克思主义政党学说和统一战线理论与中国具体实际相结合的产物。它成形于新政协会议的召开,在中国改革和现代化建设的长期实践中不断趋于成熟和完善。中国共产党是执政党,而且长期执政,这是中国社会条件和发展实际的历史选择。各民主党派是参政党,不是在野党,更不是反对党,而是与中国共产党"肝胆相照、荣辱与共"的亲密友党。这种新型的政党制度保证了执政党和参政党高度协调、通力合作,共同致力于中华民族复兴的宏伟事业。中国共产党领导的多党合作制度,有利于形成统一的政治核心与领导力。中国共产党从某一视角看问题,各民主党派可以反观其他,出谋划策。这样,反映出来的问题多样而全面,处理问题才能够更加周全和缜密,可以防止多党竞争、相互倾轧的社会动荡;有利于广泛地吸纳社会各界的意见和建议,进一步沟通国家机关同各种社会群体之间的联系,保证上情下达、上下合力。

坚持党的领导,必须改善党的领导。为此,必须改革和完善党的领导方式和执政方式、领导制度和工作制度。党是国家政治生活和社会主义事业的领导者。这种领导是政治领导、思想领导和组织领导,通过制定大政方针,提出立法建议,推荐重要干部,进行思想宣传,发挥党组织和党员的作用,坚持依法执政,实施党对国家和社会的领导。党在国家生活中的领导和活动,只能在宪法和法律的范围内进行。党的各级组织的一切主张和建议,只有经过全国人大和地方各级人大及其常设机关讨论通过,才能变成国家的意志,具有法律效力。另外,必须把党和国家政权的职能严格区分,一方面,可以使党组织从各种事务的圈子里脱身,集中精力研究理论路线和大政方针;另一方面,可以避免党政不分,影响政府机构职能的正常发挥。

(二) 坚持人民民主

中国共产党的领导与人民民主是内在一致的。"人民民主要求党的领导,人民

---

① 《邓小平文选》第 2 卷,人民出版社 1993 年版,第 341—342 页。

民主推动党的领导;与此同时,党的领导保障人民民主,党的领导实现人民当家作主。"① 人民代表大会制度是我国民主政治制度的核心和实现人民民主的根本途径。人民代表大会是国家一切权力的源泉,广大人民通过人民代表大会间接行使人民当家作主的各项权利。党对国家和人民的领导以及制定的大政方针,也要通过人民代表大会及其常委会制定法律法规,或者作出决议、决定来形成国家意志,变成人民的行动。我国的领导体制改革,必须有利于从政治上和组织上保证人民当家作主,真正成为国家的主人翁。

以人民代表大会为代表的选举民主和以人民政治协商会议为代表的协商民主在我国呈现的是交叉融合的互动关系。新中国成立以来,两项制度一直被坚持、保留,日趋成熟和完善。双方虽然功能不同,却交互辉映。它们都是健全民主制度、规范民主参与方式、完善民主化程序、确保实现人民民主和防止独裁专制的有效形式与手段。我国这种"选举+协商"民主模式既尊重了多数人的意愿,又照顾到了少数人的合理要求,还最大限度地实现着人民民主、维护社会关系的健康稳定运行。这"是西方民主无法比拟的,也是他们所无法理解的。两种形式比一种形式好,更能真实地体现社会主义社会里人民当家作主的权利"②。健全社会主义协商民主制度已由十八大确立为中国共产党推进政治建设和政治体制改革的重要内容和重点目标,也应该是领导体制改革应坚持的原则之一。此外,我国的各项基本政治制度也在不同方面实现着人民的民主权利,如基层群众自治制度、民族区域自治制度等,都应是领导体制改革应坚持的基本原则。

(三) 坚持依法治国

回顾我国社会主义法治建设的历史,可以得知:实行依法治国是我们党对历史经验的深刻总结。从世界的角度来看,很多国家实现现代化的成功经验也是走法治之路。工业革命以来很多国家都通过不同方式实现了现代化,它们的一个共同经验就是依靠法治的力量,通过法律制度的治理迈过了诸如垄断、社会不公、贫富分化、腐败、社会道德滑坡、社会安全问题凸显等等现代化陷阱。我国的发展道路,也不例外。习近平在十二届全国人大一次会议上的讲话中提到,实现中华民族伟大复兴的中国梦,必须"坚持党的领导、人民当家作主、依法治国有机统一,坚持人民主体地位,扩大人民民主,推进依法治国"。一方面,民族复兴内在地包含物质文明、精神文明和制度文明的内容,而法律制度是制度文明的重要组成部分,因而法治中国与"中国梦"有着实质的根本关联。中华民族的伟大复兴离不开中华法治文明的复兴,离不开法治中国的加速推进。另一方面,依法治国作为党领导人民治理

---

① 林尚立:《复合民主:人民民主在中国的实践形态》,载《中共浙江省委党校学报》2011年第5期。
② 《江泽民论有中国特色社会主义》,中央文献出版社2002年版,第347页。

国家的基本方略,在实现"中国梦"的伟大征程中具有重要作用。法治贯穿改革发展稳定全过程,覆盖国家治理和社会治理各领域,是社会主义经济、政治、文化、社会及生态文明建设的制度基石。只有真正实现法治,中华民族的伟大复兴才能获得坚实有力的制度保障。与此同时,法治还是调节社会利益关系的基本方式,是社会公平正义的集中体现,是构建社会主义和谐社会的重要基础。只有把增进人民福祉作为法治建设的最高目标,才能保证人民平等参与、平等发展权利,维护社会公平正义,不断实现好、维护好、发展好最广大人民的根本利益。

党的十八大以来,以习近平同志为总书记的党中央突出强调落实依法治国基本方略。加快建设社会主义法治国家,必须全面推进科学立法、严格执法、公正司法、全民守法进程,强调坚持党的领导,更加注重改进党的领导方式和执政方式;依法治国首先是依宪治国,依法执政关键是依宪执政;新形势下,我们党要履行好执政兴国的重大职责,必须依据党章从严治党、依据宪法治国理政。党领导人民制定宪法和法律,党领导人民执行宪法和法律,党自身必须在宪法和法律范围内活动,真正做到党领导立法、保证执法、带头守法。

三、我国领导体制改革的主要内容

(一)加强和改善党的领导

党的十八大报告明确了政治体制改革的基本导向是"三个更加注重",其中第一个就是更加注重改进党的领导方式和执政方式,这为领导体制改革确定了首要任务。

1. 发挥党总揽全局、协调各方的领导核心作用

全面深化改革是一项前所未有的复杂的系统工程,涉及经济体制、政治体制、文化体制、社会体制和生态文明体制,各领域各方面的改革相互影响、相互推动、相互制约,往往牵一发而动全身,各项改革举措之间具有较强的关联性和耦合性。这种状况,要求党对全面深化改革的领导既要总揽全局也要协调各方。因此,领导体制改革要努力做到以下方面工作:第一,建立党领导全面深化改革的组织。这是发挥好党总揽全局、协调各方的领导核心作用的物质基础。中央成立全面深化改革领导小组,负责改革总体设计、统筹协调、整体推进、督促落实。各级党委也要成立全面深化改革的领导小组和相关机构,形成从上到下的组织网络,为党总揽全局、协调各方提供组织保证。第二,落实领导责任。这是党总揽全局、协调各方的领导核心作用的具体要求。各级党委要把全面深化改革摆在突出位置,根据中央要求,结合本地区本部门实际,明确需要完成的具体任务和需要解决的主要问题,确保改革按照总体部署的要求协调推进。第三,提高党应对复杂局面的能力。这是发挥好党总揽全局、协调各方的领导核心作用的客观需要。各级党委要处理好各种突

发事件和各种不测事件。在对外关系方面,坚持独立自主的和平外交政策,遇到各种重大问题,坚持冷静观察、沉着应对,以国家利益为最高原则来处理,积极推进建立和平稳定、公正合理的国际政治经济新秩序。在对内关系方面,要学会综合运用经济、法律、行政和思想政治工作的手段来处理人民内部矛盾,讲政治、讲党性、讲大局,保持党的高度团结和统一。第四,处理好党委同人大、政府、政协以及人民团体和其他各种组织之间的相互关系。这是党总揽全局、协调各方的领导核心作用的重要内容。在全面深化改革过程中,党委要发挥好领导核心作用,把好方向、抓好大事、出好思路、管好干部、搞好思想发动和组织保证;人大党组要善于通过法定程序,使党的主张成为地方性法规;政府党组要善于通过政府决策,使党的主张形成为政府的政令;政协党组要善于通过政治协商,使党的主张成为社会各界的共识。各方的事由各方去办,各方之间的事由党委来协调。同时,党委还要处理好同人民团体和其他各种组织之间的关系,充分发挥人民团体和其他各种组织的作用推进改革。

2. 实现党政分开,改善和加强党的领导

中国共产党是我国社会主义事业的领导核心。对此,我们是绝对不能动摇的。同时,我们要认识到政党和政权的性质、职能、组织形式和工作方式是不相同的。所以,必须实行党政分开。党政分开,绝不是党不管政,党政两条线,各跑各的道。邓小平一直强调,在改革开放中必须始终"坚持四项基本原则",其中一条就是必须坚持党的领导。强调党政分开,是为了解决长期存在的党政不分、以党代政的问题。由于党政不分,使党管了很多不该管的事,而该管的事却没有管好,降低了工作效率,影响了党的声誉。党政分开,是指党政职能分开,即明确各自职能,各负其责,这样才能管好各自的事情,提高工作效率。中国共产党是领导社会主义事业的核心力量。"党的领导主要是政治、思想和组织领导,通过制定大政方针,提出立法建议,推荐重要干部,进行思想宣传,发挥党组织和党员的作用,坚持依法执政,实施党对国家和社会的领导。"[①]这就是说,党的领导主要是三项任务:一是政治领导,即制定大政方针,提出政治原则和政治路线;二是组织领导,即向各级国家机关推荐干部,以保证党的大政方针得到贯彻执行;三是思想领导,即向广大干部群众进行思想政治教育,以保证坚持社会主义方向。其中,政治领导是根本,组织领导是保证,思想领导是灵魂。

实行党政分开,必须改革和完善党和国家领导体制。其中,最重要的就是"按照党总揽全局、协调各方的原则,规范党委与人大、政府、政协以及人民团体的关系,支持人大依法履行国家权力机关的职能,经过法定程序,使党的主张成为国家

[①] 《十六大以来重要文献选编(上)》,中央文献出版社2011年版,第559页。

意志,使党组织推荐的人选成为国家政权机关的领导人员,并对他们进行监督;支持政府履行法定职能,依法行政;支持政协围绕团结和民主两大主题履行职能"①。即明确划分党政的不同职能,把党的领导方式从直接代替政府系统作决定、发指令的体制,转变到通过法定程序和法律形式,把党的主张变为国家意志。党内一部分主要领导同志不兼政府职务,可以集中精力管党,管路线、方针、政策,真正建立从国务院到地方各级政府从上到下的强有力的工作系统。凡是政府职权范围内的工作都由国务院和地方各级政府讨论、决定和发文件,不再由党中央和地方各级党委发指示、作决定。同时,还要调整党的组织形式和工作机构,理顺党组织与人民代表大会、政府、司法机关、群众团体、企事业单位之间的关系,做到各司其职。

3. 恰当分配权力,明确划分上下级权限

一定的权力是领导的自然标志,也是实施领导的必要条件。改革我国的领导体制,实现领导体制的科学化,权力分配必须恰当。

从纵向领导关系方面看,在我国实行的集权式分层领导体制中,需要适当地下放权力,以使下层领导充分发挥积极性、主动性和创造性。确定大政方针,运筹战略决策,拟订长期发展规划这些权力,应集中于上级机关,以谋求整体的长远的利益。至于决定执行性方案,作出战役性、战术性决策,就不应也不可能统统集中于上级机关,而是要在上级统一领导下,实行"统一领导、分级管理"的原则,给下级一定的因地制宜的权力。下级对本职范围内的地方性的生产和建设、人民生活和社会服务性设施以及公共事务管理等方面,有权作出全面规划,并拥有在本职范围内使用人、财、物的权力。邓小平曾深刻指出:"权力过分集中于个人或少数人手里,多数办事的人无权决定,少数有权的人负担过重,必然造成官僚主义,必然要犯各种错误,必然要损害各级党和政府的民主生活、集体领导、民主集中制、个人分工负责制等等。"②为此,恰当分配权力,明确划分上下级权限,应当注重于简政放权,扩大下级机关的自主权,让下级机关能够因地制宜、因势利导地办更多的事情。这有利于加强省、自治区、直辖市和中央、国家机关部委以及各部门管理干部的责任,有利于改变许多事情无人负责、无权负责、无法负责的状况,有利于人才的发现和合理使用。

从横向领导关系看,在坚持党统一领导的原则下,需要根据国家机关、社会团体、企事业单位的不同性质适当分权,使各方面的工作有职有权,使其互相配合、互相监督、互相协调、互相制约,以便更好地实现其职能,促进社会主义事业的发展。实行政企分开,使政府的经营管理权下放到企业单位。理顺党和政府同群众组织的关系,充分发挥群众团体和基层群众性自治组织的作用,做到群众的事情由群众

---

① 《十六大以来重要文献选编(上)》,中央文献出版社2011年版,第26页。
② 《邓小平文选》第2卷,人民出版社1994年版,第329页。

自己依法去办。必须指出,下放权力并不是说要把所有的权都放下来,而是要以放权为手段来改变权力过分集中的权力结构,建立新的权力结构体系,并通过法律和制度使这种结构相对稳定下来。分权绝不是孤立的和绝对的,分权就要分责,分权当中必须贯穿着集中统一。一方面要进一步下放权力,另一方面要维护中央的权威,反对分散主义。只有这样,才能既保证调动各方面的积极性,又保证统一领导,才能使整个领导系统朝气勃勃、生机盎然,上下齐心合力,步调和谐一致。

(二)建立健全严格合理的领导工作制度

严格的工作制度,是提高领导工作效率的保证。一些领导机关中,存在着事无巨细都要层层请示汇报,不负责任的互相推诿、争权夺利,领导者被琐碎的事务缠身而不能抓好大事,工作人员积极性得不到发挥等现象,这些都同缺少完整的、科学的切实可行的工作管理制度有关。改革领导体制,就必须建立健全合理的规章制度,制定工作细则,明确工作责任。只有这样,才能使我们的领导机关像大机器工业所应该工作的那样进行工作,像钟表一样准确地工作。

1. 领导工作制度的核心是职、权、责、利相统一为原则的领导工作责任制

它的基本内容是:工作职能范围的划分、工作权力的限定和工作责任的承担。划分职权范围就是确立领导机关各部门及所属机构和每个工作人员各自应该承担的工作,使他们都有非常明确的互不矛盾的工作分工,特别是要明确领导干部的责任。工作责任明确了,还必须赋予和限定工作权力。邓小平说:"责任到人就要权力到人","只交责任,不交权力,责任制非落空不可。"[①]只有做到权力范围明确,权力层次分明,互不交叉但又互相制约,才能进行有效的领导,充分保证领导人员主动性和创造性的发挥,有权必须负责。责任制必须规定各机构、各工作人员的工作应当向上级、向人民担负的责任,要求对因工作过失所造成的后果负责,同时规定相应的奖惩制度。

2. 规范领导工作各环节

领导工作,包括调查研究、掌握情况、分析问题、制订方案、作出决策、贯彻实施、检查落实等一系列环节,是一个完整的过程。提高领导效能,保证科学决策,需要对这些工作的每一环节和方面都有所规范,从制度上作出明确规定,使每一位领导者都有所遵从,得到激励,受到规范。同时,领导活动中的各种关系都应该实现制度化和规范化。为此,必须加大领导工作制度完善和创新的力度。通过制度,切实保证领导机关及领导者能够倾听民声,反映民意,集中民智,促使各机构和各人员按规定办事,相互配合,相互协调,防止和消除用人与决策失误、推诿扯皮、内耗争斗,实现领导活动的高效能。

---

① 《邓小平文选》第2卷,人民出版社1994年版,第151页。

3. 领导活动的过程,就是制定决策和组织实施决策的过程

领导决策贯穿于领导活动的始终,是领导者最基本的功能,是直接影响领导效能的决定因素。领导决策的科学化日益成为人们关注的焦点。一方面,要推进决策的民主化。过去的决策往往是领导者的事情,甚至是个别领导者的工作,很少有外界介入。随着人类的社会化、组织化和信息化程度的不断提高,以及决策环境的日益复杂化,决策主体也应逐步扩大。领导层、各类决策辅助机构和专家系统,以及各种组织,共同组成决策主体,从而大大提高了社会对决策的参与程度。决策的科学化、民主化是社会主义民主政治的重要内容,是避免决策失误的有效手段。决策的科学化、民主化不但要求领导者具有民主作风和群众观点,而且要求各级领导机关都要重视和支持决策的研究和咨询工作。这些年来,我国也出现了多种新式的咨询机构,如政策研究机构、科学情报研究机构、咨询服务公司和各种专家委员会、学术委员会。这些咨询机构,由于其本身所具有的学科广、人才多、水平高、信息量大、不受行政束缚的优点,能够对领导工作中的问题有比较深刻、全面、客观的了解,能够为领导者进行决策提供合理的、科学的预选方案。建立一套健全的、民主的、科学的决策制度和程序,吸收智囊机构的参与,以避免在宏观决策、战略决策方面造成重大失误,是领导体制改革的一项重要内容。另一方面,要推进决策与执行适度分离。决策制定和决策执行是领导决策的两个基本环节,既紧密相连,又相对独立。决策制定着重于研究问题、确定目标、选定方案,决策执行则着重于把已经确定的方案即政策、计划付诸实施。二者的功能不同,在运作方式上也有所区别。决策制定应相对集中,决策执行则应相对分散,从而使决策效率得以提高。决策制定与决策执行适度分离是生产力水平提高和社会进步的必然要求,有利于提高决策的专业化水平,是决策体制改革和发展的必然趋势。但是,决策制定与决策执行毕竟是同一决策过程的两个环节,是紧密相连的统一体,需要双向互动。因此,这种分离又只能是适度的。

(三) 改革干部人事制度

在各项领导工作制度中,干部制度起着关键作用。在我国,人民是国家的主人,干部是人民的公仆。我们党提出了科学执政的理念,包括选官任官制度在内的干部制度是执政中的一个重要方面,因此,提高干部制度的科学化水平,是科学执政的必然要求。我国多年来的干部选拔任用制度,有两个基本特点:一是"以官选官的模式";二是"以人为中心的逻辑"。所谓"以官选官的模式",是指在选拔任用干部的过程中,无论其标准、程序、操作规范等如何变化,其核心的问题一直是:对于干部选拔任用具有最终决定权的始终是更高层次的干部,即"上官"具有选拔任用"下官"的决定性权力。所谓"以人为中心的逻辑",是说在选拔任用干部的工作程序中,是以选"人"作为其一贯的工作逻辑和思维逻辑的。只要有领导干部的空缺岗位,那么组织部门或党委领导的工作就总是去选拔任用"一个合适的人"。这种选拔任用干部的特点在我国特定的体制环境下发挥着一定的积极作用,但同时也不可避免地带来如被选拔任用干部的公信度与认同性不高,选拔任用干部的难度加大,管理干部的成本越来越高,以及未能形成干部选拔任用的规范化、制度化的良性运行机制等等问题。

按照科学执政的要求,推进干部制度规范化、制度化以提高干部制度科学化水平,有必要实现以下三个方面的实质性转变:

1. 实现从"以人为中心的逻辑"到"以制度为中心的逻辑"的转变

录用人不能通过以人为中心的考察办法来解决,而必须通过创设科学合理的制度并通过这种制度来选拔出合格的人员。在某种意义上,制度的首要特征在于其公正合理,在于其广泛的认同基础。只要制度本身具有合法性的基础,人们认同制度的公正合理,必然强于认同人的公正合理。而这种认同正是实现社会和谐与进步的基本条件。干部的选拔任用是社会公共资源分配中最为敏感的部分,努力按照科学执政的要求,实现干部选拔任用的公正合理,是我们的当务之急。

2. 实现从"以官选官"到"以民选官"的改变

我国的干部选拔任用制度历经多次变革而逐步得到完善。然而,我们始终没有超越"以官选官"的基本模式,这种模式既缺乏良好的制度构建,甚至还存在演变成少数人甚至一个人选官的倾向。这种情况的存在,一定意义上也是买官卖官现象屡禁不止的制度性根源。可以说,唯有用"以民选官"来取代"以官选官",才能符合科学执政对干部制度提出的要求。

3. 实现从干部的对上负责到干部的对下负责的转变

在"以官选官"模式下,长官的评价或意志对于干部位置的维持甚至提升具有至关重要的作用,这必然导致干部只对上负责而不对下负责。这个事实还直接导致了社会信息不对称,尤其是官民之间的认知差异和评价差异的严重问题。在这种情况下,对干部的监督和管理的难度就加大了,效率也降低了。因此,有必要从科学执政的高度来构筑对于干部监督和管理的体制和机制,而这种体制和机制的核心就是如何形成干部对下负责即对人民负责的政治原则和制度环境。[①]

(四)继续推进机构改革

实行精兵简政,提高各级领导机关和职能部门的工作效率,克服官僚主义,是机构改革的重要目标。我们的机构改革已取得了初步成绩,但是问题仍很多,机构臃肿、层次重叠、职责不明、人浮于事、效率很低的状况没有根本改变。我们要在总结过去改革经验的基础上,继续有秩序、有步骤地推进这一改革。

[①] 桑玉成、邓峰、鄢波:《制度优化与制度创新》,上海人民出版社 2014 年版,第 123—124 页。

1. 要实现我们党领导机构的精干高效

我们党的领导机构只设置与政权机构并行的党的各级委员会。随着党执政方式的现代化,党的各级领导机构的任务不再承担具体的事务,因而党的领导机构也应随之精干起来。作为党的领导机构,即委员会,实行单纯的纵向领导体系,在城市实行中央、省、市、区四个层级,在县域实行中央、省、县三个层级。县(区)以下设立党的基层组织——支部,由县(区)委员会直接领导。党的纪律检查委员会是党的监督机构,纪律检查委员会随同级党委设置,受同级党委的领导。党的各级委员会的内设机构,可按照经济、政治、文化、社会、党建、综合六个部门设置,作为一种业务机构为委员会服务。

2. 继续推进政府机构的简政放权

根据党的十八届四中全会要求,各级政府要完善行政组织和行政程序法律制度,推进机构、职能、权限、程序、责任法定化,坚持法定职责必须为、法无授权不可为。继续大力推进简政放权、放管结合,处理好政府与市场、政府与社会的关系,把该放的权力放下去,把该管的事项管住管好。加快推行权力清单、责任清单和负面清单制度,严禁行政机关法外设定权力,坚决消除权力设租寻租空间,减少政府对企业生产经营活动的直接干预,保证市场主体法无禁止皆可为。

行政审批制度改革的核心是简政放权,即精简政府机构,把经营管理权下放给企业。2013年3月14日,全国人大第十二届一次会议通过《国务院机构改革和职能转变方案》。这是改革开放以来我国推进的第七次政府机构改革。该方案指出:"深化行政审批制度改革,减少微观事务管理,该取消的取消、该下放的下放、该整合的整合,以充分发挥市场在资源配置中的基础性作用","同时该加强的加强,改善和加强宏观管理","真正做到该管的管住管好,不该管的不管不干预,切实提高政府管理科学化水平"。通过这次改革,国务院正部级机构减少4个。改革后,除国务院办公厅外,国务院的组成部门为25个。

大部门制改革也是简政放权的方式之一。大部门制,是指把政府中职能相同或比较相近的部门加以整合归入一个部门为主管理,其他有关部门协调配合;或者把职能相同、相近的机构归并到一个较大的部门。大部门制是一种合理设置机构、优化职能配置的政府组织模式。实行大部门制,不仅可以优化政府组织结构和行政运行机制,有效克服行政体制中机构重叠、职责不清、效率低下等弊端,而且有利于推进决策科学化、民主化、法制化,提高决策水平。党的十七大要求"加大机构整合力度,探索实行职能有机统一的大部门体制";党的十八大进一步提出,要"稳步推进大部门制改革,健全部门职责体系"。推进大部门制改革,既要对职能相近、管理分散的机构进行合并,对职责交叉重复、相互扯皮、长期难以协调解决的机构进行合并调整,以利于权责统一、提高整体效能;又要对职能范围过宽、权力过分集中的机构进行适当分设,以改变部门结构失衡和运行中顾此失彼的现象。在我国实行大部门制改革,涉及面广,较为复杂、敏感,缺乏成熟的经验,只能进行探索、试验,因此,这项改革必须在中央的统一部署下有步骤地进行。

(五)加强领导权力监督

1. 严明党的纪律

加强干部的日常监督管理,首先要严明党的纪律。习近平在十八届中央纪委第二次全体会议上也强调,党面临的形势越复杂、肩负的任务越艰巨,就越要加强纪律建设,越要维护党的团结统一,确保全党统一意志、统一行动、步调一致前进。

严明党的纪律,首先要严明党的政治纪律。党的纪律是多方面的,政治纪律是最重要、最根本、最关键的纪律,广大干部要遵守党的政治纪律,最核心的就是坚持党的领导,坚持党的基本理论、基本路线、基本纲领、基本经验、基本要求,同党中央保持高度一致,自觉维护中央权威。在指导思想和路线、方针、政策以及关系全局的重大原则问题上,广大干部必须在思想上、政治上、行动上同党中央保持高度一致。要防止和克服地方和部门保护主义、本位主义,决不允许上有政策、下有对策,决不允许有令不行、有禁不止,决不允许在贯彻执行中央决策部署上打折扣、作选择、搞变通。严明党的纪律,还必须严明党的组织纪律。党的力量来自组织,组织能使力量倍增。我们党是按照马克思主义建党原则建立起来的政党,以民主集中制为根本组织制度和领导制度,组织严密是党的光荣传统和独特优势。增强广大干部的组织纪律性,必须切实增强党性,切实遵守组织制度,切实加强组织管理,切实执行组织纪律。要严格执行民主集中制、党内组织生活制度等党的组织制度。要对组织忠诚老实,言行一致、表里如一。习近平曾强调:"遵守党的纪律是无条件的,要说到做到,有纪必执,有违必查,而不能合意的就执行,不合意的就不执行,不能把纪律作为一个软约束或是束之高阁的一纸空文。"[①]从严监督干部,就必须敢抓敢管,使纪律真正成为"带电的高压线"。

2. 完善权力监督制度

权力是一把"双刃剑",既可以为民办实事、好事,也可以为己谋利办坏事。没有健全的权力监督制度,干部就容易出问题,腐败现象就控制不住。干部要为人民掌好权、用好权,就必须接受监督,把权力关进制度的笼子里。因此,要制定出完善的权力运行规则。权力运行规则不仅限制权力运行并保证权力有序运行,而且还包括对权力运行中犯规行为的处罚。这不仅可以防止权力运行失范,而且还是对权力运行失范行为进行惩罚的依据。权力运行规则作为领导者在权力行使过程中必须遵循的准则的科学系统规定,具体表现为权力的适用范围和时间、权力主体和

---

① 《十八大以来重要文献选编(上)》,中央文献出版社2014年版,第764页。

权力客体的法律确定、权力价值实现意义等。完善权力运行规则,主要从以下四个方面进行:

第一,科学设置权力边界。它是指适度确定某种权力的自身界限,也就是界定某种权力可以在什么范围、什么层次上行使,超出了这个范围、层次就是违背规则。就目前我国政府机关和政府领导而言,主要应做到:减事放权,减少行政审批项目。按照职权法定原则,还权于企业,还权于社会,还权于市场;按照权责一致原则,减少或合并交叉重复的审批事项;合理设权设事,规范行政程序,最大限度地减少行政审批部门和人员的自由裁量权,严格规定审批内容、审批条件、审批环节、审批手段、审批时间、审批操作和标准等;实行定期会签制度,避免多头审批或重复审批;科学分解事权,严格内部制约。调整部门职能分工,合理划分职责权限,实行部门、单位之间平行交互制约监督。

第二,增强权力运行透明度。加强对党政"一把手"的监督,认真执行民主集中制,健全施政行为公开制度,使领导干部做到位高不擅权、权重不谋私。同时,突出重点单位和重点岗位监督。紧紧抓住人财物管理等权力运行的关键环节和部位实施监督,实行决策、行政、财务三公开。公开决策程序,对资源配置、工程招投标、人事调配等重大决策,要在决策前公布预定目标和计划,在决策过程中做到评估和选择公平,在决策后公开方案。公开行政过程,依照法定程序,把日常的行政管理工作公之于众,接受社会舆论监督。公开财务收支,公开行政部门的财务收支和领导干部的经费开支,接受本部门、本单位的职工群众和社会公众的监督,促使领导干部更好地使用手中权力。

第三,强化用权不当责任追究制度。一是建立权力剥夺制度。加强对授权后权力运行的监控,一旦发现权力行使失范,包括领导者有不廉洁行为、不勤政行为或缺乏实际领导能力等,国家权力机关、党政领导机关可以行使质询权、调查权、撤职权和罢免权,剥夺这种失范的权力。处理的办法有三种:其一,实行组织处理,包括调离、降职、停职、免职、辞退等;其二,剥夺资格,包括剥夺公务员资格、专业技术资格、行业执业资格等;其三,实施经济制裁,对涉及经济利益的违纪违法行为实行经济制裁,主要采取补偿性经济制裁、惩罚性经济制裁,必要时取消养老保险和医疗保险。二是实行用人失察责任追究制度。对违反干部选拔任用原则、政策、程序,导致严重用人失误,造成恶劣影响的,要追究责任人的责任。为此,要明确规定推荐干部责任,包括领导干部个人推荐干部应遵循的原则和要求,以及推荐失误应承担的责任;要明确规定考察干部责任,包括领导人员在干部考察中的权力及考察失误应承担的责任;要明确规定党委讨论决定干部责任,包括党委决定干部任免时应坚持的原则、程序以及主要领导和分管领导及党委成员各自应承担的责任。三是要加大问责和惩戒力度。坚持有案必查、有腐必惩,有群众举报及时受理、有具体线索及时核查、有违纪违法及时处理,发现一起查处一起、查处一起通报一起,决不养痈遗患,决不讳疾忌医,真正达到惩前毖后的效果。同时,要扩大监督领域、广开监督路径、探索监督方法,最大限度地为人民群众监督权力创造条件,把对干部的"爱"体现到细枝末节的监督防范之中,把对干部的"严"体现到时时刻刻的管护之中,确保权力在阳光下运行。

第四,将权力纳入法治轨道运行。党的十八届四中全会指出,各级领导干部要对法律怀有敬畏之心,牢记法律红线不可逾越、法律底线不可触碰,带头遵守法律,带头依法办事,不得违法行使权力,更不能以言代法、以权压法、徇私枉法。贯彻党中央要求,需要党员干部身先士卒。一要权力法定。要对国家机关权力的授予、形成和范围作出实体规定,使国家机关和人员依照法定权限行使权力,不得逾越,否则就是无效权力。二要程序法定。应当抓紧制定统一适用的行政程序法,以保证权力依照法定程序运行,一旦违反法定程序,有关监督机构就可裁定其行为违法,并使违法者承担相应的法律后果。三要监督法定。抓紧制定和完善《监督法》《行政监督程序法》《反贪污贿赂法》等法律法规,对党员干部各种腐败行为的内容、认定、处罚等,尽可能地以法律形式予以明确,以便于依法监督和查处。四要坚持违法必究、执法必严,在法律面前无例外。

本章小结

领导体制是指组织内部基于权限划分所设置的机构及其相互关系的制度和规范。它具有系统性、根本性、全局性、稳定性和协调性等特点,主要包括了领导的组织结构、领导层次和领导跨度、领导权限和责任的划分以及领导干部的管理制度四个方面的内容。依据不同的标准可以把领导体制划分为一体制和分离制、集权制和分权制、首长负责制和委员会制、层级制和职能制四种基本类型。

我国的领导体制有着自身优良的特点,包括人民群众的主人翁地位、中国共产党的核心领导作用、中国共产党领导的多党合作制度、中央高度集权式的领导和管理。但是,我国的领导体制也存在不足,如权力过于集中,党政不分、政企不分,领导体制不健全等。我们应该坚持优良传统,同时必须改正不足。

领导体制的改革有其必然性。我国的领导体制改革必须坚持中国共产党的领导,必须坚持人民民主,必须坚定地走在依法治国的轨道上。在坚持以上原则的基础上,我国应该在加强和改善党的领导、建立健全严格合理的领导工作制度、改革干部人事制度、继续推进机构改革、加强领导权力监督等各方面加紧改革,尽快建立一个更合理的领导体制。

案例分析

某餐饮公司在美国中西部专门供应牛排。自开业以来,因经营有方而生意兴隆。公司雇用了律师布鲁斯。尽管布鲁斯不是副总裁,但他能直接向公司总裁朱迪汇报。后来,两人对一些问题的看法出现分歧,下面是他们的一次谈话。

朱迪:布鲁斯,我记得同你多次说过你手下人员的工作效果问题,但一直没有任何改进。

布鲁斯:我们的工作效果有什么问题?我的人工作勤奋。我们工作量过大,但都很卖力。

朱迪:这正是麻烦所在。你们都很卖力,但干得不聪明。你们的整个工作程序需要加以改进。我从你手下一些律师中得到的反馈表明,整个程序可以设计得更合理些。你们的案子被安排得杂乱无章。一些人抱怨工作量太大,有的则无事可干。

布鲁斯:无事可干?谁告诉你的?

朱迪:这无关紧要。问题才是重要的,看来你没有提供应该提供的领导,放松了对工作效果的控制,你对人员的安排和组织看来没有系统性。我不认为你提供了你的整个小组所需的全面领导。

布鲁斯:你知道,我整天待在这里,一星期要干60—65小时,我自己就亲自处理了10个案子,我还能做什么?

案例思考题:

1. 你认为朱迪的批评有道理吗?为什么?

2. 请你从领导体制的视角,为布鲁斯设计一个领导改革方案,使布鲁斯真正开始进行有效领导。

拓展阅读

1. 李应春、张铃枣主编:《领导科学研究》,延边人民出版社2002年版。
2. 张国平:《中国特色社会主义具体制度探索》,线装书局2012年版。
3. 刘世华:《中国民主政治模式研究》,人民出版社2014年版。
4. 洪向华主编:《四个全面党员干部读本》,中央党史出版社2015年版。

第十二章 领导效能

本章要点

1. 领导效能的概述。
2. 领导效能的意义。
3. 领导效能评估的方法。
4. 提高领导效能的途径。

引例

美国著名的管理学家德鲁克在一家银行当顾问时,发现这家银行的总裁有极强的时间观念,是个善于管理时间的人。德鲁克每月都要同这位总裁谈一次话。他发现,这位总裁每次与他交谈的时间总是不多不少刚好1小时30分,而每次晤谈,总裁事先都有充分准备,所谈内容每次都局限为一个题目,当谈话时间进行到1小时20分时,总裁总是说:"德鲁克先生,我看我们该做个结论了,也该决定下一次谈什么题目了。"1小时30分一到,他马上就站起来握手告别。德鲁克还发现,当这位总裁在思考问题时,是不允许有任何电话来干扰的,只有美国总统和他自己的夫人例外。而美国总统很少来电话,他的夫人则深知他的脾气,也从来不干扰他。这位总裁根据自身的特点,实现了时间的有效集中和利用,从而提高了领导效能。

第一节 领导效能概述

一、领导效能的含义

领导效能,是领导者在实施领导过程中的行为能力、工作状态和工作结果,即实现领导目标的领导能力、所获得的领导效率与领导效益的系统综合。领导效能是领导活动过程中质和量的高度统一,是对领导能力与领导效果的综合评价,在领导活动中占有极为重要的地位。

最早提出"领导效能"这一概念的人是管理学家彼得·德鲁克,他在《有效的管理者》一书中提出,无论是政府主管、企业主管、学校主管、医院主管、军事主管,都追求工作效能。他认为,任何领导人的贡献、成就及其大小都应以"有效或绩效的客观标准来衡量",并提出了一些评价、考核领导效能的定性与定量方法。①

在领导特质思想和理论的形成过程中,就潜在地产生了最早的领导效能思想——封建领导效能思想。封建领导效能思想注重对领导者个人特质与领袖人物超凡魅力的研究,以领导者为中心,从领导者所具有的特质去理解领导,探讨领导者不同于其他人的特点,把领导者与被领导者区分开来。由于在特质论的研究中未能取得预期效果,封建领导效能思想逐渐把目光转向领导者在领导活动中表现出来的行为上,希望能找出领导者行为与领导效果之间的关系,使得从行为的角度探讨有效的领导行为模式成为研究重心。不管是从领导者个体特质与被领导者的关系,还是从行为来对领导效能进行研究,早期的封建领导效能研究都忽视了组织结构与制度以及组织环境因素,但它对领导效能理论的整体研究做出了突出贡献。

与以强调领导者个人为基础的封建领导模式恰恰相反,另一个早期关于领导效能的思想——层峰式领导效能理论反对以领导和下属关系为基础建立的组织。层峰式领导效能理论关心的是组织结构,它对领导效能的评价是建立在现实组织目标的客观基础之上的,认为领导者的职权被控制在一定范围之内,对领导者的工作职责、工作范围、工作条件、绩效标准等都有明确规定。这种不带感情色彩的方法对领导效能的研究贡献很大。层峰式领导效能理论重视组织结构、工作任务明确划分的作用,虽然这是合理的,但其彻底否定人格特点的作用,不可避免地会影响领导效能研究的科学性,同时又忽视了对领导环境的研究,以至于将领导者与组织结构完全分离开来。

到了20世纪八九十年代,新公共管理方法在公共部门中崭露头角。新公共管理的理论和实践在提高领导的有效性上有重大贡献,它强调不但要通过个人和组织的绩效来提高整体领导的有效性,而且应该引入市场机制、市场原则以及私营部门的管理理念、技术来提高公共服务的有效性,从而提高领导的有效性。

随着现代领导科学的发展,领导效能的研究受到越来越多的关注。国内对领导效能的界定较有代表性的是北京大学的李成言,他在《现代行政领导学》一书中提出:"领导效能是指领导活动目标及其实现的程度,包括效和能两部分。'效'是指行政领导者在实现领导活动目标中所达到的效率、效果、效益的综合反映;'能'是指行政领导者在实现领导活动目标过程中所显示的能力。因此,总体来说,行政领导效能就是领导者在实施行政领导活动过程中,实现行政领导活动目标的能力

---

① 〔美〕杜拉克:《有效的管理者》,吴军译,求实出版社1985年版,第6页。

与所获得的领导效率、领导效益以及所引起的组织状态、组织环境与组织关系的有效变化的系统综合。"①

虽然各个阶段对领导效能的理解有所不同,但普遍认同领导效能是领导者在领导活动过程中的行为能力、工作状态和工作结果,即实现领导目标所需要的领导能力、所获得的领导效率与领导效益的系统综合。它包含以下三个要素:

1. 领导能力

领导活动是在领导者的主导下展开的,因此以领导者为中心,探讨由于领导者主体特质的不同从而导致领导效能的差异,便成为研究领导者与组织绩效关系的历史起点及理论与逻辑起点。领导特质对组织效能的影响虽然不是唯一因素,却也是不容忽视的因素。

2. 领导效率

领导效率是指已经实现的领导任务(或目标)与时间之比,即完成一定数量和质量的领导任务(或目标)的速度。领导效率可以准确地反映出领导者或领导群体在一定时间内完成领导目标的数量与质量,具体可以分为三种,即时间效率、办事效率和整体效率。领导效率主要受到领导者的能力、工作态度、领导环境以及下属的积极性等条件影响。

要认识领导效能,必须理清领导效率与领导效能之间的关系。领导效能是指效率是以正确的方式做事,而效能则是做正确的事。效率与效能都不应该偏废,但这并不意味着效率与效能具有同样的重要性。在效率与效能无法兼得时,应首先着眼于效能,然后再设法提高效率。

3. 领导效益

领导效益是指领导活动的最终结果,即领导活动投入与领导活动结果之比。领导效益是个综合性指标,主要包括经济效益、政治效益、人才效益以及社会效益等。"是否具有社会主义领导效益,应该是我们衡量和检验领导效率高低、工作成绩大小以及是否具有领导效能的根本之道思想和标准。"②领导效益是领导活动所产生的有益的社会效果,它是对领导活动给人们、给社会带来的益处的度量,主要表现为这种结果对社会主义现代化建设和人民的物质文化生活所产生的作用及程度。

领导效能的三个基本要素是相互联系、密切相关的。领导能力在领导效能中起关键性作用,直接决定着实现领导目标的效率和领导活动所取得的效益;领导效率是实现领导效能的前提和途径,是对领导能力大小的最基本的表现以及对取得领导效益的必要条件;领导效益是领导效能的最本质内容,是对领导能力的肯定以

---

① 李成言:《现代行政领导学》,北京大学出版社 2002 年版,第 399 页。
② 裴大新:《领导效能及其考评原则》,载《汉江论坛》1986 年第 8 期。

及实现领导效率转换的目标。一般来说,在领导能力得到充分发挥、领导决策正确的情况下,领导效率越高,领导效益越好。只要这三个要素都能充分发挥作用并相互促进,构成一个有机的良性系统,那么,领导效能的整体功能就能实现,就能取得好的领导效能。

二、领导效能评估的意义

领导效能是领导科学的重要内容,几乎与其他所有的领导理论都有着必然的联系,它是整个领导过程中的重要环节。加强对领导效能的研究,对于更好地掌握其他领导理论、对于领导目标的实现,以及组织发展和社会进步都具有重要的意义。

(一)提高领导效能是领导效能评估的出发点和归宿

首先,领导活动因所涉及的事务及其关系错综复杂,往往会使领导者难于理清头绪。而所有的领导活动又必须以实现一定的领导效能为总目标。通过评估可以促进领导效能的提高,有利于领导者在进行各项工作中树立以领导效能的实现为目标的领导思想。其次,任何具体的领导活动的内容都是丰富的、生动的,领导者的领导艺术和所采取的措施、方法也可能是大不相同的,而领导效能评估是衡量领导活动是否把握住了领导目标与领导效能的一致性这个核心最直接的手段。因此,提高领导效能是领导效能评估的出发点和归宿。

(二)领导效能评估是衡量领导工作成效的综合尺度

衡量一个领导者的领导工作是否有成效,主要看领导者是否通过自己的领导活动,影响和率领被领导者出色地完成任务,取得良好的经济和社会效益,为经济发展和社会进步做出一定贡献。而领导效能是正确、全面地检验、考核领导活动的价值大小的根本标准和最终指标。"只有以领导效能这个综合尺度去考评,才能反映出领导职能的履行、方法的运用、作风的改进所带来的实践效果;才能衡量出领导者的水平和能力,反映出组织整体的实际贡献;才能体现出领导活动过程中相互联系的各个环节发挥出的整体功能效应。"[1]

(三)领导效能评估是奖惩、选拔干部的重要依据

领导效能是领导者在一定的客观环境中通过发挥主观能动性,运用自身素质、能力认识环境、改造环境而取得的成效。评价领导工作效能的过程,实际上也是考察领导者的过程。领导者是群众中比较先进的一部分人,但就领导者的内部来看,也仍然可以区分出先进与落后、优秀与平庸,他们之间在工作动力、工作能力和工作效果方面都表现出一定的差别。因此,在领导系统内部也需要激励先进、鞭策落

---

[1] 王国勇:《论领导效能在领导活动中的地位》,载《领导科学》1992年第8期。

后、淘汰不合格者的机制,以提高领导水平和改善领导者的素质。评估工作正是要起这种作用。通过科学的评估,一方面领导者之间的效能差别被客观公正地反映出来,给领导者"照镜子""树榜样""敲警钟",在产生激励先进与鞭策后进的效应的同时,形成改善领导工作的压力和推动力;另一方面可以通过领导效能的评估,了解领导者的价值理念、思想作风、能力状况等,确定其是否具有潜在的能力和培养的前途,从而为评价、提拔、任用领导干部提供重要依据。

(四)领导效能评估是推动领导活动不断发展的最佳动力

社会实践是一个不断运动发展的过程,需要人们不断地认识新的问题和解决新的问题。同样地,社会实践中的领导活动也需要一个周期接一个周期地向前发展,不断地作出新的决策并予以贯彻执行。从这种动态视角看,领导活动的一次周期与另一次周期之间,就需要有一个联系过渡的中介环节。评估工作的地位、作用和意义即在于此。它通过对前一阶段领导工作之成效的总结与反思,暴露新的问题、差距和矛盾,引导领导工作进入一个新的周期,从而推动领导活动不断深化和向高级发展。所以说,领导评估工作不能限于年中、年终两次形式化评估,而应该靠平时常态化的评估来推动领导活动深入发展。从发展的视角看,领导活动的发展不仅需要一定的环境因素,而且还需要领导者和被领导者的努力。领导者和被领导者对领导效能的追求,一方面可以解决领导活动的物质基础,使领导活动不断升华;另一方面也会成为激发工作热情,推动他们不断奋进的巨大精神力量。领导者与被领导者在已有的领导效能的鼓舞下,就会对领导活动的前途充满信心,加倍努力地去完成本职工作,为实现更高更好的领导效能而努力奋斗,以此来推动领导活动的飞速发展,使领导活动不断充满生机。因此,不论从动态还是发展的角度看,如果缺少领导效能评估这样一个中介环节,领导活动就是不完整的,就不能形成一个无限深化的动态系列。

(五)领导效能评估是对领导者实施有效监督的基本内容

现代民主政治要求领导活动应该是公开的、可监督的。评估就是对领导活动进行必要的监督的一种有效形式。评估对于民主发展的意义,是不言而喻的。加强和完善科学的评估工作,是逐步推进和扩大社会主义民主的重要内容,是动员群众实行民主参政议政的制度化渠道之一。建立一套完整的领导效能评估体系,就领导者的决策能力、用人能力、协调沟通能力等指标开展群众性的评估活动,这对领导者无疑是一种无形的压力和促进。从某种意义上讲,领导效能评估使领导活动的透明度有了一定的制度保障,也便于群众发现领导工作中的问题和不足,促使领导者纠正失误和缺点,从而对领导实施有效的监督。

第二节 领导效能评估的标准与方法

领导效能评估是指特定的评估主体根据一定的标准,遵循一定的原则,按照一定的程序,通过一定的方法,对领导者实施领导活动的能力、业绩与效果进行综合测试与评价的过程。

一、评估标准

领导效能评估的标准是测定领导活动效果的一系列价值指标。科学、可行的评估标准体系可以有效规范领导群体和领导者的行为价值观与政绩导向。领导效能评估,关键在于制定科学的、具有可操作性的考察标准,并且对领导者的领导态度、领导能力、领导效果和客观环境之间的错综复杂的关系进行全面辩证的分析和评判。领导效能评估是一个复杂的综合系统,其具体标准设定要考虑到我国的现实国情、领导职能状况和不同的领导职责特征。落实领导效能评估,就必须建立一个科学的评估指标体系。一般从宏观上可将领导效能评估的基本价值标准概括为以下几个方面内容:

1. 德行标准

德行,是指政治思想素质、道德素质、行为品质和为人处事作风等,统帅着立身做人的各个方面。对领导者德行的评估,是对领导者的道德、品质、作风、修养等方面的评估。道德品质是人的社会性的表现,具有强烈的阶段性和时代性。在我国现阶段,对公共部门领导者德行的评估主要包括:领导者作为人民的公仆,在政治态度上是否忠于人民,是否认真贯彻各项路线、方针与政策,是否有效执行了国家的法律、法规与制度等;在道德品质上是否具有高度的使命感与责任感,是否廉洁公正、自觉遵守社会公德、恪守职业道德;在工作作风上是否实事求是、尽职尽责、关心下属等;在个人修养上,是否诚实、宽容、坚强、热情、积极进取等。

2. 经济标准

经济标准主要强调投入与成本之间的关系,它侧重的是成本的节约程度,即要求在获得特定水平的投入时,使成本降到最低水平。领导活动特别是公共部门的领导活动中的人力、物力等构成了组织对特定领导活动的投入,而获得和维持这些人力、物力所花的资金,就是投入的成本。

改革开放后,在以经济建设为中心的国策促动下,我国对领导干部的效能考核过度偏向 GDP 指标。这在某种程度上扭曲了经济考核标准,导致领导活动效果的衡量、领导能力标准体系的测定的不合理和局限性。实际上,真正意义上的经济标准的考核不应该定位在 GDP,而是指"经济节约"和"开支缩减",即更多关心的是机构的精简和人员的精干,尽量降低和压缩领导活动过程中的开支,包括时间、精力损耗,以尽可能低的成本投入,提供或者维持既定数量和质量的产品或服务,实现低成本下的高效益。

3. 效率标准

效率是单位时间内所完成的工作量,即投入与产出之比。效率标准主要测定领导活动产出与投入的关系,即在成本保持不变的情况下,实现领导活动效果的最大化或者在产出水平不变的情况下,实现成本投入的最小化。效率标准至少应具有两个特征:第一,这一描述是定量而非定性的;第二,这一描述反映的是整体而非个别情况。领导效率是指领导者在单位时间内完成工作的数量和质量,即完成一定数量和质量指标的速度。由于受到领导者的工作态度和能力、领导环境以及下属的积极性等条件的影响,势必会导致不同的工作效率。

西方政府部门和社会科学在长期的实践中发展出了一套复杂的效率测定方法。首先,将效率分解为生产效率和配置效率。生产效率是指领导者进行领导活动的平均时间成本,配置效率则是指领导过程中对各项领导活动的偏好、顺序、时间的安排。其次,运用回归分析、参照系与非参照系比较技术等方法测定效率。最后,效率标准关心的是手段问题,可以说,效率标准所指代的就是在给定资源的条件下,选择能够实现最大化效果的备选方案。特别应该注意的是,"当效率准则应用于政府机构决策时,必须考虑这些机构活动可能造成的经济效应。用经济学的语言来描述就是,公共机构的效率问题必须从总体均衡而不是局部的角度来解决"[①]。

4. 效益标准

以效率作为衡量标准,仅适用于那些可以量化的或货币化的产品或服务,而许多领导活动的性质很难界定,更难量化。在此情况下,效益便成为衡量领导活动的一个重要标准。效益标准关注的是领导效能、效率的正面社会效应和领导效果的质量。没有效益的效率和产出都是毫无意义的,反而还会带来巨大的财富损失。效率标准与效益标准并非总是成正比,效率高不等于效益好,高效率并产生良好的工作效果,就是有绩效。

效益通常是指服务实现目标的程度,如福利状况的改变程度、用户满意度、政策目标的成就程度等。因此,对领导效益的评价可以从两个方面着手:第一,看它是否增进了社会福利和公共利益;第二,此类领导效果是否对更高层级目标的实现做出了贡献。[②] 由于领导工作的行业不一、层次不同,表现其领导效果的方式、内容和程度也不尽相同,但最根本的是看其物质成果和精神成果,因此,效益标准不能同领导者所处的行业、部门、地位等具体内容分开,而要进行综合性的、有比较的整体分析。

[①] 〔美〕赫伯特·A.西蒙:《管理行为》,詹正茂译,机械工业出版社2004年版,第234页。
[②] 王乐夫编著:《领导学:理论、实践与方法(第三版)》,中山大学出版社2006年版,第301页。

5. 公平标准

公平是领导活动的终极价值取向,它强调的是提供公共产品和服务的平等性。传统的领导重视效率、效果,而不大关心公平问题。自新公共行政学产生以来,公平问题日益受到广泛重视,并成为衡量公共组织领导效能的重要指标。弗雷德里克森曾提出社会公平的复合理论,①这为领导效能评估提供了可借鉴的学理支持。公平作为衡量领导效能的标准,主要聚集接受服务的团体或个人是否都受到公平的待遇、弱势群体是否能够优先得到更多的保障和服务等等。领导活动最需要体现给予维护公共利益的公平精神,如果整体领导效率很高,但它严重损害了少数和弱势群体的利益,威胁了社会的安定与和谐,那么此类领导效能也是不合理的。

德行、经济、效率、效益、公平这五个标准环环相扣、相辅相成,共同构成了领导效能评估的综合评价体系。然而,这五个领导效能评估标准只是提供了分析问题的几个主要方面。由于公共部门和私营部门的特殊性,要设计一套能如实反映各方领导效能评估的评估标准是相当困难的。在实际生活中,领导效能是多方面的,不同领导领域和领导之间又有一定差异,并且还受到众多因素的影响和制约。科学的评估指标能引导各级领导将工作的重点和注意力放在坚持科学发展观,促进经济社会全面发展上;如果标准设计失当,就会造成各级领导片面追求某一方面的政绩,出现所谓"形象工程"和"政绩工程"。

二、评估方法

领导效能要达到预期的效果,就必须有科学正确的评估方法。领导效能的评估方法多种多样,根据领导工作的不同内容、层次和性质,以及不同系统和部门、不同地区和单位,应分别运用与之相应的评估方法。评估方法既要能够客观全面地反映领导活动的实际,又要有可操作性。常见的评估方法主要有:

(一) 不同评估主体层面

1. 自我述职法

自我述职法也可以理解为自我鉴定法。自我述职法是被评估者评价自己的一种方法。所谓述职,就是领导干部对自己所履行的岗位职责、取得的工作成绩、完成责任目标和工作失误及其原因等情况加以评价的过程,也就是自我鉴定。自我鉴定的内容通常有:个人职责、履行职责的情况、主要政绩与目标实现程度、工作失误及原因、今后打算和措施。自我鉴定要求真实可信,鉴定内容与岗位责任要一致。述职后,与会者要对述职报告进行评论,作出实事求是的评价。这种自我述

---

① 〔美〕乔治·弗雷德里克森:《公共行政的精神》,张成福等译,中国人民大学出版社 2003 年版,第 105—108 页。

职、自我评价,是全面评估领导者效能不容忽视的一种方法,对于领导者自我约束和提高领导效能起着积极的作用。

2. 群众评议法

群众评议法又叫"员工评议法",就是通过群众测评、民意测验等方式对被评估者进行评议,以获得被评估者的总体情况的方法。作为被领导者的下属或员工,是领导活动的主体,他们对被评估者的情况的了解比较全面和客观,因此群众评议法有利于了解到领导效能的真实情况,防止领导者过高估计和评价领导效能或者弄虚作假。另外,群众评议法不仅充分体现了对被领导者的尊重,体现了领导效能评估的民主参与原则,也有利于领导者了解下属或员工的态度和意见。接受群众监督,有利于领导者梳理权力为公、为人民服务的思想意识,防止权力的腐败。

群众评议法是现代社会广泛使用的一种调查方法,可以通过投票法、对话法、问卷法等方式实现。投票法是由上级机关组织考核对象所在单位的群众,对该单位领导者的领导效能按优秀、良好、较好、一般、较差等几个层次进行投票测评的方法。投票工作可以组织全体成员中进行,也可以只在部分代表中进行。对话法是指由评估者找个别人谈话,或召开小型座谈会,直接了解被评估者的评价。对话的优点是能及时、深入地了解情况,在对话中得到大量信息;缺点是对评估者提出了较高要求,要运用得好,必须注意方式和技巧,既要引导得力,又不能暗示或妨碍谈话者表达真实想法。问卷法则是将评估指标项目分级分类作成调查表,要求被调查者如实填写,然后由评估者进行数据处理和综合分析。问卷法的有效性依赖于问卷的设计的科学性、针对性和填写者认真配合的态度。其缺点是由于问卷问题的设计过于笼统或者填写者的不合作,问卷质量可能会受到影响。

3. 专家评估法

专家评估法是指聘请有关专家或权威人士对领导效能进行评估和鉴定的评估方法。这种方法是一种有利于领导活动主体之外事物、不受领导活动主体所干预的评估方法。用一定的组织形式集中专家意见来对领导效能进行评估,是一项非常重要而且必要的方法。专家评估法的特殊之处一方面在于专家的专业知识使其可以超越普通人的意识,容易理解领导活动自身的特殊要求;另一方面,专家并不直接参与决策,因此又可以说超脱于某些利益纠葛,具有旁观者清的优势。然而,专家评估法也具有一定的局限,即评估的有效性取决于参加评估的专家是否不受其他因素的干扰并且不带任何主观成见,以及是否对领导活动过程及其成果、成效了如指掌。

4. 组织考核法

组织考核法也叫"上级评议法",是指上级组织定期专门对所属领导者进行多侧面、多角度的评估。运用这一方法,首先要建立评估小组,由其具体负责评估事项,并做到责任到人。小组成员要有被评估者的上级领导参加,以便在评估中比较合理地掌握尺度,全面了解下属的工作情况和才能,掌握群众的评价和意见。其次要建立领导工作实绩簿,如实、详细、及时地记录领导者工作任务的完成情况。既要有定性概括,又要有定量数据,还要注意收集领导者写的有价值的工作总结、文章等资料,以便全面、客观地评价领导者的功过是非。

(二) 不同评估方式层面

1. 目标评估法

目标评估法又称"目标对照法",就是按照领导活动中预定的目标体系,检查其完成情况,从而评定被评估者的工作绩效的方法。目标评估法的主要思想来源于目标管理法。目标管理法是美国著名管理学家彼得·德鲁克提出并倡导的一种管理模式。它是根据注重结果的思想,先由组织最高领导层根据组织面临的形式和社会需要,制定出一定时期内组织所要达到的总目标,然后由组织内各部门和人员根据总目标确定各自的分目标,层层落实形成一个目标体系,并在获得适当资源配置和授权的前提下积极主动为各自的分目标而奋斗,并把目标完成情况作为考核的依据,从而使组织的总目标得以实现的一种模式。由于目标是一个由总目标、具体目标构成的层次复杂的目标体系,具有可分性、层次性、阶段性和综合性的特点,所以目标评估可以从内容上、层次上和时间上分项、分层、分阶段进行,也可以综合进行。[①] 各种评估方法,本质上都是以不同的方式、从不同的角度去对照检查目标实现的程度,以寻求实现新的目标的最佳途径,因此,目标评估法具有基础性意义。

目标作为领导活动中的一个基本要素,既是领导活动的起点,又是领导活动的归宿。领导的决策是以目标为依据,而下属的活动则是以实现目标为依归的。因此,使用目标评估法,首先,要制定总体目标,各个组织不仅要为本单位制定规范、综合和全面的目标,还应该为领导者制定分项、分层项目指标。要注意的是,无论是组织整体目标还是个人项目指标,都要有质的规定性和量的规定性。特别是量的规定性具有十分重要的意义。因为目标要能够被考核,就必须将其量化为一系列可测量的次级指标体系,否则是很难进行评估的。其次,要把总体目标分解为相互联系、相互制约、多层次和多样性的具体目标项目,以形成领导组织的目标体系。应注意,在总目标与次级目标之间应形成应有的同构关系,即次级指标体系必须能够客观、全面、充分地反映总目标的概念内涵和实质。对那些确实不宜用数量表示的目标,则可以通过揭示它的质的规定性来进行测评。尽管一些目标不宜或无法用数量表示,但大多数目标的质量是可以评估的,这些目标可以通过详细阐明目标的性质、特征以及完成期限和途径来提高其可评估程度。每个方面的次级指标体

---

① 刘建军编著:《领导学原理——科学与艺术》,复旦大学出版社 2001 年版,第 314 页。

系以及每个方面的指标体系的建构,都要科学合理,并得到一定范围的认可。最后,在进行了总目标的分解并建立了相应的指标体系后,就要严格按照总目标对照测评各项次级指标体系,以检查被评估者目标完成情况。在评估中具体可以采用成果汇报的方式,由领导者做述职报告或由领导者组织汇集有关情况和统计资料进行通报,同时组织群众参加评议,以取得真实、全面和公正的评估结果。从一定意义上讲,目标管理本身就是一种以绩效为目标、以开发能力为重点的认识和组织效能考核制度,它为人员功能和组织效能评估的规范化做出了重要贡献。采用这一评估方法时,应当注意考虑那些领导者无法控制的因素对实现领导目标的影响,这样才能增强评估结果的客观性。

目标评估既可以分项目、分层次评估,也可以按其进度,分段评估。分段评估就是将平时考察与定期考察相结合,把过程考核与结果考核相结合。平时考核,就是伴随领导活动的开始进行多方式、多视角的考察,并记载、整理和积累考察情况,作为定期考核的基础。定期考核,则是在一定时期内,根据平时考察的情况,对领导各个活动的各个要素以及领导效能的各个方面进行全面系统的考核,以形成最终考核结论。另外,也可以将领导活动中的有关项目或有关要素分解开来,分别进行评估。例如,在某领导活动开始前或初期,侧重评定领导者的知识素质和能力素质(预先评定);在工作过程中,侧重评定领导者的工作态度和工作作风(过程评定);工作结束后,又侧重评定其工作效率、成绩和社会效益(结果评定)。最后将各阶段评定的结果进行全面的综合分析整理,形成最终的考核结论。

使用目标评估法需要注意总目标与子目标之间的关系,严防"目标替换"现象的发生。对于领导者的绩效评估来说,目标替换就是以领导者决策范围之外的目标替换领导者所要追求的目标。根据替换的目标进行的领导效能评估所得出的结论是不能检验原目标的正确性和实施效果的,当然也不能以此来评价领导者的决策能力和推动实施决策的能力。在对执行决策的部门和下属的工作绩效进行评估时,也要注意其子目标与总目标之间的关系,防止经常性的目标替换现象的发生。如果执行部门和下属把实现分目标看作是最终目标,而不是把分目标看作是实现总目标的手段和组成部分,僵化地遵循分目标所规定的规章与制度,即便这些规定已经有悖于总目标的要求,就很容易扰乱整个目标体系结构,使得整个组织的总目标不能实现。所以,在对执行决策的部门和下属的工作绩效进行评估时,不能因为他们已经实现了分目标,而断言其有较高的绩效,即不能以执行决策的部门和下属的分目标的实现替代整个组织的总目标的实现。[1]

---

[1] 刘建军编著:《领导学原理——科学与艺术》,复旦大学出版社 2001 年版,第 315 页。

2. 定量分析法

任何领导效能都反映在质和量两个方面,既可以在质上定性,也可以在量中分析。过去的领导评估大多采用定性评估法,对领导的效能作出定性评价,这是十分必要的,但是缺少了定量分析。近年来,国内许多单位在完善定性评估的同时,结合使用定量分析方法,使领导效能评估更加全面、更加合理。定量分析法就是根据领导活动的各个方面的量化指标,运用统计方法对领导效能进行评价的方法。这一方法首先要求建立指标体系,然后运用数学模型进行分析,最后以数据、表格等形式表达出领导者的绩效。

定量分析法的优点在于借助测评技术得到测评结果具有较高的说服力,避免了人为因素如评估者主观偏好的干扰,比较全面客观;缺点是容易使领导者盲目追求数字,甚至为了得到更高的领导绩效而玩弄数字造假的骗术。所以,定量分析法并不是万能的。我们在使用定量分析法开展领导效能的实际评估中,必须把定量分析与定性评估结合起来,并根据实际需要结合运用其他方法从多方面、多角度进行评估,这样才能对领导效能作出全面、客观、公正的评价。

按照领导效能的衡量尺度以及领导效能的内涵分解,对领导效能进行定量分析,具体可以围绕用人、办事、整体贡献和时间节约四个方面进行,从中找出有效量与总量之间的比率。比率高,就说明领导效能高;反之,就说明领导效能低。这四个方面的比率是互相联系、密不可分的,因此,要综合起来进行评估。

3. 比较评估法

比较评估法就是通过选择一定的参照系来对比评价领导者效能的方法。比较的方式很多,主要有纵向比较和横向比较。纵向比较就是现在同过去比较、现在与未来比较;横向比较就是同一组织中领导者之间、不同部门之间,不同组织的同类领导者、同类领导班子之间,以及同类地区、部门、单位之间的比较。这种评估方法并不是不考虑组织目标的实现程度,而是侧重分析评价在客观条件限定的情况下领导者的工作态度以及工作能力的相对差异。一般来说,可以从效益和效率两个方面来进行比较,也可以从质和量两个方面来进行比较。比较评估法要注意参加比较的被评估者所处的主客观条件应该是比较类似的这一前提,否则就失去了可比性。正确地运用比较能促进被评估者发现自己的优点和不足,产生较好的激励作用。然而,在现实生活中,条件完全相同的组织是没有的,所以在运用比较评估法时,选择具有可比性参照系有一定难度。

4. 模拟评估法

模拟评估法就是让被评估者进入一个模拟的工作环境,要求他按照给定的条件进行模拟操作,用多种方法观察他的行为表现、心理素质、反应能力等,并根据这些观察来测评他的领导能力。这一方法是一些国家在二战中选拔军事人才时创造的,之后用于企业管理的人员选拔,目前在公共组织中也引入了这种测评方法。模拟评估法一般主要用来考核和选拔基层领导者。模拟评估的主要方式有公文处理(案例处理)、小组讨论和口试(答辩)三种。

使用模拟评估法应注意两个问题:一是测评人员的组成要合理,一般应包括组织人事部门的干部、有关专家和被测评者的上级领导。主试者不仅要正派正直,秉公办事,而且要有较宽广的知识面,熟悉业务,判断力强,能够较准确地评估各种能力的强弱和各项素质的高低,以便选出真正的优秀者。二是评估的内容设计要科学合理,具有相似性、先进性、实用性和动态性。即在选择案例、编制公文时,要尽量做到真实而具有代表性。

5. 统计分析法

统计分析法是把领导活动的目标分解成各项指标,对照工作的实际效果,运用统计数据检查领导任务完成情况,把领导活动的成果或成效统计出来,以评价领导者工作成效的一种方法。它要求用定量的方法做评估,要在所有可能的地方,将领导活动及其效果用量化的指标显示出来,然后运用数学方法,建立数学模型,对各种数量关系及资料进行汇总、列表、分析,再形成定量的结论。统计分析法是目前广泛使用的现代科学方法。例如,通过对一个县(市)全年社会总产值、工农业总产值、人均国民收入、农民人均收入、上缴税利、地方财政收入、基建投资完成额、粮食总产量、九年制义务教育普及率、人口自然增长率等情况的统计分析,把这些指标与上一年相比算出递增率,必要时还可建立数学模型,就大体可以评估出该地党政领导班子的政绩。当然,在充分重视定量分析方法的同时,不可忽视定性分析方法。至于政绩好坏的程度,以及某一人领导功绩的大小,还得考虑客观环境等种种因素的影响和制约,应该参照使用其他方法获得的材料作深入分析。

6. 调查研究法

调查研究法是通过对领导活动全过程的跟踪调查,掌握每一个环节的效能状况以及各个领导要素在每一环节上所发挥的作用,以便对领导效能的成因作出全面准确的评估。

调查研究法是我们开展工作的一种常用方法,是对被评估对象及其周围环境通过调查了解、开座谈会、个别交谈等,从而获取客观公正的信息的一种评估方法。这种评估方法适用的范围广泛,评估的成本也不高,省时省力。

调查研究主要包括典型调查、走马观花、解剖麻雀、抽样统计等方式。做调查,一要有的放矢,不能心中无数,碰到什么抓什么;二要持之以恒,因为一次调查往往不能说明什么问题;三要在调查之后进行研究,不能为调查而调查。

7. 案卷查阅法

案卷查阅法是指评估人员借助于领导干部档案和有关文书档案、资料、会议记录等对评估对象进行全面的、历史的了解的一种评估方法。查阅的案卷种类主要有：干部档案、干部资料、干部信息数据库、文书档案、考绩档案等。重点是查阅对领导者本人的鉴定资料、审查材料、政绩材料等。

领导效能的评估方法是多种多样的。在实际领导绩效评估过程中，由于领导者所处的岗位、级别、工作年限的不同，单一的领导效能评估方法可能无法达到评估效果。此时，可以考虑将多种评估方法进行综合使用，如将平时评估与定期评估相结合、领导评价与群众评议相结合、定性评估与定量评估相结合，以取得评估效果的最大化。不过，领导效能评估也有其局限性，主要表现在领导效能评估的原理过于理论化，评估指标体系有待进一步完善，评估技术、方法过于偏重定量分析。评估技术、方法偏重定量分析，虽然可以避免大量的主观随意性，但如果过分地使用它，有可能使测评过于复杂或出现某种片面性，从而影响可信度，亦影响可操作性。这些问题的存在，导致领导效能评估还要大量依赖经验操作。因此，在选择和使用各种方法时，必须从实际出发，具体问题具体分析，讲求针对性、实用性和有效性，在理论和实践总结的基础上不断发展并形成新的评估方法，以使领导效能评估方法体系日益充实、完善。

第三节 提高领导效能

提高领导效能是贯穿领导活动全过程的一条主线，也是领导活动中各种因素综合作用的结果。对领导效能进行研究，主要目的就是通过对领导效能的合理评估以期达到提高领导效能的目的。由于制约和影响领导效能的因素很多，因此，要提高领导效能就必须做多方面的努力，采取多种办法和途径。

西方早期对提高领导效能的理论主要有领导权变理论和交易型领导理论两种。

研究领导权变理论的学者认为，领导效能不只取决于领导者的个人素质、某种固定不变的领导行为或作风；没有一成不变的、普遍适用的"最好的"管理理论与方法，任何一个工作群体的领导者，都应该根据组织所处的内部和外部环境的变化采取随机应变的方法。权变的实质就是强调领导者"因变而变"，使行为主体根据环境因素的变化而适时调整自己的行为，以期达到理想的效果。领导权变理论还充分考虑了复杂的领导行为中各种可能的方式，而不是以一种一成不变的看法去分析问题。它强调了领导者个性和领导者情景之间相互作用的重要性，要求行为主体对领导活动作出适当的调整。领导权变理论把组织内部、外部环境因素看成是自变量，把管理思想、管理方式和管理技术看成是因变量，认为在一定条件下，领导的管理思想、管理方式和管理技术应随着员工的特点、组织内外部环境的变化而相应变化,从而去争取尽可能大的领导效果。因此,它日益成为研究领导效能理论的主流。此后许多理论都建立在领导权变领导理论这一基础之上。

交易型领导理论重点在于强调在一个相互创造的环境中领导者与下属的作用,领导是一个复杂的相互满足的交易过程,这一过程可以被领导者与下属或领导环境所改变,这些改变最终会导致环境的重新设定,进而使每个成员实现收入最大化和成本最小化的共同目标下属执行领导者的命令指挥,完成其交给的任务。交易型领导理论强调,领导是一个交易,是对社会交换的反映,领导者为下属提供利益,以共同实现组织目标。

无论是领导权变理论还是交易型领导理论,其核心都是从不同角度探索和研究如何提高领导效能。此外,彼得·德鲁克在其《有效的管理者》一书中也提出了管理者要取得有效性所需的条件,这对现代领导者提高其领导效能具有重要借鉴意义。他提出,管理者应该做到:

第一,知道把时间用在什么地方。管理者自己掌握和支配的时间是很有限的,他必须利用这一点有限的时间进行系统的工作。如果不能好好地利用时间,这种管理者的工作是无效的,他可能会经常觉得很忙,但是工作效率并不高。德鲁克提供了简便易行的办法利用时间:记录时间、安排时间和集中时间。管理者要通过合理安排时间来避免时间浪费,安排好之后,还要高效地利用时间,即善于集中利用可支配的"自由时间"。

第二,注重外部作用。有效的管理者要把力量用在获取成果上,而不是工作本身。也就是说,要明确这项工作最后要取得什么样的成果。明白了这些目的和要求之后,再开始做工作就容易得多了。

第三,把工作建立在优势上。有效的管理者最好把工作建立在他能做什么的基础上,而不是把工作建立在其弱点上。配备人员,要看他是否具备完成这项任务的能力和素质,而不是看他是否讨自己喜欢。当然,还要运用上级的优势,来为提高自己工作的有效性服务。

第四,把精力集中在少数主要领域。这些领域是有效管理者要考虑的重点领域,在某一个特定的时期,管理者有特定的任务,即要优先考虑这些事情,其他的事情可以再作考虑。如此一来,优异的工作将产生杰出的成果。如果不管在哪个时期,所有的事情都一把抓,则很难有大的突破。明智的管理者会给自己定出优先考虑的重点,并坚持重点优先的原则。

第五,有效的决策。有效的管理者应该按适当顺序采取适当步骤解决问题。只有在"不一致的意见"存在的情况下作出的判断才是正确的,如果大家都是"统一的看法",不一定是好事。作决策需要时间,但快速作出的许多决策往往都是错误的决策,作决策一定要慎重,要考虑各种情况。①

本书结合了领导效能的现状以及西方提高领导效能相关理论,主要从树立正确的政绩观,提高时间效能、工作效率,以及分工协作、权责统一这三个方面探讨提高领导效能的方法。

一、正确的领导政绩观

领导观念是在实践中形成的指导思想或看法。领导观念是支配和影响领导行为的重要因素,领导观念陈旧落后,就会导致领导行为的滞后,直接或间接地影响领导效能。因此,要提高领导效能首先要做到解放思想,更新观念,树立正确的现代领导观念。

(一)领导政绩观的内涵

所谓政绩,顾名思义,政是执政,绩是成绩,政绩就是执政成绩。用规范的语言来说,政绩就是领导在任职期间的工作业绩。

所谓政绩观,就是领导者对政绩的总看法和根本观点。政绩观是对执政成效的价值判断,这种价值判断直接反映着领导干部从政的价值取向,是领导干部创造政绩的思想基础。它主要包含四个根本问题:一是标准问题,即什么是政绩;二是立场问题,即为谁创造政绩;三是目的问题,即为什么创造政绩;四是方法问题,即如何创造政绩。对这四个问题的回答就构成了领导政绩观的主要内容。

(二)领导政绩观偏颇的主要表现

错误的领导政绩观不仅会影响领导效能的发挥、领导活动目标的实现,甚至会阻碍组织的建设和发展。领导政绩观的扭曲,主要表现在以下方面:

1. 片面追求短期、近期显绩

政绩有显绩和潜绩之分,所谓显绩,是指明显展现在公众面前的(看得见、摸得着的)政绩,如修的路和桥、GDP等;所谓潜绩,指的是需要投入很大精力和成本,眼下不能立即见效,但会给将来带来收益的政绩,如教育、环境等。当前一些领导干部在自己的任期内,为了快出成绩、多出成绩,急功近利,不顾当地的客观实际及一方百姓的需要,搞一些"短、平、快"的形象政绩,来显示自己的才能和魄力,热衷于眼前见效快的事情,而对"前人栽树,后人乘凉"的事情没有热情,甚至为了当前利益、局部利益不惜牺牲长远利益和全局利益。这种搞"政绩工程"的做法是经济社会全面发展之大忌,必须坚决予以杜绝。

2. 追求考核指标内的政绩

长期以来,在领导干部政绩考评内容上存在单一性问题,过分强调经济增长指

---

① 〔美〕杜拉克:《有效的管理者》,吴军译,求实出版社1985年版,第24—25页。

标,把一切工作都维系在 GDP 上,造成了极大的危害。例如,对生态环境的破坏、对公共健康的损害、对公共财产的掠夺等。从 GDP 数字上看是增长了,但却支付了昂贵的生态成本、健康成本和人文成本。同时,由于片面追求 GDP,也会严重扭曲政府职能,造成政府职能的"越位""错位"和"缺位",出现"一手硬、一手软"现象。诸如卫生、教育、就业、环保、安全、信访、社会治安、稳定等政府必须着力解决的社会事务和公共服务无暇顾及,导致区域发展、经济社会发展、城乡发展、人与自然发展的严重失衡。

3. 追求利己的政绩

有的领导把坚持以人为本停留在口头上,在行动上缺乏具体的措施,做工作、想问题不唯实,只唯上,不考虑实际情况,不顾及社情民意,他们看个别领导爱好、摸个别领导思想、迎合个别领导思路、看个别领导脸色行事,搞个人投机主义,目的不是为了实现群众利益,而是为了个人升迁。对这些人来说,"政绩"说到底就是作为个人晋升路上的铺路石,作为追逐个人名利的敲门砖。[①]

(三)树立正确的领导政绩观

树立正确的领导政绩观是提高领导效能的基础。领导政绩观的正确与否,不仅关系到领导个人的健康成长,其所在组织、地区的顺利发展,甚至会影响党的执政能力建设和现代化建设事业的成败,因此必须引起广大领导干部的高度重视。

1. 树立以科学发展观为基础的领导政绩观

科学发展观是正确政绩观的前提和基础,没有科学发展观,就不可能有正确的政绩观,同样,没有正确的政绩观,也不可能落实科学发展观。要树立正确的政绩观,首先要树立科学发展观。

树立科学发展观,是解决好"创什么样政绩"的问题的关键。因此,领导干部树立科学的领导政绩观,全面落实科学发展观,其一,要做到显绩和潜绩的有机统一。正确的政绩观既要考核经济增长的总量和速度,又要考核经济增长的质量和效益以及资源的节约、环境的保护等可持续发展的潜绩,即要树立全面、协调、可持续发展理念,创造出科学发展的政绩。其二,追求"得"与"失"相协调的政绩。任何政绩的取得都要付出一定的成本,涉及"得"与"失"的问题,要看"得"大于"失",还是"失"大于"得",要进行成本与效益的综合比较。科学正确的政绩观应是施政成果大于施政成本,不能只看规模、指标、速度而不计成本地投入,必须是产出大于投入。其三,做到短期绩效与长期利益相结合。领导干部要以科学发展观为指导,树立正确的政绩观,改变单纯追求经济增长、单纯追求局部利益、单纯追求眼前发展的狭隘政绩观,把工作的重点放在提高经济增长的质量和效益的长期发展需要上

---

① 徐健:《关于领导干部树立正确政绩观的思考》,载《辽宁师专学报(社会科学版)》2013 年第 6 期。

来,绝不能再以牺牲环境的代价来换取经济的高速增长。其四,重视每一届领导者工作的衔接。一任领导、一届班子,有没有实实在在的政绩,关键要看所做的工作是否经得起时间的考验。要在制度措施上管长远,树立"接着干"的思想,克服朝令夕改、另起炉灶、前后脱节等"一个领导一个想法、一届班子一套思路"的行为,确保单位建设始终沿着总体规划健康发展,对未来负责、对长远发展负责。

2. 树立个人与群众利益相结合的领导政绩观

唯物史观认为,人民群众是历史的创造者,是真正的英雄。领导干部为任一方,想创造一番业绩,无可非议。但如果背离了为人民服务的根本宗旨,贪图虚名,为了个人仕途,摆花架子,弄虚作假,不计成本,甚至不惜损害人民群众的利益,那就是作秀而不是创造政绩。

树立个人与群众利益相结合的领导政绩观,是解决好"为谁创政绩"的问题的关键。科学的政绩观应是创造的政绩既满足了最广大人民群众的根本利益,又实现了个体的充分发展,是二者的有机统一。因此,作为肩负组织发展责任的领导者,必须要把是否符合人民群众利益、是否满足人民群众需要作为一切工作的出发点和立足点,想人民之所想,急人民之所急,切实解决关乎老百姓切身利益的现实问题,如收入、住房、就业及社会保障等问题,在实践中更好地坚持为民、利民、惠民、保民的宗旨。同时,领导者个人应该从情感上真正融入集体,把个人想法和集体利益有机地统一起来,充分依靠集体、依靠群众,在带领群众真抓实干、埋头苦干、推动组织建设发展中发挥个人才能、体现个人政绩、实现个人价值。

3. 树立以求真务实为核心的领导政绩观

求真务实的工作观,主要是解决好"靠什么创政绩"的问题。一切从实际出发,实事求是是我党的优良传统和作风,也应该成为领导者提高其领导效能的根本保证。在追求全面建成小康社会的背景下,各级领导干部应少一些虚张声势、夸夸奇谈,多一些深入实际、体察民情,只有这样才能制定出符合客观实际的、带有全局性且前瞻性的决策。实践证明,脚踏实地,求真务实才能创造真政绩。

领导干部的政绩不是主观自诩的,它是客观存在的,不以人的主观意志为转移的。树立以实事求是为核心的政绩观,要坚持真抓实干、艰苦奋斗,反对形式主义、官僚主义和弄虚作假。真抓实干,是正确政绩观的特点;投机取巧,则是错误政绩观的反映。要深入基层、深入实际、深入群众,紧紧抓住发展这个党执政兴国的第一要务,把工作的着力点放到研究解决改革发展稳定中的重大问题上,放到研究解决群众生产生活中的紧迫问题上,放到研究解决党的建设中的突出问题上,真正为人民群众办实事。只有经得起实践检验,符合中央的路线、方针和政策及人民群众根本利益的政绩,没有"后遗症"的政绩,才是真政绩。那些只顾前不顾后,只抓物质文明,而忽略精神文明、政治文明、生态文明的政绩,那些掺了水的数据、不符当地实际的"形象工程"等都是假政绩,是经不起实践检验的,甚至可以说是"政疾"。①

二、提高时间效能、工作效率

(一)时间效能和工作效率

人们的一切劳动成果都是在一定的时间内完成的,因而在单位时间内所完成的工作量是衡量领导效能的重要因素之一。

作为一个现代领导者,不管他从事何项工作,想要成功,就必须学会科学地运筹自己的时间,进行科学的时间管理。德鲁克说,在每一项领导问题、每一项决策、每一项行动中都存在着一个复杂的问题,这就是时间。时间是决定领导者工作有效性的重要因素之一,时间效能具体体现为对时间的利用效率和效益,领导效能的高低往往是看领导者对时间的利用率。工作效率是指领导者在单位时间内完成工作的数量和质量,是已取得的领导工作实绩与所需时间之比,即完成一定数量和质量指标的速度。

时间效能与工作效率是相互联系的,时间效能的高低直接决定了工作效率的高低,工作效率的提高意味着时间利用效率和效益的提高。时间效能与工作效率是决定领导效能高低的必要条件,高的领导效能必须要有高的时间效能与工作效率。

(二)时间效能不高、工作效率低的原因

在领导者日常领导工作中,经常存在一些错误的观念和工作方式。这些错误观念和工作方式会使领导者工作陷入误区,导致时间的浪费,降低了领导工作效率。领导干部工作效率不高的主要原因有:

1. 领导者时间观念不强

时间作为客观元素资源,不像人力、财力、物力和技术那样被积蓄储藏,只能按一定的速率消逝。对一个领导者而言,他总是比组织成员面对更多的事务,如会见、谈判、起草文件、思考问题、个别沟通、处理矛盾冲突等,如果领导者时间观念不强,没有对时间做好合理的规划,就会很容易走入时间利用的误区。

2. 领导工作的无目的、无计划性

没有目标的忙碌并不比无所事事有意义,两者都是对时间失去了控制能力。无目标的领导活动不仅无效能可言,更是浪费人力、物力、财力。在执行行政工作时,如果没有制订合理的计划,只是一味地低头做事,很容易出现从繁忙到盲目再到茫然的状况,用辛苦换来的只是一番空忙,这也是在日常工作中比较常见的困

---

① 徐健:《关于领导干部树立正确政绩观的思考》,载《辽宁师专学报(社会科学版)》2013年第6期。

惑。领导工作无计划主要表现在：一是工作不分主次。虽然说细节决定成败，但工作时只注重细节而无视主干的存在，势必影响效率。比如，在机关行政工作中，一类是重要且责无旁贷的工作，另一类是繁琐、不重要的或者虽是职务所系但属于他人请托的工作，还有一类就属于根本没义务去履行的他人请托的工作，引起领导者困扰的就是后两类工作。二是工作习惯性拖延。这种情况通常是在心理上总认为时间还早，或者是拖延不愉快、不愿意做的事情，比较困难、难以下决定的事情，不紧急但重要的事情，最后就形成了对时间失去支配的局面，这也是造成行政效能低下的原因之一。三是没有养成良好的工作习惯。文件铺满桌其实是一种不良的个人习惯，看似繁忙，但从时间管理的角度来审视这一现象，体现出的问题一般是基于一种犹豫不决的人格特写——看过的报纸、杂志，领导刚吩咐起草的文件，以及下周要开的会议通知等，每一样看似都很重要，都可能随时用得着，所以都不能丢弃、搁置，但是一时半会也难以处理完结。这直接导致的结果就是办公桌上的文件堆积如山，从而衍生出工作半途而废的状况。

3. 领导者自身能力不足

如果领导者在一个足以施展抱负的位子，那么他们就应该在其位子上尽心尽力，将自己的工作做好。但很多领导者并没有做到这一点，主要表现在：一是基层情况了解慢。我国一些领导者习惯于通过听汇报而不是实地调研了解基层情况，但汇报中可能会有很大的水分，从而影响了领导者的视听。领导者在得知情况不实后再进行实地调查研究，会影响工作效率。二是领导者个人喜好在工作中占主导地位。一些领导者不能从客观实际出发，喜欢按照自己的意愿要求下属将工作做到完美无瑕，这样无形中增大了下属工作的压力，他们就会花费大量的时间用于一件事情上，而影响了其他工作。三是岗位职责划分不清。由于工作缺乏周密的计划，同时又没有严格的规章制度，导致工作流程或工作秩序不规范，出现许多人或许多部门在从事同一个研究课题，或者几个人或几个部门争夺同一资源的现象。

可见，日常行政工作中的错误观念、现象以及不良的个人习惯都会直接影响领导者对时间的掌控，从而导致领导效能的低下。良好的时间观念和工作习惯的养成不光是个人修养的提升，同时也是培养雷厉风行的工作作风至关重要的因素。

(三) 加强时间管理，提高工作效率

领导者日常工作效率不高的问题不是一日促成的，但是我们不能因为它是顽疾就视而不见，而是应该加以清醒认识。如何加强时间管理，提高领导者的工作效率，成为领导者所要面对的一道考题。

1. 加强对时间的认识，明晰时间管理观念

高效的时间管理是提高工作效率的重中之重。时间是有限的、不以人的意志改变而改变的客观元素资源，利用这一特殊资源获得更大的功效，就是常说的向时

间要效率。然而,时间管理不仅仅是珍惜时间那么简单,更要把高效的时间管理观念落实到实际工作中去。管理学家德鲁克认为,有效的管理者不是一开始就着手工作,而是往往从时间安排上入手。通常,在时间管理上最有效的领导者,也往往是在其他管理上最有成绩的领导者。

时间效能具体体现为对时间的利用效率和效益。领导者时间效能的高低不但关乎个人的成败,更关乎一个组织的成败。随着现代生活节奏的加快,时间对领导者显得尤其宝贵。面对繁重的社会公务,高明的领导者应该区别轻重缓急,科学和艺术地去运筹时间。领导者应该试图了解这样一个事实真相,当他托词自己没有时间的时候,其实质是他没有挤出时间,而时间是可以挤出来的,头等重要的事情,一定要有时间去完成。正如毛泽东说的要学会"弹钢琴",利用时间同样要学会"弹钢琴",要区分事情的轻重缓急。领导者时间利用得好,不但有助于摆脱杂务的纠缠,使自己有时间专注于组织重要的事情,而且也使自己从疲惫中解脱出来,保持充沛的精力和良好的身体素质,给组织内外树立一个健康、有活力的领导形象。因此,现代领导者要科学地利用好时间,争做时间的主人,而不是奴隶。善于对自己的有限时间进行综合统筹,把它用在最主要的工作上,注意把握不同事情的时机,在最适宜的时刻办最应该办的事情,以争取更好的绩效。

2. 科学运筹工作,提高工作效率

现实工作中有些领导者每天往往是"眼睛一睁,忙到熄灯",但领导效能却不理想。其主要原因,往往是没有科学地统筹工作、有效地利用时间。因此,领导者要想提高领导效能,就必须把主要精力放在对全盘工作的运筹上,不能抓了芝麻而丢了西瓜。具体来说,领导者要做到:

(1) 决策要建立在透彻了解组织系统情况的基础上

领导者应该了解这样一个事实,即在多数情况下,处于中等认识水平的人是多数。这样一个多数及其造成的团体压力,有可能出现大家认同的意见过于陈旧、平庸,从而使那些极有创新意义的见解被淹没。因此,领导者对某些重大事项的决策,不能简单地屈从于多数,不能以某种意见拥护者的众寡去定取舍;不能急于统一大家的看法,企图一个回合就解决问题;更不能将诸家见解等量齐观,搞见解"拼盘"。领导者应以自己认为科学的观点引导大家对那些有见地的意见深入讨论,不可人云亦云,久议不决。这就要求领导者在决策前必须做好调查。调查是了解第一手资料的重要方法,是领导者收集信息,权衡利弊,正确决策的基础。调查的目的不仅是增强感性认识,更重要的是弄清事物内部的联系。调查的方法要科学,调查的面要能说明问题,同时在调查的过程中不要轻易下结论。通过调查,有效地掌握工作主动权,并及时筛选、加工和反馈信息,充分了解组织的系统情况,使得领导者能作出快速、科学的决策,从而提高领导的工作效率。

(2) 明确组织的核心愿景

在领导活动当中,如果没有制定可行性目标,虽然可能一刻不停地忙碌,却可能永远忙不到点子上。如果没有方向性,就可能永远达不到目标,只有有了目标,才会知道要做什么,才能更好地管理、掌控时间,把提高领导效能落到实处。

核心愿景即组织的共同目标,是一个组织主要的精神旨归,一旦被人们接纳并付诸行动,就会产生巨大动力。明确组织的核心愿景及价值观是领导者带领组织主动、有效适应大环境的第一步,沟通"组织应该做什么、朝着什么样的方向发展"对于领导者领导力的发挥具有指向性的作用。正如彼得·圣吉在《第五项修炼》中所讲的:在组织中最能鼓舞人心的领导理念,就是能够凝聚组织、激发组织成员创造力的共同愿景,一个缺少全体成员共有的目标、价值观与使命感的组织很难成大器。在当前一部分组织(如企业)中,愿景规划是领导者个人的责任,主要依靠领导者个人的卓见、智慧和技能。因此,领导者应该做到:第一,富有远见,能勾勒出清晰的未来愿景,确定前进方向。即为自己所领导的组织的发展远景设计一个蓝图,明确当前工作的目的与组织的近期、中期和远期的目标。这是对领导者水平高低的最重要的考核。组织的发展方向、组织定位是领导者最先要思考的问题。这也是很多研究者谈到的"做正确的事"与"把事做正确"的差别。第二,所勾勒出的未来愿景,会对他人产生影响,并有利于实现他人的愿望,满足他人的需求。一个组织一旦形成共同愿景并不断强化,就能够使全体成员紧密地联系在一起,淡化个人利益冲突,从而形成一种巨大的凝聚力,进而有效地提高领导效能。在构建组织的共同愿景时,组织领导者必须顾及组织成员个人的意愿,同时又要有效地引导组织成员个人的意愿并使之与组织的根本目标和利益保持一致,抓住每一个人的决心和勇气,激励他们向同一个终极目标前进,允许个人独立而又一致地行动。

(3) 依据既定目标制订合理计划,集中精力抓好重点工作

知道了办什么,就要确定怎么做。办什么是目标,怎么做就是计划。这里说的计划是指在一定时期内,领导者以完成某项任务为目的,在事前制订的行动安排,具有具体性、明确性,其中包括对数量、质量的要求,对时间的限定,对完成任务所要采取的措施等一系列方案。

制订合理的工作计划在领导活动中是极其关键、重要的环节。工作计划的重要性主要在于使工作思路清晰。计划是在指导我们进行选择,先做什么后做什么,每项工作、每个步骤需要分配多少时间,使精力、时间的调配更合理,使效能更凸显。根据不同的目标制订不同的计划,计划可分为内容、性质、时间、形式等几大类,在这几大类中还可以继续细化,拿时间计划来说,就可以再分为长期计划、短期计划、月份计划、日常计划等等。但无论什么类型的计划,都是掌控时间,提高效能的手段。

在制订计划过程中要注意克服领导工作中的肤浅性,即要集中精力抓好重点工作。工作中的肤浅是现代领导职业性危害之一。现代领导工作量大、节奏紧,领导者几乎要连续不断地考虑工作,一般没有明确的结束标志。领导者的工作不可能事无巨细事事深入,特别是领导活动的短暂、多样、琐碎,极大地影响了领导工作的效率。这就需要领导者分出领导活动中工作的轻重缓急。一般来说,事务可以大致分为"重要且紧急""重要但不紧急""不重要但紧急""不重要也不紧急"四类。现实社会活动中,领导者接触到的大都是具体而繁杂的问题。工作的压力和时间的有限常常会迫使领导者在解决问题时不是把精力放在精心设计上,而是放在现场解决各种具体问题上,使得领导效率低下。实际上,领导者只有集中精力完成重要的本职工作,分清工作的主次关系,重视细节的同时也要抓住主干,才能掌控好工作时间,提高工作效率。

这里可参照美国著名管理专家唐纳德·伯纳姆提出的三个"能不能",即领导者处理工作时应自问三个问题:能不能取消这项工作? 能不能与别的工作合并? 能不能用简便的东西代替? 第一个"能不能"使可做可不做的工作被取消了,第二个"能不能"使性质相同的工作合并了,第三个"能不能"使高效率的办法代替了低效率的办法,结果使领导者节省了大量的时间与精力,工作效率大大提高。即领导者可从以下几方面着手来避免领导工作的肤浅性:一是规划未来的"空闲时间",并排进工作日程中;二是取消一些不是非参加不可的活动或非做不可的工作;三是对有些时效性不强而又较重要的工作可适当地进行"冷处理";四是巧妙地回避并授权下属落实处理一般工作。

管理学家德鲁克曾经说过:"时间是最高贵而有限的资源,不能管理时间,便什么都不能管理"①。时间管理对每个人的工作和生活都非常重要,目标和计划即时间管理的两大因素,只要把二者统一到行动上来,就会进一步地提高领导效能,促进领导者自身和组织的共同发展。

三、分工协作、权责统一

(一) 分工协作、权责关系对领导效能的意义

人员素质、信息资源分散、分工协作不力、工作落实不到位等问题,很大程度上影响了组织目标的实现,影响了领导活动中整体效能的发挥。提高领导效能,行之有效的办法就是在领导活动中实现分工协作、权责统一。

分工协作是提高领导效能的必然要求。领导活动中,分工协作的首要决定因素可能在于社会变革的速度和质量。一方面,社会化大生产要求分工越来越细,反

---

① 〔美〕杜拉克:《有效的管理者》,吴军译,求实出版社1985年版,第24—25页。

映到上层建筑领域,就要求管理社会公共组织的领导者必须实行必要的分工。按照职能分工理论,每一个组织的权力配置体系是组织职能分工的对应体系,组织成员职能履行的范围和性质决定其权力的配置。社会经济发展的程度不同,对社会分工的要求不同,因而职能分工和相应的权力配置格局不同。另一方面,社会层面的变革、越来越多的棘手问题很难单方面找到解决方案,使得组织内部和组织间需要以合作应对相互依存关系带来的挑战。分工协作,要求参与合作的所有行动者都要各尽其能,运用自己的职权及行动能力,将各种能够动用的资源和能力整合在一起,以达成共同的利益目标,并且合作需建立在互惠的基础上。

权力与责任的统一是提高领导效能的重要保证。领导责任是一种与领导权力相对等的责任,任何时候都将高于领导权力,要求领导者拥有多大的领导权力,就必须承担多大的责任,二者轻重大小必须对等,即大权大责,小权小责,权责不脱节,反对只用权而不负责任的权力腐败行为。同时,领导责任又对领导权力起制约作用,即现代领导者有职就应(必须)有权,有权必须负责。负责使得领导者能慎用职权,一定程度上会制约权力的使用,从而构成领导的职权与责任关系相统一的良性循环。

因此,领导者必须在职能分工和相应的权力配置的基础上进行分工,做到权责统一,才能有效提高领导效能,促进组织朝着有利于生存、发展和繁荣的方向前进。

(二)在分工协作、权责关系上造成领导低效能的主要原因

领导活动中忽视分工协作、没有落实权责,很容易产生组织内耗和低效率。内耗是指领导班子内部不团结、不协调,产生不正常的矛盾或冲突,它是腐败现象的一种表现形式。内耗严重阻碍了领导效能的提高,对领导者和组织的发展带来极大的危害性。造成组织内耗的原因主要有:

1. 领导班子岗位分工不明确,即领导班子结构不合理

结构不合理的领导班子,整体效能小于领导班子每个成员能力的总和,产生1+1<2的效果。领导活动中常常有主管的又有协管的,分工不明确就容易在具体问题上纠缠不清。主管人负责把握总体但不管具体事务,协管人办具体事务却又做不了主。主管与协管都有责任又都没有责任,双方都处于尴尬境地,关系容易混淆,稍有处置不当,极有可能产生纠纷和隔阂。另外,领导分工未能随着情况的变化而及时跟进,加以补充、修改、完善,反而是习惯性操作、简单化从事。这种领导分工上的时空错位,很容易留下工作漏洞,造成组织内耗。

2. 被领导者之间缺乏协作精神

在领导活动中,许多被领导者本身具有完成各项工作的能力,但当领导分配下来的一项需要各部门相互合作的工作时,原本一项简单、平常的工作变得复杂起

来,不仅人员、部门之间不积极配合完成工作,甚者会制造更多的问题,增加了工作的难度,降低了工作效率。

3. 权责脱节

责任界限不明确必然会导致权责错位,权责分离。权力与责任的对等关系必须在领导活动中领导者与被领导者双方共同反映出来,不论哪一方面都要求权力与责任在基本的表现形式上应当是一致的。领导者在领导活动中,必须对领导活动产生的后果负责。同样,被领导者在接受领导者给予的任务时,具有了领导者赋予其的一定职权,因此也应该做到权责统一。

(三) 如何分工协作、权责统一

领导效能最终都将体现为组织的整体效能。正确处理分工与协作的关系,做到权责统一,着力提高整体效能应从以下几点入手:

1. 坚持目标一致性、分工明晰的同时,做到相互支持、相互配合、齐头并进

(1) 从制度层面设计上实现领导班子成员合理分工。从主观愿望而言,领导班子的分工应当做到"无缝对接",纵向到底、横向到边,做到可测量、可操作、可考虑、可追究,精确指导、丝丝入扣、环环相连。在操作上除了人为因素外,在制度设计上应当把握三点:一是要正确处理主与辅的关系。一件事情只能以一个人为主,分层次管理。一般来说,只明确到主这一层面,在明确的范围内负全责,明确任务要求、具体目标。而协管的只能是协从的地位,由主管来统筹。换句话说,不能有了成绩是主管的,出了问题是协管的,彼此相互推诿、纠缠,难道其详、难赏其功、难追其错。二是要正确处理重点与支点的关系。分工问题不能"眉毛胡子一把抓",应当围绕主要职责、中心工作、个人能力、突击任务、变化形势展开,知人善任、因人而异、用其所长。除"规定动作"到位外,应当有所侧重。各个时期、阶段必须抓住不放的工作必须责任到人。工作任务要一一分解,尤其是事关全局、事关长远,非常敏感、极为复杂,非办不可、非做不可的事,必须精确到每一个节点,细化到每一个步骤,落实到每一个环节。就像流水线作业,每一步都有人管,每一个细节都可追溯。这样可以营造一种强大的压力氛围,使人人肩上有责任、有压力。万一出了问题,谁也无法推脱责任。那些无关紧要的、无足轻重的事情,得宽松处且宽松,无碍大局。试图"网"尽天下,现实中是无法办到的。有重有轻、有得有失、有保有弃,才能突出中心,围绕全局,维护主题。三是要正确处理长线与短线的关系。长线主要是考虑工作的连续性,不因分工的调整而受影响,遵循工作的惯性,照搬成熟的做法,按部就班、按图索骥。那么,分管领导不管如何调整,其工作模式和方法基本不变,要调整修改也只能是一些细枝末节,不能从头再来。工作不落实的一个重要表现是脱节、断线,就像接力赛一样,下一棒如果接不上,必然功亏一篑。作为领导者,其分工和作用不仅仅局限于一个点,要落实,就必须不断线。长线是靠短线来

体现的。具体到每一个人、每一个时段、每一件事情必须因地制宜,不能一把尺子量到底,具体工作分解还得细化量化,不能"大帽子下面开小差",而要事事有人管,处处有回音。每一个具体实施的行为,要有承接点、切入点、结合点,任何人不可游离于外,必须脚踏实地地去实施。只有短线目标的顺利推进,才能实现长线的蓝图。①

(2) 着眼于科学运转,调整人员安排。任何组织作为一个综合机构,内部的建设是否合理,直接关系到工作质量的好坏。因此,领导者应该从有利于科学调控,有利于减少环节,有利于优质高效地实现领导目标的原则出发,进行内部人员工作分工的调整,形成共同协作的工作局面。按职责分解工作目标,使组织所有成员人人有任务,个个有目标,各司其责,围绕自己的管辖范围所涉及的各项任务进行工作,做到眼中有事、心中想事、手中干事,脚踏实地地干实事,保证整体目标的实现。这可以避免结构关系不顺,功能发挥不力的状况,使个体能力和整体组织结构相结合,提高办事效率。

合理分工是一个系统工程,充满变数,在现实的情况下不可能像 1+1=2 一样简单。这里讲的从制度层面设计上实现领导班子成员合理分工,着眼于科学运转、调整人员安排,实现领导分工的全方位覆盖,使责任之间少了缝隙。一旦责任到人,从理论上讲,领导效能的提高就有了基础。

2. 要协作添合力,谋求分力之和大于合力的整体局面

领导者应按先分工后协作的顺序,以取得最佳分工为基础,以谋求最大效益为目的。领导活动中的合作主要是部门之间的合作。加强部门之间的合作,是实现分工协作必要的条件之一。只有加强合作,经常沟通,保持密切联系,才能在感情上增加友谊,业务上相互切磋,工作中互相支持,达到既有分工又有协作、各具特色、信息共享这样一种良性互动的大好局面。

3. 要权责统一,做到每个人的每一项工作都落到实处

权责统一主要要求领导者及组织成员主动承担领导活动中的积极责任,避免消极责任。从微观的组织及个人层面来看,无论是在层级化的传统官僚组织中,还是在日趋扁平化的现代公共组织中,无论是组织的领导者、管理者还是普通成员,组织及个人所掌握的权力都是公共性的并具有明确的利益指向。这就决定了领导者及成员都必须承担维护集体利益的积极责任。积极责任主要是指组织及个人利益要统一于集体利益当中,在规定组织内各部门主要职责、内设机构和人员编制的基础上,通过科学的、明确的、正式的制度来规范、引导部门及个人的权限分工及权责范围,形成完整的责任体系,避免职能重复、人员冗杂造成的权责不清、推诿扯皮

---

① 蒋勋功:《领导分工的"各负其责"与"无缝对接"》,载《领导科学》2010 年第 9 期。

等。因此,掌握公共权力的领导者首先要对自己使用公共权力的行为负责,包括提供使用公共权力的信息及作出公共权力使用意图的解释,即掌握公共权力的领导者应该提供关于他们使用公共权力进行判断和决策的信息,包括他们运用公共权力做过什么、正在做什么以及将要做什么,更主要的是要对这些权力使用行为作出必要的解释,并通过特定的渠道向外界公布权力使用情况的全部信息(保密信息除外,当然前提是对"保密"范围进行科学、合理的认定),这是权力接受监督的必要前提。

然而,组织及个人不能因为占据公共职位、掌握公共权力而以其狭隘的部门利益或私人利益侵犯公共利益,因此,公共组织及个人也必须承担消极责任。公共组织及个人应承担的消极责任是由其掌握权力的公共性质决定的,如果组织及个人未能按契约规定的内容承担责任就应被追究相应的责任。即因为没有按照责任规定的方式行使权力,或者没有履行好责任规定的任务,或者滥用权力践踏集体利益以谋取私利而被追究的责任。[①] 对于组织及个人的消极责任问题,可以从以下两方面予以强调:

第一,开展领导问责制度,保证领导效能的有效性。责任不明确,界限模糊必然造成责任缺失。开展问责制度不仅可以实现权责统一,而且可以防止腐败。开展领导问责工作,保障领导权力的透明行使,保障领导责任的有效承担,不仅有利于提高领导者的公信力和执行力,还有利于领导工作的高效开展。对于玩忽职守和滥用职权的领导者要追其责任,涉嫌犯罪的要追究刑事责任。领导问责制可以使领导者敢于承担责任,特别是敢于承担工作失误的责任,不揽功诿过,更不回避责任、逃避责任,体现权责统一,实现领导活动的高效运转。

第二,建立监督考核机制,实现权责统一。完善的监督考核机制是提高领导效能的有力保障。为进一步提高领导效能,首先,必须用制度来体现清晰、有效的工作标准、工作程序、岗位职责、考核标准,进而规范领导效能的标准。用制度克服利益不相等、职责不清、工作推诿扯皮等影响执行力的因素,将岗位职责细化、立体化,使每项工作做到有目标、有措施、有责任人、有时限、有督查、有考核,形成管理闭环。其次,要完善对各级人员工作过程的监督机制和工作表现的考核机制。领导任务布置后,不仅要对执行结果进行检查,而且要对执行过程进行监督,这样就能够及时发现偏差并给予纠正,确保工作目标的顺利实现。通过监督考核,可避免有章不循、有规不守、有则不遵的行为发生,确保领导活动各项工作的有效执行。同时,通过监督考核,实施阶段性奖惩措施,对于领导活动执行中做得好的要大张旗鼓地奖励,做得不好的要根据制度惩罚,不搞下不为例,这样就能实现权责一致,

---

[①] 麻宝斌、郭蕊:《权责一致与权责背离:在理论与现实之间》,载《政治学研究》2010年第1期。

保障执行的效果,真正提高领导效能。

以上只是提高领导效能的主要途径,而领导效能的提高是多种相关因素综合作用的动态过程。领导效能的提高不能孤立地强调某一方面,而必须从主客观方面进行综合考虑,这样才能有效提高领导效能。

本章小结

领导效能是领导科学的重要内容,几乎与其他所有的领导理论都有着必然的联系,它是整个领导过程中的重要环节。所谓领导效能,是指领导者在领导活动过程中的行为能力、工作状态和工作结果,即实现领导目标所需要的领导能力、所获得的领导效率与领导效益的系统综合。它包含领导能力、领导效率、领导效益三个要素。

提高领导效能是领导效能评估的出发点和归宿,领导效能评估是衡量领导工作成效的综合尺度,是奖惩、选拔干部的重要依据,是推动领导活动不断发展的最佳动力,是对领导者实施有效监督的基本内容。领导效能评估关键在于制定科学的、具有可操作性的考察标准。从宏观上,我们可将领导效能评估的基本价值标准概括为德行标准、经济标准、效率标准、效益标准与公平标准。领导效能要达到预期的效果,还必须有科学正确的评估方法。领导效能的评估方法多种多样,根据评估主体的不同,可以将评估方法分为自我述职法、群众评议法、专家评估法和组织考核法;根据评估方式的不同,可以将评估方法分为目标评估法、定量分析法、比较评估法、模拟评估法、统计分析法、调查研究法、案卷查阅法等。在实际领导绩效评估过程中,必须从实际出发,具体问题具体分析,在理论和实践总结的基础上不断发展并形成新的评估方法,以使领导效能评估方法体系日益充实完善。

领导效能研究的主要目的,是要通过对领导效能的合理评估以期提高领导效能。要提高领导效能,首先要做到解放思想,更新观念,树立正确的现代领导观念。其次,时间效能与工作效率是决定领导效能高低的必要条件,必须以高的时间效能与工作效率为基础。最后,领导者必须在职能分工和相应的权力配置的基础上进行分工,做到权责统一,才能有效提高领导效能,促进组织朝着有利于生存、发展和繁荣的方向前进。

案例分析

通用电气公司的改革——组织无界限

杰克·韦尔奇在20世纪80年代初走马上任时,通用电气看起来正是美国最强大的公司之一。然而,韦尔奇察觉到通用电气的官僚主义体制对通用电气决策计划系统有太多的界限,这些界限使公司不能平滑运转,它不仅阻隔了通用电气内部员工之间的相互交流,也阻隔了通用电气与顾客以及供应商顺畅地沟通。就公司的组织机构设置情况来说,1980年,通用电气有64个事业部,从上到下最起码设有五个管理层次,即公司—区域部—事业部—事业分部—工厂。如果再深入考察,管理层次更多。由于机构庞大、层次多,公司的力量很难凝聚,难以适应瞬息万变的市场竞争的需要。韦尔奇接任总裁时,在通用电气有正式"经理"头衔的多达25000人,拥有副总裁或更高职位的人有130位。由于"管理"需要,各级主管每天花大部分时间用来检查下属的工作情况,而各级管理人员更把大部分时间用在撰写各种报告和向他的上司提交各种计划中,以应付上级每天的检查工作和"管理"。这种由于壁垒而形成的分权,导致每一个独立核算收益和损失的单位变得太小,以至于削弱了竞争力。同时,这种没有交流的等级界限降低了决策效率,浪费了大量时间。由于各项业务存在界限,导致了本应各部门列队进入市场时,却独自上阵。公司的边界和壁垒就像是镣铐,严重制约了员工相互之间的沟通,以及公司与客户和供应商之间的交流和了解,从而阻碍了公司前进的脚步。

面对这种情况,韦尔奇重整的第一步行动就是要消灭官僚主义。对此,韦尔奇迅速展开行动,力图找出那些使公司的各项功能衰竭的壁垒。韦尔奇清楚意识到,单单追随80年代的改革模式——组织扁平化、机械化及自上而下的评估方法,已经是"招式过老",跟不上90年代发展的脚步。要想成为90年代的胜利者,必须营造一种企业文化——让人们能够快速前进,更清楚地与别人沟通,以及让员工能够同心协力服务多元化需求的用户。

为此,韦尔奇创造性地提出了"无界限"的理念,对通用电气的组织机构进行调整。一方面,经过近十年的努力,韦尔奇逐步消除了组织内部的边界与壁垒,即减少组织内部界限分明的管理层级,减少组织内部等级差别。十年之后,从董事长到工作现场管理者之间管理级别的数目从9个减少到4—6个。韦尔奇通过摒弃过多的高级管理层,使得公司只留下10个副总裁,而其他类似通用电气规模的公司通常却有50个。这使得通用电气变得更为精干与灵活。另一方面,韦尔奇意识到纯粹致力于组织机构的精简,减少组织等级层次等硬性方面无法真正使通用电气变得更有竞争力,走内部发展之路才是公司走向进步的法宝。为此,韦尔奇找到了解决问题的办法:发动一场遍及全公司的行动,即"通力合作"计划,鼓励员工就公司业务中存在的弊病,坦率地向上级主管提出自己的看法。他期望通过通力合作,通过员工与管理层之间无界限的沟通与交流,使员工获得更多的权利和工作自由,从而使员工以更大的热情来工作。

经过韦尔奇的组织无界限的改革之后,通用电气网络化、弹性化的组织适应了90年代复杂的内外环境,获得的利润远远超过之前任何时期。其变革所带来的效能提升使得通用电气成为美国企业界最成功的公司之一。

案例思考题：

1. 在杰克·韦尔奇接任总裁前的通用电气存在哪些不利于领导效能提高的因素？
2. 杰克·韦尔奇是如何提高其领导效能的？
3. 从案例中我们可以得到哪些提高领导效能的新启示？

拓展阅读

1. 〔美〕詹姆斯·库泽斯、巴里·波斯纳：《领导力：如何在组织中成就》，徐中、周政、王俊杰译，电子工业出版社 2013 年版。

2. 〔美〕史蒂芬·柯维：《高效能人士的七个习惯》，高新勇、王亦兵、葛雪蕾译，中国青年出版社 2015 年版。

3. 许晟：《追随力对领导效能的作用机理研究》，经济管理出版社 2014 年版。

4. 《全面深化改革新形势下领导干部必备的 18 种能力》，中共中央党校出版社 2014 年版。

5. 彭向刚等：《和谐社会视野下行政效能建设研究》，中国社会科学出版社 2013 年版。

6. 徐莉：《组织中的领导者与领导过程》，中国社会科学出版社 2014 年版。

参 考 文 献

1. 〔美〕巴瑞特:《领导力沟通》,邓天白等译,复旦大学出版社2013年版。
2. 〔美〕彼得·G.诺斯豪斯:《领导学:理论与实践(第五版)》,吴爱明等译,中国人民大学出版社2012年版。
3. 〔美〕彼得·布劳:《社会生活中的交换与权力》,孙非等译,华夏出版社1988年版。
4. 〔美〕博伊德·克拉克、罗恩·克罗斯兰:《领导就是沟通》,胡书东、孙立明译,中信出版社、辽宁教育出版社2004年版。
5. 〔美〕丹·S.科恩:《领导变革实务》,山风译,商务印书馆2008年版。
6. 〔美〕杜拉克:《有效的管理者》,吴军译,求实出版社1985年版。
7. 〔美〕杜威:《民主主义与教育》,邹恩润译述,陶行知校订,商务印书馆1928年版。
8. 〔美〕F.赫塞尔本等主编:《未来的领导:新时代的新视野、新策略与新措施》,吕一凡等译,四川人民出版社1998年版。
9. 〔美〕傅高义:《邓小平时代》,冯克利译,生活·读书·新知三联书店2013年版。
10. 〔美〕哈罗得·孔茨、海因茨·韦里克:《管理学(第十版)》,张晓君等编译,经济科学出版社1998年版。
11. 〔美〕海克曼:《领导变革》,王芳译,上海社会科学院出版社2012年版。
12. 〔美〕赫伯特·A.西蒙:《管理行为》,詹正茂译,机械工业出版社2004年版。
13. 〔美〕亨利·艾伯斯:《现代管理原理》,杨文士译,商务印书馆1980年版。
14. 〔美〕亨廷顿:《变革社会中的政治秩序》,李盛平等译,华夏出版社1988年版。
15. 〔美〕加尔布雷斯:《权力的分析》,陶远华等译,河北人民出版社1988年版。
16. 〔美〕加里·尤克尔:《组织领导学》,陶文昭译,中国人民大学出版社2004年版。
17. 〔美〕柯林斯:《大战略》,中国人民解放军军事科学院译,中国人民解放军战士出版社 1978 年版。

18. 〔美〕拉塞尔·帕尔默:《终极领导力》,梁彩云译,中国人民大学出版社 2009 年版。

19. 〔美〕莱瑞恩·西格尔:《动态领导:变革时代领导者十大基本素质》,胡零、李恩译,华夏出版社 2004 年版。

20. 〔美〕罗伯特·E.奎因:《深刻变革:从改革中发现领导者》,刘新民译,中央编译出版 2000 年版。

21. 〔美〕罗伯特·H.罗森、保罗·B.布朗:《领导的艺术》,天津编译中心组译,国际文化出版公司 2000 年版。

22. 〔美〕罗伯特·达尔:《现代政治分析》,王沪宁等译,上海译文出版社 1987 年版。

23. 〔英〕罗素:《权力论》,吴友三译,东方出版社 1988 年版。

24. 〔德〕马克斯·韦伯:《经济与社会(上卷)(下卷)》,林荣远译,商务印书馆 2004 年版。

25. 〔美〕玛莎·I.芬尼:《用人的真理》,丁思檬译,机械工业出版社 2015 年版。

26. 〔英〕迈克尔·曼:《社会权力的来源(第一卷)》,刘北成、李少军译,上海人民出版社 2002 年版。

27. 〔法〕孟德斯鸠:《论法的精神》,张雁深译,商务印书馆 1961 年版。

28. 〔美〕穆库尔·潘迪亚等:《常青领导之道》,陈雪芬译,中国人民大学出版社 2005 年版。

29. 〔美〕乔恩·L.皮尔斯等:《领导力:阅读与练习(第 4 版)》,马志英译,中国人民大学出版社 2009 年版。

30. 〔美〕乔恩·L.皮尔斯、约翰·W.纽斯特罗姆:《领导者与领导过程》,北京华译网翻译公司译,中国人民大学出版社 2003 年版。

31. 〔美〕乔治·弗雷德里克森:《公共行政的精神》,张成福等译,中国人民大学出版社 2003 年版。

32. 〔美〕史蒂芬·柯维:《高效能人士的七个习惯》,高新勇、王亦兵、葛雪蕾译,中国青年出版社 2015 年版。

33. 〔美〕史蒂文·科恩、威廉·埃米克:《新有效公共管理者》,王玲玲等译,中国人民大学出版社 2001 年版。

34. 〔美〕斯蒂芬·P.罗宾斯、菲利普·L.亨塞克:《管人的艺术:团队沟通的方法与技巧》,樊登、马思韬译,机械工业出版社 2014 年版。

35. 〔美〕托马斯·戴伊:《谁掌管美国》,梅士等译,世界知识出版社 1980 年版。

36. 〔英〕托马斯·霍布斯:《利维坦》,黎思复等译,商务印书馆 1985 年版。

37.〔美〕沃伦·本尼斯、伯特·纳努斯:《领导者》,方海萍等译,中国人民大学出版社 2008 年版。

38.〔美〕约翰·P.科特:《领导变革》,徐中译,机械工业出版社 2014 年版。

39.〔美〕约翰·P.科特:《权力与影响力》,李亚、王璐、赵伟等译,机械工业出版社 2013 年版。

40.〔美〕詹姆斯·克劳森:《权力与领导》,马昕译,世界图书出版公司 2015 年版。

41.〔美〕詹姆斯·库泽斯、巴里·波斯纳:《领导力(第 3 版)》,李丽林、杨振东译,电子工业出版社 2004 年版。

42.〔美〕詹姆斯·库泽斯、巴里·波斯纳:《领导力:如何在组织中成就》,徐中、周政、王俊杰译,电子工业出版社 2013 年版。

43. 常健编著:《现代领导科学》,天津大学出版社 2004 年版。

44. 车洪波、郑俊田编著:《领导科学》,中国商务出版社 2006 年版。

45. 陈振明编著:《公共政策分析》,中国人民大学出版社 2002 年版。

46. 陈振明主编:《公共管理学》,中国人民大学出版社 2005 年版。

47.《邓小平文选》第 2、3 卷,人民出版社 1993 年版。

48. 丁恒龙、张欣平等编著:《新形势下领导调研方法与艺术》,中共中央党校出版社 2012 年版。

49. 杜娟、刘兰芬:《中国领导科学研究综述》,载《理论探讨》2009 年第 2 期。

50.《反杜林论》,人民出版社 1993 年版。

51. 冯秋婷主编:《西方领导理论研究》,人民出版社 2008 年版。

52. 冯世斌:《用人的格局》,北京大学出版社 2009 年版。

53. 高颖编著:《领导力与决策:来自 MPA 课程的精彩案例》,科学出版社 2013 年版。

54. 宫杰:《关于完善领导干部权力运行机制的思考》,载《理论前沿》2002 年第 5 期。

55. 龚允冲:《领导干部要注重优化思想方法》,http://www.qstheory.cn/laigao/2014-06/02/c_1110954079.htm,2016 年 3 月 2 日访问。

56. 韩庆祥等:《哲学思维方式与领导工作方法》,中共中央党校出版社 2014 年版。

57. 韩叶:《浅析人力资源管理模式创新——以海尔集团为例》,载《管理学家》2013 年第 24 期。

58. 何菲鹏编著:《恰到好处的领导方式》,中国华侨出版社 2010 年版。

59. 贺善侃:《领导科学和现代行政》,上海大学出版社 2001 年版。

60. 洪向华主编:《四个全面党员干部读本》,中央党史出版社 2015 年版。

61. 侯欣彤:《领导干部必须牢固树立正确政绩观》,载《吉林日报》2014 年 8 月 26 日。

62. 胡鞍钢:《民主决策:中国集体领导体制》,中国人民大学出版社 2014 年版。

63. 胡月星、许晓平主编:《领导干部心理健康读本》,中国人民大学出版社 2005 年版。

64. 黄鹏:《关于进一步完善公务员制度的思考》,载《桂海论丛》2003 年第 4 期。

65. 黄强主编:《领导科学》,高等教育出版社 1992 年版。

66. 黄强主编:《现代领导理论》,福建人民出版社 2001 年版。

67. 霍团英:《领导干部心理健康问题研究》,浙江大学出版社 2015 年版。

68. 姜春云主编:《桥和船:新时期领导方法 18 篇》,新华出版社 2005 年版。

69. 姜平:《新世纪我国领导科学发展的十大新趋势》,载《领导科学》2005 年第 19 期。

70. 蒋贤斌:《要正确认识为了谁、依靠谁、我是谁——群众路线教育活动中的几点思考》,载《党史文苑(学术版)》2013 年第 24 期。

71. 蒋勋功:《领导分工的"各负其责"与"无缝对接"》,载《领导科学》2010 年第 9 期。

72. 金邦秋:《领导科学论纲》,上海教育出版社 2003 年版。

73. 金太军:《行政组织变革的动力和阻力分析》,载《学海》2001 年第 4 期。

74. 金延平主编:《领导学》,东北财经大学出版社 2007 年版。

75. 居继清、余维祥主编:《新编领导科学概论》,华中科技大学出版社 2012 年版。

76. 柯惠新、刘红鹰编著:《民意调查实务》,中国经济出版社 1996 年版。

77. 李成言:《现代行政领导学》,北京大学出版社 2002 年版。

78. 李成言主编:《领导学基础》,中央广播电视大学出版社 2003 年版。

79. 李传绪编:《领导方法文选》,冀鲁豫书店 1946 年版。

80. 李睦:《闲话职场:人尽其才》,载《工会博览》2010 年第 2 期。

81. 李乾文:《变革时代的领导艺术——约翰·科特的代表作及其贡献》,载《企业管理》2004 年第 10 期。

82. 李强:《新中国社会调查研究方法回顾》,载《中国社会科学报》2009 年 9 月 22 日 B8 版。

83. 李清均:《中国政府行政权力结构优化问题研究》,载《领导科学论坛》2012 年第 1 期。

84. 李锡炎:《科学发展观视域中的科学领导与领导科学》,载《领导科学论坛》2011年第5期。

85. 李新泰、张书林:《公平公正是当前领导实践应着力解决的热点问题》,载《领导科学论坛》2012年第3期。

86. 李严平、胡跃先:《现代民意调查的几种形式》,载《四川社联通讯》1990年第2期。

87. 李焱平编著:《毛泽东用人智慧和艺术》,中国书籍出版社2008年版。

88. 李应春、张铃枣主编:《领导科学研究》,延边人民出版社2002年版。

89. 李云端:《时间管理在提高政府行政效能中的应用》,载《辽宁行政学院学报》2014年第5期。

90. 梁仲明编著:《领导学通论:理论与实践》,北京大学出版社2007年版。

91. 林平:《人力资源管理"五招"》,载《现代企业文化》2013年第1期。

92. 林泉、王春虹:《中青年领导者心理健康与人格特征研究》,红旗出版社2013年版。

93. 林尚立:《复合民主:人民民主在中国的实践形态》,载《中共浙江省委党校学报》2011年第5期。

94. 林修果、陈宜安编著:《领导话题》,吉林人民出版社2010年版。

95. 林颖编:《领导沟通案例》,人民出版社2015年版。

96. 《领导力与领导艺术》,人民出版社、党建读物出版社2015年版。

97. 刘长林:《中国系统思维(修订版)》,社会科学文献出版社2008年版。

98. 刘峰、张国玉:《创造性是领导者最重要的素质——学习研究习近平总书记领导思想之二》,载《理论视野》2014年第5期。

99. 刘建军编著:《领导学原理——科学与艺术》,复旦大学出版社2001年版。

100. 刘明福、王忠远:《习近平民族复兴大战略——学习习近平系列讲话的体会》,载《决策与信息》2014年7—8期。

101. 刘明辉、林修果主编:《体验领导》,红旗出版社2013年版。

102. 刘明辉、林修果主编:《现代领导沟通协调方略》,团结出版社2002年版。

103. 刘锐:《领导干部决策必备的法治思维》,中国法制出版社2013年版。

104. 《刘少奇选集》上卷,人民出版社1981年版。

105. 刘世华:《中国民主政治模式研究》,人民出版社2014年版。

106. 刘银花、姜法奎编著:《领导科学(第二版)》,东北财经大学出版社2006年版。

107. 刘余莉编著:《领导干部心理调适》,中国水利水电出版社2012年版。

108. 罗会德:《十八大以来党对群众路线的理论贡献》,载《求实》2014年第2期。

109. 麻宝斌、郭蕊:《权责一致与权责背离:在理论与现实之间》,载《政治学研究》2010年第1期。

110. 《马克思恩格斯文集》第2、3卷,人民出版社2009年版。

111. 《马克思恩格斯选集》第4卷,人民出版社2012年版。

112. 马向平、曾伟编著:《领导学——本质、主体与过程》,中国地质大学出版社2006年版。

113. 《毛泽东选集》第1、2、3、4卷,人民出版社1991年版。

114. 《毛泽东选集》第5卷,人民出版社1977年版。

115. 苗枫林:《中国用人史》,中共党史出版社2015年版。

116. 《民意调查在中国》,载《领导文萃》2010年第19期。

117. 倪世雄等:《当代国际西方关系理论》,复旦大学出版社2006年版。

118. 潘云良:《领导者素质分析与评测》,中共中央党校出版社2002年版。

119. 裴大新:《领导效能及其考评原则》,载《汉江论坛》1986第8期。

120. 彭向刚等:《和谐社会视野下行政效能建设研究》,中国社会科学出版社2013年版。

121. 彭向刚主编:《领导科学概论(第二版)》,高等教育出版社2013年版。

122. 强月霞、唐邈芳、陈伟莲编著:《人际沟通概论》,华东师范大学出版社2015年版。

123. 秦德君:《领导者公共形象管理》,山西人民出版社2005年版。

124. 邱霈恩:《领导学原理》,清华大学出版社2012年版。

125. 邱霈恩:《领导学》,中国人民大学出版社2004年版。

126. 邱霈恩:《领导者素质》,中国言实出版社2003年版。

127. 邱霈恩:《危机博弈与领导权变》,广西人民出版社2010年版。

128. 邱霈恩主编:《掌握99种领导方法》,人民出版社2004年版。

129. 《全面深化改革新形势下领导干部必备的18种能力》,中共中央党校出版社2014年版。

130. 桑玉成、邓峰、鄢波:《制度优化和制度创新》,上海人民出版社2014年版。

131. 《十六大以来重要文献选编(上)(下)》,中央文献出版社2011年版。

132. 史为磊编著:《与官员谈领导决策》,国家行政学院出版社2010年版。

133. 舒天戈编著:《与官员谈领导方法》,国家行政学院出版社2010年版。

134. 苏保忠主编:《领导科学与艺术》,清华大学出版社2009年版。

135. 孙健敏、王碧英:《公仆型领导:概念的界定与量表的修订》,载《商业经济与管理》2010年第5期。

136. 孙奎贞主编:《领导科学教程新编》,中国人民公安大学出版社2002年版。

137. 孙立樵、冯致笺主编:《现代领导学教程》,中共中央党校出版社 2002 年版。

138. 孙钱章主编:《领导新方略》,人民出版社 2000 年版。

139. 孙武:《孙子兵法》,文物出版社 1976 年版。

140. 孙昭:《回顾·传承·创新——领导科学发展 30 年理论研讨会综述》,载《领导科学》2011 年第 29 期。

141. 谭福金:《牢牢把握为民务实清廉的内涵》,载《中国监察》2013 年第 15 期。

142. 谭刚强:《中国企业家心灵的迷乱与疗治——对"经济脊梁"群体"心理疲劳与塌陷"现象的健康心理学考评》,载《企业文明》2012 年第 1 期。

143. 谭劲松、陈国治编著:《现代领导方法与领导艺术》,浙江大学出版社 2007 年版。

144. 王国勇:《论领导效能在领导活动中的地位》,载《领导科学》1992 年第 8 期。

145. 王建民主编:《管理沟通理论与实务》,中国人民大学出版社 2005 年版。

146. 王凯伟:《领导学新论》,湘潭大学出版社 2011 年版。

147. 王乐夫编著:《领导学:理论、实践与方法(第三版)》,中山大学出版社 2006 年版。

148. 王小宽:《海纳百川的领导用人艺术》,红旗出版社 2012 年版。

149. 王信琳:《社会转型期领导干部的心理调适》,载《岭南学刊》1999 年第 6 期。

150. 王雪峰编著:《领导方法创新实例解析》,中共中央党校出版社 2008 年版。

151. 王雪峰:《领导学学科体系的基本问题》,载《中国行政管理》2012 年第 4 期。

152. 王雪峰:《如何做一个创新型领导》,中共中央党校出版社 2010 年版。

153. 王永生:《用人方略论》,人民出版社 2011 年版。

154. 吴皓:《深究"用人不疑、疑人不用"》,载《领导文萃》2013 年第 19 期。

155. 吴刚:《领导干部心理调适能力建设探析》,载《领导科学论坛》2012 年第 12 期。

156. 习近平:《学习和掌握正确的调查研究的方法》,载《新湘评论》2012 年第 10 期。

157. 习近平:《在纪念毛泽东同志诞辰 120 周年座谈会上的讲话》,载《人民日报》2013 年 12 月 27 日第 2 版。

158. 夏书章主编:《行政管理学(第二版)》,中山大学出版社 1998 年版。

159. 肖元:《政治文明视野中的权力与权利》,辽宁大学出版社 2006 年版。
160. 谢燮正、娄成武:《领导决策论》,东北大学出版社 2003 年版。
161. 谢佑平、江涌:《论权力及其制约》,载《东方法学》2010 年第 2 期。
162. 谢仲文:《论领导和领导权力的运用》,载《现代经济信息》2013 年第 10 期。
163. 徐健:《关于领导干部树立正确政绩观的思考》,载《辽宁师专学报(社会科学版)》2013 年第 6 期。
164. 徐莉:《组织中的领导者与领导过程》,中国社会科学出版社 2014 年版。
165. 徐良:《高瞻远瞩的领导战略决策》,红旗出版社 2012 年版。
166. 许晟:《追随力对领导效能的作用机理研究》,经济管理出版社 2014 年版。
167. 杨俊:《公共政策决策的系统分析方法》,载《领导科学》2007 年第 8 期。
168. 姚怀山主编:《领导学概要》,大连理工大学出版社 2014 年版。
169. 叶兴艺编著:《领导干部压力缓解与心理健康调适》,研究出版社 2010 年版。
170. 易钢、周振林主编:《现代领导学》,华南理工大学出版社 2007 年版。
171. 尤元文、唐霄峰:《领导决策论》,社会科学文献出版社 2012 年版。
172. 于炳贵:《领导科学新论(第 2 版)》,济南出版社 2002 年版。
173. 于洪生编:《领导决策案例》,人民出版社 2010 年版。
174. 余仰涛、余永跃主编:《领导学导论》,武汉大学出版社 2008 年版。
175. 俞可平:《公民参与民主政治的意义》,载《学习时报》2007 年 1 月 1 日。
176. 袁锋:《现代政治生活离不开民意调查》,载《社会科学报》2012 年 10 月 25 日第 2 版。
177. 臧乃康:《预防权力腐败的价值和路径创新:防止利益冲突》,载《北京行政学院学报》2011 年第 5 期。
178. 张国平:《中国特色社会主义具体制度探索》,线装书局 2012 年版。
179. 张昊民、李倩倩编著:《管理沟通》,格致出版社、上海人民出版社 2015 年版。
180. 张丽娜、张凤梅编著:《沟通协调能力》,人民出版社 2005 年版。
181. 张连科、管淑珍校注:《诸葛亮集校注》,天津古籍出版社 2008 年版。
182. 张庆满:《领导干部心理调适初探》,载《中国井冈山干部学院学报》2009 年第 3 期。
183. 张世和:《论领导环境》,载《新东方》2005 年第 3 期。
184. 张岩:《论创新的源泉与原则——关于彼得·德鲁克〈创新规则〉的阐释》,载《文学界(理论版)》2011 年第 2 期。

185. 张轶楠、陈锐:《网络民意调查的方法探讨》,载《现代传播》2012年第1期。

186. 赵世明:《领导干部"选拔公开"模式的探索与展望》,载《领导科学论坛》2012年第2期。

187. 赵玉平:《选人用人定成败》,北京邮电大学出版社2013年版。

188. 郑日昌编:《领导心理调适案例》,人民出版社2015年版。

189. 郑日昌:《沟通心理学》,北京师范大学出版社2015年版。

190. 中国国学文化艺术中心组编,霍小娟译注:《用人之道》,中国人民大学出版社2015年版。

191. 周挺:《领导权力的异化及其防治》,载《公共行政与人力资源》2013年第6期。

192. 周鑫:《马克思系统分析方法及其对生态文明建设的指导意义》,载《环境教育》2010年第3期。

193. 周银超:《领导干部应该具备的基本道德素质》,载《光明日报》2014年6月4日。

194. 周永亮:《变革领导(第二版)》,经济管理出版社2012年版。

195. 周振林、屠春友编著:《现代领导方式与领导方法创新》,中共中央党校出版社2005年版。

196. 周志成、刘福军:《全面准确把握党的群众路线》,载《中国特色社会主义研究》2013年第6期。

197. 朱立言主编:《领导科学与领导艺术》,中国人事出版社2008年版。

198. 朱立言主编:《行政领导学》,人民出版社2002年版。

199. 朱仁健:《"用人不疑,疑人不用"的文化假设》,载《中外企业文化》2014年第7期。

200. 祝猛昌:《党的十八大以来群众路线研究:一个文献综述》,载《重庆社会科学》2014年第5期。

201. 《资本论》第1卷,人民出版社1975年版。

后 记

全球化的浪潮滚滚而来,各种领导科学理论方兴未艾。人们从政治学、经济学、行政学、社会学、管理学、心理学、组织行为学等方面研究领导现象,深入研究领导者和被领导者的特质、领导活动、领导行为、领导能力及领导权变,提出了诸多领导科学理论。

领导科学的视角从初始的企业组织领域向外不断扩展,今天更多地聚焦于企业组织之外的公共领域。领导学家们思考公共领域中人类的权力行为和权力现象;思考领导者的领导能力及领导者的责任;不断地总结领导实践中的经验和教训,为国家治理能力现代化的发展提供有益的启迪。领导科学研究已成为公共管理领域的重要课题。

本书写作过程中,得到了福建师范大学公共管理学院和福建师范大学 MPA 教育中心领导的关心与帮助。感谢福建师范大学博士生导师林修果教授,他对本书的写作提供了无私的帮助和深具理论意义的指导。感谢北京大学出版社朱梅全编辑,他为本书的出版付出了许多辛勤劳动。

本书由黄东阳、林修果担任主编,由黄东阳负责全书的提纲设计和统稿定稿工作。各章的作者为(按章节顺序排列):绪论傅慧芳,第一章宋惠芳,第二章王妨荔,第三章李月凤,第四章游海疆,第五章黄东阳,第六章鄢龙珠,第七章黄东阳、吴立明,第八章刘素芬,第九章蔡健晖,第十章曾正滋,第十一章陈恺玲,第十二章黄东阳。廖建祥、林晶晶、乐昀、周美云等参与了调查研究与资料整理工作。

本书在写作过程中,还直接或间接引用、参考了其他研究者的大量研究文献,谨借此向有关作者表示衷心的感谢!本书仅仅是我们在这一领域探索的初步成果,浅漏之处在所难免,恳请方家指正!

黄东阳
2016 年 6 月